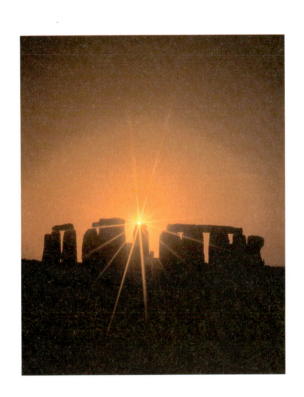

Atlas der Weltwunder

Faszinierende Bauwerke und Monumente Vom Kolosseum zum Tadsch Mahal

ORBIS VERLAG

INHALT

Genehmigte Sonderausgabe 2000
Orbis Verlag für Publizistik, München
in der Verlagsgruppe Bertelsmann GmbH

Titel der englischen Originalausgabe:
Wonders of the World
© 1991 The Automobile Association, Basingstoke,
Großbritannien

© 1992 der deutschsprachigen Ausgabe: Buch-
gemeinschaft Donauland Kremayr & Scheriau,
Wien, Bertelsmann Club GmbH, Gütersloh, und
die angeschlossenen Buchgemeinschaften

Alle Rechte vorbehalten. Reproduktionen,
Speicherung in Datenverarbeitungsanlagen oder
Netzwerken, Wiedergabe auf elektronischen, foto-
mechanischen oder ähnlichen Wegen, Funk oder
Vortrag – auch auszugsweise – nur mit ausdrück-
licher Genehmigung des Copyrightinhabers.

Autoren: Rosemary Burton, Richard Cavendish
*Autorin der Kapitel „Der Kölner Dom" (Seite 32) und
„Der Dresdner Zwinger" (Seite 54): Brigitte Lederer
Übersetzung aus dem Englischen: Brigitte Lederer*

Lokalisierungskarten: © 1991 The Automobile
Assoociation
Orientierungskarten: © 1991 Rand McNally &
Company

Satz: datacon, Wien
Druck und Verarbeitung: Mohndruck Graphische
Betriebe GmbH, Gütersloh

Printed in Germany
ISBN 3-572-01122-1

Einleitung:	
Die großen Weltwunder ..	6
Europa	8
Newgrange	10
Stonehenge	12
Der Parthenon	14
Pont du Gard	16
Das Kolosseum	18
Der Hadrianswall	20
Der Palast des Diokletian	22
Der Schiefe Turm von Pisa ..	24
Die Alhambra	26
Die Kathedrale von Chartres	28
Gotteshäuser	30
Der Kölner Dom	32
Die Kapellbrücke	34
Die Meteoraklöster	36
Der Canal Grande	38
Grand' Place	40
Der Kreml	42
Die Peterskirche	44
Die Hofburg	46
Der Escorial	48
Das Goldmachergäßchen in Prag	50
Versailles	52
Dresdner Zwinger	54

Der große Palast	56
Die Eiserne Brücke	58
Das Zeitalter des Eisens ...	60
Windsor Castle	62
Schloß Neuschwanstein	64
Sacré Coeur	66
Das Parlament	68
La Sagrada Familia	70
Der Eiffelturm	72
Die Transsibirische Eisenbahn	74
Das Centre Pompidou	76
Asien	78
Jericho	80
Persepolis	82
Petra	84
Die Chinesische Mauer	86
Die Terrakotta-Armee	88
Qin und Han: **Die Gründung des** **Chinesischen Reiches**	90
Nemrut Dag	92
Die Felsenkirchen von Kappadokien	94
Der Felsendom	96
Die Halle des Großen Buddha	98
Borobudur	100

Angkor Wat 102	Chichén Itzá 156	Tiahuanaco 208
Der Itsukushima-Schrein 104	Cliff Palace	Chanchán 210
Die Verbotene Stadt 106	(Felsenpalast) 158	Die Inka-Pfade 212
Der Topkapi-Palast 108	Die Kirche Unserer Lieben	Machu Picchu 214
Der Minakshi-Tempel 110	Frau von Guadalupe 160	**Das Inka-Reich** 216
Die Blaue Moschee 112	**Die Neue Welt** 162	Die Jesuitenkirche
Der Tadsch Mahal 114	Monticello 164	La Compañía 218
Der Islam in Asien 116	Der Mormonen-Tempel 166	Das Teatro Colón 220
Das Rotes Fort 118	Die Canadian Pacific	Die Statue des Erlösers 222
Der Potala-Palast 120	Railroad 168	Brasília 224
Die Innenstadt	Die Freiheitsstatue 170	Der Itaipú-Damm 226
von Chandigarh 122	Der Panamakanal 172	
Die Seto-Ohashi-Brücke 124	Hearst Castle 174	**Australien und Ozeanien** .. 228
	Das Lincoln-Denkmal 176	Osterinsel 230
Afrika 126	Mount Rushmore 178	Nan Madol 232
Die Cheops-Pyramide 128	Das Empire State Building .. 180	Rotorua 234
Die Tempel von Karnak 130	**Die amerikanischen**	Die Maori von
Das Land der Pharaonen .. 132	**Wolkenkratzer** 182	Neuseeland 236
Karthago 134	Der Hoover-Damm 184	Oper von Sydney 238
Meroë 136	Die Golden Gate Bridge 186	
Fes Medina 138	Las Vegas Strip 188	
Die Steinbauten	Kennedy Space Center 190	
von Simbabwe 140	Das Nationalmuseum für	
Die Felsenkirchen	Anthropologie 192	
von Lalibela 142	Gateway Arch, St. Louis 194	
Der Suezkanal 144	Walt Disney World 196	
Der Assuan-Staudamm 146	Der Superdome	
	von Louisiana 198	
Nord- und	C. N. Tower 200	
Mittelamerika 148		*Titelseite: Die Pyramiden von Giseh, Ägypten*
Tikal 150	**Südamerika** 202	*Bild auf dieser Seite: Der Tadsch Mahal bei Sonnenuntergang, Indien*
Teotihuacán 152	Das Tal der Statuen 204	
Tula 154	Die Scharrbilder von Nazca .. 206	*Schmutztitelseite: Stonehenge, England*

DIE GROSSEN WELTWUNDER

Wunder versetzen alle Menschen in Erstaunen und Ehrfurcht. Die Großen Wunder dieser Welt, die in diesem Buch beschrieben und dargestellt sind, machen da keine Ausnahme. Sie sind Werke menschlicher Hand und dokumentieren eine Zeitspanne von rund 10.000 Jahren menschlicher Geschichte; vom frühesten Seßhaftwerden in Jericho bis zu den jüngsten bautechnischen Wundern in Südamerika und Japan. Die Wunder sind über den gesamten Erdball verstreut; in diesem Buch werden sie nach Kontinenten und in zeitlicher Reihenfolge geordnet dargestellt.

Die Menschen dieser Welt haben zu allen Zeiten Freude am Außergewöhnlichen gehabt und den Drang verspürt, der Erde – von Stonehenge bis zum Itaipu-Staudamm – die größten, schwersten und gewaltigsten Konstruktionen aufzubürden, die ihre Geschicklichkeit und ihr technisches Können gerade noch ermöglichten. Der leicht im Wind schwankende C.N. Tower in Toronto ragt 553 Meter in den Himmel. Das Empire State Building in New York City erfreute sich mehr als 40 Jahre des Rufes, das höchste Bauwerk der Erde zu sein, und zeigt, wie der Eiffelturm und die spitzen emporstrebenden Kirchtürme der gotischen Kathedralen, was Menschen zu leisten imstande sind, wenn sie nach den Sternen greifen.

Wunder und Mysterien

Einige Bauwerke und Monumente sind Wunder der Technik, die gelungene Überwindung weiter Distanzen oder die Zähmung von Naturgewalten: der Suez- und der Panamakanal, die Transsibirische Eisenbahn, die Canadian Pacific Railroad und der Assuan-Staudamm. Andere sind erstaunliche Großtaten, wenn man bedenkt, daß ihren Erbauern die Errungenschaften der modernen Technik nicht bekannt waren: Stonehenge, die Chinesische Mauer, die Steinbauten von Simbabwe, die äthiopischen Felsenkirchen. Wieder andere sind an außergewöhnlichen, unzugänglichen Orten errichtet, beispielsweise die Meteoraklöster in Griechenland.

Es gibt Parallelen zwischen geographisch und zeitlich weit auseinander liegenden Leistungen, so zum Beispiel zwischen dem Kolosseum in Rom und dem Superdom in New Orleans, zwischen dem Tor zum Shinto-Heiligtum Itsukushima in Japan und dem großen Torbogen am Mississippi in St. Louis; zwischen den kolossalen Statuen der ägyptischen Pharaonen und den in Stein gemeißelten Gesichtern amerikanischer Präsidenten in Mount Rushmore. In Wundern kann et-

was Unbekanntes und Geheimnisvolles mitschwingen: Und tatsächlich fühlt man im Schatten der großen Pyramide die Gegenwärtigkeit eines Mysteriums ebenso wie in den Tempelstädten der Mayas in den Dschungeln von Yucatán, in den Scharrbildern auf dem Wüstenboden von Nazca und in den Statuen auf der Osterinsel, die schweigend auf den Pazifik schauen.

Paradiese auf Erden
Viele gewaltige Stein- oder Marmorbauten, von Persepolis bis zum Kreml, repräsentieren die Macht von Königen. Sie sollten ihre Herrschaft demonstrieren und den Untertanen die ehrfurchtgebietende Majestät des Herrschers bewußt machen. Ironischerweise wurden einige Bauten zu goldenen Käfigen, wie die Verbotene Stadt der chinesischen Kaiser in Peking oder der Potala-Palast der Dalai-Lamas in Lhasa. Die Herrscher in diesen Palästen waren vollkommen abgeschnitten vom realen Leben ihrer Untertanen.

Solche Paläste scheinen Versuche zu sein, Paradiese auf Erden zu erschaffen. „Wenn es ein Paradies auf Erden gibt", so sagte Shah Jahan, der Erbauer des Roten Fort in Delhi, „dann ist es hier, es ist hier und nur hier." Mit derselben Intention wurden die Alhambra in Spanien und der Topkapi-Palast in Istanbul erbaut.

Im 20. Jahrhundert sahen die Versuche, irdische Paradiese zu erschaffen, anders aus. William Randolph Hearst erbaute in San Simeon einen großen herrschaftlichen Wohnsitz, in Florida entstand die Walt Disney World. In Versailles setzten sich die Baumeister und Landschaftsgestalter von Ludwig XIV. zum Ziel, einen Palast der vollkommenen Proportionen zu errichten, der nicht nur des Sonnenkönigs Herrlichkeit demonstrieren, sondern auch die Ordnung der Welt ausdrücken sollte.

Dieselben Zielsetzungen verfolgten die Architekten der großen religiösen Bauwerke: Kathedralen, Moscheen und Tempel sind Ausdruck der göttlichen Ordnung der Dinge. Die kolossalen Tempelberge Asiens, wie Borobudur in Java und Angkor in Kambodscha, sind steinerne Lektionen über die wahre Natur der Welt. Dasselbe gilt für die Kathedrale von Chartres.

Die Orientierung der Bauwerke nach den Himmelsrichtungen spielte auch eine sehr bedeutsame Rolle. Die großen Pyramiden Ägyptens wurden so erbaut, daß ihre vier Seiten nahezu exakt nach den Himmelsrichtungen ausgerichtet waren. 3.000 Jahre später, auf der anderen Seite der Erde, wurde die Stadt Teotihuacán in Mexiko auf die gleiche Weise angelegt.

Manchmal erhielt diese Gestaltung nach den Himmelsrichtungen besondere symbolische Bedeutung. Die monumentale Grabanlage von Newgrange in Irland wurde so konstruiert, daß zur Zeit der Wintersonnenwende ein Lichtstrahl in einen dunklen Gang fällt und das Innere des Grabmals erhellt. In Chichén Itzá in Mexiko symbolisieren die Stufen und Terrassen des Pyramidentempels die Tage und Monate des Jahres. Zur Herbst- und Frühlings-Tagundnachtgleiche entsteht ein Muster von Licht und Schatten. Die ganze Anlage erscheint dann so, als ob der Schlangengott sich auf einem spiralförmigen Weg aus dem Inneren des Tempels winden würde.

Dieses Buch will, von Kontinent zu Kontinent fortschreitend, vor allem den unermüdlichen Ehrgeiz, die Geschicklichkeit und die Schaffenskraft aufzeigen, die Menschen in jedem Teil dieser Erde und zu allen Zeiten beim Schaffen ihrer Bauwerke und Monumente inspiriert haben. Die großen Wunder dieser Welt sind Wunder des menschlichen Geistes.

Der „Tempel der Krieger" in Chichén Itzá, Mexiko.

EUROPA

Zwischen so gegensätzlichen Bauwerken wie dem steinzeitlichen Grabmal von Newgrange in Irland und dem Centre Pompidou in Paris liegen 5.000 Jahre, in denen bemerkenswerte Werke der Architektur und der Maschinenbaukunst geschaffen wurden. In Stonehenge wurde mit ungeheurer Kraftanstrengung und mit eindrucksvoller Fachkenntnis eine Tempelanlage errichtet. Über die damals verehrten Götter und Rituale können wir nur Vermutungen anstellen. Aber die verwitterten grauen Steine, die einsam und unheimlich in der Ebene von Salisbury zum Himmel aufragen, lassen uns auch heute noch bewundernd erschauern.

Von der Antike zur Renaissance

Im 5. Jahrhundert v. Chr. wurde eine kleine Stadt im östlichen Mittelmeer zum Vorbild und Zentrum der griechischen Kultur. Athen erlebte in diesem Jahrhundert eine außerordentliche Blütezeit. Es brachte die Tragödien des Aischylos, Sophokles und Euripides, die Komödien des Aristophanes, die Philosophie des Sokrates, die Schriften des Herodot und des Thukydides und die Plastiken des Phidias hervor. Zu diesem Zeitpunkt wurde auch der Parthenon erbaut. Dieser der Schutzgöttin Athena Parthenos geweihte Tempel ist auch heute noch Symbol für den Ruhm des antiken Griechenland.

Rom war damals noch eine unbedeutende kleine Provinzstadt, die niemanden in der zivilisierten Welt interessierte. Die Römer begannen jedoch bereits ihre Muskeln zu stählen und die Nachbarn unter ihr Joch zu zwingen. Und ab der Mitte des 3. Jahrhunderts v. Chr. kontrollierten und beherrschten sie bereits mehr als die Hälfte Italiens. Der römische Staat und seine gefürchteten Legionen errichteten ein ungeheures Imperium, das sich im 2. Jahrhundert n. Chr. von Großbritannien über Europa und Nordafrika nach Ägypten und Mesopotamien bis hin ans Kaspische Meer'erstreckte. Das Kolosseum in Rom ist ein Denkmal dieser imperialistischen Größe und wilden Herrschsucht. Ebenso zeugt der Hadrianswall an Roms ehemaliger nördlichster Grenze in Britannien auch heute noch von römischem Ehrgeiz und strategischem Genie.

Rom verfiel und germanische Horden von jenseits des Rheins überschwemmten im Zuge der Völkerwanderung Europa. Unter dem Einfluß des Christentums entstand im westlichen Europa allmählich wieder eine neue Kultur. Sie drückte sich in jenem schwebenden, auf Gott gerichte-

Ruhm und Größe des einstigen Griechenland: der Parthenon vor dem Himmel Athens.

ten und später spöttisch als *Gotik* bezeichneten Architekturstil aus, in dem Kathedralen wie Chartres geschaffen wurden. Etwa zur selben Zeit erbauten die der maurischen Kultur angehörenden islamischen Eroberer Spaniens ein Paradies auf Erden. Zwischen Springbrunnen und schattigen Gärten entstand im sonnigen Granada die Alhambra.

In der Renaissance bemächtigten sich die Griechen und Römer erneut Europas. In Rom, dem Zentrum des westlichen Christentums, wurde auf dem Grabmal des Apostels Petrus ein neuer Dom errichtet, der zum großartigen Barockbaustil überleitet. Die Dogen von Venedig, die den europäischen Handel mit dem Osten kontrollierten, errichteten ihre Paläste entlang des Canal Grande, und ihre nördlichen Handelskonkurrenten in den Niederlanden gestalteten in Brüssel die Grand' Place aus. Der Einfluß der Renaissance reichte bis Moskau, wo die Erzengel-Michael-Kathedrale im Kreml erbaut wurde.

Als die modernen Nationalstaaten auf der europäischen Bühne erschienen, errichteten ihre Regenten repräsentative Paläste, um ihre Stellung und ihren Einfluß in der Welt zu demonstrieren. Von der Hofburg in Wien aus regieren die Habsburger ein Weltreich. Ein spanischer Habsburger erbaute außerhalb von Madrid den Klosterpalast Escorial. Für den französischen Sonnenkönig Ludwig XIV. und seine Nachfolger entstand in Versailles eine würdige Residenz.

Die Welt der Maschinen

Im England des 18. Jahrhunderts dämmerte mit der technischen Revolution ein neues Zeitalter herauf. Das Wahrzeichen dieser Zeit ist die *Iron Bridge* (Eiserne Brücke) über den Fluß Severn. Sie wurde 1779 erbaut und leitete als erste bedeutende Konstruktion aus Eisen eine neue Ära ein, in der die ländliche, vornehmlich auf Ackerbau beruhende Wirtschaft Westeuropas in eine von der Industrie beherrschte Wirtschaftsform überging, in der Maschinen, Fabriken, überfüllte Großstädte, Massenproduktion und Konsumgüter vorherrschend wurden. Der Eiffelturm in Paris und die Transsibirische Eisenbahn (deren Schienen sich Tausende von Kilometern von Moskau quer durch Rußland an die entlegenen Küsten Asiens erstrecken) sind zwei weitere Symbole dieses Maschinenzeitalters.

Als Reaktion auf die Auswüchse der Industrialisierung entstand in der Architektur des 19. Jahrhunderts eine nostalgische Bewegung, die sich in die Vergangenheit zurückträumte. In England wurde Schloß Windsor, eine Festung und königliche Residenz aus der Zeit der Normannen, für König George IV. im neugotischen Stil restauriert, in Bayern entstand in Neuschwanstein ein romantisches Märchenschloß.

Die moderne Architektur hat diesen vergangenheitsorientierten Träumen den Rücken gekehrt. Ihre bedeutenden Werke liegen zum größten Teil außerhalb Europas, doch auch das Centre Pompidou in Paris fordert die Errungenschaften der letzten 5.000 Jahre kühn heraus.

Das revolutionäre Centre Pompidou bedeutet einen Wendepunkt in der modernen Architektur.

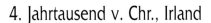

4. Jahrtausend v. Chr., Irland

NEWGRANGE

Zur Wintersonnenwende sendet die aufgehende Sonne einen Lichtstrahl in das dunkle Herz dieser Grabkammer.

Newgrange, in der Grafschaft Meath der Republik Irland, liegt am Nordufer des Flusses Boyne, etwa acht Kilometer westlich von Drogheda und knapp 50 Kilometer nördlich von Dublin. Die beste Zufahrt von Dublin führt über die N 2 zum Dorf Slane, welches acht Kilometer östlich von Newgrange entfernt ist.

Die Männer, die Newgrange 1699 auf der Suche nach Baumaterial freilegten, bezeichneten ihren Fund als eine Höhle. Er wurde den Kelten zugeschrieben und als das Grabmal der Könige von Tara betrachtet, das in den ersten nachchristlichen Jahrhunderten entstanden sein soll. Man brachte Newgrange sogar mit den Schachtgräbern von Mykene in Verbindung. Tatsächlich ist es wesentlich älter als Mykene, älter selbst als Stonehenge oder die Pyramiden. Newgrange, das in der irischen Literatur als der Wohnsitz Boynes gefeiert wird, ist ein megalithisches Ganggrab, das auf die Mitte des dritten Jahrtausends zurückgeht und deutlich eine hochentwickelte Jungsteinzeitgesellschaft zeigt, die damals im Boynetal ihre Blütezeit hatte.

Rechts: Der gewaltige Stein- und Erdhaufen war mit glitzernden weißen Quarzkieseln bedeckt und von einem Kreis großer, aufrecht stehender Steinblöcke umgeben, von denen nur noch die beiden am Eingang vorhanden sind.

Gegenüberliegende Seite: Zur Wintersonnenwende beleuchtet die Sonne 17 Minuten lang das Innere der Grabkammer. Die Erbauer dieses monumentalen Grabmals kannten offensichtlich den Kalender genau.

EUROPA

Ein 0,9 Meter breiter und 16,7 Meter langer Gang, mit großen Monolithen eingefaßt und überdacht, führt zu einer zentralen Grabkammer, die drei Nischen hat. Die Höhe dieses Ganges beträgt beim Eingang 1,5 Meter und steigt bis zur Kammer auf das Doppelte an. Die Grabkammer und der Gang sind mit einem Steinhügel bedeckt, der schätzungsweise aus 200.000 Tonnen loser Steine besteht. Der ganze Bau war sorgfältig gegen das Eindringen von Wasser isoliert und von einem Ring aufrecht stehender Steine umgeben.

Newgrange läßt viele Fragen offen. Warum bewahrte man in einem so sorgfältig ausgebauten Grab die Überreste von lediglich fünf Menschen auf? Wie wurden die riesigen Steinblöcke, die nicht zerteilt waren, an diese Stelle transportiert? Kann es auch sein, daß sie durch eine Gletscherbewegung in diese Gegend gebracht wurden? Wie lange dauerte der Bau, und wie viele Menschen waren daran beteiligt? Einige Steine sind mit verschiedenen geometrischen Mustern verziert. Aber warum befinden sich diese Muster manchmal an Stellen, wo sie unter normalen Bedingungen nicht gesehen werden können?

Über einen anderen Punkt besteht größere Klarheit. Der Archäologe von Newgrange, Professor O'Kelly, zeigte, daß das Grab so angelegt ist, daß das Licht der aufgehenden Sonne zur Zeit der Wintersonnenwende auf die Längsseite des Ganges und in die Grabkammer fällt. Und schon damals, als Newgrange gebaut wurde, schien das Licht auf einen einzigen verzierten Stein am Ende der Kammer.

Der Eingang war ursprünglich mit einem Stein bedeckt. Ein sorgfältig konstruierter Spalt im Dach ermöglicht jedoch den Einfall des Sonnenlichts. Dieser Effekt wird zum Zeitpunkt der Wintersonnenwende beobachtet. Ähnliches ist vom Grabmal von Maes Howe auf den schottischen Orkney-Inseln bekannt, dessen Entstehungszeit ungefähr für 2700 v. Chr. angesetzt wird. Dort ist es jedoch die untergehende Wintersonne, die das Grab erhellt. Die Bedeutung der Sonne in Newgrange unterstützt eine Theorie, die sich aus der frühen irischen Literatur herleitet. Das Grabmal wird mit übernatürlichen Wesen in Verbindung gebracht, insbesondere mit dem „guten Gott" *Dagda,* der auch als Sonnengott verehrt wurde.

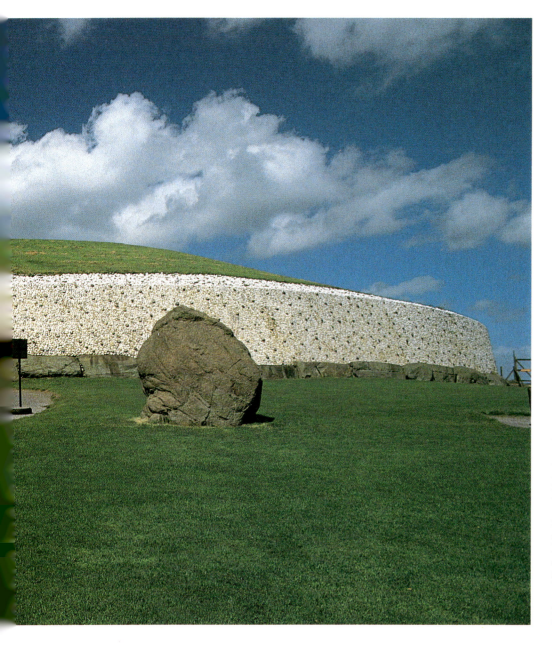

Der Friedhof des Boyne-Tales

Newgrange liegt in einem Gebiet, das durch eine Schleife des Boyne-Flusses gebildet wird und reich an prähistorischen Monumenten ist. Im Umkreis von wenigen Kilometern liegen noch zwei weitere Grabhügel, Knowth und Dowth, welche ungefähr die gleiche Größe wie Newgrange haben. Es wird aber angenommen, daß sie etwas später entstanden sind. Der Grabhügel von Knowth enthält zwei Ganggräber, und viele kleinere liegen außerhalb der Anlage. In nächster Umgebung befinden sich noch weitere Grabhügel und aufrecht stehende Steinblöcke. Wahrscheinlich wurde der gesamte Komplex durch Jahrhunderte hindurch als geheiligter Ort verehrt. Knowth und Dowth zeigen Spuren der Zerstörung durch spätere Eroberer, aber es scheint, daß Newgrange von diesen Zerstörungen verschont wurde. Das könnte bedeuten, daß es mit besonderer Hochachtung betrachtet oder möglicherweise als Haus des Todes verehrt wurde. Funde von Schmuck und Münzen außerhalb des Grabes aus dem 4. nachchristlichen Jahrhundert lassen vermuten, daß Newgrange auch damals als heiliger Ort galt und daß es eine Tradition gab, Opfergaben (wenn auch in sicherer Entfernung) hierherzubringen, um die „Bewohner" zu erfreuen.

11

4. bis 2. Jahrtausend v. Chr., England

STONEHENGE

"Du kannst Hunderte von Fragen an diese roh behauenen Riesen stellen, die sich in düsterer Nachdenklichkeit über ihre niedergesunkenen Gefährten neigen." – HENRY JAMES

Stonehenge liegt in der Ebene von Salisbury, drei Kilometer westlich von Amesbury in der Grafschaft Wiltshire, an der Kreuzung der A 303 und der A 344/360. Die nächsten Bahnstationen sind Salisbury und Grateley, beide etwa 16 Kilometer entfernt.

Von verschiedenen Blickwinkeln und in verschiedenen Lichtstimmungen gesehen, heben sich die Steinblöcke mystisch vom Himmel ab. Von Stonehenge geht eine starke Anziehungskraft aus. Seine ursprüngliche Bestimmung und Bedeutung wird bis heute noch heftig diskutiert.

Gegenüberliegende Seite: Die riesigen Steine wurden auf Walzen über Land transportiert und dann in eine aufrechte Stellung gebracht. So entstand der eindrucksvolle Tempel von Avebury.

12

Der Sinn und Zweck von Stonehenge bleibt ein Geheimnis. Es wurden verschiedene Theorien aufgestellt, die vom Plausiblen zum Absurden reichen, und Argumente vorgebracht, die oftmals weit über das Ziel hinausschossen. Inigo Jones, der britische Architekt des 17. Jahrhunderts, verglich es mit römischer Architektur. Andere sind überzeugt, daß außerirdische Wesen ihre Hand im Spiel hatten und Stonehenge als Landeplatz für ihre irdischen Exkursionen benutzten. Es ist unwahrscheinlich, daß wir Stonehenge jemals vollständig verstehen werden, aber für jene, die durch die Atmosphäre und Schönheit dieses Monuments und seiner Umgebung angesprochen werden, spielt das kaum eine Rolle.

In Stonehenge können mehrere Bauphasen unterschieden werden, wobei einige mehr als tausend Jahre auseinanderliegen. In der ersten Bauphase, die etwa 3100 v. Chr. stattfand, entstand ein kreisförmiger Graben. Außerhalb dieses Grabens befand sich der sogenannte *Friar's Heelstone* und innerhalb ein Ring von Mulden, in denen zu gewissen Zeiten die Überreste eingeäscherter Leichen aufbewahrt waren. Später wurden *blaue Steine* (Kupfervitriolsteine) in zwei konzentrischen Kreisen innerhalb des Grabens angelegt. Diese Steine entfernte man, und etwa um 1800 v. Chr. nahm Stonehenge die Gestalt an, die uns heute bekannt ist. Zu dieser Zeit gehörte die erste Bauphase bereits der Vergangenheit an. Es entstand ein durch riesige graue Sandsteinblöcke gebildeter Kreis. Die Blöcke waren am oberen Ende durch Decksteine verbunden. Innerhalb des Kreises befand sich eine hufeisenförmige Anlage, die durch eine Reihe riesiger Steinblöcke gebildet wurde, wobei jeweils zwei einen Deckstein trugen. Es scheint, daß die blauen Steine mehrmals von verschiedenen Generationen neu geordnet wurden. Heute bilden einige von ihnen einen selbständigen Hufeisenring innerhalb des Sandstein-Hufeisenringes, und ein weiterer Kreis von blauen Steinen befindet sich innerhalb des Sandsteinkreises.

Die blauen Steine haben zu vielerlei Spekulationen Anlaß gegeben. Ihrer ungewöhnlichen geologischen Zusammensetzung wegen hat man lange geglaubt, daß sie aus den Prescelly-Bergen in Südwales stammen und von dort mittels Flößen auf dem Wasserwege hierher transportiert wurden. In jüngster Zeit haben Geologen diese Theorie angezweifelt, da diese Steine zu unterschiedlich seien, um von einem einzigen Fundort zu stammen, und daß sie wahrscheinlich von verschiedenen Orten durch Gletscher in die Umgebung von Stonehenge bewegt wurden.

Die Konstruktionsweise von Stonehenge ist weder primitiv noch zufällig, denn die Anordnung der Steine zeigt ein bemerkenswertes Verständnis für Perspektive. Es ist häufig auch hervorgehoben worden, daß die Erbauer beachtliche mathematische Kenntnisse besitzen mußten, und daß die gesamte Anlage wahrscheinlich auch als astronomisches Observatorium benutzt worden ist, möglicherweise um Mondfinsternisse vorauszusagen. Stonehenge wird heute noch zur Zeit der Sommersonnenwende zu einem Wallfahrtsort (die Achse des Hufeisens und eine alte Zufahrtsstraße verlaufen parallel zur aufgehenden Sonne), und diese Tatsache bekräftigt auch die vermutete mystische Bedeutsamkeit.

Im Volksglauben wird Stonehenge öfters mit den Druiden in Verbindung gebracht, die wohl ein besonderes Interesse an astronomischen Phänomenen hatten. Aber diese Theorie läßt das hohe Alter von Stonehenge außer acht. Die Druiden gehören dem keltischen Kulturkreis an, und wenn sie auch in späteren Jahren etwas mit Stonehenge zu tun hatten, so waren sie mit Sicherheit nicht die Erbauer von Stonehenge.

Die Archäologie entwickelte sich zu einer exakten Wissenschaft. Durch eine neue Untersuchungsmethode konnte eine genaue Analyse geologischer Formationen durchgeführt werden, durch die die Theorie der Druiden-Herkunft von Stonehenge ihre Glaubwürdigkeit verlor. Bis heute aber bleiben Stonehenge und sein spiritueller Hintergrund ein Geheimnis.

EUROPA

Avebury

Etwa 35 Kilometer von Stonehenge entfernt, in Avebury in der Grafschaft Wiltshire, befindet sich ein Kreis aus Steinen, der als der größte der Welt bekannt ist. Eine Schätzung gibt an, daß es 274 Steinblöcke gewesen sein müssen, die die äußeren und inneren Kreise gebildet haben, und es gab wahrscheinlich weitere 97 Paare von solchen Steinen, die einen Zugangsweg umsäumt haben. Der große, den äußeren Kreis umgebende Graben ist 21 Meter breit und umschließt ein Areal von nahezu zwölf Hektar. Dieser äußere Kreis, der aus über hundert Steinblöcken gebildet wurde, umschließt zwei weitere innere Kreise, die ebenso aus Steinen bestanden. Im Gegensatz zu Stonehenge waren diese Steine nicht behauen oder mit Dekorationen verziert. Ebenso wie in Stonehenge sind jedoch auch in Avebury alle Versuche vergeblich, sein Geheimnis zu ergründen. Sonnen- oder Mondverehrung, männliche oder weibliche Fruchtbarkeitsriten, die Liste der Theorien ist lang, ohne Hoffnung, eine endgültig zu bestätigen oder zu widerlegen. Die Steine von Avebury stammen etwa aus dem Jahre 2600 v. Chr., aber es gibt viele Anzeichen früherer kultischer Aktivitäten. Avebury kann als ein hervorragendes Beispiel jungsteinzeitlicher Kultur betrachtet werden.

Um 450 v. Chr., Griechenland

DER PARTHENON

„Das perfekteste Bauwerk der antiken Kunst und sogar als Ruine ein imponierendes und seelenbewegendes Objekt." –
BAEDEKER, 1889

Der Parthenon befindet sich auf der Akropolis. Dieser Hügel, auf dem das antike Athen erbaut war, überragt die moderne Stadt und ist gut zu Fuß zu begehen. Die Skulpturen des Parthenon stehen in vielen Museen. Einige davon befinden sich auch im Athener Nationalmuseum.

Beschreibungen des Parthenon wurden immer mit Superlativen versehen. Dieser der Schutzgöttin Athena Parthenos geweihte Tempel von Athen wird als höchstes Beispiel antiker Baukunst und als ein Meisterwerk der Kunst und Bildhauerei betrachtet. Das Bauwerk stammt aus der Mitte des 5. Jahrhunderts v. Chr. Zu dieser Zeit wurden die Perser, die 480 v. Chr. Athen erobert hatten, entscheidend geschlagen. Die Stadt erlangte unter der Führung des Staatsmannes Perikles Stolz und Selbstbewußtsein. In dieser Stimmung plante man ein verschwenderisches Bauprogramm, das durch Tributzahlungen finanziert wurde, die man den Verbündeten Athens abverlangte. Damals erreichte die antike Kultur ihren Höhepunkt, und das demonstriert der Tempel der Athena auf der Akropolis vor aller Welt.

Der Parthenon ist im dorischen Stil erbaut. Er ist 69,5 Meter lang und 30,5 Meter breit. Die äußere Säulenhalle (das *Peristyl*) umschloß ein Gebäude, die *Cella*. Das Peristyl bestand aus 46 Säulen, acht waren an der Frontseite des Tempels sichtbar, 17 an den Längsseiten. Jede Säule ist kanneliert, d.h. mit senkrechten Rillen versehen. Die Säulen, der Giebel und das Gesimse waren aus Marmor, nur das Tempeldach bestand aus Holz. Der Baustil entwickelte sich aus dem einfacher Holztempel, und der aus Stein erbaute Parthenon bewahrt die Eleganz früherer technischer Umsetzung. Aber die Einfachheit seiner Linien ist trügerisch: der Architekt Iktinos war ein Meister der Perspektive. Er hat sehr genau berechnet, wie ein Gebäude komponiert werden muß, um dem menschlichen Auge zu gefallen, wenn es den Blick von unten nach oben schweifen läßt.

Die gesamte Anlage wurde auf den Grundmauern eines früheren Athene-Tempels errichtet. Einst stand in diesem Tempel eine riesige Statue der Göttin aus Gold und Elfenbein, die von dem Bildhauer Phidias stammte. Athena Parthenos war eine kriegerische Göttin und auch Schirmherrin der Künste und des Gewerbes.

Der Parthenon war jedoch nicht nur ein Tempel, er war auch so etwas wie eine Kunstgalerie, ein perfekter Rahmen für eine Fülle von Skulpturen. Giebel und Gesimse waren mit Figuren verziert. Rund um die Außenwände der Cella war der berühmte *Parthenon-Fries* in einer Höhe von zwölf Metern angebracht, so daß seine Details kaum gewürdigt werden konnten. (Anfang des

Griechische Tempel waren einfache Bauwerke. Normalerweise hatten sie einen rechteckigen Grundriß. Auf der östlichen Seite befand sich die Statue der Gottheit, der sie geweiht waren. Große Tempel wie der Parthenon waren von einem Peristyl, einer aus Säulen bestehenden Veranda, umgeben.

19. Jahrhunderts wurde mehr als die Hälfte des Frieses von Lord Elgin nach London gebracht und 1816 vom Britischen Museum angekauft.)

Die Vorstellung, daß griechische Tempel weiß waren, ist falsch. Der Parthenon hatte ursprünglich eine bunte, ja eher kitschige Bemalung. In den letzten Jahren ist dem Marmor der Smog Athens nicht gut bekommen, ebenso hinterlassen Unmengen von Touristen an der Akropolis ihre Spuren.

Die Baustile des Parthenons wurden in der Vergangenheit mehrfach verändert. Unter anderem fand der Parthenon als griechisch-orthodoxe Kirche, als römisch-katholische Kirche und sogar als Moschee Verwendung. Im Jahre 1687 benutzte die türkische Armee den Parthenon als Schießpulverlager. Die Explosion beim Angriff der venezianischen Belagerer beschädigte den Tempel stark. Im 19. Jahrhundert wurde der Parthenon zum Teil restauriert. Obwohl vieles geraubt wurde und sehr viele Skulpturen in fremden Museen ausgestellt sind, bildet der Parthenon auch heute noch einen wahrhaft atemberaubend schönen Anblick.

Rechts oben: Der Fries war so hoch angebracht, daß man seine Details nicht bewundern konnte.

Der Parthenon-Fries

Alljährlich wurde die Geburt der Göttin Athena Parthenos in Athen gefeiert, und jedes vierte Jahr fand eine größere Zeremonie mit einer Prozession statt, bei der der Göttin ein neues Gewand überreicht wurde. Man hat lange angenommen, daß der Parthenon-Fries – mit mehr als 152 Meter Länge – diese Prozession versinnbildlicht, und viele seiner Details unterstützen auch diese Interpretation. Es gibt jedoch einige Widersprüche. Professor John Boardman hat jüngst die Hypothese aufgestellt, daß der Fries die 192 gefallenen Helden darstellt, die in der Schlacht bei Marathon 490 v. Chr. gegen die Perser gekämpft haben. Die Anwesenheit der gesamten Götterversammlung und nicht nur der Göttin Athena scheint darauf hinzudeuten, daß es sich bei dieser Zeremonie um ein bedeutenderes Ereignis handelt als gewöhnlich und daß in dieser Darstellung die Helden von Marathon wahrscheinlich den olympischen Göttern vorgestellt wurden. Die meisten Tafeln des Parthenon-Frieses kann man im Britischen Museum besichtigen, obwohl es wiederholte Aufrufe gab, die *Elgin Marbles* (Elgin-Marmor) an Griechenland zurückzuerstatten. Der Dichter John Keats hat den Fries, bald nachdem dieser nach London gebracht wurde, betrachtet. Ein Teil seiner Ode auf eine griechische Vase scheint direkt durch eine der Relieftafeln (*Metopen*) inspiriert zu sein:

Zu welch' grünem Altar führst du,
o geheimnisvoller Priester,
die junge Färse,
die auf zum Himmel brüllt

19 v. Chr.

PONT DU GARD

Ein Werk der zivilen Ingenieurtechnik, das Eleganz mit Funktionalität kombiniert und im Zuge des Bauprozesses zu einem Kunstwerk wurde.

Der Pont du Gard liegt nordöstlich von Nîmes, 16 Kilometer von Uzès und drei Kilometer von Remoulins entfernt, in der Provence. In der Nähe befinden sich die Städte Avignon und Arles. Er ist auch gegenwärtig noch ein Verkehrsweg über den Gard und Teil der Landstraße D 981 (im 17. Jahrhundert wurde entlang der Ostseite auf der untersten Arkadenreihe eine Straße erbaut).

Nîmes

In Nîmes stehen eine Reihe beeindruckender römischer Bauwerke, insbesondere ein großes römisches Amphitheater und die Maison Carrée, ein Tempel, der an einer Ecke des ursprünglichen römischen Forums stand und um 16 v. Chr. Rom und dem Kaiser Augustus gewidmet wurde. Dieser Tempel wurde als Vorlage für die Regierungsgebäude in Richmond, Virginia, benutzt.

Mit dem Bau von Aquädukten trug Rom zur Zivilisation und Hygiene des antiken Lebens bei. Der Pont du Gard brachte Wasser quer über den Fluß nach Nîmes, wo es in öffentliche Bäder, Brunnen und Privathäuser weitergeleitet wurde.

16

EUROPA

Der Pont du Gard wurde von den Römern als Nutzbau errichtet, um die Stadt Nîmes in Südfrankreich, über den Gard hinweg, mit frischem Wasser zu versorgen. Er ist 49 Meter hoch, hat eine Länge von 275 Meter und war Teil eines Wasserleitungs- und Brückensystems, das sich zwischen Nîmes und der Eure-Quelle in der Nähe von Uzès über eine Strecke von 48 Kilometer erstreckte. Er ist ein funktionaler technischer Bau ohne Schmuck und Zierat und zeigt die technische Lösung des Bewässerungssystems, die dazu noch beeindruckend elegant ausgefallen ist.

Eine Inschrift weist darauf hin, daß der Pont du Gard unter dem römischen Feldherrn und Prokonsul Agrippa errichtet wurde, Freund und Schwiegersohn des Kaisers Augustus, und daß er auf das Jahr 19 v. Chr. zurückgeht. Es gibt jedoch Archäologen, die dies bestreiten. Sie wenden ein, daß ein Bau von dieser technischen Qualität einer späteren Ära angehören müsse.

Trotz seines Namens ist die Maison Carrée in Nîmes kein Haus mit einem quadratischen Grundriß, sondern ein rechteckiger römischer Tempel aus dem ersten Jahrhundert v. Chr.

Die Stadt Nîmes entwickelte sich um das Heiligtum eines einheimischen Wassergottes, dem heilende Kräfte zugeschrieben wurden. Von diesem Gott Nemausus stammt auch ihr Name. Unter den Römern erreichte Nîmes eine Ausdehnung von 202 Hektar und zählte 50.000 Einwohner. Berechnungen haben ergeben, daß man durch den Äquadukt in der Lage war, jeden Einwohner pro Tag mit 400 Liter Wasser zu versorgen.

Der Pont du Gard besteht aus drei übereinanderliegenden Arkadenreihen. Sechs Arkaden bilden die untere Reihe, elf die mittlere und 35 befinden sich in der oberen Reihe, direkt unterhalb des Kanals. Die Steinblöcke legte man ohne Verputz übereinander, und die rohen, seitlich herausstehenden Steinbrocken wurden für die Befestigung der hölzernen Baugerüste benutzt. Die Steinbrocken wirken etwas deplaziert und erwecken den Eindruck eines unvollendeten Bauwerks. Sie waren aber wahrscheinlich für die Instandhaltung der Anlage wesentlich. Da das Wasser in diesem Gebiet sehr mineralhaltig ist, werden sich mit der Zeit große Mengen an Ablagerungen im Kanal angesammelt haben, die immer wieder entfernt werden mußten.

Von den oberen Arkadenreihen kann man immer wieder dort in den Kanal blicken, wo er einige seiner Abdecksteine verloren hat. Der Aquädukt selbst hat ein Gefälle von 1 : 3.000, das Gesamtgefälle zwischen der Quelle und dem Auslauf zur Stadt beträgt 17 Meter.

Zur Überraschung der Statiker hat man festgestellt, daß nur eine von den sechs unteren Arkaden die Brücke trägt. Der Pont du Gard überspannt den Fluß auch nicht in einem Winkel von 90 Grad, sondern ist leicht gegen den Wasserlauf gekrümmt.

Was geschah am Ende des Aquädukts? In Nîmes kann man noch immer ein gut erhaltenes *castellum divisorium* besichtigen, einen runden Tank von etwa sechs Meter Durchmesser. In diesen Tank floß das vom Aquädukt kommende Wasser und wurde durch fünf doppelte Rohrleitungen in fünf verschiedene Richtungen weitergeleitet. Drei Öffnungen am Grund des Tanks dienten wahrscheinlich dazu, den Bodensatz abzulassen.

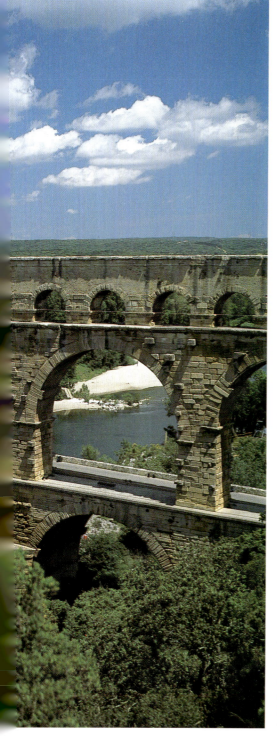

Römische Wasserbaukunst

Im 1. Jahrhundert n. Chr. war ein Mann namens Frontinus oberster Aufsichtsbeamter der römischen Wasserversorgung. Das technische Handbuch *(De aquis urbis Romae)*, das er über dieses Thema verfaßte, geht auf mathematische Details über die Dimensionierung von Leitungsrohren und die Konstruktion von Aquädukten ein. Es gibt aber auch einen amüsanten Einblick in die unterschiedlichen Probleme, mit denen er konfrontiert war. So erzählt er beispielsweise von Landeigentümern, die die öffentliche Wasserversorgung, die an ihren Feldern vorbeiführte, unterbrachen und abzweigten, um ihren eigenen Grund zu bewässern. Eine mögliche Strafe für jene, die dabei ertappt wurden, war die Enteignung ihres Landes. Frontinus berichtet aber auch von einem geheimen und sorgfältig ausgearbeiteten System von Rohrleitungen in Rom, das Wasser illegal von öffentlichen Quellen abzapfe und es zu privaten Grundstücken und Geschäften weiterleitete.

17

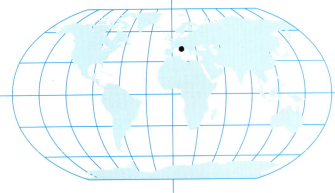

80 n. Chr., Italien

DAS KOLOSSEUM

Bei der Eröffnungszeremonie wurden 5.000 wilde Tiere zur Schau gestellt.

Das Kolosseum dominiert auch heute noch in seiner Umgebung. Es ist im Zentrum Roms am östlichen Ende der Via dei Fori Imperiali gelegen. In geringer Entfernung vom Hauptbahnhof, ist es auch mit der U-Bahn zu erreichen und hat seine eigene Station: Colosseo.

Christen und Löwen

Im Jahre 1744 wurde das Kolosseum, das im Jahre 1312 in Kirchenbesitz überging, im Gedenken an die Christen, die hier vor einer tobenden Menge von Römern für ihren Glauben gestorben sein sollen, geweiht. Das Kolosseum wurde lange Zeit mit dem Martyrium des frühen Christentums in Verbindung gebracht (George Bernard Shaws Drama *Androklus und der Löwe* ist ein Beispiel dafür). Aber es gibt nur geringe Hinweise, daß hier tatsächlich eine Verbindung besteht. Trotzdem steht bis zum heutigen Tag noch ein Kreuz in der Arena.

Heute wird das Kolosseum bei Nacht mit Flutlicht angestrahlt. Es war schon seit seiner Eröffnung eine der wesentlichen Sehenswürdigkeiten Roms.

Das Amphitheater ist eine römische Erfindung. Es bestand aus einer Arena mit elliptischem Grundriß, umgeben von in Stockwerken angeordneten Sitzreihen und von denen aus eine große Menge von Zuschauern in Sicherheit spektakuläre Kämpfe verfolgen konnte. Hier kämpften Gladiatoren und paradierten exotische Tiere, die sich später unter den Augen der staunenden Menge gegenseitig niedermetzelten und töteten.

Rom besaß bereits vor dem Bau des Kolosseums einige Amphitheater, aber nach dem großen Brand von 64 n. Chr. benötigte man ein neues. Vespasian, Kaiser ab 69 n. Chr., ordnete den Bau eines großräumigen Amphitheaters an, das seinen Familiennamen tragen und größer und schöner als alle anderen sein sollte.

Es wurde als das Flavische Amphitheater *(Amphitheatrum Flavium)* bekannt und auf dem Grunde eines künstlichen Sees errichtet. Der See gehörte zur aufwendigen Anlage des Goldenen Hauses *(Domus Aurea)*, die sein Vorgänger Nero erbaut hatte. Die Wahl dieses Platzes war bautechnisch klug und demonstrierte auch das Ende einer dekadenten Bauperiode. Vespasian hatte wie Nero ein Bauprogramm großen Stils entwickelt, aber er tat dies im Sinne der Öffentlichkeit und nicht aus rein privater Vergnügungssucht. Ironischerweise konnte sich Nero posthum auch für Vespasians Umwidmung rächen: Seit dem 8. Jahrhundert ist das Flavische Amphitheater als das Kolosseum bekannt. Es wird vermutet, daß sich diese Bezeichnung von der kolossalen Nero-Statue herleitet, die in unmittelbarer Nähe stand. (Vespasian wollte diese nicht zerstören, ließ aber den Kopf ersetzen und benannte die Statue nach Apollo.)

Das Kolosseum hat einen Umfang von nahezu 500 Meter, ist 48,5 Meter hoch und besteht aus Travertinstein, Tuff und Ziegeln. Es wurde 80 n. Chr. durch Vespasians Nachfolger Titus mit einer Zeremonie eingeweiht, bei der man 5.000 wilde Tiere zur Schau stellte. Aber auch zu diesem Zeitpunkt war das Werk noch nicht vollendet. Die letzte obere Zuschauertribüne wurde erst unter dem nächsten Kaiser, Domitian, angebaut.

Das Bauwerk ist sehr vielschichtig angelegt. Seine Architektur zeigt, wie genial die Bewegung großer Menschenmassen beherrscht werden konnte. Ein System von Treppenaufgängen und Korridoren gewährleistete den reibungslosen

EUROPA

Zutritt und Abgang zu den Sitzen. Und das, obwohl das Amphitheater rund 50.000 Menschen Platz bot.

Noch wichtiger war jedoch die sorgfältige Organisation des Traktes, in dem die Tiere untergebracht waren. Die Architekten des Kolosseums konstruierten mit großem Geschick ein System von Gängen und Aufzügen, das wilde, aufgebrachte Tiere von ihren Käfigen unterhalb der Bühne direkt in die Arena dirigierte. Viele Bestandteile dieser Struktur können heute noch besichtigt werden, ebenso wie die Sockelsteine und Kragsteine im vierten, obersten Stockwerk. Diese Steine hielten einst Masten, die es ermöglichten, die Arena des Amphitheaters mit einem riesigen Zeltdach zu überspannen. Eine ausgeklügelte Anordnung von Segeltüchern, Flaschenzügen und Seilen wurde von Seeleuten betätigt.

Aufgrund dieser fortschrittlichen Technik und der wirksam gesteuerten Menschenmassen gilt das Kolosseum als ein Bauwerk, das seiner Zeit weit voraus war. Sogar die Konstruktionsmethode erscheint heute überraschend modern und nicht unähnlich jener, die bei den Stahlkonstruktionen der Hochhäuser des 20. Jahrhunderts angewendet wird. Nahezu 2.000 Jahre nach seiner Eröffnung ist das Kolosseum auch heute noch als ein herausragendes Beispiel römischer Baukunst zu betrachten.

Im 18. und 19. Jahrhundert fand man es interessant und aufregend, das Kolosseum bei Nacht zu besichtigen. Das Gebäude war zu dieser Zeit bereits verfallen und von Pflanzen überwuchert. Um 1850 wurde das Rankenwerk entfernt.

Mann gegen Tier und Mann gegen Mann

In der Villa Borghese in Rom gibt es Mosaike, die Kampfszenen aus der Arena zeigen. Stiere, Hirsche, Löwen und sogar Straußenvögel wurden für faire Gegner eines *bestiarius* gehalten. So wurde ein Mann bezeichnet, der dem Matador nicht unähnlich war. (Einige erhaltene römische Amphitheater werden auch gegenwärtig noch für Stierkämpfe benutzt.)

Die Faszination der Römer für exotische Tiere scheint aus einer Zeit zu stammen, als man noch karthagische Elefanten in der Stadt als Siegestrophäen vorzeigte, lange bevor das Kolosseum erbaut wurde. Ebenso hatten Wettkämpfe zwischen Gladiatoren eine lange Tradition. Es wird angenommen, daß diese sich aus etruskischen Begräbniszeremonien entwickelten. Gladiatorenkämpfe waren oftmals professionelle Angelegenheiten zwischen trainierten und ebenbürtigen Gegnern, manchmal aber auch tragische Spektakel, zu denen Gefangene wider ihren Willen gezwungen wurden.

Sitzordnung und Zugang waren äußerst wirksam organisiert. Nummern auf den Eintrittskarten gaben an, bei welchem Tor des Amphitheaters man einzutreten hatte.

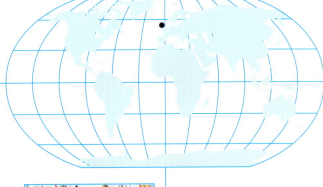

2. Jahrhundert n. Chr., England

DER HADRIANSWALL

Eine gigantische Barriere, die steile Klippen inmitten einer beeindruckenden Landschaften erklimmt.

Der Hadrianswall, der sich durch Cumbria und Northumberland im nördlichen England zieht, besteht nicht nur aus einer einzigen sehenswerten Stelle. Die beste Art, ihn zu besichtigen, ist ein Fußmarsch, der von Carlisle oder Newcastle seinen Ausgang nimmt und über zwei Wochen beansprucht. Housesteads Fort und der Abschnitt von hier bis nach Steel Rigg sind die wichtigsten Paradestücke mit guter Straßenverbindung von Osten und Westen. Die B 6318 ist keine Schnellstraße, aber sie folgt dem Wall viele Kilometer. Newcastle und Carlisle sind durch die Tyne-Valley-Bahn verbunden, und im Sommer gibt es den Hadrian's Wall Bus Service von Hexham und einigen anderen Bahnstationen. Ein Fernwanderweg entlang des Walls ist geplant.

Museen

Am Hadrianswall und in seiner Nähe gibt es etliche interessante Museen. Das Museum der Antike in der Universität von Newcastle upon Tyne besitzt ein Modell des gesamten Walls, das Tullie-Haus-Museum in Carlisle hat eine ansehnliche Sammlung von Inschriften und hilfreiches Anschauungsmaterial, und das Römische Militärmuseum in Carvoran gibt einen guten Einblick in das damalige Soldatenleben.

Der Wall überwindet in der Nähe von Housesteads steile Hügel. Dort können auch die Überreste einer alten Festung besichtigt werden. Sie bot 1.000 Mann Quartier in einem Barakkenlager und war mit sanitären Anlagen und einem Spital ausgestattet.

Der Hadrianswall ist 120 Kilometer lang, etwa 4,5 Meter hoch, 2,5 bis 3 Meter breit und erstreckt sich in Nordengland von einer Küste zur anderen. Er ist aus über 750.000 Millionen Kubikmetern Steinen erbaut und war, selbst für den damaligen Standard des römischen Reiches, ein unglaublich ambitioniertes Projekt. Archäologen und Historiker haben über den Zweck dieser Mauer jahrhundertelang diskutiert, und diese Debatte wird mit jeder neuen Ausgrabungsperiode wieder neu entfacht. Der Biograph Hadrians gibt eine einfache Erklärung: Der Kaiser errichtete diese Mauer, um die Römer von den Barbaren zu trennen.

43 n. Chr., einige Generationen vor der Errichtung, hatte die römische Armee Britannien überfallen. Auf ihrem Weg nach Norden unterwarf sie 84 n. Chr. in der Schlacht von Mons Graupius im Nordosten von Schottland unbequeme kaledonische Volksstämme. Aber Roms Triumph war von kurzer Dauer. Als Hadrian 122 n. Chr. in Britannien eintraf, war der Rückzug der römischen Streitkräfte bis zum Tyne-Tal bereits vollzogen. Dort hatten sie bereits die Stanegate-Straße angelegt und eine Reihe von Festungen errichtet, die eine 128 Kilometer lange Grenze von Corbridge nach Carlisle im Westen bildeten. Es scheint, daß Hadrian einen pessimistischen Schluß zog: Die Barbaren im nördlichen Britannien konnten nicht gezähmt werden, deshalb sollte eine dauerhafte Grenze gegen sie errichtet werden, eine gut abgesicherte Militärzone an der nordwestlichen Spitze seines Riesenreiches, die zugleich auch ein Symbol römischer Macht sein sollte.

Der Wall wurde einige Kilometer nördlich des Tyne-Tals angelegt. Während des Baues mußten Flüsse überbrückt und unwirtliche Gebiete überwunden werden. Das Projekt erforderte geschickte Techniker, Landvermesser und Steinmetze. Schließlich ermöglichte es die enorme Menschenmenge der römischen Armee, daß die Mauer innerhalb von acht Jahren fertiggestellt werden konnte. Es gab während der Bauperiode allerdings verschiedene Veränderungen des ursprünglichen Plans. So variiert beispielsweise die Breite der Mauer, und die westliche Sektion, vorerst aus Torf erbaut, wurde später durch einen Steinbau ersetzt.

Die Mauer enthielt Kastelle, die in Abständen von einer römischen Meile (1.481 Meter) errichtet waren. Zwischen zwei Kastellen befanden sich in regelmäßigen Abständen jeweils zwei Wehrtürme. Die Kastelle konnten mehrere Männer beherbergen, aber die Mehrheit der Soldaten war südlich der Mauer stationiert. Dies wurde jedoch bald verändert. Es entstanden 14 neue Festungen, darunter jene, die auch heute noch in Housesteads, Chesters und Birdoswald besichtigt werden können. Sie wurden zur Unterkunft für einige 10.000 römische Soldaten.

Neben der Mauer mit ihren Kastellen, Türmen und Festungen legten die Römer auch Straßen an, errichteten Versorgungsstützpunkte und führten Erdarbeiten durch. Das Vallum, ein seichter Graben zwischen zwei Erdhügeln, der im Süden parallel zur Mauer verlief, ist auch heute noch sichtbar. Es ist noch immer möglich, den Militärweg zu begehen, der zwischen dem Vallum und der Mauer liegt.

Im Süden des Hadrianswalls, an der Straße von Stanegate, liegen zwei besonders interessante Orte: Corbridge und Vindolanda. Beide besitzen ausgezeichnete Museen, in denen bemerkenswerte Funde aufbewahrt sind. Die ausgegrabenen Mauerreste enthüllen eine äußerst komplexe jahrhundertelange Geschichte und dokumentieren unterschiedliche Verwendungszwecke und Besitzverhältnisse. Eine hölzerne Kiste, die 1964 in Corbridge gefunden wurde, enthielt beispielsweise römische Rüstungen, die aus dem 2. Jahrhundert n. Chr. stammen. In Vindolanda steht ein römisches Kastell noch immer an seiner ursprünglichen Stelle. Anhand moderner Rekonstruktionen kann der Besucher erkennen, welches großartige und wirksame Hindernis diese Mauer einstmals darstellte. Die berühmteste Entdeckung aus dieser Gegend war jedoch eine Sammlung von hölzernen Schreibtafeln, auf denen Versorgungs- und Personalangelegenheiten des Militärs aufgezeichnet waren.

Der Hadrianswall wurde im Laufe der Jahrhunderte als Steinbruch benutzt (die Steine findet man heute noch an vielen Gebäuden in dieser Gegend) und ist an manchen Stellen sogar vollständig abgetragen worden. Im 18. Jahrhundert ebnete man lange Strecken ein, um einer Straße Platz zu machen (heute die B 6318). Trotz dieser Verwüstungen ist er aber noch immer deutlich erkennbar und überwindet steile Hügel inmitten einer der beeindruckendsten Landschaften Britanniens.

3. Jahrhundert n. Chr., Kroatien

DER PALAST DES DIOKLETIAN

„Ein außerordentlicher Beweis für die Kontinuität der Geschichte."
– REBECCA WEST

Der Palast des Diokletian ist das antike Zentrum der Innenstadt von Split. Luft-, Bahn- und Straßenverbindungen sind gut ausgebaut. Aber der beste Weg, sich dem Palast zu nähern, ist vom Meer aus.

Das Wort *Palast* ist eigentlich kaum anwendbar auf diese riesige Residenz, die sich Kaiser Diokletian als Alterssitz an der Adriaküste gegen Ende des 3. Jahrhunderts n. Chr. erbauen ließ. Das Bauwerk besteht aus 2,5 Meter dicken und 15 bis 20 Meter hohen Mauern und umschließt ein Areal von nahezu 3,6 Hektar. Die rechteckige Anlage mit massiven Toren, Wehrtürmen und zwei sich kreuzenden Hauptstraßen, die auch heute noch wichtige Hauptverkehrswege sind, hat Ähnlichkeiten mit einer römischen Festung.

Nach dem Tod Diokletians wurde die Palastanlage nach und nach besiedelt und verwandelte sich allmählich in eine Stadt. Der Reiz der Stadt liegt heute vor allem darin, daß Gebäude aus unterschiedlichen Epochen auf engem Raum zusammenstehen. Sie wurden auch an die Mauern und Säulen der ursprünglichen Anlage angefügt, so daß eine kuriose Ansammlung unterschiedlicher Stilrichtungen entstand. Die englische Schriftstellerin Rebecca West, die den Palast unmittelbar vor Ausbruch des Zweiten Weltkrieges besuchte, berichtete, daß ein Fünftel der Einwohner von Split innerhalb seiner Mauern lebten – über 9.000 Menschen „in Häusern, die so eng aneinandergefügt waren wie die Waben eines Bienenstocks, jeden Platz ausnützend, den Diokletians Architekten frei gelassen haben".

Zum Meer hin war der Palast mit einem monumentalen Säulengang ausgestattet. Dahinter, getragen von einem großen Gewölbekeller, befanden sich die kaiserlichen Räume, eine große Halle und ein Vestibül, das mit einer Kuppel gekrönt war. Das Mausoleum des Kaisers, ein acht-

Rechts: Ein Teil des Palastes in der Nähe des mittelalterlichen Domes. Diokletian reformierte das römische Staatswesen und legte großen Wert auf die Vormachtstellung des Kaisers, die sich auch in der Pracht seines Palastes widerspiegelt.

Gegenüberliegende Seite, oben: Blick zum Palast von der Seeseite aus. Nach Diokletians Tod verwandelte sich der Palast allmählich in eine stark bevölkerte Stadt.

Gegenüberliegende Seite, unten: Ein wuchtiges Gewölbe des römischen Palastes.

22

EUROPA

eckiges, von korinthischen Säulen umgebenes Gebäude, wurde im 7. Jahrhundert zur Stadt-Kathedrale umgebaut. Im 13. Jahrhundert baute man erlesene Holztore und ein Chorgestühl ein. Im übrigen blieb der Bau jedoch unverändert. Es überlebten auch die Porträts von Diokletian und seiner Gattin Prisca auf einem Fries innerhalb des Gebäudes. Auch der Jupitertempel mit seinem eleganten Portal, der sich gegenüber dem Mausoleum befindet, ist noch gut erhalten und wurde zum *Baptisterium* (Taufkirche) umgebaut. Ein ähnliches Schicksal ereilte auch die Thermen, die Diokletian in Rom errichten ließ – ein Teil von ihnen bildete später die Grundlage der Kirche von Santa Maria degli Angeli.

Diokletian erbaute den Palast in der Nähe seines Geburtsortes. Die Pracht des Bauwerkes steht in Kontrast zu seiner Herkunft. Es wird angenommen, daß er der Sohn eines Sklaven war und über die kaiserliche Garde in seine Machtposition aufgestiegen ist. Im Jahre 284 n. Chr. wurde er Kaiser und begründete die Tetrarchie; ein System, das das Reich in vier Teile mit vier Regenten aufgliederte, zwei im Osten und zwei im Westen. Danach war Rom nicht mehr das einzige Zentrum des Reiches, und Diokletian hat Rom auch bis 303 n. Chr. nicht mehr besucht.

Der Palast, in den er sich nach seiner Abdankung zurückzog, diente auch der Imagepflege des Kaisers als gottähnlicher Figur, die in Herrlichkeit hinter undurchdringlichen Wänden residierte. Diokletian ist als ein Herrscher in die Geschichte eingegangen, der den Niedergang des bereits kränkelnden Reichs aufhielt, und als Christenverfolger, dessen Mausoleum paradoxerweise zu einer christlichen Kirche wurde.

Robert Adam und der Palast

Zwei ägyptische Sphinxe, verschiedene Paläste im romanischen und gotischen Stil und auch in späteren Stilrichtgungen, Kapellen, ein *Campanile* (Glockenturm) und die Überreste eines Klosters aus dem 11. Jahrhundert – all dies und mehr kann man innerhalb der Kalksteinwände des Diokletian-Palastes finden. Als Robert Adam im Jahre 1757 Split besuchte, hatte er die Absicht, eine genaue Bestandsaufnahme der Originalanlage zu machen. Der junge schottische Architekt beschloß, eine Studie über den Palast des Diokletian anzufertigen, und verfaßte mit drei weiteren Konstruktionszeichnern maßstabgerechte Zeichnungen, die zur Grundlage für eine umfangreiche Publikation wurden, die sieben Jahre später erschien.

Adams Studie inspirierte dann auch zum *Adelphi*, eines der bedeutendsten Projekte in der britischen Architektur des 18. Jahrhunderts. Dieser aus Wohnungen und Büros bestehende Gebäudekomplex an der Themse im südlichen Teil Londons enthielt eine Häuserreihe, die auf einer gewölbten Arkade direkt an der Flußseite errichtet war. Vier Brüder Adams arbeiteten an diesem Projekt mit. (Die Bezeichnung *adelphi* leitet sich aus dem griechischen Wort für *Brüder* her.) Enorme Komplikationen und Ausgaben brachten sie an den Rand des Bankrotts. Der Traum eines neuen Architekturstils auf der Grundlage des römischen Modells wurde durch den letztendlichen Erfolg dieser Anlage belohnt. Obwohl der größte Teil des *Adelphi* im Jahre 1937 abgerissen wurde, hatten Adams elegant gegliederte klassische Fassaden einen dauerhaften Einfluß auf das zukünftige architektonische Denken.

1173, Italien

DER SCHIEFE TURM VON PISA

Ein Bauwerk, das der Schwerkraft zu trotzen scheint; angeblich der Schauplatz eines physikalischen Experimentes von Galileo Galilei.

Pisa erreicht man über einen internationalen Flughafen und ausgezeichnete Straßenverbindungen. Die Stadt liegt in der Nähe der Arnomündung, 80 Kilometer westlich von Florenz.

Das Baptisterium

Das Baptisterium ist ein runder Marmorbau, der in der Mitte des 12. Jahrhunderts im romanischen Stil begonnen wurde; später sind jedoch auch gotische Stilelemente dazugekommen. Die Kanzel stammt aus dem Jahre 1260 und ist mit interessanten Reliefs geschmückt, die Szenen aus dem Leben Jesu Christi darstellen.

Camposanto

Dieser Friedhof wurde am Ende des 12. Jahrhunderts oder am Beginn des 13. Jahrhunderts angelegt. Dabei verwendete man vermutlich Erde, die auf Schiffen vom Hügel Golgatha aus Palästina herbeigeschafft wurde. Gotische Arkaden sind mit Fresken geschmückt, auf denen u. a. der Triumph des Todes, die Hölle und das Jüngste Gericht dargestellt sind. Trotz dieser Themen ist dies aber ein anziehender Platz mit einer friedvollen Atmosphäre.

Oben: Blick von der Glockenstube des Schiefen Turms zum Baptisterium hinüber.

Gegenüberliegende Seite: Der Schiefe Turm mit dem Dom. Als der Bau dieses Domes begonnen wurde, war Pisa eine reiche Handelsstadt mit engen Kontakten zu den Moslems in Sizilien und im Nahen Osten.

Der berühmte Schiefe Turm von Pisa *(Torre Pendente)* ist der Glockenturm *(Campanile)* des Doms von Pisa und gehört zu einer wundervollen Anlage, die aus einem Dom, Glockenturm, Baptisterium und Friedhof besteht. Würde der Schiefe Turm gerade stehen wie andere Türme auch, wäre sein Ruhm wahrscheinlich nur auf den Kreis einiger Architekten und Historiker beschränkt. Wegen seines Strukturfehlers ist er allerdings in aller Welt bekannt.

Der Turm ist 55 Meter hoch, und eine Inschrift vermerkt, daß 1174 mit dem Bau begonnen wurde. Da der Kalender von Pisa aber der konventionellen Datierung ein Jahr voraus war, ist das wirkliche Datum des Baubeginns das Jahr 1173. Die Architekten waren Bonnano Pisano und Wilhelm von Innsbruck, aber beide erlebten die Vollendung ihrer Arbeit nicht mehr. Der Turm hatte übrigens bis in die 2. Hälfte des 14. Jahrhunderts keine Glockenstube.

Einige vermuteten, daß seine schiefe Lage von Anfang an geplant war, sozusagen als wagemutige Demonstration architektonischer Geschicklichkeit. Diese Theorie ist nicht sehr glaubwürdig. Es ist viel wahrscheinlicher, daß die Architekten wußten, daß sie ihn auf einem extrem unsicheren Fundament erbauten und deshalb in ihre Pläne und bei der Konstruktion eine mögliche leichte Absenkung einbezogen.

Wenn man den Turm heute sieht und während des Erklimmens der 294 Stufen die eigentümliche und verwirrende Erfahrung macht, daß man sich auf eine Seite gezogen fühlt, kann man sich eigentlich nur wundern, daß er überhaupt noch steht. Mit jedem Jahr wird der Neigungswinkel größer und die Furcht vor der Zukunft nimmt zu. Zu Beginn des 20. Jahrhunderts war er 4,30 Meter aus dem Lot; gegenwärtig beträgt die Neigung 4,60 Meter – und erst kürzlich wurden größere Geldmengen aufgebracht, um eine Lösung zu finden, bevor es zu spät ist.

Der Schiefe Turm hat einen kreisförmigen Grundriß und strebt in acht Stockwerken in die Höhe (die Glockenstube mitgerechnet). Die sechs zentralen Etagen sind von zierlichen Blendarkaden umgeben, die möglicherweise durch byzantinische oder islamische Architektur beeinflußt wurden. Die Frage des islamischen Einflusses ist auch deshalb interessant, weil es bis heute nicht klar ist, ob die Idee eines freistehenden Glockenturms bei christlichen Kirchen durch die Minarette der moslemischen Welt inspiriert wur-

de, oder ob die Minarette, von denen der Muezzin die Gläubigen zum Gebet aufruft, sich aus dem Campanile entwickelt haben.

Der Schiefe Turm wurde als Glockenturm des Doms von Pisa errichtet, mit dessen Bau hundert Jahre früher begonnen wurde. Dies geschah nach einer erfolgreichen Seeschlacht der Pisaner gegen die Sarazenen vor Palermo im Jahre 1063. Der Architekturstil wurde als romanisch-pisanischer Baustil bekannt. In der Gestaltung der Außenwand, die abwechselnd mit rotem und weißem Marmor verkleidet ist, wird erneut der islamische Einfluß offenbar. Entlang des Erdgeschosses sind an der Frontseite Arkaden angebracht, und im oberen Teil befinden sich mehrere übereinanderliegende, allmählich kürzer werdende Reihen von Blendarkaden, die eine Giebelkonstruktion bilden. Der Dom mit seinem Mittelschiff und dem Kreuzschiff wurde später ausgebaut und hat einen reich mit Ornamenten versehenen Innenraum.

Im Jahre 1564 wurde der Wissenschaftler Galileo Galilei in Pisa geboren. Er berichtete, daß er den Schiefen Turm für eines seiner Experimente benützt hat. Er ließ Gegenstände von der Turmspitze fallen, um zu demonstrieren, daß die Fallgeschwindigkeit unabhängig vom Gewicht des fallenden Gegenstandes ist. Es besteht kein Zweifel, daß Galilei diese Theorie geprüft hat, weniger sicher ist aber, ob er dieses Experiment wirklich am Schiefen Turm durchführte. Er hätte jedoch keine idealeren Bedingungen für Experimente finden können als den Schiefen Turm von Pisa.

EUROPA

1238–1358, Spanien

DIE ALHAMBRA

Was ihren dekorativen Reichtum und Prunk betrifft, so ist die Alhambra in Südspanien mit keinem anderen Bauwerk vergleichbar.

Granada liegt in Andalusien in Südspanien, weniger als 80 Kilometer von der Mittelmeerküste entfernt. Madrid ist 450 Kilometer und Malaga 120 Kilometer von Granada entfernt; beide Städte besitzen Flughäfen. Die Alhambra liegt erhöht über dem östlichen Teil der Stadt und ist leicht zu finden.

Der Generalife

Der Generalife war ein Sommerpalast der königlichen Familie der Nasriden, der im 14. Jahrhundert erbaut wurde und einst mit der Alhambra durch einen abgedeckten, über eine Schlucht führenden Spazierweg verbunden war. Der rechteckige *Patio de la Acequia* mit seinem langen, schmalen Teich, den Brunnen, Rosensträuchern, Säulenhallen und Pavillons, gilt als einer der ältesten noch erhaltenen maurischen Gärten.

Der unter freiem Himmel gelegene Hof der Löwen im Inneren des Palastes. In der Mitte der Brunnen mit den steinernen Löwen. Die umrahmenden Arkaden sind aus Holz und Stuck.

26

EUROPA

„Von außen betrachtet ist sie eine grobe Ansammlung von Türmen und Zinnen, ohne sichtbare regelmäßige Planung und ohne architektonische Anmut. Sie gibt keine Vorstellung von der Anmut und Schönheit, die den Betrachter im Inneren erwartet." Dies ist eine Beschreibung der Alhambra von dem amerikanischen Schriftsteller Washington Irving aus dem Jahre 1829. Auch heute noch empfindet man diesen Kontrast zwischen innen und außen als verblüffend. Von außen gesehen ist die *Rote Burg* eine Festung. Ein wehrhaftes Bollwerk mit 23 Türmen, das von den Mauren zu einer Zeit erbaut wurde, als die islamische Vormachtstellung in Spanien durch das Vordringen der Christen bedroht war. Von innen betrachtet, stellt die Alhambra den Versuch dar, ein Paradies auf Erden zu erschaffen.

Die Alhambra in Granada diente der Dynastie der Nasriden als militärisches Hauptquartier, Verwaltungszentrum und königliche Residenz. Der Bau wurde von dem Begründer dieser Dynastie, Mohammed Ibn Yusuf Ibn Nasr, in der Mitte des 13. Jahrhunderts begonnen. Die königlichen Gemächer stammen jedoch aus den Regierungsperioden der Herrscher Yusuf I. und Mohammed V. in der zweiten Hälfte des 14. Jahrhunderts. Innenhöfe, Korridore und Wasseranlagen sind wunderbar kombiniert. Keramikfliesen, geschnitzte Stein- und Holzarbeiten, stilisierte Blatt- und Rankenornamentik und arabische Schriftzeichen bilden eine kostbare Dekoration. Viele haben in der Alhambra die elegante Krönung der islamischen dekorativen Kunst im Westen Europas erblickt. Andere wiederum behaupten, daß der gesamte Ort eine dekadente Ausstrahlung besitzt, das Flair einer Kultur, die im Niedergang begriffen ist.

Es ist etwas eigentümlich Zerbrechliches und Überirdisches in dieser Üppigkeit der an Tropfsteinhöhlen erinnernden Gewölbe in diesen in hölzerne Rahmen gefaßten Bienenwabenmustern, die ihrerseits an schlanken Säulen befestigt sind. Licht und Wasser sind wesentliche Elemente, die von den Architekten in die Komposition des Gesamtwerkes einbezogen wurden.

Die Alhambra ist eine Anlage von Gärten, Innenhöfen und nach allen Seiten hin offenen Gemächern. Die Namen der Gebäudekomplexe sind kennzeichnend: der *Patio de los Arrayanes*, der Myrtenhof, der mit Myrtenhecken geschmückt ist und in dessen Zentrum sich ein langgestreckter Teich befindet; die *Sala de las dos Hermanas*, der Saal der zwei Schwestern, in dem zwei riesige Platten aus weißem Marmor, die „beiden Schwestern", in den Boden eingelassen sind; und der *Patio de los Leones*, der Löwenhof, nach einem Brunnen benannt, der von zwölf steinernen Löwen umgeben ist. Die *Sala de los Embajadores*, der Saal der Gesandten, war für offizielle Anlässe konzipiert – für königliche Audienzen und höfische Zeremonien. Auch er erweckt den Eindruck eines Paradieses. Der Raum hat eine hölzerne Decke mit einem glitzernden Sternenmuster in 18,3 Meter Höhe. Es wird behauptet, daß sie sich mit dem Anblick des nächtlichen Sternenhimmels messen könne.

Granada war das letzte große maurische Königreich im Spanien des 13. Jahrhunderts. 25 Herrscher der Nasriden haben es 250 Jahre lang regiert. Sie waren große Förderer der Künste und der Wissenschaft und riefen den großen moslemischen Historiker Ibn Khaldun an ihren hochkultivierten Hof. Im Jahre 1492 wurden die Nasriden schließlich aus Granada vertrieben. Kaiser Karl V. baute im 16. Jahrhundert innerhalb der Mauern der Alhambra seinen eigenen Palast. Später wurden die Gebäude jedoch vernachlässigt. Die Truppen Napoleons zerstörten einen Teil der Nasriden-Festung.

Im 19. Jahrhundert zog die Romantik des Ortes Schriftsteller wie Victor Hugo, Théophile Gauthier und Washington Irving an, dessen *Geschichten über die Alhambra* 1832 erschienen. Teilweise ist es ihren Beschreibungen zu verdanken, daß immer wieder versucht wurde, dem Verfall der Alhambra Einhalt zu gebieten und dieses wunderbare Bauwerk zu erhalten.

Detail einer Verzierung im maurischen Stil mit verflochtenen geometrischen Mustern und kunstvollen Schriftzeichen.

Die Mauren in Spanien

Im Jahre 711 kamen die ersten Mauren von Nordafrika nach Spanien und besiegten die westgotischen Herrscher, die ihr Zentrum in Toledo hatten. Von da ab konzentrierte sich die islamische Macht auf Córdoba, das ungefähr 160 Kilometer von Granada entfernt liegt. Es wurde zum ersten Emirat auf spanischem Boden und später in ein Kalifat umgewandelt. Hier errichteten die Mauren auch eine großartige Moschee, die im 8. Jahrhundert begonnen und stetig ausgebaut und verschönert wurde. Später baute man die Moschee in eine christliche Kirche um, aber sie zeigt noch immer die charakteristischen Elemente der maurischen Architektur: Hufeisenbögen, glasierte Ziegel, geschnitzte und gemeißelte stilisierte Pflanzen und arabische Schriftzeilen aus dem Koran. Die Mauren wurden im Jahre 1236 im Zuge der christlichen Wiedereroberung aus Córdoba vertrieben. Viele sind nach Granada geflohen, wo in der Folge die Nasriden die Macht übernahmen. Dort hielt sich die islamische Herrschaft nach einer Periode des Bürgerkrieges und einer Belagerung bis zum Jahre 1492, in dem der letzte moslemische Herrscher ins Exil geschickt wurde.

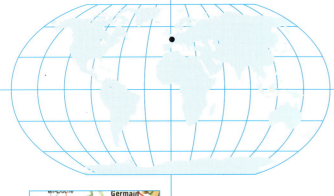

1260 eingeweiht, Frankreich

DIE KATHEDRALE VON CHARTRES

Diese wunderschöne Kirche ist der Jungfrau Maria geweiht.

Chartres, Hauptstadt des Departements Eure-et-Loir, liegt 90 Kilometer südwestlich von Paris. Es gibt zahlreiche von Paris aus organisierte Führungen. Die Stadt ist per Bahn auf der Strecke nach Le Mans und Brittany zu erreichen, die Züge gehen von Paris (Montparnasse) ab.

Die Kathedrale *Nôtre Dame* (Unserer Lieben Frau) von Chartres ist eine der größten Errungenschaften gotischer Architektur und mittelalterlicher christlicher Kultur. Die Kirche steht an einem Ort, der schon lange als geheiligt galt. Hier existierte schon in vorrömischer Zeit ein bedeutendes keltisches Heiligtum, und es wird angenommen, daß die Krypta der Kathedrale genau über dieser Stelle errichtet wurde.

Bis ins 18. Jahrhundert hinein beherbergte die Kathedrale eine zutiefst verehrte, ihr Kind unter dem Herzen tragende Marienfigur aus Holz, die auf heidnische Zeiten zurückgeht. Es kann sein, daß sie das Bild einer keltischen Muttergottheit darstellt und später vom Christentum übernommen wurde. Während der Französischen Revolution fiel die Figur einem Brand zum Opfer.

Seit 350 n. Chr. befanden sich an dieser Stelle ständig Gotteshäuser. Sie wurden jedoch immer wieder von Brandkatastrophen vernichtet, bis die letzte Kirche 1194 mit Ausnahme der Westfront und der Krypta vollständig niederbrannte. Eine neue Kirche erstand wieder aus der Asche. Dieses großartige Gebäude wurde 1260 geweiht.

Die Kathedrale besitzt zwei markante Kirchtürme am Westende, die über 90 Meter hoch sind; der niedrigere und einfachere stammt aus den 30er Jahren des 12. Jahrhunderts, der höhere und reicher gestaltete wurde 1513 fertiggestellt. An der Westfassade befinden sich drei große Tore, die mit Statuen aus dem 12. Jahrhundert geschmückt sind, deren mittlere den verherrlichten Christus zeigt. Auf dem Rosettenfenster ist das Jüngste Gericht dargestellt. Die Eingänge zum nördlichen und südlichen Querschiff sind mit Statuen aus dem 13. Jahrhundert verziert. Innen und außen ist die Kathedrale mit rund 10.000 Figuren aus Stein und Glas geschmückt.

Die Kathedrale ist berühmt für ihre bunten Glasfenster – Gesamtfläche etwa 2.000 Quadratmeter – in faszinierenden Blauschattierungen, die wundervoll im Sonnenlicht erstrahlen. Es gibt außerordentlich große und beeindruckende Rosettenfenster im nördlichen und südlichen Querschiff. Ein weiteres Schmuckstück ist das aus dem 12. Jahrhundert stammende Fenster, das als *Nôtre Dame de la Belle Verrière* (Unsere Liebe Frau vom schönen Glas) bekannt wurde. Jüngst wurde das Glas einer speziellen Behandlung unterzogen, um eine geheimnisvolle „Glaskrankheit" zu bekämpfen.

Gegenüberliegende Seite, links oben: Der Christus mit den Symbolen der vier Evangelisten befindet sich über dem westlichen Eingangstor der Kathedrale, die mit Tausenden von Stein- und Glasfiguren geschmückt ist. Sie stellen Szenen, Heilige und Könige aus dem Alten und Neuen Testament dar, aber auch Abstraktionen wie die Tugenden und Laster oder die freien Künste.

Rechts: Die erste Kirche Frankreichs, die der Muttergottes geweiht ist, überragt die Dächer der Stadt Chartres.

EUROPA

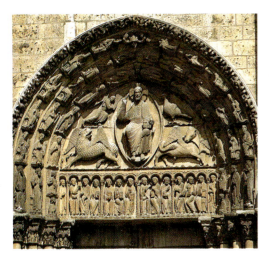

Am Boden des Kirchenschiffs befindet sich ein markiertes Labyrinth, das wahrscheinlich für büßende Pilger angelegt wurde, die sich dem Heiligtum auf Knien nähern wollten. Der riesige Chor mit seinen 40 geschnitzten Szenen aus dem Leben Jesu Christi und Marias wurde im Jahre 1514 begonnen, aber mehr als 200 Jahre lang nicht vollendet.

Jahrhundertelang war Chartres ein Anziehungspunkt für Pilger. Neben der hölzernen Marienstatue bewahrte man in der Kathedrale auch den Kopf der heiligen Anna, der Mutter Marias, auf. In einem Reliquienschrein liegt heute noch die ähnlich berühmte Reliquie Heiliges Hemd *(Sainte Chemise)*. Es wird angenommen, daß Maria dieses Hemd bei der Geburt Jesu getragen hat.

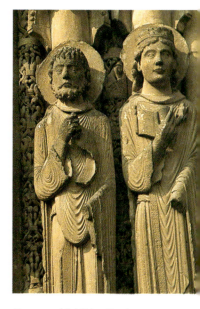

Figuren am königlichen Portal; die Plastiken von Chartres stellen die Weltordnung aus der mittelalterlichen Sicht des Christentums dar.

Die Rose von Frankreich

Viele Motive auf den Glasfenstern von Chartres beziehen sich auf die Verehrung der Jungfrau Maria. Das große Rosettenfenster im nördlichen Seitenschiff zu ihren Ehren wurde von König Louis IX. (dem heiligen Ludwig) und seiner Gemahlin, Blanche von Kastilien, gestiftet und trägt die Wappen von Frankreich und Kastilien. Es ist als die *Rose von Frankreich* in die Kunstgeschichte eingegangen. Die lange Tradition der Verehrung der Jungfrau als Mutter Gottes, die in Barmherzigkeit bei ihrem Sohn für die Sünder bittet, hat einen großen Symbolreichtum geschaffen. Der Mandelbaum und das Dorngestrüpp gehören ebenso dazu wie der Apfel und die Zitrone. Die Lilie ist das Symbol ihrer Reinheit und das Veilchen das für ihre Demut. Aus dem Hohelied des Salomo und aus ihrer Jungfräulichkeit leiten sich Bilder ab wie *umzäunter Garten, versiegelter Brunnen, verschlossenes Tor*. Sie ist Himmelskönigin, und mit einem Wortspiel wird sie als *Stella Maris*, als *Stern des Meeres*, bezeichnet. Die Jungfrau wird auch mit der Rose in Verbindung gebracht. In der mittelalterlichen Kunst wird sie in ihrem schönen Rosengarten gezeigt, und ihr Rosenkranz wird als eine Girlande von Rosen dargestellt. Da sie durch die unbefleckte Empfängnis ohne alle Sünden ist, wird sie als *Rose ohne Dornen* bezeichnet.

GOTTESHÄUSER

Das Christentum hat seinen Glauben und sein Weltbild in der Architektur und in der Symbolik seiner Kirchen ausgedrückt.

Vom christlichen Kirchenbau kann man erst ab dem 4. Jahrhundert n. Chr. sprechen, als das Christentum nach der konstantinischen Wende Staatsreligion war. Architekten entwickelten die ersten Kirchenbauten aus der Basilikaform, einem Hallentyp, der in allen römischen Städten vertreten war und als Gerichtssaal und Markthalle diente. Das einfache Gebäude mit einem rechteckigen Grundriß war gewöhnlich durch seitliche Säulenreihen in drei Teile gegliedert: in einen breiteren und höheren zentralen Mittelteil, der von zwei niedrigeren und engeren Seitenteilen flankiert wurde. Dieser Grundriß wurde auf die ersten christlichen Kirchen übertragen. Sie bestanden aus einem Langbau mit einem Mittelschiff und zwei niedriger gebauten Seitenschiffen. Der Altar stand normalerweise am östlichen Ende in der *Apsis* (Altarnische), und am entgegengesetzten Ende befand sich eine überdachte Vorhalle, die als Eingang fungierte.

Obwohl diese Basilikaform durch Jahrhunderte die Tradition des Kirchenbaus bestimmte, entwickelte sich in späterer Zeit eine alternative Bauform mit einem

kreuzförmigen Grundriß. In Osteuropa hatte das Kreuz gewöhnlich vier gleich lange Balken. In Westeuropa war der westliche Balken meistens länger als die drei anderen. Dieser längere Balken stellte das *Kirchenschiff* dar, in dem sich die Gläubigen während der heiligen Messe versammelten. Im Begriff *Schiff* ist die Kirche symbolisiert, die die Gläubigen sicher über die gefahrvolle See dieser Welt leitet.

Im östlichen Balken der Kirche befanden sich der Altar und der Klerus, der die Messe zelebrierte. Die seitlichen Balken formten die Seitenschiffe, und über dem Schnittpunkt der Balken befand sich gewöhnlich ein Turm. In großen Kirchen wurden auch häufig Türme über dem Eingang am westlichen Ende errichtet.

Die im romanischen Stil erbauten Kirchen des 11. und 12. Jahrhunderts hatten massive Wände, kleine Fenster und hölzerne Dächer, die von wuchtigen Pfeilern und Rundbögen getragen wurden.

Die Seele zu Gott erheben

Im Frankreich des 12. und 13. Jahrhunderts entwickelte sich ein vollkommen anderer Baustil, der die Architektur im Westen bis weit ins 16. Jahrhundert hinein bestimmte. Ein frühes Schlüsselwerk ist die Kathedrale von Chartres.

Die Gotik ist die Architektur der Spitzbögen, die den Blick empor zu Gott lenken soll, anstatt ihn wie beim romanischen Rundbogen wieder zur Erde zurückzuführen. Anonyme Architekten konstruierten auf einem System von Strebepfeilern schwebende hochgewölbte Steindächer, die zum Schönsten gehören, was die Architektur je hervorgebracht hat. Es waren buchstäblich *aufrichtende* Bauwerke, deren Betonung auf der Vertikale lag. Es schien, als würden die Kirchen und ihre schlanken Türme den Gesetzen der Schwerkraft trotzen, um den menschlichen Geist himmelwärts zu Gott zu lenken.

Die Fenster wurden größer; sie erhielten ein rosettenförmiges steinernes Netzwerk mit bunten Verglasungen und wurden Bildträger für Motive aus der Heiligen Schrift. Die Bilder sollten die Gläubigen, nur wenige unter ihnen konnten lesen, über Geschichten aus der Heiligen Schrift belehren. In großen Kathedralen wie Chartres veranschaulichen Bildhauerarbeiten Episoden und Figuren aus dem göttlichen Universum seit der Schöpfungsgeschichte und stellen so die Welt dar, wie sie im christlichen Mittelalter gesehen wurde. Die Kirche war eine Miniaturwelt, und hoch oben im Gewölbe konnte man oft musizierende Engel als Symbol der Harmonie des Himmels sehen oder einen Sternenhimmel, der sich über dem göttlichen Universum spannte.

Im Zentrum der Welt

Niemand hat diesen Stil zu seiner Zeit *Gotik* genannt. Dieser Begriff kam erst im 16. Jahrhundert auf und wurde in abfälligem Sinn verwendet, um ihn als primitiv und barbarisch zu charakterisieren.

Die Renaissance brachte erneut eine tiefe Bewunderung für die griechische und römische Antike mit sich und war durch einen neuen Glauben an die Fähigkeiten des Menschen charakterisiert, der als das Maß aller Dinge gefeiert wurde. Die Kirchen erhielten das Aussehen von römischen Tempelhallen mit umgebenden Säulen, deren Fassaden oftmals mit Dreiecksgiebeln gekrönt waren.

Die Kathedrale von Salisbury, mit dem höchsten Kirchturm Englands, ist ein großartiger Ausdruck für die zum Himmel emporstrebende Architektur.

Die St.-Paul's-Kathedrale in London, erbaut im 17. Jahrhundert, ist ein eindrucksvolles Beispiel für die klassische Baukunst.

Donato Bramante entwarf in den frühen Jahren des 16. Jahrhunderts in Rom, dem Zentrum des westlichen Christentums, die Peterskirche. Dieser Dom hat einen imposanten Kuppelraum über dem Grundriß eines griechischen Kreuzes. Eine solche zentralistisch gebaute Kirche ist dem gotischen Symbolismus vollkommen entgegengesetzt. In der Gotik führt das langgestreckte Mittelschiff das Auge des Betrachters direkt auf den Altar am äußersten Ende des Schiffes hin. In kirchlichen Zentralbauten jedoch ist der Gläubige selbst ins Zentrum des Geschehens gerückt, und die Göttlichkeit und Harmonie der Welt ist unmittelbar um ihn herum gestaltet. Der eine Kirchentyp ist auf Gott hin orientiert, der andere setzt den Menschen in das Zentrum der Architektur.

Im 17. und 18. Jahrhundert war der klassische Stil in der Architektur vorherrschend und erhielt seine extremste Ausprägung in den großen Barockkirchen mit ihren tempelartigen Portalen, ihrem prächtig geschwungenen Formenreichtum, ihren Kuppeln und dem überschwenglichen Ausmaß an Verzierung und Ornamentik.

Das 19. Jahrhundert belebte schließlich als Reaktion gegen das implizit heidnische Wesen des klassischen Stils die Gotik wieder. Gotik und Klassik hielten sich während dieser Zeit die Waage, bis beide in der modernen Architektur aufgegeben wurden. Vorher ist jedoch Antoni Gaudí mit seiner phantastischen Sagrada-Família-Kirche in Barcelona wunderbarerweise gelungen, Elementen der Gotik und des Art Nouveau zu vereinen.

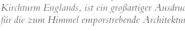

1248–1437, 1842–1880, Deutschland

DER KÖLNER DOM

„Die Pracht des himmelan sich wölbenden Chors hat eine majestätische Einfalt, die alle Vorstellung übertrifft. In ungeheurer Länge stehen die Gruppen schlanker Säulen da, wie die Bäume eines uralten Forsts." – GEORG FORSTER

Köln besitzt einen internationalen Flughafen und ist ein wichtiger Bahnknotenpunkt. Hier kreuzen sich auch die Autobahnen A 1 (Hamburg–Köln), A 3 (Arnhelm–Passau) und A 4 (Aachen–Dresden). Ganz in der Nähe des Doms befinden sich eine U-Bahn-Station und der Hauptbahnhof.

Rechts: Der Kölner Dom am Rhein mit dem Museum Ludwig (im Vordergrund) und der Kölner Fernsehturm.

Gegenüberliegende Seite, rechts: Der Kölner Dom im Abendlicht, von der Hohenzollernbrücke aus gesehen.

Gegenüberliegende Seite, links: Die Domplatte vor dem Kölner Dom bietet reichlich Platz für Kunstwerke der Pflastermaler.

Als der Kölner Erzbischof Konrad von Hochstaden im Jahre 1248 den Grundstein zum Kölner Dom legte, begann eines der längsten Kapitel der europäischen Baugeschichte. Köln, eine der reichsten und politisch mächtigsten Städte des damaligen Deutschen Reiches, wollte eine Kathedrale nach dem Vorbilde Frankreichs besitzen – und ihre Ausmaße sollten alle anderen in den Schatten stellen.

Es gab noch einen weiteren Grund für dieses einzigartige Projekt. Der Kölner Erzbischof Rainald von Dassel, Kanzler und Feldherr Kaiser Friedrich Barbarossas, erhielt von diesem die bis dahin in einem Mailänder Kloster verwahrten sterblichen Überreste der Heiligen Drei Könige. So dankte der Kaiser dem Kirchenfürsten für dessen streitbare Mithilfe bei der Unterwerfung der Stadt Mailand während seines zweiten Italienfeldzuges. Rainald von Dassel brachte die Reliquien im Jahre 1164 im Triumph nach Köln. Für sie wurde in jahrzehntelanger Arbeit ein Sarkophag aus Silber, Gold und Edelsteinen angefertigt, der Dreikönige-Schrein, einer der kostbarsten Schreine der Christenheit. Der hohe Rang, den Köln durch den Erwerb dieser Reliquie in der abendländischen Christenheit errungen hatte, sollte sich auch in einer entsprechenden Kathedrale widerspiegeln.

Am 27. September 1322 wurde der Chor des Domes eingeweiht: 41 Meter lang, 45 Meter breit und im Mittelschiff 43 Meter hoch, mit über 17 Meter hohen Obergadenfenstern aus buntem Glas.

Als Georg Forster im Jahre 1790 die in die Höhe strebenden schlanken Bündelpfeiler des schon zu seiner Entstehungszeit als Wunderwerk

betrachteten Chores rühmte, war der Kölner Dom ein unvollendet gebliebener, bereits sanierungsbedürftiger Torso. Zwischen dem um 1300 durch eine Mauer abgeschlossenen Chor und dem Südturm stand das nur 13 Meter hoch geratene, provisorisch abgedeckte, etwa 70 Meter lange Langhaus. Die Türme standen unvollendet. Lediglich der Südturm ragte 59 Meter hoch als gewaltiger Stumpf gegen den Himmel, ließ aber die Dimensionen erahnen, die die ursprünglich geplante, in den Himmel strebende zweitürmige Westfassade haben sollte. Die Bauarbeiten am Südturm wurden bereits um das Jahr 1450 eingestellt, und schließlich kam die Bautätigkeit vollkommen zum Erliegen.

Sicherlich waren es nicht nur die in Europa wütenden Seuchen und Kriege und der daraus entstehende Mangel an finanziellen Mitteln, die zur Einstellung des Baus führten. Es war auch das mittelalterliche Weltbild ins Wanken geraten, aus dem die Idee zu diesem gigantischen Dom ursprünglich emporwuchs. Im 15. und 16. Jahrhundert begann sich mit dem neuzeitlichen Weltbild auch die Bauweise zu ändern. „Das Gothische ist überhaupt ein ohne allen Geschmack gemaster Aufwand auf Werke der Kunst... denen es am Schönen, am Angenehmen und am Feinen fehlt." So heißt es noch in dem 1778 erschienenen Lexikonartikel von J. G. Sulzer. Aber schon bald sollte sich diese Haltung wieder ändern. Goethes Hymnus auf das Straßburger Münster, die 1773 erschienene Schrift *Von deutscher Baukunst,* leitete den Umschwung ein. Die Neubewertung der Gotik erlebte schließlich im Zuge der deutschen Romantik im 19. Jahrhundert ihren Höhepunkt und führte auch zur Wiederaufnahme der Bauarbeiten am Kölner Dom. Nochmals, im Jahre 1815, setzte sich Goethe für ein Werk der gotischen Baukunst ein: diesmal für den Kölner Dom. Er reiste auf Bitten des Kunstsammlers Sulpiz Boisserée, der von der Idee beseelt war, den Kölner Dom zu vollenden, nach Köln, um das „Märchen vom Turme zu Babel an den Ufern des Rheins" zu studieren, und schickte dann eine Empfehlung an den preußischen Innenminister, das Anliegen Boisserées zu unterstützen.

Im Jahre 1842, nach sorgfältigen Vorarbeiten durch die Architekten Karl Friedrich Schinkel und Ernst Friedrich Zwirner, war es dann soweit. Der König von Preußen, Friedrich Wilhelm IV., erteilte den Auftrag, den Kölner Dom nach den ursprünglichen Plänen zu vollenden, und legte selbst am 4. September 1842 den Grundstein. Im Jahre 1862 konnte der Dachstuhl auf das Lang- und Querhaus aufgesetzt werden, 1863 begann man mit dem Aufbau der 157 Meter hohen Türme. Am 15. Oktober 1880 fand das Dombau-Vollendungsfest in Anwesenheit des deutschen Kaisers Wilhelm I. statt.

Im Dom wurde nach dem Vollendungsfest aber noch weitergebaut – es wurden Fenster verglast und Fußböden verlegt –, und schließlich mußte mit Instandsetzungsarbeiten begonnen werden. 1906 stürzte einer von den 24 großen Ziertürmen, die die Riesentürme der Hauptfassade schmücken, in die Tiefe; weitere Ziertürme brachen ab, und immer wieder mußten schadhafte Stellen am Mauerwerk ausgebessert werden. Nach 1945 begann man mit der Behebung von Schäden, die die Bombenangriffe des Zweiten Weltkrieges verursachten. Die Dombauhütte ist aber auch heute noch nicht geschlossen. Verwitterungen und vor allem die Einwirkungen der intensiven Luftverschmutzung haben zahlreiche Umweltschäden bewirkt und würden den Stein dem endgültigen Untergang preisgeben, wenn nicht stetige Gegenmaßnahmen ergriffen würden. Das Kapitel der Baugeschichte des Kölner Doms ist bis heute noch nicht abgeschlossen.

Kunstschätze im Kölner Dom

Es ist unmöglich, alle Kunstschätze, die der Dom beherbergt, aufzuzählen und hier zu würdigen. Darunter befinden sich bedeutende Denkmäler mittelalterlicher Kunst wie das Chorgestühl, die Wandmalereien über den Gestühlen, die 14 Standbilder an den Pfeilern des Chors, die Jesus, Maria und die zwölf Apostel darstellen, und der Hochaltar. Alle diese Werke sind wahrscheinlich in der Zeit der Vollendung des Chores entstanden und wurden im Barock durch neue Ausstattungen ersetzt. Um die Mitte des 19. Jahrhunderts stellte man den früheren Zustand des Chores, soweit dies möglich war, jedoch wieder her. Hoch oben im Obergaden leuchten noch herrliche alte Glasmalereien, die Königsfenster, und im Chorumgang, in der Achskapelle, befinden sich das mittelalterliche Bibelfenster und das Dreikönigsfenster. In der Marienkapelle kann man das berühmte Kölner Dombild, den von Stephan Lochner um das Jahr 1440 geschaffenen herrlichen Altaraufsatz, bewundern. Aber auch die Schatzkammer des Domes beherbergt Kostbarkeiten von ungeahntem Wert, die sich im Laufe der Jahrhunderte angesammelt haben: den Engelbertschrein, das berühmte Kreuzreliquiar, romanische, gotische und barokke Kreuze, Bischofsstäbe, Heiligenstatuen, kostbare Monstranzen und vieles mehr.

1333, Schweiz

DIE KAPELLBRÜCKE

Europas älteste hölzerne Brücke diente auch zur Stadtbefestigung und ist heute das Wahrzeichen der Stadt Luzern.

Luzern liegt im Zentrum der Schweiz, 100 Kilometer südöstlich von Basel entfernt, und ist über die Autobahn N 2 zu erreichen. Zugverbindung gibt es von Basel aus. Der nächste größere Flughafen ist 68 Kilometer entfernt in Zürich.

Die Stadt Luzern im deutschsprachigen Teil der Schweiz ist in einer alpinen Berglandschaft am nordwestlichen Ufer des Vierwaldstätter Sees gelegen. Die abgedeckte hölzerne Brücke über die Reuss ist das Wahrzeichen der Stadt und die älteste Holzbrücke in Europa. Sie ist 198 Meter lang und verläuft diagonal über den Fluß.

Am südlichen Ende befindet sich der achteckige überdachte Wasserturm. Dieser Turm und die Brücke waren ursprünglich Teile der Befestigungsanlage der Stadt. Damals hat der Turm als Gefängnis gedient und enthielt eine Folterkammer. Im Turm wurde aber auch der Staatsschatz aufbewahrt. Im Dachstuhl der Brücke sind 112

Rechts: Blick über den Fluß auf die Längsseite der Kapellbrücke mit dem Wasserturm im Vordergrund. Am äußersten Ende befindet sich die Kapellkirche (Peterskapelle). Im Hintergrund erheben sich die Türme der aus dem 17. Jahrhundert stammenden Hofkirche (Stiftskirche am Hof).

Gegenüberliegende Seite: Der Wasserturm im nächtlichen Flutlicht.

34

dreieckige Bilder angebracht, die auf das frühe 17. Jahrhundert zurückgehen. Sie wurden zu Beginn des 19. Jahrhunderts restauriert und stellen die Geschichte der Stadt Luzern und die Heldentaten der Einwohner der Umgebung im Schweizer Unabhängigkeitskampf dar. Daneben finden sich Illustrationen zum Leben der beiden Stadtheiligen Leodegar und Mauritius, die auch mit erklärenden Bildtexten versehen sind.

Etwas weiter westlich befindet sich eine zweite Brücke über die Reuss: die Spreuerbrücke stammt aus dem Jahre 1407 und ist mit düsteren Totentanzbildern aus dem 17. Jahrhundert ausgestattet.

Luzern ist ein bekanntes Touristenzentrum mit attraktiven Parkanlagen am Ufer des Sees und vielen weiteren Sehenswürdigkeiten. Der älteste Teil der Stadt am Nordufer der Reuss hat seine mittelalterliche Straßenanordnung erhalten. Hier befinden sich die aus dem 14. Jahrhundert stammende Stadtmauer mit ihren Wehrtürmen, der entzückende alte Weinmarkt, die Stadthalle aus dem 17. Jahrhundert und die doppeltürmige Hofkirche (Stiftskirche am Hof), die 1644 geweiht wurde.

Das berühmte Löwendenkmal erinnert an den heroischen Kampf der Schweizergarde König Ludwigs XVI. von Frankreich, die 1792 beim Tuileriensturm in Paris ihr Leben verlor, als sie den König und seine Familie gegen den aufgebrachten revolutionären Mob zu verteidigen versuchte. Der verwundete Löwe, der direkt aus der Felswand gehauen ist, liegt sterbend in einer Nische. Das Denkmal, das von dem berühmten dänischen Bildhauer Bertel Thorwaldsen stammt, wurde 1821 fertiggestellt. Luzern besitzt das größte Verkehrsmuseum Europas, ein Planetarium, einen Gletschergarten und ein Trachten- und Heimatmuseum. Kreuzfahrten über den romantischen See bieten die Möglichkeit, das Panorama von Bergen und Wäldern zu bewundern.

Luzern war ursprünglich ein Fischerdorf. Die Eröffnung der Alpenstraße vom Rheinland über den Sankt-Gotthard-Paß nach Norditalien im 13. Jahrhundert begünstigte ihren Aufschwung. Die Stadt vergrößerte sich, wurde mit Zunahme des Verkehrs wohlhabender und entwickelte sich schließlich zu einem wesentlichen Handelszentrum. Sie stand ursprünglich unter der Herrschaft der österreichischen Habsburger, lehnte sich im 14. Jahrhundert jedoch gegen sie auf und warf deren Joch ab. Von jeher war sie eine Hochburg der römisch-katholischen Religion in der Schweiz.

Eine Wagnerianische Idylle

Außerhalb Luzerns, auf einem Felsvorsprung direkt am See, befindet sich das Haus, in dem Richard Wagner von 1866 bis 1872 lebte. Triebschen ist heute ein Museum, das dem großen Komponisten gewidmet ist. Er hat an diesem Ort den größten Teil der *Meistersinger* und einen Teil des *Ringzyklus* geschrieben. Hier wurde Weihnachten 1870 für seine Frau Cosima auch die *Siegfried-Idylle* zum erstenmal gespielt. Der Philosoph Friedrich Nietzsche war häufiger Gast in diesem Hause.

Wilhelm Tell und die Freiheit

Die Schweiz war der erste demokratische Staat Europas. Die Wiege der Demokratie war das Gebiet um den Vierwaldstätter See. Im Mittelalter war die Schweiz Teil des Heiligen Römischen Reiches. Aber die kleinen Niederlassungen, die durch Gebirge und Wälder vom übrigen Teil abgeschlossen waren, haben sich größtenteils selbst verwaltet. Sie widerstanden dem Versuch der Habsburger, ein strafferes Verwaltungssystem einzuführen, und 1291 schlossen sich die Einwohner von drei Kantonen zu einem Bund gegenseitiger Hilfe zusammen. Dieses Ereignis wird als die Geburt der Schweizer Konföderation betrachtet. 1332 schloß sich die Stadt Luzern an, um ihre Handelsinteressen zu schützen. Andere Gebiete folgten, bis die Schweiz schließlich ihre Unabhängigkeit erkämpfte.
Dieses Gebiet war auch die Heimat des legendären Helden Wilhelm Tell. Der Sage nach hat er am Hauptplatz zu Altdorf, 32 Kilometer südöstlich von Luzern, seinem Sohn mit einer Armbrust einen Apfel vom Kopf geschossen.

Um 1350, Griechenland

DIE METEORAKLÖSTER

An steilen Felsen in einer Höhe von mehreren hundert Metern lebten Mönche ein einfaches Leben in Gottesverehrung.

Meteora bedeutet *in der Luft schwebend,* und die Meteoraklöster befinden sich auch tatsächlich fast im Himmel. Auf erstaunlich unzugänglichen, steilen Felsnadeln in einer Höhe von bis zu 300 Metern am Rande des Pindosgebirges in Thessalien gelegen, blicken sie weit über das Peneiostal in Zentralgriechenland. Bis 1920 mußten die Besucher sie auf gefährlichen und wackeligen Leitern erklettern (diese Leitern konnten nach oben eingeholt werden, wenn Gefahr drohte), die

Die Meteoraklöster befinden sich in der Nähe der Stadt Kalambaka, 426 Kilometer von Athen entfernt an der Straße nach Larissa. Es gibt regulären Busverkehr von Larissa aus und Züge von Athen und Thessaloniki, wo sich auch die nächsten internationalen Flughäfen befinden. Die Klöster sind im allgemeinen am Vormittag und dann wieder am Nachmittag nach der Mittagsruhe geöffnet. Es wird gebeten, daß die Besucher dem Ort entsprechend gekleidet sind.

Die wilden Pferdemenschen

Die Ebenen von Thessalien im Zentrum Griechenlands waren von alters her ein wichtiger Ort der Pferdezucht. In der griechischen Mythologie wurden ihre Einwohner als Pferdemenschen dargestellt. Diese *Zentauren* hatten einen menschlichen Oberkörper, der aus einem Pferdeleib herauswuchs. Ihre sinnlichen Begierden und ihre Neigung zur Trunksucht symbolisieren die tierischen Triebe im Menschen. Einer unter ihnen, der weise Chiron, hat die Helden Achill und Jason in ihrer Jugend unterrichtet.

Die Mühen und Schwierigkeiten beim Bau dieser auf steilen Felsklippen liegenden Klöster können nur erahnt werden. Die Mönche führten ein einfaches Leben und waren vor weltlichen Zugriffen geschützt.

36

EUROPA

30 Meter oder länger waren und am Felsen befestigt wurden, oder man zog sie an Seilen in schwingenden Stricknetzen nach oben.

Die Versorgungsgüter werden noch immer in Netzen nach oben transportiert. Aber nach dem Ersten Weltkrieg und seit den 60er Jahren, als die Klöster eine Touristenattraktion wurden, baute man eine neue Straße von Kalambaka zu den Klöstern. Heute können sie über lange, in die Felsen gehauene Treppenfluchten erreicht werden und über Brücken, die über schwindelerregende Abgründe führen. Viele Mönche haben die Klöster verlassen, um sich ihre Abgeschiedenheit zu bewahren. Die Meteoraklöster sind heute eher Museen als Klostergemeinschaften.

Gott an entlegenen und öden Orten, fern von den Annehmlichkeiten der Welt und abseits des gewöhnlichen Alltags zu verehren, ist von Anbeginn an ein zentrales Element der christlichen Religion. In den Höhlen an den steilen Hängen des Pindosgebirges lebten bereits seit dem 12. Jahrhundert Asketen. Aber der Begründer

des Hauptklosters *Gegalo Meteoron,* der Mönch St. Athanasios vom Berg Athos, siedelte sich dort erst um 1360 an. Die Legende erzählt, daß er zu dem Standort des heutigen Klosters von einem Engel oder einem Adler emporgetragen wurde. Sein Schüler Joasaph, ein Sohn des serbischen Königs, hat das Kloster 30 bis 40 Jahre später weiter ausgebaut.

Im 15. und 16. Jahrhundert, nachdem die Türken Thessalien erobert hatten, entstanden weitere Ordensgemeinschaften (über 30). Aber während des 17. und 18. Jahrhunderts setzte ein langsamer, stetiger Niedergang dieser Kultur ein, und die meisten der Meteoragemeinschaften haben sich nicht erhalten. Im 19. Jahrhundert schließlich wurden die ersten neugierigen Reisenden auf die Klöster aufmerksam und zogen immer zahlreichere Besucher nach sich.

Die Klöster sind aus Stein erbaut, haben rote Ziegeldächer und hölzerne Galerien, die sich über tiefe, schwindelerregende Schluchten neigen. Sie bestehen aus mehreren engen Zellen für die Mönche, aus einer Kirche und einem Refektorium für die gemeinsamen Mahlzeiten. In die Felsen wurden Zisternen gehauen, um das Regenwasser aufzufangen. Das Refektorium in Agios Varlaam hat man 1960 restauriert und in ein Museum umgewandelt. Im Metereonkloster kann eine einfache Küche mit ihren klobigen Schüsseln und Schöpflöffeln besichtigt werden. In beiden Klöstern sind die Kirchen mit Fresken geschmückt, die Schreckensszenen aus der Hölle und den Märtyrerqualen darstellen und voll von Enthauptungen, Erdolchungen, Kreuzigungen, Verbrennungen und Geißelungen sind. Das verlassene Kloster von Agios Nikolaos enthält Fresken aus dem 16. Jahrhundert von dem Künstler Theophanis aus Kreta.

Die meisten Klöster waren nur für Männer bestimmt, aber es gibt auch einige Nonnenklöster. Eines von ihnen, Agios Stephanos, kann nur über eine Brücke erreicht werden, die über einen schwindelerregenden Abgrund führt. Wie bei allen anderen Klöstern hat man auch von Agios Stephanos eine atemberaubende Aussicht.

Der Aufgang zum Rousanou-Kloster erfolgte über schaukelnde Stricknetze oder auf wackeligen Leitern.

Ein Leben im Gebet

Vom späten 3. Jahrhundert n. Chr. an haben sich christliche Asketen in die ägytischen Wüsten und nach Syrien zurückgezogen, um fernab von den Menschen und nah bei Gott ein enthaltsames Leben in Gebet und Meditation zu führen. Dort lebten sie auch fern von der immer mehr an Einfluß gewinnenden Kirche. Ihre Zahl stieg im 4. Jahrhundert n. Chr. stark an, als das Christentum, nun die offizielle Religion des Staates, mehr und mehr mit der staatlichen Macht identifiziert wurde. Der berühmteste unter diesen frühen Eremiten war der heilige Antonius von Ägypten. Er wurde wegen der heftigen, abgewehrten Angriffe verehrt, die ein Heer von Teufeln gegen ihn auf groteske und schreckliche Weise geführt haben soll; ein beliebtes Motiv von vielen Generationen von Malern. Ein anderer berühmter Heiliger war der heilige Simeon, der 40 Jahre auf einer 18 Meter hohen Säule in den syrischen Bergen verbrachte. Bald entstanden organisierte Gemeinschaften, in denen Mönche ein ganz dem Gebet gewidmetes Leben führen konnten. Das berühmteste orthodoxe Klosterzentrum war seit dem 10. Jahrhundert n. Chr. der Berg Athos in Nordgriechenland. Es war auch ein Mönch vom Berg Athos, der heilige Athanasios, der das Meteoronkloster *(Magalo Meteoron)* gründete.

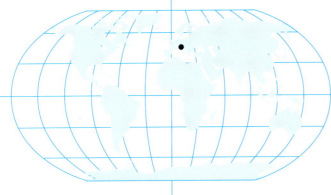

15. Jahrhundert, Italien

DER CANAL GRANDE

„Die schönste Straße der Welt."
– PHILIPPE DE COMMYNES

Man kann nach Venedig per Flugzeug, per Bahn, mit dem Auto oder per Schiff gelangen. Aber nichts ist beeindruckender als eine erste Annäherung auf dem Seeweg. Der Canal Grande kann mit der Vaporetto-Linie 1 befahren werden.

Die Gondel

Gondeln gibt es ausschließlich in Venedig. Traditionellerweise werden bei ihrem Bau acht verschiedene Hölzer verwendet. Ihre asymmetrische Konstruktion macht es möglich, daß sie mühelos von dem am Heck stehenden Gondoliere mit einem langen Ruder gesteuert werden kann. Im 18. Jahrhundert gab es in Venedig schätzungsweise 14.000 Gondeln. Heute sind es nur noch an die 500.

Blick über den Canal Grande zur Kirche Santa Maria della Salute. Sie wurde im 17. Jahrhundert von Longhena entworfen und ist eines der schönsten Zeugnisse venezianischer Barockarchitektur.

Ob im Hochsommer, wenn Tausende von Touristen die *Vaporetti* (kleine Dampfer) benützen, oder ob an einem düsteren, grauen Wintermorgen, wenn der Nebel von den Lagunen hereinzieht, unter welchen Umständen man den Canal Grande auch immer erlebt, er ist ein magisches Schauspiel für die unzähligen Besucher. Es ist fast unmöglich, von Venedig nicht überwältigt zu werden. Wohin man sich auch wendet, überall begegnet man bedeutsamen, wunderbaren Bauwerken aus Ziegeln und Marmor, einer Welt, zusammengewürfelt aus eleganter gotischer Baukunst und barockem Überfluß. Und fast überall ist Wasser, das die Gebäude umspielt, die Herrlichkeit der Architektur reflektiert und für einen unaufhörlich fließenden Verkehr zur Straße wird.

Von den Lagunen an der oberen Adria aus baute Venedig eines der größten Seehandelsimperien der Geschichte auf. Sein Lebensnerv war das Wasser, und jedes Jahr zum Fest von Christi Himmelfahrt wurde diese Tatsache feierlich bekräftigt, wenn die Dogen sich während der Zeremonie *Spozalizio del Mar* mit dem Meer „vermählten" und einen goldenen Ring ins Wasser warfen.

Der Canal Grande ist die Hauptverkehrsader von Venedig, die sich über fast vier Kilometer vom Hauptbahnhof im Nordwesten der Stadt in einer S-Kurve zur Punta della Salute im Südosten erstreckt. Er wird von nur drei Brücken überquert. Eine befindet sich beim Bahnhof, eine bei der *Accademia* (Gemäldegalerie), und dann gibt es schließlich noch die schöne Rialto-Brücke, die älteste und berühmteste von Venedig. An allen anderen Stellen muß man kleine Fährschiffe oder Gondeln benützen, um den Canal Grande zu überqueren.

Venedig ist auf vielen kleinen Inseln erbaut, die ursprünglich nichts anderes als schlammige Sandbänke waren. Die Stadt wurde auf Tausenden von hölzernen Pfählen errichtet, und mit der Zeit entstand ein einzigartiger Baustil, der sich den Bedingungen dieser meeresumspülten Insellandschaft anpaßte. Die Paläste, die am Canal Grande liegen, repräsentieren venezianische Macht und Größe aus jeder Zeitepoche, vom 12. bis in das 20. Jahrhundert.

Man könnte jeden Tag des Jahres entlang des Canal Grande fahren oder gar ein Leben lang, und man würde noch immer Neues zu bewundern finden. Der aus dem 15. Jahrhundert stammende *Ca' d'Oro* (Goldenes Haus) ist wahr-

38

EUROPA

scheinlich der am meisten bewunderte Palast des Canal Grande. Das Gebäude, ein erstklassiges Beispiel für venezianische gotische Architektur, beherbergt gegenwärtig eine Kunstgalerie und ist nach Jahren sorgfältiger Restaurierung wieder der Allgemeinheit zugänglich. Es wurde in der ersten Hälfte des 15. Jahrhunderts fertiggestellt.

Ein vollkommen anderer Palast am Canal Grande ist der Palazzo Dario, dessen Fassade mit mehrfarbigem Marmor verziert ist. In seinem Buch *The Stones of Venice* (Die Steine von Venedig) bezeichnete der Kunstkritiker und Philosoph des 19. Jahrhunderts, John Ruskin, dieses wunderbare Gebäude als eines der hervorragendsten Beispiele für die venezianische Frührenaissance.

Am südöstlichen Ende des Canal Grande liegt die Kirche Santa Maria della Salute. Sie wurde von Baldassare Longhena entworfen und zwischen 1631 und 1682 im Angedenken an das Abklingen einer Pestepidemie erbaut. Jedes Jahr am 21. November wird über den Kanal eine Brücke aus Booten gebildet, über die die Menschen das Wasser überqueren und zum alljährlichen Fest in diese Kirche pilgern.

Der Fondaco dei Turchi (Anfang des 13. Jahrhunderts erbaut, später verfälschend restauriert), die Ca' Giustinian (Mitte des 15. Jahrhunderts), die Ca' Rezzonico (17. und 18. Jahrhundert, jetzt ein Museum), die Ca' Da Mosto (13. Jahrhundert) –, die Liste der Bauwerke, die man am Kanal besichtigen kann, ist so lang wie der Canal Grande selbst.

Die Gondel ist ein Symbol für venezianische Romantik. Sie ist kunstvoll konstruiert und eignet sich in den seichten Kanälen besonders dazu, ein Maximum an Last mit einem Minimum an Tiefgang zu befördern.

Der Markusplatz

Die schönste Straße der Welt führt zu jenem Platz, den Napoleon den schönsten Salon der Welt genannt hat. Die *Piazza di San Marco* ist umgeben von Bauwerken aus verschiedenen Stilepochen. Trotzdem ist der Gesamteindruck so harmonisch, daß man annehmen könnte, er sei eine sorgfältige Gesamtplanung. Die Markuskirche stammt aus dem 11. Jahrhundert und ist überreich mit Mosaikarbeiten und Marmorintarsien ausgestattet. Sie war ursprünglich die Hauskapelle der Dogen von Venedig. Ihr Palast, der Dogenpalast, ist eine weitere großartige Sehenswürdigkeit Venedigs. Der am Ende des 15. Jahrhunderts erbaute *Torre dell' Orologio* (Uhrturm) besitzt ein erstaunlich modern anmutendes Zifferblatt; und zwei Bronzefiguren schlagen eine Glocke, um Scharen von Touristen unten auf dem Platz zu verkünden, wie spät es ist.

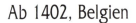

Ab 1402, Belgien

GRAND' PLACE

Ein wunderschöner Platz zeugt vom Reichtum der Kaufmannsgilden im mittelalterlichen Brüssel.

Brüssel ist die Hauptstadt Belgiens und Mittelpunkt des berühmten belgischen Autobahnnetzes. Die Grand' Place im Herzen der City ist mit vielen Buslinien zu erreichen. Die nächsten Metrostationen sind Bourse und Gare Centrale. Es gibt Führungen durch das Rathaus.

Victor Hugo, der französische Schriftsteller des 19. Jahrhunderts, der einige Zeit in Brüssel lebte, nannte die Grand' Place den schönsten Hauptplatz Europas, und noch heute werden ihm da viele zustimmen. Das gewaltige Rathaus in brabantischer Hochgotik, das eindrucksvolle *Haus des Königs* und die hohen, goldverzierten Häuser der reichen Kaufmannsgilden erstaunen den Be-

Rechts: Eine Symphonie von überladenem Barock, einzigartig im nächtlichen Flutlicht. Die Grand' Place wurde nach 1695 wieder aufgebaut. Die Häuser dienten den reichen Kaufleuten von Brüssel sowohl für berufliche als auch für gesellschaftliche Zwecke.

40

EUROPA

Links: Das reich mit Blattgold verzierte Haus der Schiffer wurde 1697 wiedererrichtet.

trachter durch den übertriebenen Reichtum an Zinnen, Schnörkeln, geschmückten Giebeln, Statuen, Wasserspeiern, Büsten, Siegeszeichen, Medaillons, Wappentieren, Säulen und Ballustraden und lassen sie wie die Kulisse zu einer verschwenderisch ausgestatteten Märchenoper erscheinen.

Jeden Tag findet auf diesem Platz ein Blumenmarkt statt, und am Sonntagvormittag gibt es einen Vogelmarkt. Einst veranstaltete der Adel von Burgund hier seine Turnierwettkämpfe. Ursprünglich aber war er der Marktplatz des alten Brüssel, eines Dorfes in den Marschen entlang der Senne, das durch Handel allmählich wohlhabend wurde.

Die Bautätigkeit begann 1402 mit dem Rathaus, dem *Hôtel de Ville,* welches den größten Teil der einen Seite des Platzes einnimmt und dessen Hauptteil 1480 fertiggestellt wurde. Der 91 Meter hohe, interessante Turm wurde von 1449 bis 1455 errichtet. An seiner Spitze befindet sich eine Wetterfahne in Form einer fünf Meter hohen kupfernen Statue des Erzengels Michael, der gerade seinen Fuß auf den Teufel setzt. An der Fassade sind mehr als einhundert Statuen angebracht, im 19. Jahrhundert entstandene Nachbildungen der Originalfiguren. Die Innenräume sind reich mit Brüsseler Wandteppichen und Gemälden ausgestattet. Zwei Brunnen im Innenhof versinnbildlichen die Hauptflüsse Belgiens, Schelde und Maas.

An der gegenüberliegenden Seite befindet sich die *Maison du Roi* oder *Broodhuis* (Haus des Königs). Zwischen 1873 und 1895 wurde es im prunkvollen Stil des 16. Jahrhunderts erneuert, und heute beherbergt es das Stadtmuseum. Einer der interessantesten Ausstellungsräume zeigt mehr als 350 verschiedene Kostüme. Diese wurden im Laufe der Jahrhunderte dem *Manneken Pis* geschenkt, einer Brunnenfigur, die zum Wahrzeichen Brüssels wurde.

Die Zunfthäuser nutzten die Brüsseler Handelsherren für geschäftliche Zusammenkünfte und als Gesellschaftsräume. Ursprünglich bestanden sie aus Holz, aber im Jahre 1695 wurde der Platz weitgehend verwüstet, als die Franzosen Brüssel belagerten, die die Stadt 36 Stunden lang beschossen und dabei 16 Kirchen und viele Häuser zerstörten. Die Kaufleute der Stadt spendeten unmittelbar darauf Unsummen, um den Platz im überladenen, prunkvollen Barockstil wieder aufzubauen.

Die Häuser wurden im Volksmund nach charakteristischen Dekorationsmerkmalen benannt: *Le Renard* (der Fuchs), Nummer 7, weil über dem Eingangstor ein goldener Fuchs angebracht ist. Victor Hugo wohnte 1852 im Haus Nummer 26, in *Le Pigeon* (die Taube). Eine Reiterstatue schmückt das Haus Nummer 10, *L'Arbre d'Or* (der goldene Baum). Nummer 5, *La Louve* (die Wölfin), gehörte der Zunft der Bogenschützen. Über dem Eingangstor ist ein Relief angebracht, das Romulus und Remus darstellt, die gerade von der Wölfin gesäugt werden. An der Spitze des Giebels befindet sich ein riesiger goldener Phönix, ein angemessenes Symbol für Brüssels Wiederaufbau.

Das Manneken Pis

In der Rue de L'Etuve, nur einen Katzensprung von der vornehmen Grand' Place entfernt, steht die Figur eines kleinen, engelhaften Knaben, der in das Marmorbecken eines Brunnens Wasser läßt. Diese 61 Zentimeter große Statue stammt aus dem 19. Jahrhundert, aber sie ersetzt weit ältere Figuren. Es gibt zahlreiche Legenden über das Manneken Pis, von denen die eine besagt, daß der ungezogene Schlingel von einer Fee dabei erwischt wurde, wie er ihre Eingangsstufen besprengte, und zur Strafe in Stein verwandelt wurde.

Das Manneken Pis ist allgemein beliebt und an hohen Festtagen in besondere Kostüme gekleidet. Sein erstes Kostüm erhielt es angeblich 1698 vom Kurfürsten von Bayern, und 1747 sandte ihm König Ludwig XV. von Frankreich einen Anzug aus golddurchwirktem Brokat. Seit dieser Zeit hat es noch viele andere Gewänder bekommen. In der Maison du Roi sind mehr als 350 von ihnen ausgestellt.

Spitzen für die Königin

Brüssel ist berühmt für seine Spitzen. Im Kostüm-Museum in der Rue de la Violette in der Nähe der Grand' Place können erstaunliche Beispiele früherer zeitgenössischer Spitzenproduktion bewundert werden. Beim Museum gibt es auch viele Geschäfte, die Spitzenarbeiten verkaufen.

Spitzen wurden erstmals im 16. Jahrhundert modern. In den Niederlanden entwickelten viele Städte ihre eigenen Spitzenmuster. Im 18. Jahrhundert gab es allein in Brüssel 10.000 Menschen, die die erlesensten Spitzen für Könige und Königinnen, Aristokraten und reiche Bürger in Europa anfertigten. Einige dieser Spitzenkunstwerke können in Brüssels Kirchen besichtigt werden, darunter die unvergleichliche Spitzenhaube der Muttergottes in der wunderschönen Kirche *Nôtre-Dame du Sablon* in der Rue de la Régence.

41

1475, Russland

DER KREML

Von goldenen Kuppeln gekrönt und zinnenbewehrt, so erhebt sich die Zitadelle der russischen Zaren über der Moskwa.

Die Führungen durch den Kreml beginnen am Troizkaja-Turm an der nördlichen Befestigungsmauer. Eine Metrostation befindet sich am Karl-Marx-Prospekt. Moskaubesucher sollten im vorhinein die Führung über das staatliche Touristenbüro Intourist organisieren.

Der unbeerdigte Zar

Im März 1918 bezog die Sowjetregierung den Kreml als ihr Hauptquartier, und dies ist seitdem auch so geblieben. Wladimir Iljitsch Lenin zog in das aus dem 18. Jahrhundert stammende Senatsgebäude ein und lebte dort genügsam und abgeschieden im obersten Stockwerk. Die Uhr in seinem Studierzimmer zeigt heute noch auf 8.15 Uhr. Zu diesem Zeitpunkt verließ er – bereits hoffnungslos krank – zum letztenmal das Zimmer. Er starb 1924, und sein einbalsamierter Körper wurde in einem Holzbau am Roten Platz aufgebahrt, das 1929 durch ein Mausoleum aus rotem Granit ersetzt wurde.

Rechts: Blick auf den Kreml von der Flußseite aus. Links steht der Wasserturm. Das Wasser wurde hochgepumpt und über eine offene Wasserleitung in die Gebäude und Gärten geleitet. Der Turm wurde 1817 wiedererbaut. Weiter hinten ist der Glockenturm Iwan der Große zu sehen.

42

EUROPA

Iwan der Schreckliche, der erste Zar, der wirklich von sich behaupten konnte, daß er Herrscher über alle Russen war, wurde 1547 im Kreml von Moskau gekrönt. Es gibt einen Kreml oder eine Festung in vielen alten russischen Städten, aber ab diesem Zeitpunkt wurde die Festung in Moskau zum Kreml schlechthin. Die Festung war der Kern, um den sich die Stadt Moskau nach ihrer Gründung im 12. Jahrhundert entwickelte. Ihr dreieckiger Grundriß bedeckt 28 Hektar Grundfläche neben der Moskwa. In ihren Mauern befinden sich die Zarenpaläste und mehrere Kirchen. Nach der Revolution von 1917 wurde sie zum Hauptsitz der Sowjetregierung. Die Befestigungsmauern aus rotem Backstein stammen aus dem 15. Jahrhundert. Sie sind zwischen 5 und 19 Meter hoch, mehr als 2 Kilometer lang und durch 20 Türme unterbrochen, von denen einige zeltförmige Spitztürme besitzen. Der Haupteingang liegt am Spasskij-Turm (Erlöser-Turm) gegenüber dem Roten Platz. Der nach seinem Erbauer benannte 81 Meter hohe spitze Glockenturm *Iwan der Große* wurde unter Zar Boris Godunow im Jahre 1600 vervollständigt. Von diesem Beobachtungsturm aus hat man eine Aussicht von 32 Kilometer. In seiner Nähe befindet sich die größte Glocke der Welt, die Zarenglocke *(Zar Kolokol),* die ab 1730 gegossen wurde und 200 Tonnen wiegt. Unweit von ihr gibt es noch ein zweites, aus dem Jahre 1586 stammendes Monstrum, die Kanone Zar Puschka, mit einem Kaliber von 89 Zentimeter und einem Gewicht von 40,6 Tonnen.

In der zweiten Hälfte des 15. Jahrhunderts beauftragte Zar Iwan III. italienische Architekten, den Kreml als Zentrum neu aufzubauen. 1491 wurde *Granowitaja Palata* (der Facettenpalast) mit dem herrlichen Thronsaal im Renaissancestil fertiggestellt, der auch heute noch bei Staatsanlässen benützt wird. Den Mittelpunkt des Kreml bildet der Kathedralenplatz. Die Mariä-Himmelfahrt-Kathedrale, die Krönungskirche der Zaren, wurde in den 70er Jahren des 15. Jahrhunderts erbaut. In der Nähe des Haupteinganges steht der aus dem Jahre 1551 stammende geschnitzte Holzthron Iwan des Schrecklichen. Die Mariä-Verkündigung-Kathedrale, errichtet 1484 bis 1489, im Jahre 1547 durch Brand zerstört und dann wieder aufgebaut, wurde als die Kathedrale mit den goldenen Kuppeln bekannt, weil ihr ganzes Dach vergoldet war. Die Erzengel-Michael-Kathedrale schließlich, Grabkirche der Zaren, ist im russischen Stil erbaut, zeigt aber Beeinflussungen durch die italienische Renaissance. Alle drei Kirchen besitzen eindrucksvolle Fresken und Ikonen. In der Nähe stehen noch andere, weniger bedeutsame Kirchenbauten.

Der Große Kreml-Palast wurde im Jahre 1849 fertiggestellt. Von hier aus gelangt man in die Privaträume der Zaren im Terjem-Palast. Der ursprüngliche Bau aus dem 16. Jahrhundert wurde im 17. Jahrhundert um zwei Stockwerke ergänzt. In einem eigens errichteten Gebäude befindet sich die Rüstkammer mit vielen Schätzen, die die Familie des Zaren durch die Jahrhunderte angesammelt hat: Wappen, Waffen, Kronen und Krönungsinsignien, herrliche Thronstühle, Juwelen, Kleidungsstücke, Kutschen, kostbare Tabatieren und die von der Zarenfamilie als Ostergeschenk bevorzugten Fabergé-Eier. Der Patriarchenpalast der russisch-orthodoxen Kirche, welcher auf die Zeit nach 1652 zurückgeht, beherbergt nun das Museum der angewandten Kunst und materiellen Kultur Rußlands im 17. Jahrhundert.

Im Kreml befindet sich auch das Gebäude des Präsidiums des Obersten Sowjet. Es wurde 1934 fertiggestellt. Unmittelbar davor ist der Rote Platz mit dem Mausoleum, in dem sich zur Zeit noch Lenins Leichnam befindet (er soll umgebettet werden) und in dem sich auch Stalins Leichnam zwischen 1953 und 1961 befand. Auf diesem Platz steht auch die prächtige Basiliuskathedrale mit ihren geschwungenen Zwiebeltürmen. Von 1552 bis 1559 auf Anordnung von Iwan dem Schrecklichen erbaut, ist sie ein weiteres Wahrzeichen Rußlands.

Die Mariä-Himmelfahrt-Kathedrale wurde für Zar Iwan III. erbaut und 1479 fertiggestellt.

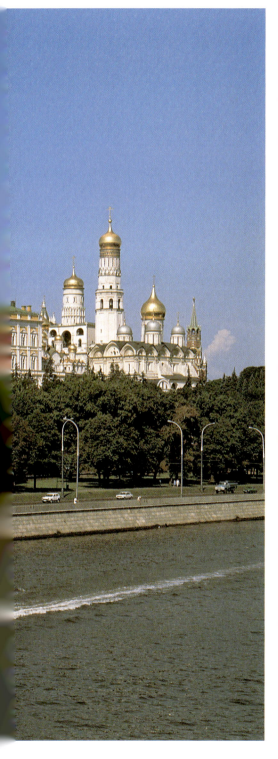

Alleinherrscher über alle Russen

Im Jahre 1453 fiel die Stadt Konstantinopel (Byzanz) an die Türken. Dieses Datum markiert das Ende des Oströmischen Reiches und der langen Vorherrschaft von Byzanz, das als das „zweite" Rom galt. Weit im Norden, in Rußland, proklamierten sich die Fürsten von Moskau als geistige Erben von Byzanz. Sie bezeichneten sich als Beschützer des christlich-orthodoxen Glaubens und nannten ihre Hauptstadt Moskau das „dritte" Rom.
Dieser Anspruch wurde von dem großen Zar Iwan IV. besonders hervorgehoben, der in Rußland unter dem Namen *Grozncyi* (der Drohende) bekannt ist und was westliche Schriftsteller dann in „der Schreckliche" übersetzt haben. Er erbte den Thron als dreijähriges Kind und regierte seit seinem 14. Lebensjahr. Mit 16 wurde er zum Zaren gekrönt und schuf darauf durch Eroberungen ein Reich, das er von Moskau aus regierte. Er war maßlos jähzornig und tötete in einem Wutanfall drei Jahre vor seinem Tod im Jahre 1581 sogar seinen eigenen Sohn. Auch wird ihm nachgesagt, daß er den Architekten der Basiliuskathedrale blenden ließ, damit dieser keine zweite Kirche dieser Art mehr schaffen könne.

43

Ab 1506, Italien

DIE PETERSKIRCHE

St. Peter ist eine riesige Kirche, die über dem Grab des Apostels Petrus errichtet wurde. Fast alle berühmten italienischen Architekten des 16. Jahrhunderts wirkten bei ihrem Bau mit.

Die Peterskirche liegt am rechten Tiberufer, westlich von Roms Zentrum und ist ein Teil des unabhängigen Kirchenstaates Vatikan. Es gibt einen direkten Zugang über die Via della Conciliazione.

Die Peterskirche bedeckt eine Fläche von 22.067 Quadratmetern und war bis 1990, als sie von der noch größeren Basilika *Unserer Lieben Frau des Friedens* in Yamoussoukro an der Elfenbeinküste übertroffen wurde, die größte christliche Kirche der Welt. Ihre Dimensionen sind ehrfurchtgebietend; aber noch beeindruckender ist, wenn man ihre Entstehungsgeschichte bedenkt, daß sie überhaupt je fertiggestellt wurde.

Die Kirche, so wie wir sie heute sehen, hat ihren Ursprung im Grabmal eines Mannes, der im 1. Jahrhundert n. Chr. für seinen Glauben den Märtyrertod erlitten hat: der Apostel Petrus wurde um 64 n. Chr. unter Nero gekreuzigt und auf einem öffentlichen Friedhof begraben. Das Grabmal des heiligen Petrus wurde bald zu einer Pilgerstätte. Der christliche Kaiser Konstantin erbaute eine Basilika über seinem Grab, die dann mehr als 1.000 Jahre stand. Als die Basilika baufällig geworden war, begann Papst Nikolaus V. ab 1450 mit dem Bau eines grandiosen neuen Domes. Als er 1455 starb, wurden die Bauarbeiten erstmals eingestellt. Weil immer wieder neue Baumeister und Auftraggeber beteiligt waren, dauerte der Bau bis zu seinem Abschluß noch rund 170 Jahre.

Im Jahre 1506 begann Bramante eine neue Kirche mit einer riesigen Kuppel zu konstruieren. Als er 1514 starb, übertrug man Raffael die Bauleitung. Nach dessen Tod im Jahre 1520 wurden jedoch wieder Änderungen an den Plänen vorgenommen. Die Idee einer Kuppel wurde fallengelassen, und es wurden gotische Elemente hinzugefügt. Michelangelo, der schließlich 71jährig

Die Pietà

Michelangelos trauernde Muttergottes, die den Leichnam Jesu Christi auf ihren Knien hält – die Pietà – ist die einzige Skulptur, die seine Signatur trägt. Der Marmor ist makellos und hat einen milchigen weißen Schimmer; er stammt aus Carrara. Um ihn zu transportieren, wurde eine eigene Zufahrtsstraße gebaut. Die Nase der Muttergottes, die 1972 einer mutwilligen Zerstörung zum Opfer fiel, ist sorgfältig restauriert worden.

Rechts: Berninis großer Platz vor der Peterskirche. In der Mitte steht ein Obelisk, der ein Symbol für die Größe der Mutterkirche der römisch-katholischen Christenheit ist. Die Kuppel der Peterskirche ist nach Michelangelos Plänen erbaut worden.

(1546) die Bauleitung „in Liebe zu Gott, zur heiligen Jungfrau und zu St. Peter" übernommen hatte, arbeitete an der Kuppel weiter. Aber auch er starb, bevor die Arbeit vollendet war. Das in der Folge dazugebaute Längsschiff, die Fassade und die Säulenhalle stören noch heute den Gesamteindruck für den auf den Dom zukommenden Betrachter.

Am 18. November 1626 wurde der Dom schließlich durch Papst Urban VIII. geweiht. Die Gestaltung des Platzes vor der Peterskirche ging wesentlich zügiger voran und erfolgte zwischen 1656 und 1667. Der von Bernini geschaffene Platz ist von 284 toskanischen Säulen flankiert, die mit Heiligenstatuen geschmückt sind. Im Innenraum des Domes errichtete Bernini über dem Papstaltar einen riesigen, von gewundenen Säulen getragenen, 29 Meter hohen Bronzebaldachin, der jedoch keine allgemeine Bewunderung fand.

Man kann die Peterskirche sozusagen vom Scheitel bis zur Sohle besichtigen. Von einem Balkon aus, der am oberen Türmchen der Kuppel angebracht ist, geht der Blick auf die Stadt Rom hinunter. Auch zu den Ausgrabungen unter dem Altar kann man hinabsteigen und Teile des Friedhofes besichtigen, der unter Kaiser Konstantins ursprünglicher Basilika lag. Ein hier entdecktes Grabmal bezeichnet möglicherweise die Grabstelle des heiligen Petrus, aber es gibt keine ausreichenden archäologischen Beweise, die eine endgültige Klärung bringen könnten.

Durch seine riesigen Dimensionen und die überladenen Dekorationen im 189 Meter hohen Innenraum wirkt St. Peter auf manche Besucher sogar bedrückend; es gibt einfach zuviel zu sehen! Nicht jeder wird den Dom uneingeschränkt bewundern, die meisten jedoch finden die Peterskirche faszinierend.

Der Vatikan

Die Peterskirche liegt im Vatikan, der 1929 als unabhängiger Staat anerkannt wurde. Das Staatsoberhaupt ist der Papst. Der Vatikan hat sein eigenes Geld, eine Zeitung, einen Bahnhof, selbständige diplomatische Vertretungen im Ausland und eine Schweizergarde in farbenfrohen Uniformen als Polizei. Die Gebäude des Vatikans, die während des 14., 15. und 16. Jahrhunderts errichtet wurden, beherbergen eine halbe Million Bücher und die größte Kunstsammlung der Welt. Es würde Monate dauern, um alles zu besichtigen. Die Sixtinische Kapelle, für Papst Sixtus IV. von 1475 bis 1481 von Giovannino de' Dolci erbaut, gehört zu einem Komplex von Räumen und Galerien, die der Öffentlichkeit zugänglich und wegen der Fresken Michelangelos weltberühmt sind. Sie wurden zwischen 1508 und 1512 geschaffen und stellen biblische Szenen vor der Sintflut dar. Michelangelo gestaltete von 1475 bis 1481 an der Ostseite der Kapelle ein Fresko über das Jüngste Gericht.

Links: Das prächtig ausgestattete Innere zeigt barocken Überfluß.

1533, Österreich

DIE HOFBURG

Die weißen Lipizzaner paradieren in der eleganten Reitschule der Habsburger-Residenz.

Die Hofburg breitet sich an der östlichen Seite der Ringstraße aus. Diese ist ein prächtiger Boulevard, der Wiens ältesten Stadtteil, den 1. Bezirk, umschließt. Führungen beginnen am Michaelerplatz.

Die Stadt der Musik

Die Musikinstrumentensammlung in der Hofburg erinnert daran, daß sich keine zweite Stadt auf der Welt rühmen kann, so viele Komponisten in ihren Bann gezogen zu haben. Christoph Willibald Gluck schrieb im 18. Jahrhundert Opern für den Habsburger Hof. Mozart und Haydn komponierten in Wien. Auch Beethoven war ab 1792 in Wien, Schubert lebte und starb hier.
Die Welt verdankt der Stadt Wien die beschwingten Walzer und Operetten von Johann Strauß und Franz Lehár. Aber auch die ernstere Musik setzte hier ihre Tradition fort. Bruckner lebte ab 1875, Brahms ab 1862 in Wien. Gustav Mahler war 1897 bis 1907 Operndirektor und 1898 bis 1901 außerdem Leiter der Philharmoniker. Arnold Schönberg wurde 1874 und Alban Berg 1885 in Wien geboren.

Oben: Ein Fiaker wartet bei der Hofburg.

Rechts: Die Pferde drehen sich in der eleganten Reitschule würdig im Takt. Die Reiter brauchen fast genausoviel Schulung wie die Pferde.

Gegenüberliegende Seite: Das Reiterdenkmal von Prinz Eugen vor der Neuen Hofburg.

46

Die Hofburg ist nicht ein großer Palast, sondern mehr eine Ansammlung von Gebäudekomplexen verschiedener Stilrichtungen vom 13. bis zum 19. Jahrhundert. Sie war die Wiener Residenz und der Hof der Habsburger-Dynastie, der Kaiser des Heiligen Römischen Reiches Deutscher Nation und der späteren Herrscher über die österreichisch-ungarische Monarchie. Diese kolossale Anlage, in der ein Residenztrakt auf den anderen folgt, wurde oftmals mit dem Habsburger-Reich selbst verglichen, in dem eine Vielfalt von Nationen in einer Einheit zusammengefaßt war, die mehr und mehr auseinanderzufallen drohte. Die Habsburger-Residenz beherbergt in ihren Mauern aber viele Schönheiten und zahlreiche wertvolle Schätze, vom Hammerklavier Beethovens angefangen bis zum Federschmuck des Moctezuma aus Mexiko.

In einigen Teilen der Hofburg befinden sich heute Regierungsgebäude, in anderen sind Museen untergebracht, in denen sich umfangreiche Sammlungen aus der Habsburger-Zeit befinden. Der älteste Teil der Residenz ist der nach der Schweizergarde benannte Schweizerhof. Reguläre Residenz wurde die Hofburg aber erst im Jahre 1533 durch Ferdinand I. (Statthalter Karls V. und ab 1556 Kaiser). In den kaiserlichen Gemächern kann man die riesigen Öfen besichtigen, die zur Heizung benötigt wurden. Zu sehen sind auch das kaiserliche Audienzzimmer und das Schlafzimmer Kaiser Franz Josephs, der im Jahre 1916 nach fast 70jähriger Regierungszeit starb.

Die kaiserliche Schatzkammer beherbergt eine umfangreiche Sammlung von Objekten aus tausend Jahren. Beispielsweise die mit Juwelen übersäte Reichskrone des Heiligen Römischen Reiches Deutscher Nation, von der angenommen wird, daß sie aus dem 10. Jahrhundert n. Chr. stammt. Ein ganzer Saal ist dem *Burgunderschatz* gewidmet. Hier befinden sich die Insignien des Ordens vom Goldenen Vlies, die von den Burgundern gestiftet wurden, ebenso wie die sakralen Gewänder, Juwelen und Reliquiare der Herzöge von Burgund. Eine der wertvollsten Reliquien des Christentums ist hier aufbewahrt: die *Heilige Lanze*, mit der die Seite Jesu Christi durchbohrt worden sein soll.

Von Jahrhundert zu Jahrhundert haben die Habsburger ihre Residenz erweitert. Ferdinand I. begann mit dem Bau der Stallburg, der aber erst von seinem Sohn Maximilian II. zu Ende geführt wurde. Die Amalienburg, in der Kaiserin Elisabeth während ihrer Regentschaft wohnte, wurde 1575 begonnen. Ein anderer Teil, in dem der österreichische Bundespräsident seinen Amtssitz hat, stammt aus dem 17. Jahrhundert.

Die *schönste Bibliothek der Welt* wurde in den 20er Jahren des 18. Jahrhunderts erbaut. Hier be-

EUROPA

finden sich zwei Millionen Bände, außerdem Handschriften, Musikdrucke, Papyri und vieles andere. Das Zentrum der Bibliothek besteht aus einem mit Säulen und Fresken geschmückten Prunksaal, der von einer Kuppel gekrönt ist. Man nennt ihn auch die *Kathedrale der Bücher*.

Die berühmte Spanische Reitschule mit ihren Säulen und Kronleuchtern, in der die weißen Lipizzaner ihre traditionellen Schrittkombinationen vorführen, wurde 1735 fertiggestellt.

Die Albertina schließt sich an die Bibliothek an, gehört aber nicht direkt zur Hofburg. In ihr befindet sich mit 1,5 Millionen Exemplaren eine der größten graphischen Sammlungen dieser Welt, beispielsweise Dürers berühmte *Betende Hände*. Nebenan steht die Augustinerkirche. Sie war die Pfarrkirche des Hofes und ursprünglich Teil eines Augustiner-Chorherrnstiftes. In dieser Kirche wurde die stellvertretende Trauung Marie Antoinettes mit Ludwig XVI. vorgenommen. Marie Louise mit Napoleon traute man hier ebenfalls.

Die „Hohe Schule"

Eine der größten Attraktionen von Wien ist die Spanische Reitschule. Hier zeigen auch heute noch nach der Schule des 18. Jahrhunderts die berühmten weißen Lipizzaner-Pferde ihr Repertoire. Sie schweben in Levade, Courbette und Capriole zur Musik von Quadrillen und Gavotten.

1563–1584, Spanien

DER ESCORIAL

Man sagt, daß dieses Bauwerk aus Korridoren besteht, die zusammengerechnet 16 Kilometer lang sind, und aus nahezu hundert Treppenhäusern. In Spanien nennt man den Escorial das achte Weltwunder.

Der Escorial liegt etwa 50 Kilometer nordwestlich von Madrid am Südhang der Sierra de Guadarrama. Man fährt von Madrid aus die N VI nach Corunna, verläßt die Straße in Las Rozas und fährt auf die C 505. Man kann auch auf der N VI bis Guadarrama bleiben und bei der Ausfahrt El Escorial abbiegen. Von Madrid aus verkehren Züge nach San Lorenzo de El Escorial.

Rechts: Die Südfront des Escorial. Der Palast wurde aus Granitblöcken erbaut, mit schlichten Fassaden und Ecktürmen. Er spiegelt den reservierten, unnahbaren Charakter Philipps II. wider. Man sagt, der Palast besitzt etwa 2.500 Fenster.

Gegenüberliegende Seite: Deckenfresken mit allegorischen Darstellungen in der Bibliothek Philipps II.

Klöster und weltliche Paläste sind normalerweise getrennte Institutionen. Es kann aber vorkommen, daß ein reisender König vom Abt eines Klosters Gastfreundschaft erbittet oder daß das Mitglied einer Herrscherfamilie in Sorge um die Unsterblichkeit seiner Seele Mönche bezahlt, die dafür beten. Philipp II. von Spanien beschloß, ein Kloster zu errichten, das zugleich auch ein Herrscherpalast ist: den Escorial.

Am 10. August 1557 besiegten die spanischen

48

EUROPA

Streitkräfte die Franzosen bei St. Quentin in Flandern. Ein bedeutsames Datum: es war der Namenstag des heiligen Laurentius, und die ihm geweihte Kirche in St. Quentin wurde am Tag der Schlacht zerstört. Philipp, ein gläubiger Mann, schwur, daß der Heilige eine neue Kirche bekommen sollte. Man sagt, daß der Grundriß des Escorial angeblich einem Rost (Gitter) nachgebildet ist und als Symbol für das Martyrium des heiligen Laurentius steht, den man auf einem Rost zu Tode folterte. Das Kloster wurde den Hieronymiten und im 19. Jahrhundert dann den Augustinern übergeben.

In Spanien das achte Weltwunder genannt, hat der Escorial die Ausstrahlung einer Festung. Er hat einen großflächigen, rechteckigen Grundriß (die äußeren Mauern haben ein Ausmaß von 206 Meter Breite und 161 Meter Länge), und die schmucklosen, regelmäßigen Fassaden werden manchem Betrachter als zu nüchtern erscheinen. Versuche, die Türen und Fenster zu zählen, erzielen fast nie dasselbe Resultat, aber die Anzahl liegt etwa bei 1.250 Türen und 2.500 Fenstern.

Der Bau wurde im wesentlichen von zwei Baumeistern durchgeführt. 1559 fertigte Juan Bautista de Toledo die ersten Pläne an; er hatte vermutlich schon beim Bau der Peterskirche in Rom wichtige Erfahrungen gesammelt. Im Jahre 1567 führte Juan de Herrera den Bau weiter und prägte ihn entscheidend.

Der Escorial wurde zwischen 1563 und 1584 erbaut, und Philipp II. nahm an diesem Bauvorhaben regen Anteil. Die königlichen Gemächer waren so angelegt, daß der König die Kirche direkt von seinen Räumen aus betreten konnte. Als er alt und krank war, konnte er von seinem Bett aus auf den Hochaltar blicken. Philipps Königspalast, der an das Ostende der Kirche anschließt und aus der Gesamtanlage herausragt, wurde der *Griff von Laurentius' Rost* genannt. Philipps Nachfolger, die üppigere und annehmlichere Räumlichkeiten bevorzugten und nicht sosehr darauf bestanden, einen direkten Blick zum Hochaltar zu haben, ließen in der Folge weitere Palasträume an der Nordseite der Kirche bauen. Südlich der Kirche befindet sich ein zweistöckiger Kreuzgang, dessen Zentrum der *Patio de los Evangelistas* (Hof der Evangelisten, so genannt wegen der in ihm aufgestellten Statuen) bildet.

Der Escorial diente nicht nur als Palast und Kloster, sondern er wurde auch zur Grabstätte für die Könige des spanischen Herrscherhauses. Der *Panteón des los Reyes* (Pantheon der Könige) ist unter dem Hochaltar der Kirche gelegen und war lange nach Philipps Tod noch immer nicht fertiggestellt. Anders die Bibliothek, die in einer langen Galerie nahe dem westlichen Eingang untergebracht ist und die Philipp noch in vollendetem Zustand erlebte. In einem Saal mit prächtigen allegorischen Deckenmalereien, die die Philosophie, Theologie, Musik und Geometrie darstellen, befindet sich eine wertvolle Sammlung von Büchern und Manuskripten.

Philipps Sitz

Philipp II. nahm am Bau des Escorial großen Anteil. Man erzählt, daß er sich einen Platz in den Bergen ausgewählt hat, um die Bauarbeiten von dort aus zu verfolgen. Philipps Sitz (*Silla de Felipe II.*) kann über eine enge, kurvige Straße erreicht werden, die von der Hauptstraße an der Vorderseite des Palastes abzweigt. Sie ist ziemlich steil und bietet als Belohnung einen wunderschönen Ausblick auf den Palast.

Kunst und Architektur

Philipp II. bevorzugte für den Escorial eine klare Architektur ohne übertriebenen Schmuck, aber er stattete seinen Palast mit bemerkenswerten Kunstwerken aus. Ein Besuch des Escorial ist deshalb gleichbedeutend mit dem Besuch einer Kunstgalerie. Die Neuen Museen des Escorial sind berühmt für Maler wie Tizian, aber auch El Greco, Veronese, Tintoretto, Hieronymus Bosch und Velazquez sind hier ausgestellt. Im Palast gibt es auch eine wertvolle Sammlung von Wandteppichen, einige nach Entwürfen von Goya und Rubens. Die Kapitelsäle des Klosters zeigen ebenfalls Gemälde und Kunstgegenstände. Es gibt auch noch ein Architekturmuseum.

Spätes 16. Jahrhundert, Tschechoslowakei

DAS GOLDMACHER-GÄSSCHEN IN PRAG

Durch ihr gnomenhaftes Aussehen könnten die Häuser für Werkstätten emsiger Zwerge gehalten werden.

Prags Goldmachergäßchen (Zlata Ulicka) liegt zwischen den Hradschin-Mauern und dem alten Obersten Burggrafenamt. Besucher betreten die Burg von Westen über den Hradschiner Platz (Hradcanske Namesti). Die nächsten Metrostationen sind Hradcanska und Malostranska.

Rechts: Nach der Legende hat Rudolf II. in diesen winzigen Häuschen seine Alchimisten untergebracht, die hier arbeiteten und den Stein der Weisen finden sollten.

EUROPA

Das Goldmachergäßchen war früher als die Gasse der Alchimisten bekannt. Die schmale, kopfsteingepflasterte Straße schmiegt sich an die Mauer des Hradschin. Sie ist von kleinen Häuschen gesäumt, die den Anschein erwecken, als ob sie aus den Märchen der Brüder Grimm stammten. Die ausgeblichenen Pastelltöne, die winzigen Türen und Fenster, die niedrigen Dächer und ein außerordentlicher Reichtum an Kaminen, all das trägt dazu bei, daß sie wie Feenhäuser wirken. Heute ist die Straße eine Touristenattraktion, und in vielen ihrer Häuser befinden sich kleine Geschäfte.

In den 90er Jahren des 16. Jahrhunderts, zur Zeit des Habsburgers Rudolf II., wurden diese Häuser von der Burgwache bewohnt. Später wurde die Gasse das Goldschmiedezentrum der Stadt, und es kam die Legende auf, daß der König hier seine eigenen Alchimisten beschäftigte, die ernsthaft über Schmelzöfen und Destillierapparaten saßen, um Gold herzustellen und Lebenselixiere zu brauen. Rudolf II. war ein leidenschaftlicher Anhänger der Alchimie, und so kann es sein, daß die Legende glaubwürdig ist.

Am einen Ende der Gasse befindet sich der Daliborka-Turm. Er wurde 1496 als Gefängnis erbaut. Eine Geschichte erzählt, daß er nach dem ersten Gefängnisinsassen benannt wurde, einem jungen Adeligen namens Dalibor von Kozojedy, der den Fehler beging, sich mit den Bauern gegen die Landeigentümer zu verbünden. Während er in Ketten im Gefängnis schmachtete, brachte er sich selbst das Violinspiel bei. Er erreichte eine solche Kunstfertigkeit, daß sich die Menschen vor dem Gefängnis versammelten, um seinem Spiel zuzuhören. Aber dann kam der Tag, an dem sie umsonst auf sein Spiel warteten: Dalibor und seine Violine waren verstummt. Bedrich Smetana, der tschechische Komponist des 19. Jahrhunderts, komponierte nach dieser Geschichte seine Oper *Dalibor*.

Zwischen November 1916 und März 1917 lebte in dieser Gasse der Schriftsteller Franz Kafka, Autor des Romans *Das Schloß* und anderer düsterer, bedrückender Werke. Seine Lieblingsschwester Ottla mietete für ihn das Haus Nr. 22. Kafka schrieb dort den größten Teil seiner Erzählungen der 1991 veröffentlichten Sammlung *Ein Landarzt*.

Prag gilt als eine der faszinierendsten Städte der Welt – an der Moldau gelegen und vom Hradschin *(Hradcany)* überragt, dem alten Sitz der Könige von Böhmen.

Im 9. Jahrhundert aus Holz gebaut, wurde die Prager Burg im 12. Jahrhundert aus Stein wiedererrichtet. Eine neue Bauperiode erfolgte, als Prag unter Karl IV., König von Böhmen, der 1355 in Rom zum Kaiser gekrönt wurde, die Hauptstadt des Heiligen Römischen Reiches wurde. Bis ins 18. Jahrhundert, als der neue Burgtrakt im Westen unter Kaiserin Maria Theresia dazugebaut wurde, erfolgten weitere Umgestaltungen. Im alten Burgtrakt befinden sich der berühmte Wladislawsaal und der im Versailler Stil ausgestaltete Spiegelsaal. Der gesamte Burgkomplex wird von den Türmen des Veitsdoms dominiert. Kaiser Karl IV. hatte den Grundstein legen lassen, in den Jahren 1877 bis 1929 bekam der Dom mit der Fertigstellung der Westfassade seine heutige Gestalt. Das Herzstück der Kirche ist die ehrwürdige Wenzelskapelle, die mit Wandmalereien und wertvollen Steinarbeiten geschmückt ist. Der Veitsdom, mit seinem spitzen Hauptturm, ist Prags größte und wichtigste Kirche. Er wurde auch letzte Ruhestätte für die Herzöge von Böhmen, Kaiser Karl IV. und die böhmischen Könige aus dem Hause Habsburg, Kaiser Ferdinand I., Kaiser Maximilian II. und Rudolf II.

Rechts: Das Hauptportal des Veitsdomes, jener Kirche, die den gesamten Hradschin-Komplex dominiert.

Der heilige König Wenzel

Wenzel, Schutzpatron Böhmens, war ein christlicher Fürst im Böhmen des 10. Jahrhunderts und wurde von seinem heidnischen Bruder Boleslav im Jahre 929 ermordet. Sein Grabmal im Veitsdom lockte schon bald Pilgerscharen an, und Wenzel wurde zu einer Symbolfigur der tschechischen Nation.

Der Stein der Weisen

Rudolf II. hat sich mit Themen beschäftigt, die zu seiner Zeit im Grenzgebiet zwischen Wissenschaft und Okkultismus lagen: Alchimie, Astrologie und Astronomie. Er wurde 1552 in Wien geboren, 1575 zum König von Böhmen gekrönt und war nach seinem Vater Maximilian II. im darauffolgenden Jahr Kaiser des Heiligen Römischen Reiches Deutscher Nation. Er litt manchmal unter starken Depressionen, die ihn unfähig machten, seinen Staatsgeschäften nachzukommen. Diese Depressionen gaben auch dazu Anlaß, seine geistige Gesundheit in Zweifel zu ziehen. Am liebsten zog er sich in sein Schloß nach Prag zurück, wo er seine Zeit mit alchimistischen Experimenten verbrachte. Seine Hofpoeten wies er an, Gedichte über den Stein der Weisen zu verfassen, der Metalle in Gold verwandelte und das menschliche Leben unbegrenzt verlängerte. Es gab ein Gerücht, daß der Kaiser selbst den Stein bereits gefunden hatte. 1604 erklärte ihn seine Familie für regierungsunfähig und setzte seinen Bruder an seine Stelle. Nach einigen Jahren mörderischen Bruderzwists starb Rudolf II. schließlich 1612 in Prag.

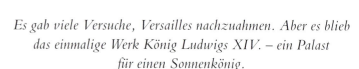

Ab 1661, Frankreich

VERSAILLES

Es gab viele Versuche, Versailles nachzuahmen. Aber es blieb das einmalige Werk König Ludwigs XIV. – ein Palast für einen Sonnenkönig.

Versailles kann sehr leicht mit dem Zug oder mit dem Auto von Paris aus erreicht werden. Es gibt so viel zu sehen, daß ein einziger Besuch nicht ausreichen wird. Einige Anlagen können zu jeder Zeit besichtigt werden, für andere muß man sich Führungen anschließen.

Versailles, knapp 24 Kilometer von Paris entfernt, wurde von König Ludwig XIII. als Standort für ein bescheidenes Jagdschloß erwählt. Er wollte hier seiner Jagdlust frönen. Sein Sohn Ludwig XIV., ebenfalls ein leidenschaftlicher Jäger, hatte jedoch ehrgeizigere Pläne mit diesem Schloß. Unzufrieden mit seinen übrigen Palästen (zu denen auch der Louvre und die Tuilerien gehörten), beschloß er im Jahre 1660, Versailles zu einem imposanten königlichen Schloß auszubauen. Es sollte ein Superlativ an Herrlichkeit werden, und er wollte es in solchen Dimensionen

Rechts: Die klassische Ordnung und Regelmäßigkeit der Architektur des Schlosses zielte darauf ab, die Harmonie und Würde Frankreichs unter der Herrschaft Ludwigs XIV. zu repräsentieren. Die Größe und Herrlichkeit des Palastes sollten die Macht und Größe des Königs darstellen.

Gegenüberliegende Seite, oben: Das Tor – geschmückt mit Adlern, dem königlichen Wappen und der Krone – gibt einen Vorgeschmack auf die hinter ihm liegende Herrlichkeit.

EUROPA

errichten, daß schließlich der gesamte französische Hof in ihm untergebracht werden konnte.

Die Bauarbeiten begannen 1661. Innerhalb von zwei Jahren gab Ludwig XIV., der in die Geschichte als Sonnenkönig eingegangen ist, Unsummen an Geld aus, die ihm Proteste von seinen Schatzmeistern einbrachten. Der Bau dauerte tatsächlich mehrere Jahrzehnte und verbrauchte nicht nur enorme Geldmittel, sondern auch Tausende von Arbeitskräften. Der erste Architekt von Versailles war Louis le Vau, ihm folgte Jules Hardouin-Mansart, der 30 Jahre lang an Versailles baute. André le Nôtre war für die Gartenarchitektur verantwortlich.

Die Gärten von Versailles mit ihren Statuen, Wasserspielen und Grotten waren für den Pariser Adel Schauplatz von glanzvollen barocken Hoffesten, an denen auch Lullys Opern aufgeführt wurden sowie die Stücke von Racine und Molière. In gewissem Sinne war die gesamte Anlage eine große Bühne, und diese Tradition wurde auch von Ludwigs Nachfolgern fortgesetzt, insbesondere von Marie Antoinette. Sie erbaute ein eigenes Theater und vergnügte sich mit ihren Freunden im *Hameau* (einem kleinen Weiler) mit

Rollenspielen, in denen sie bäuerliches Leben imitierten.

Die Parks von Versailles dehnen sich auf einer Fläche von etwa 101 Hektar aus und besitzen zahlreiche Aussichtsplätze, Promenaden, und einen eigenen *Grand Canal*, eine Kanalanlage, die auch das *kleine Venedig* genannt wurde. Die Ausdehnung des Schlosses ist riesig: die Parkfront hat eine Länge von 640 Meter; das Zentrum bildet eine 73 Meter lange, 10,6 breite und 12,8 Meter hohe Spiegelgalerie; 17 Fenster, denen ebenso viele Spiegel an der Gegenseite entsprechen, gewähren einen Ausblick auf den Park. Die Deckengemälde von Le Brun schildern in verherrlichender Weise große Ereignisse aus der Regierungsperiode Ludwigs XIV. zwischen 1661 und 1678.

Diese Verherrlichungen des Königs unterstützten die königliche Aura, die Ludwig um sich herum schuf und kultivierte. 1682 wurde Versailles seine ständige Residenz, und bald zog dort auch der gesamte Hofstaat ein. Es entwickelte sich eine Hofetikette mit präzise festgelegten Verhaltensregeln. Wenn man in der Gunst des Königs stand, konnte man hier eine große Karriere machen. So kam es auch, daß viele hoffnungsvolle Höflinge nach Versailles zogen und in den Vorzimmern des Königs, oftmals vergeblich, antichambrierten, um irgendwann einmal der Ehre teilhaftig zu werden, bei Ludwigs *Levée* (Aufstehen) und *Coucher* (Zubettgehen) dabeizusein.

Ludwig XIV. starb 1715. Sein Nachfolger Ludwig XV. engagierte den Architekten Gabriel. Dieser erbaute unter anderem eine Oper und den bekannten *Petit Trianon* (Kleiner Trianon), ein elegantes kleines Schlößchen, das später Marie Antoinette bewohnte. Unter Ludwig XVI. wurde noch eine elegante Bibliothek dazugebaut. Aber dann nahm die Geschichte ihren verhängnisvollen Lauf: Im Oktober 1789 erreichte die Französische Revolution Versailles, und am 5. Oktober 1789 fand der berühmte Zug der Marktweiber nach Versailles statt.

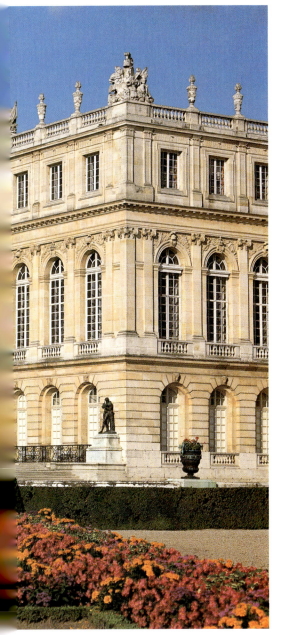

Rechts: Apollo lenkt den Sonnenwagen aus einem der Teiche in den Parkanlagen.

Die Parkanlagen

Die Parkanlagen waren dazu ausersehen, eine Fülle von Skulpturen zu beherbergen. Direkt vor der Spiegelgalerie des Schlosses befinden sich zwei Teiche, in denen Skulpturen die Flüsse Frankreichs symbolisieren: die Loire und Loiret (von Regnaudin geschaffen), die Saône und Rhône (von Tuby), die Marne und die Seine (von Lehongre) und die Garonne und Dordogne (von Coysevox). Es gibt einige sehr beeindruckende Tiergruppen, zahlreiche Figuren aus der Mythologie wie Apollo, Bacchus, Merkur und Silenos. Manche Werke erscheinen so, als ob sie getreue Kopien des Altertums wären, so z. B. die Venus von Coysevox. Von Girardon stammen das Bassin des Nymphes und das Apollo-Bad. Die herrliche, in Blei gegossene Arbeit von Tuby zeigt Apollo, wie er gerade seine Pferde und den Sonnenwagen aus dem Bassin lenkt. Auch der Brunnen von Enkelados aus dem Jahre 1676 ist eine eindrucksvolle Arbeit, in der der Bildhauer Gaspard Marsy den gequälten, von Felsmassen begrabenen Titanen Enkelados nachbildet.

53

Ab 1709 (1711–1732), 1847–1854, Deutschland

DER DRESDNER ZWINGER

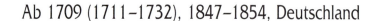

„Im Zwinger feiert die deutsche Barockarchitektur ihren höchsten Triumph, kein zweiter Bau hat in Deutschland die Gestaltungsmöglichkeiten des Barocks in ähnlicher Weise verarbeitet." – GERHARD FRANZ

Dresden besitzt einen internationalen Flughafen und Zugverbindungen; die Stadt kann über die Autobahnen A 9 und A 4 (Nürnberg–Jena) oder über die A 13 (Berlin) erreicht werden, weitere Autobahnverbindungen von Leipzig (A 14) und Kassel (A 4).

Der ehemalige Stadtpavillon

Der Glockenspielpavillon mit seinem ovalen Grundriß war ursprünglich der Haupteingang des Zwingers von der Sophienstraße aus und wurde als *Stadtpavillon* bezeichnet. Nachdem im Jahre 1936 im Zuge einer großangelegten Renovierung der gesamten Zwinger-Anlage ein Glockenspiel aus 40 Meißner Porzellanglocken am Mittelfenster des Obergeschosses angebracht wurde, erhielt er seinen jetzigen Namen. Der Glockenspielpavillon entstand in den Jahren 1723 bis 1728 und ist in seiner architektonischen Gestalt dem gegenüberliegenden Wallpavillon nachgebildet. Über eine geschwungene, zweiläufige Freitreppe im Durchgang gelangt man zu einem großen Saal, der heute als Ausstellungsraum dient. Der Giebel und die Fassade des Pavillons sind mit Figuren antiker Heroen und mit Ornamenten geschmückt.

Rechts: Blick auf einen Teil der Zwingeranlage.

Der Dresdner Zwinger ist das Wahrzeichen einer Kunstmetropole, die jahrhundertelang Dichter, Maler, Architekten und Musiker in ihren Bann gezogen hat.

Vor dem Bombenangriff in der Nacht vom 13. auf den 14. Februar 1945, durch den Dresdens Innenstadt und seine Vorstädte in einen Trümmerhaufen verwandelt wurden, galt diese Stadt als eine der schönsten Deutschlands. Sie wurde als städtebauliches Gesamtkunstwerk gepriesen, das sich harmonisch in die einzigartige Landschaft um das Elbtal einfügte. Wie viele andere berühmte Bauten, die der Stadt ihre unverwechselbare Silhouette gegeben haben, lag auch der Zwinger – eine der schönsten Anlagen des ausgehenden Barocks – nach den Verheerungen dieser Nacht in Schutt und Asche. Im Jahre 1964 jedoch war er durch die Tatkraft und den Gestaltungswillen der Bevölkerung wiederhergestellt.

Der Zwinger liegt in der Dresdner Altstadt in einem Gebiet, das ursprünglich zu den Stadtbefestigungsanlagen gehörte. *Zwinger* nannte man im 16. und 17. Jahrhundert den Bereich zwischen der äußeren und inneren Burg- oder Stadtmauer, und dieser Standort gab dem Bauwerk schließlich auch seinen Namen.

August der Starke, der den Auftrag zum Bau dieser Anlage gab, war seit 1694 Kurfürst von Sachsen und seit 1697 König von Polen. Wie viele andere Herrscher dieser Zeit gestaltete er seine Hofhaltung nach dem Vorbilde des Sonnenkönigs Ludwig XIV. und demonstrierte seine absolutistische Macht im Glanze zahlreicher Hoffeste und prunkvoller Bauwerke. Durch die nun einsetzende rege Bautätigkeit, die nach seinem Tod im Jahre 1733 von seinem Sohn Friedrich August II. fortgeführt wurde, gab er der Stadt das barocke Gepräge, das ihren kunsthistorischen Ruhm begründete.

EUROPA

Links außen: Die Kuppel des Kronentors ist mit der vergoldeten polnischen Königskrone geschmückt, die durch vier vergoldete Adler – polnische Wappentiere – gestützt wird. Sie erinnert daran, daß August der Starke seit 1697 die polnische Königswürde trug.

Links: Der Glockenpavillion

Der 13. Februar 1945

In den Abendstunden des 13. Febuar 1945 nahmen Bomber der Royal Air Force Kurs auf Dresden und bombardierten gegen 22 Uhr die von Flüchtlingen überfüllte Stadt. 1.300 Spreng- und etwa 137.000 Brandbomben trafen das Stadtzentrum. Wenige Stunden später erfolgte ein weiterer Bombenangriff, und in den Mittagsstunden des 14. Februar flogen über 300 amerikanische Bomber den letzten Luftangriff, als Dresden bereits vernichtet und über 35.000 Menschen im Inferno umgekommen waren. Als sich die Rauchwolken über Dresden lichteten, wurde das Ausmaß der Katastrophe offenbar. Das Residenzschloß, die katholische Hofkirche, Frauenkirche, Sophienkirche, der Stallhof, das Johanneum, die Rampische Gasse, das Japanische Palais, das Palais im Großen Garten, das Coselpalais, das Taschenbergpalais, Pöppelmanns erste architektonische Arbeit in Dresden, das Kurländer Palais, die Semperoper, die Gemäldegalerie . . . waren dem Flächenbombardement der Alliierten zum Opfer gefallen. Wochen danach begann man bereits mit dem Wiederaufbau. An erster Stelle stand die Wiederherstellung des Zwingers, des Schlosses und der Hofkirche. Einige Gebäude konnten in den Jahren nach 1945 gerettet und restauriert werden, andere wiederaufbaufähige Bauwerke von unwiederbringlichem historischen Wert mußten jedoch modernen Hochhausanlagen weichen. So wurden im Jahre 1949 die barocken Bürgerhäuser in der Großen Meißner Gasse abgerissen, 1956 fielen die barocken Häuser in der Rampischen Gasse. In den Jahren 1962 und 1963 wurden schließlich die Mauern der gotischen Sophienkirche abgerissen. Noch heute steht die Ruine der Frauenkirche, ein weiteres Wahrzeichen des barocken Dresden, am Neumarkt und wartet auf ihren Wiederaufbau.

August der Starke verfolgte mit dem Bau des Zwingers einen doppelten Zweck. Er wollte einerseits in unmittelbarer Nähe zum Residenzschloß einen Festplatz für Reiter- und Turnierspiele und einen Gebäudekomplex errichten, in dem glänzende Maskeraden und Hoffeste abgehalten werden konnten. Andererseits sollte auf dem ehemaligen Gelände des Zwingergartens aber auch eine *Orangerie* zur Unterbringung und Aufzucht von Orangenbäumen entstehen, wie sie damals an den Fürstenhöfen Mode waren.

Bereits im Jahre 1709 ließ der Monarch zum Empfang des Dänenkönigs im Zwingergarten einen Festplatz mit hölzernen Bauten und Tribünen errichten. Unmittelbar darauf entstand die Idee, die hölzernen Bauten durch Steinbauten zu ersetzen und einen ständigen Festplatz zu errichten, auf dem auch die Orangerie ihren Platz erhalten sollte. Der geniale Architekt Matthias Daniel Pöppelmann wurde mit der Durchführung der Bauarbeiten beauftragt. Er schuf ein barockes Kunstwerk, in dem die bewegte, spielerisch heitere Formensprache der Architektur eine innige Verbindung mit der plastischen Ausgestaltung einging. Viele dieser Plastiken entstanden in den Werkstätten des Bildhauers Balthasar Permoser. Er hat durch seine phantastisch-bizarre Figurenwelt, die er an Fassaden, in Nischen und an Brunnen anbrachte, wesentlichen Anteil am faszinierenden Gesamteindruck der Anlage. Als besonders gelungenes Meisterwerk gilt das hinter dem Französischen Pavillon gelegene Nymphenbad – ein Grottenhof mit Wasserspielen, den er mit zahlreichen Figuren ausstattete.

Der Gesamtkomplex wurde zu Lebzeiten des Architekten nicht fertiggestellt. Es wurden lediglich drei Seiten der rechteckigen, 214 Meter langen und 158 Meter breiten Anlage mit Galerien verbaut. Als einer der ersten Baukomplexe war das Kronentor vollendet, das links und rechts von zwei Langgalerien flankiert wird und den Durchgang zur Ostra-Allee über den Zwingergraben bildet. Die beiden angrenzenden Seiten wurden symmetrisch angelegt und mit Bogengalerien versehen. In ihrem Mittelpunkt befindet sich jeweils ein Pavillon, der Glockenspielpavillon auf der südöstlichen Seite und der Wallpavillon auf der gegenüberliegenden Seite. Die Ecken der Anlage zieren vier Eckpavillons, die ursprünglich als Fest- und Speisesäle gedacht waren.

Die vierte, nach der Elbe gerichtete Seite war durch eine Holzgalerie und später durch eine gemauerte Wand abgeschlossen. Ihre endgültige Ausgestaltung erfolgte erst im 19. Jahrhundert durch den Architekten Gottfried Semper. Er erhielt 1847 den Auftrag, eine Gemäldegalerie als Abschlußwand zu bauen und fügte ein zweigeschossiges Gebäude im Stil der italienischen Hochrenaissance an. Diese im Jahre 1854 eröffnete Gemäldegalerie galt als eine der bedeutendsten der Welt und beherbergte unter anderem Kunstschätze wie die *Sixtinische Madonna* von Raffael, Werke von Tizian, Correggio, Veronese, aber auch von van Eyck, Rubens, Rembrandt, Holbein, Cranach und Dürer. Die Sammlung konnte während des Krieges ausgelagert werden und blieb so der Nachwelt erhalten. 200 ausgewählte Werke sind heute – bis zur endgültigen Wiederherstellung der Sempergalerie – im Albertinum zu besichtigen.

Im Jahre 1719 anläßlich der Hochzeit des Kurprinzen mit der Erbherzogin Josepha von Österreich fanden im Zwinger große Hoffestlichkeiten statt, doch bald schon verlor er seine Funktion als Fest- und Spielplatz. Bereits 1728 wurde die auf der Wallpavillonseite eingerichtete Orangerie geräumt, und in den leeren Sälen der Pavillons wurden verschiedene Sammlungen untergebracht. Auch heute sind in den Galerien und Pavillons wieder wertvolle Kunstsammlungen zu sehen, darunter die Porzellansammlung, die viele kostbare Porzellanplastiken aus der Blütezeit der 15 Kilometer entfernten Meißner Manufaktur enthält, unter anderem auch Arbeiten von Johann Friedrich Böttger, der im Jahre 1709 das weiße Hartporzellan erfand und damit den Weltruhm der Meißner Porzellanmanufaktur begründete.

Ab 1714, Russland

DER GROSSE PALAST

Im Park des Großen Palastes der russischen Zarenfamilie außerhalb von St. Petersburg erwarten den Besucher erstaunliche Wasserspiele.

Petrodworjez ist 29 Kilometer westlich von St. Petersburg am Finnischen Meerbusen gelegen. Der Palast kann per Auto oder per Zug vom Baltischen Bahnhof in St. Petersburg aus erreicht werden oder mit dem Tragflügelboot vom Makarow-Kai aus.

Rechts: Samson kämpft mit einem Löwen im Teich vor dem Großen Palast; er bildet den Mittelpunkt großartiger Wasserspiele. Im Hintergrund sieht man die herrliche Schloßanlage.

Gegenüberliegende Seite: Vom Palast aus, nach der Großen Kaskade, hat man einen Ausblick auf den Kanal mit seiner Springbrunnenanlage. Im Hintergrund der Finnische Meerbusen.

Im Jahre 1703 gründete der Zar Peter der Große seine neue Hauptstadt St. Petersburg (von 1914 bis 1924 hieß die Stadt Petrograd, von 1924 bis 1991 Leningrad). Er war zielstrebig und nach Westen orientiert, und so begann er mit dem Bau eines Palastes außerhalb der Stadt, der schöner als Versailles werden sollte. Er hatte den Plan selbst entworfen und versammelte eine Armee von Soldaten und Dienern um sich, um Gräben und Kanäle für gigantische Wasserspiele ausheben zu lassen, die pro Sekunde 34.000 Liter Wasser verbrauchten.

Im 21 Hektar großen Park ist ein Ensemble von Kaskaden und Springbrunnen angelegt. Einige von ihnen sind so konstruiert, daß sie überraschend die Besucher mit Wasser bespritzen können. Die Anlage erreicht ihren Höhepunkt in der Großen Kaskade, auf der das Wasser in sieben Stufen hinunterfällt. Auf jeder Stufe befinden sich seitlich Springbrunnen und vergoldete Statuen von klassischen Göttern und Heroen. In der Mitte eines kunstvollen Wasserbeckens am unteren Ende steht auf einem Felsen eine Skulptur des alttestamentarischen Helden Samson. Aus dem aufgerissenen Rachen eines Löwen strömt ein 20 Meter hoher Springbrunnen. Beide sind umgeben von sprühenden Fontänen, die aus Delphinmäulern emporschießen oder sich aus den Füllhörnern von Wassernymphen oder Tritonen ergießen. Diese Anlage symbolisiert den Sieg Rußlands über den schwedischen „Löwen" bei Poltawa am Tag des heiligen Samson im Jahre 1709.

Palast und Park von Peterhof (Petrodworjez) wurden während des Zweiten Weltkrieges stark zerstört und seit 1946 großartig renoviert. Unmittelbar hinter der Großen Kaskade befindet sich der Große Palast. Er liegt auf einer Terrasse, die den Blick auf den Finnischen Meerbusen freigibt, auf jenen Teil der Baltischen See, an dem St. Petersburg gelegen ist. Der Bau wurde 1/14 unter Peter dem Großen begonnen und unter seiner Tochter, Zarin Elisabeth, vergrößert und verändert. Die späteren Herrscher haben ihn jeweils nach ihrem Geschmack abgewandelt, unter anderem Zarin Katharina die Große. Sie hielt sich hier auf, als sie die Entthronung ihres Gatten, Peter III., durchsetzte, die ihr schließlich dann auch die Regentschaft über Rußland eintrug.

Zar Peters Arbeitsraum, das Eichenkabinett, wurde restauriert. Auch andere Räume konnten in ihrer Pracht aus Gold, Kristall und Bronze wiederhergestellt werden. Einige Zimmer erhielten weiße Seidentapeten. Im Porträtzimmer hängen 368 Arbeiten von Pietro Rotari, allesamt Porträts.

Im Park befinden sich weitere kleinere Gebäude, unter ihnen Monplaisir, direkt an der Küste. Dort wohnte Zar Peter der Große, während der Große Palast erbaut wurde. Monplaisir wurde

EUROPA

1722 fertiggestellt, aber unter Zarin Elisabeth nochmals vergrößert. Das berühmte *Lack-Kabinett*, das mit gelackten Papiermachéplatten tapeziert ist und auf schwarzem Grund in Gold gemalte chinesische Tafelbilder zeigt, ist ausgezeichnet restauriert worden. Zu Zeiten Peters des Großen wurden für die Gäste des Zaren Hausregeln angeschlagen, die auch ein Verbot enthielten, sich mit Stiefeln ins Bett zu legen. Die Kleine Eremitage, ein zweistöckiger Pavillon, der auch für Peter den Großen erbaut wurde, hatte ein Speisezimmer im Oberstock. Ein Teil des Tisches war ins Erdgeschoß versenkbar, damit er von der Dienerschaft abgeräumt und wieder gedeckt werden konnte.

Johann Friedrich Braunstein und später Jean-Baptiste le Blond waren in der frühen Bauperiode von Peterhof die ersten Gartenarchitekten von Peter dem Großen. Zarin Elisabeth beschäftigte dann den italienischen Hofarchitekten Bartolomeo Rastrelli, und Jeger Velten stattete in den 70er Jahren viele Zimmer für Katharina die Große aus. Im 19. Jahrhundert wurde der Park von Nikolaus I. erweitert.

Weitere Paläste

In der Umgebung von St. Petersburg befinden sich zwei weitere außergewöhnliche Paläste. Einer steht in Puschkin (27 Kilometer südlich), dem früheren *Zarskoje Selo* (Zarendorf). Er wurde hauptsächlich im 18. Jahrhundert für die Zarinnen Elisabeth und Katharina die Große angelegt. 1937 wurde die Stadt in Puschkin umbenannt, im Angedenken an den 100jährigen Todestag des Schriftstellers.
Das Hauptgebäude ist der Große Katharinenpalast *(Yekaterinsky)* oder Sommerpalast. Er wurde von Rastrelli in prächtigem Barockstil für Zarin Elisabeth geschaffen. Die Innenausstattung in Robert-Adam-Stil entwarf der schottische Architekt Charles Cameron für Katharina die Große. Palast und Park, die im Zweiten Weltkrieg stark beschädigt wurden, sind nun restauriert, ausgenommen das märchenhafte Bernsteinzimmer, dessen Wände vollkommen mit Bernstein bedeckt waren. Es gibt auch ein Puschkin-Museum. Der Alexanderpalast, um 1790 erbaut, war der Lieblingsaufenthaltsort des unglücklichen Zaren Nikolaus II., der 1918 mit seiner Familie ermordet wurde. Die Familie hatte hier viele glückliche Stunden verlebt. Drei Kilometer von Puschkin entfernt liegt Pawlowsk. Dort befindet sich ein anderer Palast mit erstaunlichen Ausmaßen. Er liegt in einem atemberaubend schönen Park von 600 Hektar Ausdehnung und wurde von Charles Cameron für Katharinas Sohn, Zar Paul I., entworfen.

1779, England

DIE EISERNE BRÜCKE

„Sie besteht aus einem 100 Fuß langen, 52 Fuß hohen und 18 Fuß breiten Bogen aus Eisen, der viele hundert Tonnen wiegt. Ich bezweifle, daß der Koloß von Rhodos mehr Gewicht hatte." – JOHN WESLEY

Die Eiserne Brücke liegt in der Grafschaft Shropshire, an der B 4373 und der B 4380, südlich der M 54 und der Stadt Telford. Busse fahren vom Stadtzentrum Telford. Der Museumskomplex bedeckt ein Areal von 15,5 Quadratkilometern; während der Sommermonate verbindet ein Bus die Sehenswürdigkeiten auf dem Gelände miteinander.

Rechts: Der Eindruck, daß die Brücke in einer waldreichen Gegend liegt, täuscht. Die anmutige Brücke befindet sich in einem der ältesten Industriegebiete Großbritanniens. Sie ist ein Produkt der Erfahrung und der Geschicklichkeit des Coalbrookdaler Eisenmeisters Abraham Darby und seiner Fachleute.

Die Eiserne Brücke *(The Iron Bridge)* über den Severn bei Coalbrookdale in England ist die erste Konstruktion dieser Art auf der Welt. Ihre anmutigen Proportionen sind typisch für die Bauweise des 18. Jahrhunderts. Die Brücke ist aber auch ein Wahrzeichen für das, was kommen sollte. Damals war sie ein wagemutiges Projekt, das den Konstrukteuren eine große Geschicklichkeit abverlangte.

Das Bauvorhaben wurde zum erstenmal von einem Architekten und Brückendesigner aus Shrewsbury namens Thomas Farnolls Pritchard einem seiner Kunden gegenüber zur Diskussion gestellt, der in der Umgebung und in Wales Eisenwerke besaß. Dieser John Wilkinson hatte eine solche Vorliebe für Eisen, daß ihm der Spitzname *Iron Mad* (der Eisenverrückte) gegeben wurde. Er trug einen Hut aus Eisen und erbaute die ersten eisernen Schiffe, wurde in einem eisernen Sarg begraben und erhielt als Ehrenmal einen Obelisk aus Eisen. Er trieb die Angelegenheit offensichtlich voran und bezog den jungen Abraham Darby III., den erfolgreichen Eisenfabrikanten aus Coalbrookdale, in den Plan mit ein. Weitere Förderer waren Wilkinsons Partner Edward Blakeway, später einer der Begründer der Coalport-China-Fabrik, und zwei Mitglieder der Guest-Dynastie, die später die berühmten Dowlais-Werke in Merthyr Tydfil in Südwales gründeten.

Nach einigen Fehlstarts begannen die Darby-Werke 1777 die Gewölberippen und die Oberflächenteile der Brücke zu gießen. Die Hauptbögen wogen 5,1 Tonnen pro Stück. Das Design stammte vermutlich von Pritchard, der ein Jahr darauf starb. Aber die Brücke entstand hauptsächlich durch die Geschicklichkeit und Erfahrung Darbys und seiner Konstrukteure. Die Brückenteile waren vorgefertigt und wurden nicht durch Bolzen zusammengehalten, sondern wie bei einer Zimmermannsarbeit verkeilt und verzahnt. 1779 wurde sie innerhalb von einigen Monaten errichtet, ohne daß der rege Schiffsverkehr auf dem Severn unterbrochen werden mußte. Dann wurden noch die Brückenzugänge gebaut, und schließlich eröffnete man die Brücke am Neujahrstag des Jahres 1781.

Die Brücke hat eine Spannweite von 30,6 Meter und wiegt 384 Tonnen. Heute, wie in vergangenen Zeiten, erregt sie lebhaftes Interesse und Neugier. Leute kamen, um sie zu besichtigen, Künstler malten sie, und sie war für die Ingeni-

EUROPA

eure und ihre Technologie die Werbung, die sie sich erwartet hatten. Am Nordende der Brücke entstand ein blühender Freitagsmarkt, der auch heute noch stattfindet. Eine kleine Stadt namens Ironbridge entwickelte sich rund um sie. Die Brücke hielt 1795 einer gefährlichen Überflutung des Severn stand, während alle Steinbrücken entlang des Flusses zerstört wurden. Dieses aufsehenerregende Ereignis brachte den Coalbrookdale-Werken weitere Aufträge, eiserne Brücken zu bauen.

Um 1970 wurde die Brücke restauriert. Sie ist heute das Kernstück des Ironbridge-Gorge-Museumskomplexes und stellt ein Kulturgut der Menschheit dar. Zu diesem Komplex gehören das Eisenmuseum von Coalbrookdale, ein Porzellanmuseum auf dem alten Coalport-Fabriksgelände, ein dekoratives Fliesenmuseum in der ehemaligen Craven-Dunnill-Fabrik und ein aus den 90er Jahren des letzten Jahrhunderts stammender, rekonstruierter Industrie-Stadtteil in Blists Hill. Ein weiteres interessantes Ausstellungsstück ist der Schmelzofen, den Abraham Darby I. zur Eisenverhüttung mit Koks verwendete. Später wurde er wieder instandgesetzt und dazu benützt, Teile der Eisernen Brücke und die schiefe Ebene des Shropshire-Kanals zu gießen, mit deren Hilfe Schiffe gehoben und gesenkt werden konnten.

Rechts: Die vorgefertigte Brücke wurde 1779 in wenigen Monaten aufgestellt, ohne den Verkehr auf dem Severn zu behindern.

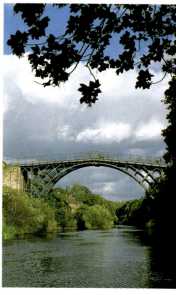

Wiege der Industrie

Coalbrookdale war schon lange, bevor die Eiserne Brücke erbaut wurde, ein Industriezentrum. Im 16. Jahrhundert und schon vorher gab es hier ein Hochofenzentrum, in dem Schmiedeeisen produziert wurde. 1708 mietete ein Erzeuger von eisernen Kochtöpfen, der Quaker Abraham Darby, einen Schmelzofen in Coalbrookdale. Ein Jahr später hatte er eine neue Methode der Eisenverhüttung erfunden, bei der er anstelle von Holzkohle Koks verwendete. Diese revolutionäre Entdeckung für die Industrie bestimmte auch das Schicksal der Darby-Familie entscheidend.
Abraham Darby starb 1717, und hinterließ einen sechs Jahre alten Sohn, Abraham Darby II. Nachdem der Sohn das Unternehmen übernommen hatte, expandierte es rasch. Er hat an der frühen Entwicklung der Eisenbahn teilgenommen und die ersten Eisenschienen und -wagen mitgebaut. Als er 1763 starb, trat sein Sohn Abraham Darby III. in seine Fußstapfen. Obwohl dieser noch sehr jung war, baute er die Eiserne Brücke und starb, nur 39 Jahre alt, im Jahre 1789. Der große Ingenieur Richard Trevithick, der enge Beziehungen zur Darby-Familie hatte, baute 1803 in den Coalbrookdale-Werken die erste Dampflokomotive der Welt. Unter Abraham Darby IV., dem letzten Quaker der Dynastie, erzeugte die Fabrik die Metallplatten für die *Great Britain,* das erste Ozeanschiff aus Eisen. 1851 fertigte die nun größte Eisengießerei Großbritanniens die wunderbaren ornamentalen Tore für die Weltausstellung in London an, welche heute noch in Kensington Gardens bewundert werden können.

59

DAS ZEITALTER DES EISENS

Die industrielle Revolution brachte eiserne Brücken mit sich,
eiserne Schienenstränge, eiserne Gebäude und das eiserne
Regime der Fabriken.

Die erste Eisenzeit begann zu einem unbekannten Zeitpunkt in der Vorgeschichte der Menschheit, als man entdeckte, wie aus Eisenerz Eisen erzeugt werden und wie man daraus Werkzeuge schmieden konnte, die besser als die aus Bronze waren.

Jahrhunderte hindurch wurde in Europa in mit Holzkohle geheizten Schmelzöfen aus Eisenerz Schmiedeeisen gewonnen. Diese Öfen wurden mit Blasebalgen betrieben, die durch Menschen, Tiere oder Wasserkraft betätigt wurden.

In Frankreich wurde es durch die Einführung eines mit Wind betriebenen Schmelzofens etwa um 1400 möglich, in größeren Mengen Gußeisen aus Eisenerz zu erzeugen. Die Blasebalge wurden in der Regel von Wasserrädern betätigt. Das geschmolzene Metall füllte man in Gußformen, die wie Säue mit ihren kleinen Ferkeln aussahen und deshalb den Namen *pig iron* (Saueisen) trugen. Eisenwerke konnten nur in der Nähe von Erzvorkommen existieren, wo es zugleich auch große Mengen von Holz zur Gewinnung von Holzkohle und Flüsse zur Erzeugung von Wasserkraft gab.

Tag und Nacht
Das zweite Eiserne Zeitalter begann 1709 in England, als Abraham Darby eine Methode fand, Eisen mit Hilfe von Koks zu verhütten. Dies brachte der Industrie eine neue und wirtschaftlichere Brennstoffquelle, die allerdings immer noch von der Wasserkraft abhängig war. Die Erlösung kam in Form der Dampfkraft. Die erste funktionierende Dampfmaschine wurde von Thomas Newcomen, einem Eisenerzeuger von Devonshire, erbaut und im Jahre 1712 in einer Kohlenmine in Dudley in den English Midlands installiert, um Grundwasser aus den Minen herauszupumpen. Unmittelbar darauf wurden größere und bessere Dampfmaschinen entwickelt, vor allem durch James Watt, der eine Dampfmaschine konstruierte, die eine Welle drehen und so die Maschine antreiben konnte.

In der Zwischenzeit wurde auch die Textilindustrie durch die Erfindung von Spinn- und Webmaschinen revolutioniert. Ein Handwerk, von geschickten Handwerkern in Heimarbeit ausgeübt, verwandelte sich in eine stumpfsinnige Schufterei, die Männer, Frauen und Kinder an

Fließbänder zwang. Das Zeitalter der Fabriken dämmerte herauf. 1775 eröffnete der Textilpionier Richard Arkwright seine Baumwollspinnerei in Cromford in Derbyshire. Dort klapperten und ratterten die Maschinen Tag und Nacht, und die Arbeitskraft der Frauen und Kinder wurde an sechs Tagen in der Woche zwölf Stunden lang ausgebeutet.

Arkwrights Spinnerei wurde anfänglich noch mit Wasserkraft betrieben. Aber bald wurde diese überall in Bergwerken, Gießereien und Fabriken durch Dampfmaschinen abgelöst, die Großbritannien zum Industriezentrum der Welt machten. Dampf war also die treibende Kraft der industriellen Revolution, und ihre wichtigsten Produkte waren Eisen und Stahl. Starke Eisenlokomotiven fuhren dampfend, pfeifend und kreischend auf vibrierenden Schienen über Land und verbreiteten mit noch nie dagewesener Geschwindigkeit Nachrichten, Handelswaren und fabrikerzeugte Massenprodukte. Der größte Eisenbahnbauer, Isambard Kingdom Brunel, beschloß, die Strecke London-Bristol nach New York zu verlängern. Er konstruierte einen eisernen Ozeanriesen von unerhörter Kapazität und Geschwindigkeit. In einem Dock in Bristol baute er die *SS Great Britain*, die heute wieder dort besichtigt werden kann. Brunel machte sich dann daran, immer größere Ozeandampfer zu bauen.

Die Ingenieure übernahmen im 19. Jahrhundert auch die Funktion von Architekten, indem sie Fabriken, Warenhäuser, Docks und Eisenbahnen entwarfen. Damit entstand eine neue, durch Eisen bestimmte Bauweise. Eiserne Brücken überspannten bis dahin für unüberquerbar gehaltene Buchten. Eiserne Gewölbe mit für unmöglich gehaltenen Ausmaßen überdachten Eisenbahnstationen. 1851 wurde das größte Gebäude, das die Welt jemals gesehen hatte, der Kristall-Palast für die Weltausstellung in London, aus vorgefertigten Eisen- und Glasteilen errichtet. Eiserne Traggerüste ermöglichten den Bau von größer und immer größer werdenden Konstruktionen; eines der markantesten Beispiele dafür ist wohl der Eiffelturm in Paris.

Die industrielle Revolution
Diese Entwicklung veränderte auch das alltägliche Leben. Haushalte wurden mit eisernen Öfen, Töpfen und Pfannen, mit eisernen Kaminen, Tischen, Hutständern und Gartenstühlen sowie mit eisernen Verzierungen, Vasen, Briefkästen, Fußabstreifern und Fensterrahmen ausgestattet. Überall gab es eiserne Tore, Laternenpfähle, Meilensteine, Trinkbrunnen und Pferdetränken. Eiserne Grabkreuze verbreiteten sich auf Friedhöfen, und emaillierte eiserne Werbeschilder priesen Produkte an den Hausmauern und Wänden der Eisenbahnstationen an.

Bereits vor 1850 begann sich das Eiserne Zeitalter von England aus auch auf andere Länder auszubreiten. Schon zu Beginn des 19. Jahrhunderts gab es im Ruhrgebiet, das eines der größten Industriegebiete der Welt werden sollte, dampfbetriebene Fabriken. Und die Industrialisierung griff auch auf die Kohlegebiete in Frankreich und Belgien über, ebenso wie auf die Ostküste der Vereinigten Staaten. Dampfeisenbahnen eroberten die Länder, und Ozeandampfer überquerten die Weltmeere. 1869 wurde in Nordamerika die erste transkontinentale Eisenbahnlinie fertiggestellt mit einer Verbindung zwischen der Union-Pacific-Linie von Osten und der Central-Pacific-Linie, die von Kalifornien her gebaut worden war. Eine neue Phase der industriellen Revolution setzte dann mit der Stahl- und Chemieindustrie und mit dem Aufkommen der Elektrizität ein, die vornehmlich von Deutschland und den Vereinigten Staaten bestimmt wurde.

Zeitgenössische Illustrationen aus dem Eisen- und Dampfzeitalter.

Gegenüberliegende Seite: Die Butterley-Eisenwerke.

Oben: Der Schaufelraddampfer konnte mit Dampf angetrieben werden und war auch mit Segeln ausgestattet.

Unten: Dichte Rauchwolken – eine frühe Dampflokomotive zieht ihre Fracht auf eisernen Schienen durch den Primrose-Hill-Tunnel.

Ab Mitte des 11. Jahrhunderts, England

WINDSOR CASTLE

„Das romantischste Schloß der Welt."
– SAMUEL PEPYS

Windsor liegt 34 Kilometer westlich von London an der M 4, von der aus man auch einen eindrucksvollen Blick auf das entfernt liegende Schloß hat. Green-Line-Busse von London und Züge von Paddington und Waterloo fahren direkt nach Windsor.

Windsor und der Hosenbandorden

Seit seiner Gründung war Windsor das Zentrum des Hosenbandordens, des höchsten englischen Ritterordens. Jedes Jahr versammeln sich die Ritter in der St. George's Chapel in Schloß Windsor zu einem besonderen Gottesdienst. In ihren dunkelblauen Samtroben und mit weißen Federn geschmückten Hüten veranstalten sie eine feierliche Prozession, gemeinsam mit der Königin und Mitgliedern der königlichen Familie.
Der Orden wurde 1348 von König Edward III. gestiftet, der eine Zeit lang mit der Idee gespielt hat, im Gedenken an den legendären König Artus einen neuen Orden der Ritter der Tafelrunde ins Leben zu rufen. Das Hosenband sollte ein „Symbol der Freundschaft" sein, und der Orden hatte das Ziel, die höchsten ritterlichen Tugenden aufrechtzuerhalten. Der König war Mitglied des Ordens ebenso wie sein Sohn, der gefürchtete Schwarze Prinz. Der Schutzpatron des Ordens war der heilige Georg. In der von 1477 bis 1511 erbauten Kapelle werden berühmte Reliquien aufbewahrt, darunter das Herz des heiligen Georg und eine Kreuzreliquie Jesu Christi, die viele Pilger hierher zieht.

Windsor Castle ist seit nahezu neun Jahrhunderten der Hauptlandsitz der englischen Könige. Es erhebt sich majestätisch über der Themse und ist reich mit Geschütztürmen, Zinnen und Erkern ausgestattet. Sein heutiges Aussehen verdankt es vornehmlich Sir Jeffry Wyatville, jenem Architekten, der es in den 20er Jahren des 19. Jahrhunderts für König Georg IV. rekonstruierte. Dieser hatte nämlich die Absicht, ein Gebäude entstehen zu lassen, das den Eindruck überwältigender mittelalterlicher königlicher Macht erwecken sollte, und dies ist ihm auch vollständig gelungen. Seitdem erfolgten keine wesentlichen Veränderungen.

Eine weitere Absicht des Königs war, sich selbst eine größere private Freiheit zu schaffen. Zur Zeit seines Vaters, Georg III., war das Schloß der Öffentlichkeit zugänglich, und man spazierte durch die Anlagen, starrte die königliche Familie an, wandelte auf den Terrassen und ließ im Park Drachen steigen.

Die Geschichte des Schlosses geht wahrscheinlich, bis ins 11. Jahrhundert, auf Wilhelm den Eroberer zurück. Er errichtete an dieser Stelle, auf einem Hügel über der Themse, eine Festung aus Holz, um die westliche Hauptstraße nach London kontrollieren zu können. Im darauffolgenden Jahrhundert wurde das Schloß aus Stein wiedererbaut. Weitere Bauphasen folgten im 13. und dann im 14. Jahrhundert durch König Eduard III., der dort geboren wurde. Von 1660 bis 1685 wurde es unter Charles II. einer gründlichen Überholung unterzogen.

Der Grundplan des Schlosses hat jedoch alle Bauperioden überlebt. Im Zentrum befindet sich ein runder Hauptturm, der 1830 von Wyatville erhöht wurde. Die Innenhöfe sind von wehrturmbesetzten Verteidigungsmauern umgeben. Der östliche Innenhof wird der *Upper Ward* genannt und der westliche der *Lower Ward*. Die Privatgemächer der gegenwärtigen Monarchin, Königin Elisabeth II., befinden sich auf der östlichen Seite des Upper Ward. Sie sind Besuchern nicht zugänglich.

An der nördlichen Seite befinden sich die Staatsgemächer, die während der Abwesenheit der Königin öffentlich zugänglich sind. Sie werden bei Einladungen hoher Gäste benützt und beherbergen bemerkenswerte Gemälde, Möbel und andere Kostbarkeiten, wie beispielsweise die Rüstung von Heinrich VIII. und die Kugel, die Nelson getötet hat. Die eindrucksvolle Haupttreppe wurde 1866 für Königin Victoria errichtet und wird von einer Statue Georgs IV. dominiert, die von Sir Francis Chantrey stammt. Die meisten Räume des Schlosses wurden von Wyatville

EUROPA

für König Georg IV. gestaltet, drei Räume sind jedoch noch aus der Zeit von Charles II. erhalten.

In der Nähe des Eingangs zu den Staatsgemächern befindet sich das berühmte *dollhouse* (Puppenhaus) von Sir Edwin Lutyens, ein Geschenk an Königin Mary aus dem Jahre 1924. Es besitzt 40 Zimmer, fließendes Kalt- und Warmwasser in fünf Bädern, funktionierende Aufzüge und elektrisches Licht. Das Haus wurde von damals führenden Handwerkern ausgestattet.

Das Hauptbauwerk im Lower Ward ist die *St. George's Chapel* (Georgskapelle). Dort hängen über dem Chorgestühl die Fahnen des Hosenbandordens. Viele Könige sind hier beerdigt, darunter Heinrich VIII., Karl I. und Georg IV. Lutyens entwarf das Grabmal für Georg V. und Königin Mary.

Die *Albert Memorial Chapel* (Albert-Gedächtniskapelle) wurde von Königin Viktoria als Grabmonument für ihren geliebten Gatten, Albert Prinz von Sachsen-Coburg-Gotha, gestaltet. Dieser starb 1861 in Windsor. Hier befindet sich auch das von Sir Alfred Gilbert gestaltete Grabmal des Herzogs von Clarence, der im Jahre 1892 gestorben ist. Königin Viktoria und Prinz Albert selbst sind im königlichen Mausoleum in Frogmore bei Windsor begraben.

Ein prächtig uniformierter Wachsoldat im Dienst vor Schloß Windsor.

Gegenüberliegende Seite: Blick auf das Schloß vom großen Windsor-Park aus, links der Round Tower. Der Architekt Jeffry Wyatville wurde 1828 in den Ritterstand erhoben.

63

1869–1886, Deutschland

SCHLOSS NEUSCHWANSTEIN

Die Marotte eines Königs ließ ein Traumschloß Wirklichkeit werden.

Die Schlösser Neuschwanstein und Hohenschwangau befinden sich in den Bayerischen Alpen bei der Stadt Füssen, in der Nähe der österreichischen Grenze. Die „Romantische Straße" von Füssen nach Würzburg führt in nächster Nähe an ihnen vorbei. Nach Hohenschwangau kann man mit dem Auto fahren, nach Neuschwanstein gelangt man aber nur per Esel oder auf einem Fußweg von etwa 1,5 Kilometern Länge.

Rechts: Sehr romantisch erhebt sich das Märchenschloß von Ludwig II. vor dem Panorama der schneebedeckten Alpengipfel.

Neuschwanstein ist Wirklichkeit gewordene Phantasie – ein Feenschloß, geschmückt mit Söllern und Türmchen, hoch über den Wäldern in den Bayerischen Alpen gelegen. Es wirkt wie ein Bühnenbild und ist mit das Werk des Münchner Theatermalers Christian Jank, hat ansehnliche Ausmaße und entstand in einer Bauzeit von 17 Jahren. König Ludwig II. von Bayern verwirklichte mit dem Bau des Schlosses Neuschwanstein seine romantischen Vorstellungen.

Ludwig wuchs in dem nahe gelegenen Schloß Hohenschwangau auf, in einer mittelalterlichen Festung, die von seinem Vater Maximilian II. errichtet wurde. Ludwig war ein enthusiastischer Verehrer der deutschen Mythologie und scheint sich mit dem Schwanenritter identifiziert zu haben. Nach einer Aufführung des *Lohengrin* von Richard Wagner im Jahre 1858 war er außer sich. Als er drei Jahre später im Alter von 18 Jahren den Thron übernahm, war es eine seiner ersten Staatshandlungen, Richard Wagner nach München zu berufen. Nun, da er Geld und Macht hatte, wurde er Wagners Mäzen, zahlte dessen Schulden und versprach, ein Festspiel für Wagners Werke zu stiften. Wagner schuf die deutsche Legende in großem Stil für die Bühne und ließ das ewige Drama zwischen Gut und Böse vor den Augen der Zuschauer abrollen. In der Zwischenzeit ließ Ludwig ein Märchenschloß erbauen, das in jeder Hinsicht dem Ideal der alten deutschen Ritter würdig war. Ludwig kam in den Ruf, verrückt zu sein, und wurde als ein Herrscher ohne jeglichen Sinn für die Realität betrachtet. Bismarck erklärte ihn zwar in seiner Jugend für zurechnungsfähig, obwohl er bereits damals durch seine absonderliche Kleidung und durch seinen seltsamen Lebensstil auffiel (so schlief er beispielsweise ganze Tage hindurch und bildete sich ein, den Geist Ludwigs XIV. zum Dinner zu empfangen) – am Ende seines Lebens jedoch war er wahnsinnig.

Es heißt, daß 15 Männer viereinhalb Jahre mit den Schnitzereien seines Bettes beschäftigt waren. Die Inneneinrichtung des Schlosses ist ein Gemisch von unterschiedlichen architektonischen Stilen, eine Zusammensetzung von zahlreichen maurischen, gotischen und barocken Elementen, mit Stalaktitensäulen, einem Thronsaal in dekadentem byzantinischen Stil und einer raffiniert beleuchteten großen Sängerhalle, die für Aufführungen von Wagner-Opern bestimmt war.

EUROPA

Ludwigs Vorliebe für die Stile vergangener Zeiten hinderte ihn aber nicht daran, das Schloß mit moderner Technik auszustatten. Es besaß ein fortschrittliches Beheizungssystem und eine Küche mit fließendem Kalt- und Warmwasser.

Trotz seiner Umgebung war der König unglücklich. 1886, drei Monate nachdem er in sein Märchenschloß eingezogen war, wurde er für regierungsunfähig erklärt. Man nahm ihn auf Schloß Berg am Starnberger See in Gewahrsam, und er ertrank am 13. Juni desselben Jahres unter bis heute ungeklärten Umständen.

Rechts: Ludwigs Schloß in Linderhof war ein weiterer Versuch, die Legenden des deutschen Mittelalters zu neuem Leben zu erwecken.

Linderhof

Neuschwanstein ist lediglich eines von Ludwigs extravaganten Schlössern. Es gibt zwei weitere sowie Pläne für viele andere. Linderhof liegt in der Nähe von Oberammergau in einem wunderschönen Park mit einem Venustempel und einem maurischen Kiosk; letzteren kaufte Ludwig, als er 1867 die Weltausstellung von Paris besuchte. Linderhof wurde zwischen 1874 und 1878 erbaut. Auch hier war der Theatermaler Jank an den Bauarbeiten beteiligt. Im Kiosk ließ der König einen exzentrischen Pfauenthron errichten. Am interessantesten aber ist die Venusgrotte in Linderhof, eine künstliche Höhle mit See, Stalaktiten und Stalagmiten und mit einem riesigen Bild, das eine Szene aus Wagners Oper *Tannhäuser* darstellt. Im Wasser befand sich ein schwanenförmiges Boot. Es wird erzählt, daß eine etwas füllige Sängerin, eine gewisse Madame Scheffzky, in diesem einmal das Gleichgewicht verlor, als sie Ludwig zu einem galanten Rettungsversuch veranlassen wollte. Der König überließ dies allerdings einem Diener.

Herrenchiemsee

Ab 1878 wollte Ludwig auf einer Insel im Chiemsee sein eigenes Versailles errichten und baute eine noch größere und nach seiner Ansicht noch schönere Spiegelgalerie und eine noch prunkvollere Version von Ludwigs' XIV. Schlafzimmer in Versailles, das angeblich für den Gebrauch des längst verstorbenen Monarchen reserviert war. Die Gärten waren in französischem Stil angelegt. Aber nach sieben Jahren ging ihm das Geld aus, und der Palast wurde nie fertiggestellt.

1874–1919, Frankreich

SACRÉ COEUR

Von vielen Stellen in Paris hat der Besucher einen faszinierenden Ausblick auf diese Kirche aus dem 19. Jahrhundert.

Sacré Coeur ist von vielen Stellen in Paris zu sehen. Die Kirche liegt im Norden des Boulevard Clichy und des Boulevard Rochechouart und kann von mehreren Metrostationen aus leicht zu Fuß erreicht werden.

Montmartre

Der Name Montmartre leitet sich möglicherweise von *Mons Martyrum* ab (Berg der Märtyrer), ein Hinweis auf den heiligen Denis, den ersten Bischof von Paris, der 270 n. Chr. hier für seinen Glauben gestorben sein soll. Wahrscheinlicher ist, daß der Montmartre nach einem römischen Marstempel *(Mons Martis)* benannt ist. Wegen seiner Höhe befanden sich auf diesem Berg viele Windmühlen *(Moulin)*. Später tauchte ihr Name in der Bezeichnung einiger Revue- und Nachtlokale auf, wie zum Beispiel im Fall der *Moulin de la Galette*. Der Montmartre war lange Zeit für sein Nachtleben berühmt und für die Maler und Schriftsteller, die hier lebten und sich abends in Cafés (z. B. im *Lapin Agile*) trafen. Utrillo war mit dem Montmartre besonders eng verbunden, aber auch van Gogh lebte einige Zeit in der Rue Lepic, und Toulouse-Lautrec malte die Moulin de la Galette. Picasso arbeitete im Bateau-Lavoir an der Place Emile-Goudeau, die zum Zentrum der avantgardistischen Malerei und Literatur wurde.

Oben rechts: Die Kirche mit den Kuppeln und ihrem weißen Schimmer verrät byzantinischen Einfluß.

Sacré Coeur (Kirche des Heiligen Herzens Jesu) liegt auf einem Hügel, der *Butte*, am Montmartre, nördlich des Zentrums von Paris. Ihr Baustil wurde der Kathedrale St.-Front in Périgueux im Südwesten Frankreichs nachempfunden.

St.-Front war eine ungewöhnliche Kirche aus dem 11. Jahrhundert im byzantinischen Stil, die nach dem Brand von 1120 noch größer wieder aufgebaut wurde und mit ihren fünf Kuppeln dem Markus-Dom in Venedig ähnelte. Während des 19. Jahrhunderts wurde St.-Front restauriert. Paul Abadie war der für die Restaurierung verantwortliche Architekt. Er erinnerte sich an St.-Front, als er 1874 mit dem Bau von Sacré Coeur beauftragt wurde. Man warf Abadie vor, St.-Front mit Restaurierungsarbeiten ruiniert zu haben und daß er mit Sacré Coeur ein geschmakloses Bauwerk geschaffen habe.

Das Projekt wurde staatlich gefördert und entstand gleichsam als Symbol des neuen französischen Selbstvertrauens nach dem Deutsch-Französischen Krieg von 1870/71. Die dem Krieg folgende Revolution, die als die Pariser Kommune in die Geschichte einging und in deren Verlauf der Erzbischof von Paris getötet wurde, nahm ihren Ausgang vom Montmartre. In diesem Sinn symbolisiert die Kirche auch die Unterdrückung dieser Bewegung. Sacré Coeur wurde mit Zustimmung der römisch-katholischen Kirchenhierarchie als nationale Bußkirche erbaut.

Die Steine für den Bau kamen aus Château-Landon südlich von Paris und geben der Kirche ihren unverwechselbaren weißen Schimmer. Die Bauarbeiten gingen anfänglich schleppend voran. Ein alter Steinbruch an der Baustelle, aus dem Gips für Stuckarbeiten gewonnen wurde, erschwerte die Fertigstellung des Fundaments. Ab 1891 fanden in der Kirche Gottesdienste statt, obwohl sie erst 1919 endgültig fertiggestellt wurde.

Die große, eher orientalisch als europäisch wirkende Kuppel kann man besteigen und wird nach dem Aufstieg mit einem herrlichen Ausblick auf Paris und auch in das Innere der Kirche belohnt. Der etwa 80 Meter hohe Glockenturm beherbergt eine der größten Glocken der Welt (drei Meter hoch und 19 Tonnen schwer). Sie ist ein Geschenk der Provinz Savoyen aus dem Jahre 1895 und wurde als die *Savoyarde* bekannt.

Innen ist die Kirche reich mit Mosaikarbeiten geschmückt, das originale Buntglas wurde aber im Zweiten Weltkrieg zerstört. Die Mosaike

EUROPA

über der Kanzel stellen Motive aus der Verehrung des Heiligen Herzens Jesu dar. Die großartige Fassade, der man sich auf einer Treppenflucht nähert, zeigt eine Statue von Jesus und der Samariterin und von Maria im Hause Simons. Die Krypta unterhalb der Kirche ist für Besucher geöffnet und dient als Ausstellungsraum für sakrale Kunst.

Von der Terrasse vor der Kirche oberhalb des Treppenaufganges bietet sich dem Besucher eine herrliche Aussicht auf die steil abfallenden engen Straßen der Butte. Von der mittelalterlichen Abtei des Montmartre ist nur noch die Kirche von St. Pierre übrig. Sie hat einen romantischen Kirchhof und wurde im 19. Jahrhundert restauriert. Die Place du Tertre ist der *Dorfplatz* vom Montmartre, an dem sich einige hübsche Häuser aus dem 18. Jahrhundert befinden. Das Montmartre-Museum in der Rue Cortot besitzt eine Reihe von Bildern, Fotografien und Erinnerungsstücken, die das Bohemien-Leben der Maler, Musiker und Schriftsteller zeigen, die dort lebten und die Cafés und Nachtclubs bevölkerten. Aber Sacré Coeur bleibt das lebendige Zentrum des heutigen Montmartre.

Museen

Das Montmartre-Museum in der Rue St. Cortot und das Wachsfigurenmuseum Historial in der Rue Poulbot dokumentieren die Geschichte dieses Stadtteils. In der Rue des Saules befindet sich ein Museum jüdischer Kunst, und in der Rue de la Rochefoucauld das Gustave-Moreau-Museum.

Unten: Sacré Coeur war seit ihrem Bestehen ein Anziehungspunkt für viele Pilger, die das Herz Jesu als Symbol der erlösenden Liebe verehren.

67

1884–1902, Ungarn

DAS PARLAMENT

Ein mächtiges Symbol von Ungarns nationaler Identität und ungarischem Stolz blickt majestätisch über die Donau.

Das Parlament liegt in Pest an der Ostseite der Donau gegenüber von Buda, der zweiten Hälfte der ungarischen Hauptstadt Budapest. Es gibt regelmäßige Führungen. Die nächste Metrostation ist Kossuth Ter.

Rechts: Die mächtige Kuppel erhebt sich im Flutlicht in den Nachthimmel. Der Architekt Imre Steindl war auf die Restauration von historischen Gebäuden spezialisiert. Er war ein Schüler des österreichischen Kirchenarchitekten Friedrich Schmitt, einem Fachmann der Gotik.

EUROPA

Eines der größten Regierungsgebäude der Welt ist symbolischer Ausdruck des ungarischen Nationalstolzes.

Im Jahre 1867 wurde das Königreich Ungarn nach jahrhundertelanger Habsburger-Herrschaft als selbständiger Staat anerkannt, es hatte jedoch noch dasselbe Staatsoberhaupt wie Österreich: Kaiser Franz Joseph, der ebenfalls 1867 zum König von Ungarn gekrönt wurde. Der neue ungarische Staat besaß aber ein eigenes Parlament. 1880 wurde die Erlaubnis für den Bau eines neuen Parlamentgebäudes in Budapest erteilt. Die Bauarbeiten begannen 1884 unter dem Architekten Imre Steindl. 1896 war der Bau bereits so weit fortgeschritten, daß er für die 1000-Jahrfeier der Eroberung Ungarns durch die Magyaren benutzt werden konnte. 1902 wurde er endgültig fertiggestellt.

Das Parlament liegt direkt an der Donau und ist ein außerordentliches Bauwerk von monumentaler Größe und überdies eines der beeindruckendsten Beispiele des neugotischen Baustils. Es drückt sowohl die hohen Erwartungen an das neugegründete, unabhängige Königreich aus, als auch die Weltoffenheit seiner Hauptstadt. Ebenso legt es aber auch Zeugnis vom Reichtum ab, der durch die damalige wirtschaftliche Blüte Ungarns erworben wurde.

Das Parlament ist prächtig mit Spitztürmen ausgestattet, und zwischen zwei großen gotischen Türmen ragt eine mächtige Kuppel empor. Diese Kuppel ist 96 Meter hoch und symbolisiert in verherrlichender Weise die Eroberung Ungarns durch die Magyaren im Jahre 896. Das Gebäude ist 268 Meter lang und 118 Meter breit. In seinem Inneren befinden sich zehn Höfe, 29 Treppenhäuser und 691 Räume.

Das Hauptthema bei der Gestaltung des Parlaments war Ungarns neu gewonnene Identität. Die Außenfassaden sind mit Skulpturen ungarischer Herrscher geschmückt, mit Prinzen von Transsilvanien und berühmten ehemaligen Kriegern. Über den Fenstern befinden sich die Wappenschilder von Königen und Prinzen. Vor dem Gebäude steht eine Reiterstatue von Ferenc Rakoczi II., eines transsilvanischen Prinzen, der zu Beginn des 18. Jahrhunderts eine Rebellion gegen die Habsburger anführte. An der Nordseite befindet sich eine Skulpturengruppe, in deren Mittelpunkt Lajos Kossuth steht, der im Jahre 1848 nach einer Revolution gegen die Habsburger kurzzeitig regierte.

Das Zentrum des Gebäudes ist eine 16-eckige Halle direkt unter der Kuppel. Auf jeder Seite liegt ein großer Saal, in dem die zwei Häuser des ungarischen Parlaments tagten: das Oberhaus im Norden (welches 1945 abgeschafft wurde) und das Unterhaus im Süden (nun die Nationalversammlung). Der Haupteingang ist im Zentrum der Ostfassade und über eine mit zwei bronzenen Löwen geschmückte Treppe zu erreichen.

Im Inneren beginnt unter Deckenfresken die große Prachtstiege. Eine Büste des Architekten Imre Steindl befindet sich in einer Nische. Die zentral gelegene und von einem kreisförmigen Korridor umgebene Halle beherbergt Skulpturen von bedeutenden Persönlichkeiten der ungarischen Geschichte: unter ihnen Arpard, der Führer der magyarischen Reiter, die Ungarn am Ende des 9. Jahrhunderts überrannten und dann Transsilvanien eroberten; der heilige Stephan, der als König Stephan I. das ungarische Königreich gründete und unter dessen Herrschaft sich die Ungarn zum christlichen Glauben bekehrten; und der berühmte Soldat Janos Hunyadi, der 1456 bei Belgrad die Türken zur Flucht zwang. Diese großartige Halle, die für offizielle Empfänge und Staatsangelegenheiten vorgesehen ist, zeigt symbolisch Ungarns nationale Identität.

Buda und Pest

Buda und Pest waren ursprünglich zwei getrennte Städte an den beiden Donauufern. 1873 schlossen sie sich schließlich zu einer einzigen Stadt zusammen, die bis zum Beginn der kommunistischen Herrschaft nach dem Zweiten Weltkrieg den Ruf hatte, Pariser Chic, Eleganz und Charme auszustrahlen. Man hat einen guten Ausblick auf die Stadt vom Burghügel in Buda aus, der mit einer Straßenbahn erreicht werden kann. Für Besucher gibt es eine Reihe von Sehenswürdigkeiten zu bewundern, darunter den restaurierten königlichen Palast, der den Vizekönigen der Habsburger und Admiral Horty (zwischen dem Ersten und Zweiten Weltkrieg) als Residenz diente; die restaurierte Kettenbrücke über die Donau, ein Symbol der Stadt, das 1849 dem Verkehr übergeben wurde; die St. Stephanskirche aus dem 19. Jahrhundert, deren Kuppel ebenso wie die des Parlaments genau 96 Meter hoch ist; das alte jüdische Viertel in Pest und das Ungarische Nationalmuseum.

Oh, Donau, so braun

Die Donau ist – was auch immer der berühmte Walzer behaupten mag – nicht blau, sondern schmutzigbraun. Der zweitlängste Fluß Europas (nur die Wolga ist noch länger) fließt 2.857 Kilometer vom Schwarzwald in Deutschland über Wien, Budapest und Belgrad, dann beim Eisernen Tor durch die Karpaten entlang der bulgarisch-rumänischen Grenze, schließlich mündet er in einem Delta in das Schwarze Meer. Die Donau hat über 300 Nebenflüsse und nimmt das Wasser aus einem Gebiet von 817.000 Quadratkilometern in sich auf. Sie war schon immer eine Hauptverkehrsader zwischen West- und Osteuropa.

Ab 1884, Spanien

LA SAGRADA FAMILIA

Dieses außergewöhnliche Bauwerk sollte eine Rückkehr zu den Lehren der römisch-katholischen Kirche bewirken.

Die Sagrada Familia ist nördlich vom Zentrum Barcelonas gelegen, an der Kreuzung der Calle de Sardenya und der Calle de Mallorca.

Der Güell-Park

Eusebio Güell, ein reicher Industrieller und Gönner Gaudís, wünschte, daß der Architekt im Nordwesten Barcelonas einen ganzen Vorort gestalte. Der Plan wurde niemals vollendet, aber Gaudí legte in diesem Gebiet, das bis dahin ohne Wasser und Grünanlagen war, einen sehr interessanten Park an. Hier kann man bestaunen, welche Effekte Gaudí mit Keramikfliesen erzielte. Eine lange, geschwungene Bank ist mit farbenfrohen Mosaiken verziert. Ein großer Drache, eher freundlich als bedrohlich aussehend und auch aus bunten Fliesen gestaltet, erklettert eine Wand in der Nähe des Eingangs. Der Park besitzt auch zwei sehr ungewöhnliche Pavillons am Eingang, deren Dächer mit Mosaikfliesen gedeckt sind. Im Zentrum befindet sich eine Säulenhalle, die Gaudís eigenständige Verwendung dorischer Stilelemente zeigt.

Gegenüberliegende Seite: Gaudí war ein strenger Katholik, und er drückte in der Sagrada-Familia-Kirche seinen Glauben durch surrealistische Baukunst aus.

Gaudí hatte Freude an Farben und Zierat, wie diese lebhaft wirkende Drachenfigur im Güell-Park zeigt.

Die Bauarbeiten an der Sagrada-Familia-Kirche (Sühnekirche der Heiligen Familie) begannen 1884 und dauern bis heute an. Sie war als Symbol für den lebendigen katholischen Glauben konzipiert und sollte das Zentrum eines Gebäudekomplexes werden, der Schulen und Erziehungsstätten beherbergte. Der unvollendete Bau ist in aller Welt als ein Hauptwerk des berühmten Architekten Antoni Gaudí bekannt.

Dieses Bauwerk überrascht in seiner Einzigartigkeit jeden Besucher. Die riesige, üppig gestaltete Fassade mit der Geburt Christi stellt bekannte Motive der christlichen Kunst dar und verarbeitet sie in einer originellen, fast schon surrealen Weise, ohne es aber an Ehrfurcht und Achtung fehlen zu lassen. Gaudís Arbeiten zeigen den Einfluß maurischer Architektur. Man weiß, daß er den Präraffaeliten sowie den Schriften von John Ruskin und William Morris nahestand. Er interessierte sich für die Art Nouveau, aber sein Zugang zur Architektur ist unzweifelhaft ein sehr individueller und eigenwilliger. Gaudí betrachtete das Bauen als organischen Prozeß: Stein wird zur lebendigen Form, und die Verzierungen wachsen aus ihm wie Pflanzen heraus. Er fertigte von den Projekten lieber unscharfe Skizzen als genaue architektonische Pläne an und zog es vor, an der Baustelle anwesend zu sein und zu beobachten, wie etwas Gestalt annahm, um es dann eventuell zu verändern. Niemals aber überließ er es anderen, seine Pläne einfach auszuführen.

Diese Arbeitsmethode erklärt auch, warum die *Sagrada Familia* unvollendet geblieben ist. Gaudí übernahm das Projekt in einem sehr frühen Stadium im Jahre 1891 und verwendete sehr viel Energie darauf. Ab 1914 lehnte er alle anderen Bauangebote ab. Als er im Jahre 1926 von einer Straßenbahn überfahren wurde und dabei starb, erschien es unmöglich, die Bauarbeiten in seinem Sinne fortzusetzen.

Man weiß, daß Gaudí die Kirche mit drei monumentalen Fassaden ausstatten wollte, die die Geburt Christi, seine Leiden und Auferstehung darstellen sollten. Jede von ihnen sollte vier hohe Türme in dem Stil der in den 50er Jahren fertiggestellten Fassade von der Geburt Christi erhalten. Der Architekt war ein Perfektionist. So erzählt man beispielsweise, daß er für seine Darstellung der Flucht nach Ägypten mit der Erlaubnis des Besitzers einen Gipsabdruck von dessen Esel angefertigt hatte. Der Esel entsprach in seinem Äußeren genau den Vorstellungen Gaudís für seine Skulptur. Sicher wäre es nicht bei dem Naturton der Originalsteine geblieben, wenn Gaudí die Kirche hätte fertigstellen können. Er war von den Farben und Formen natürlicher Dinge inspiriert, und viele seiner Arbeiten zeigen eine überschwengliche Verwendung verschiedenster Farbtöne, Materialien und unterschiedlich behandelter Oberflächen.

Der Architekt war ein vollkommener Künstler und Handwerker. Er entwarf Möbel und gestaltete eiserne Tore und Geländer, die das Auge in Erstaunen versetzen. Von seinen Bauwerken in Barcelona sind die beiden Privatvillen Casa Batlló und Casa Milà besonders beeindruckend.

Es gab viele Diskussionen um den Plan, diese Kirche nach Gaudís Tod fertigzustellen. Einige sagen, es sei, als ob man der Venus von Milo Arme anfügen würde und daß dieses Vorhaben aufgegeben werden solle. Andere meinen, die Fassade von der Geburt Christi sei ein eigenständiges Altargemälde. Jüngst wurde eine vollkommen neue Fassade der Leiden Christi erbaut, die Gaudís Werk an etlichen Stellen unkenntlich macht. Dadurch fällt aber auch die visionäre Kraft Gaudís noch mehr ins Auge, wenn man sie mit diesen nachträglichen Versuchen, das Werk zu vollenden, vergleicht.

EUROPA

71

1889, Frankreich

DER EIFFELTURM

Ein wagemutiges Bauwerk, das das technische Können des 19. Jahrhunderts demonstriert und für die ganze Welt zum Wahrzeichen von Paris wurde.

Der Eiffelturm befindet sich an der Seine, gegenüber dem Trocadero-Palast, beim Pont d'Iéna. Er ist von vielen Teilen der Stadt aus sichtbar.

Proteste

Als der Eiffelturm zu wachsen begann, tat sich eine Gruppe von Schriftstellern und Malern zusammen und unterzeichnete einen Protestbrief gegen die Erbauung des Turms, weil er die Silhouette von Paris stören würde und eine Beleidigung der anderen großen Bauwerke der Stadt sei. Einige von ihnen haben den Turm im nachhinein jedoch schätzen gelernt. Vom Schriftsteller Guy de Maupasssant wird allerdings erzählt, daß er nur deshalb das Restaurant des Eiffelturms so häufig besuchte, weil dies der einzige Ort in Paris sei, von dem aus er den Turm nicht sehen konnte. Auch später wurden die Bauarbeiten nochmals verzögert, weil die Anrainer um ihr Leben und ihr Eigentum fürchteten. Ein Mathematiker behauptete nämlich, daß der Turm einstürzen würde, bevor er eine Höhe von 229 Meter erreicht. Eiffel, der bereits den überwiegenden Teil der Projektkosten allein trug, erklärte sich darauf bereit, den Bau auf eigenes Risiko weiterzuführen.

Der Turm wird in der Nacht angestrahlt. Vor der Turmerbauung hatte Eiffel bereits das tragende Metallskelett der Freiheitsstatue in den USA konstruiert.

Seit hundert Jahren ist der Eiffelturm ein Wahrzeichen für Paris, eine markante Silhouette, die in aller Welt bekannt ist. Er kann auch als das Symbol des industriellen Zeitalters schlechthin betrachtet werden, als eine kühne Demonstration, welch hohe Bauten Menschen errichten können, wenn sie die technische Geschicklichkeit des späten 19. Jahrhunderts besitzen.

Neue Bautechniken wurden entwickelt und der Fortschritt beschleunigte sich. In verschiedenen Ländern entstanden Pläne, mehrere hundert Meter hohe Gebäude zu erbauen. Einige dieser Unternehmen mißlangen, und viele Leute dachten, daß solche Pläne unrealisierbar seien. Aber in Frankreich glaubte der Ingenieur Gustave Eiffel fest an die Realisierung solcher Projekte. Er und seine Gesellschaft entwickelten Ende 1884 den Plan, einen rund 300 Meter hohen Turm zu bauen. Maßgeblich an dieser Entwicklung beteiligt war auch Eiffels Chefplaner Maurice Koechlin. 1886 wurde in Paris ein Wettbewerb für Bauvorhaben für die Pariser Weltausstellung im Jahre 1889 veranstaltet. Diese Ausstellung sollte den industriellen Fortschritt demonstrieren. Das Organisationskomitee gab auch bekannt, daß unter den Angeboten der Plan für einen 1.000 Fuß (304,8 Meter) hohen eisernen Turm sein sollte. Wahrscheinlich dachte man dabei bereits an Eiffels Turmbauplan. Über hundert Pläne lagen vor, und zuletzt wurde Eiffels Konstruktion ausgewählt. Er hatte den Turm in weniger als zwei Jahren zu realisieren.

Der Grundriß des Eiffelturms besteht aus einem Quadrat, welches ein Areal von 1,6 Hektar bedeckt. Der Turm ist mit Antenne heute 320,75 Meter hoch, wiegt 8.600 Tonnen, und man sagt, daß 2,5 Millionen Nieten verarbeitet wurden. Die 12.000 Einzelteile fabrizierte man nach präzisen technischen Plänen vor. Der damals höchste Turm der Welt wurde von 250 Männern mit einer unglaublichen Geschwindigkeit errichtet.

Eiffel hatte eine Reihe von Eisenbahnbrücken gebaut und war bekannt für die Lösung technisch schwieriger Probleme. Nur aufgrund von Eiffels Fähigkeit, im voraus zu planen und mit größter Präzision zu arbeiten, konnte der Turm so geschwind errichtet werden. Die 16 Pfeiler, auf denen der Turm steht (vier für jeden einzelnen Fuß der Basis) waren mit hydraulischen Hebevorrichtungen versehen, um eine genaue horizontale Ausrichtung der ersten Plattform zu ermöglichen. Es waren nur wenige Anpassungen nötig; ohne diese Vorrichtung wäre es jedoch niemals möglich gewesen, den Turm zu vollenden.

Später wurde auf der ersten Plattform ein Restaurant eingerichtet. Und während der Weltausstellung war es *das* Speiselokal. Auf der zweiten Plattform richtete die Zeitung *Le Figaro* in einer Höhe von 116 Meter ein Büro ein.

Der Turm wurde in 26 Monaten erbaut und war bis zum Jahre 1931, als in New York City das Empire State Building errichtet wurde, das höchste Gebäude der Welt. Während der Weltausstellung besichtigten ihn zwei Millionen Menschen. Sie konnten einen Aufzug benutzen, um jeweils zur ersten, zweiten und dritten Plattform zu gelangen. Man kann aber auch über 1.710 Stufen zu Fuß die Turmspitze erklimmen. Im Jahre 1964 wurde der Eiffelturm zum historischen Monument erklärt. Heute lockt er jährlich an die drei Millionen Besucher an, die, wie Generationen zuvor, immer wieder fasziniert sind.

So ragt der Eiffelturm vor dem staunenden Besucher in den Himmel.

EUROPA
Nicht nur Zierat

Gustave Eiffel brachte auf dem Turm meteorologische Anlagen an, um die Daten mit denen am Boden zu vergleichen. Er benützte ihn auch für aerodynamische Experimente und konstruierte an der Basis einen Windkanal. Im Turm unternahm man auch Pionierarbeiten in der Funkübertragung, und er beherbergte die ersten Radio- und Fernsehstationen.

1891–1916, Russland

DIE TRANSSIBIRISCHE EISENBAHN

Die längste Zugstrecke der Welt verbindet die beiden Kontinente Europa und Asien.

Der Transsibirien-Expreß verläßt Moskau am Jaroslawler-Bahnhof. Fedor Shekhtel entwarf dieses bemerkenswerte Zeugnis der Art Nouveau, das mit seinem eigenartigen steilen Dach wie der Eingang in ein Märchenland wirkt. Touristen dürfen jedoch nicht – zumindest nicht bis in die jüngste Vergangenheit – bis Wladiwostok reisen, sondern nur bis Nachodka, 80 Kilometer weiter nördlich.

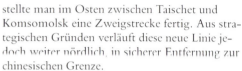

stellte man im Osten zwischen Taischet und Komsomolsk eine Zweigstrecke fertig. Aus strategischen Gründen verläuft diese neue Linie jedoch weiter nördlich, in sicherer Entfernung zur chinesischen Grenze.

Der Fahrplan und die Uhren entlang der Route geben Moskauer Zeit an, aber die Züge haben acht Zeitzonen zu passieren. Zwischen der Ostküste und Moskau differiert die Zeit um sie-

Der bekannte Schriftsteller Laurens van der Post, der in den 60er Jahren des 20. Jahrhunderts die Sowjetunion bereiste, schrieb, daß Eisenbahnen überall bereits aus der Mode gekommen seien. Eine Ausnahme stelle die Sowjetunion und Japan dar. Hier aber seien die Eisenbahnen „nicht nur ein wichtiges Transportmittel, sondern sie würden auch noch als ein Wunder betrachtet".

Es ist ja auch nicht verwunderlich, daß die *Große Sibirische Eisenbahn*, wie die Transsibirische Eisenbahn in Rußland heißt, so betrachtet wird. Sie ist bei weitem die längste in Betrieb befindliche Bahnlinie der Welt mit regelmäßigen Verbindungen und wurde zwischen 1891 und 1916 erbaut. Die eingleisige Linie überwand zwischen Moskau und Wladiwostok am Japanischen Meer eine Distanz von über 9.000 Kilometern. Ab 1938 war die Strecke zweigleisig befahrbar.

Die Bauarbeiten wurden gleichzeitig an beiden Endstellen in Moskau und Wladiwostok aufgenommen. 1898 erreichte der westliche Teil Irkutsk. Dort mußten die Reisenden in eine Fähre umsteigen, die sie 65 Kilometer über den Baikalsee brachte. Während des Winters, wenn der See zugefroren war, benutzte man einen 4.267 Tonnen schweren Eisbrecher, der in England gebaut und stückweise nach Sibirien transportiert wurde. Dann wurden die Schienen Stück für Stück um das südliche Ufer des Sees weitergeführt, um die Fähre zu ersetzen. Eine Reise, die hundert Jahre zuvor in einer Pferdekutsche drei Monate gedauert hätte, wurde so auf zwei Wochen reduziert, später sogar auf eine Woche. Um 1955

Oben: Der Jaroslawler-Bahnhof, ein interessantes Gebäude aus dem Jahre 1904 mit einem Turm über dem Eingangstor, ein Sinnbild für die Reichtümer und geheimnisvollen Wunder des weit entfernten „Schlafenden Landes".

EUROPA

ben Stunden. Der Zug überquert Flüsse, überwindet Gebirge und weite, ausgedehnte Steppen, die im Winter mit Schnee bedeckt sind. Er kommt an Seen vorbei, an weiten Kornfeldern, an Dörfern mit Kirchenkuppeln und Spitztürmen, und er passiert Städte, die erst durch die Bahnlinie entstanden sind. Die Bahn hat eine ungewöhnlich breite Spur (1,5 Meter). Am Anfang gab es eigene Waggons für Damen, Geistliche und Raucher. Viele der heute in Betrieb stehenden Züge sind aus den 40er Jahren und verfügen über Schlafwagen und einen rund um die Uhr geöffneten Speisewagen, der gleichzeitig den Bewohnern der Umgebung entlang der Strecke als Laden dient.

Der Zug startet in Moskau, überquert die Wolga und wendet sich dann nach Südosten dem Ural zu, wo er – etwa 1.800 Kilometer von Moskau entfernt – die Grenze von Europa nach Asien passiert. Von Swerdlowsk aus, einer größeren Industriestadt im Ural, führt er nach Omsk und Nowosibirsk über den Ob, auf dem ein reger Schiffsverkehr stattfindet, und weiter nach Krasnojarsk am Jenissej. Dann gelangt er nach Irkutsk, überquert die hohen Berge südlich des Baikalsees, durchläuft eine Ecke der Wüste Gobi und führt nach Chabarowsk und Wladiwostok.

Oben: Der Baikal-Expreß und der Peking-Expreß stehen in Sibirien Seite an Seite. Die modernen Lokomotiven lassen jedoch die reizvolle Atmosphäre der alten Dampflokomotiven vermissen.

Unten: Die Bahnlinie war ursprünglich einspurig, ist aber später erweitert und elektrifiziert worden.

Das Schlafende Land

Durch den Bau der Transsibirischen Eisenbahn konnten die reichen Gold- und Mineralvorkommen in Sibirien abgebaut werden. Man hat sie teilweise mit der Arbeitskraft von politischen Gefangenen erbaut und von Anbeginn auch dazu benutzt, Gefangene und Staatsfeinde des Zarenregimes ins Exil zu bringen. Unter Stalin waren die sibirischen *Gulags* (Arbeitslager) berüchtigt. Die Bahnlinie machte in Sibirien auch die Ansiedlung von Bauern und ebenso die Industrialisierung dieser riesigen Region möglich.

Sie nimmt mit 12,8 Millionen Quadratkilometern 57 Prozent der gesamten Fläche der Sowjetunion ein.

Der Name Sibirien bedeutet in der Tatarensprache *Schlafendes Land*. Es ist ein Land, das von Naturwundern erfüllt ist. In Eisblöcken haben sich Mammuts erhalten, Tiger leben in einsamen Gegenden und Wölfe heulen in den Steppen. In der Erde befinden sich noch große Reserven an Öl, Kohle und Eisen, und am Grunde vieler Seen sollen unheimliche Ungeheuer hausen. Es heißt auch, daß in den späten 40er Jahren dieses Jahrhunderts Geologen einen unbekannten Volksstamm entdeckt haben. Im Baikalsee gibt es Robben, und kein Mensch weiß, wie sie dort hingekommen sind. Sibirische Winter dauern sieben bis acht Monate, und es wurden Temperaturen bis zu minus 68 Grad Celsius gemessen.

1977, Frankreich

DAS CENTRE POMPIDOU

Das erste und berühmteste Beispiel der High-tech-Architektur.

Das Centre Pompidou liegt am rechten Seineufer, in der Rue du Renard im Beaubourggebiet von Paris. Die nächstgelegene Metrostation heißt Rambuteau.

IRCAM

Das Institut für die Erforschung und Koordination von Akustik und Musik ist ein Komplex von modernsten Akustiklaboratorien, der sich in den Kellern des Centre Pompidou befindet. Es ist so konzipiert, daß es optimale Bedingungen für die Akustikforschung bietet und hat einen öffentlich zugänglichen Vorführungssaal. Die laufende Forschungsarbeit kann durch ein Spezialfenster beobachtet werden.

Galerien, Museen, Bibliotheken, Konzerthallen – solche Gebäude wurden lange als unantastbar betrachtet, als heilige Musentempel, die nur angemessen in massiven klassischen Bauwerken untergebracht werden konnten. In Paris wurde in den 70er Jahren des 20. Jahrhunderts ein neues Mehrzweck-Kulturzentrum erbaut, das viele überkommene Vorstellungen von Kunst nicht beachtete und einen architektonischen Wendepunkt markiert.

Das *Centre National d'Art et de Culture Georges Pompidou* ist ein Gebäude, das man nicht so leicht vergessen wird. Mit seinen unzähligen verschiedenfarbigen Rohren, die seitlich am Gebäude emporführen und der an der Frontseite sichtbaren Rolltreppe, ist es oft mit einem Fabriksgebäude oder mit einer Ölraffinerie verglichen worden. Bilderstürmer waren hier jedoch nicht am Werk. Vielmehr zogen die Architekten die rapiden Veränderungen in der modernen Tech-

EUROPA

Oben: Die Fassade des Centre Pompidou bei Nacht, an der sich die Rolltreppe hinaufschlängelt.

Links: Das Centre Pompidou wirkt mehr wie eine Ölraffinerie als ein Gebäude, in dem Kunst und Kultur zu Hause sind. Alle Versorgungsleitungen sind sichtbar außen angebracht und erleichtern die Wartung.

nologie in Betracht und sahen keinen Grund mehr darin, Heizungsrohre, Wasserleitungen, elektrische Kabel und Klimaanlagen unter dem Boden oder in den Mauern zu verbergen. Es erschien ihnen weit besser, den wesentlichen Kern des Gebäudes nach außen zu verlegen, wo man darüber hinaus auch alles viel leichter instand halten und montieren konnte.

Viele haben das Ergebnis dieses Versuchs als häßlich bezeichnet. Andere begrüßen es als eine kühne und brillante Idee, die dem Gebäude mehr Gestaltungsfreiheit verleiht als bei der gewöhnlichen Bauweise. Auf die Ausschreibung dieses Gebäudes, das in seinen Räumen eine Bibliothek, ein Museum moderner Kunst, einen Ausstellungsraum für industrielles Design und ein Musikforschungszentrum unterbringen sollte, wurden 681 Projekte aus 49 verschiedenen Ländern eingeschickt. Die Sieger, Renzo Piano und Richard Rogers, wurden auserwählt, weil sie die beste Lösung für die ausgeschriebenen Anforderungen vorschlugen.

Das Centre Pompidou im Quartier Beaubourg von Paris wird oft einfach als *Beaubourg* bezeichnet. Dieses Gebiet war seit den 30er Jahren bis 1971, als der Bau begonnen wurde, ungenutztes Bauland. Heute ist das Gebäude sowohl für sein Inneres als auch sein Drumherum bekannt. Draußen unterhalten Jongleure, Akrobaten, Feuerschlucker und viele andere Artisten die schaulustige Menschenmenge. Der Platz vor dem Centre Pompidou war ein weiterer Einfall der Architekten: Von allen eingegangenen Plänen war ihrer der einzige, der die Hälfte des Baugrundes frei ließ, um einen weiteren öffentlichen Platz im Herzen von Paris zu schaffen.

Das Centre Pompidou beherbergt aber nicht nur eine Bibliothek und veränderbare Ausstellungsräume, sondern es besitzt auch ein Kino und eine Konzerthalle, einen Kinderspielplatz, Bars und Restaurants. Als es 1977 eröffnet wurde, kamen täglich 45.000 Besucher. Bald war es *die* Attraktion von Paris und populärer als der Eiffelturm. Die ursprünglichen Baupläne der Architekten konnten nicht komplett verwirklicht werden. Feuerschutzbestimmungen und Kosten- und Zeiteinschränkungen machten die Durchführung einiger Ideen, wie beispielsweise den Einbau beweglicher Böden, unmöglich. Trotzdem wurde es zum Vorbild für viele andere Bauten. Die Zeitschrift *Architecturial Review* beschrieb es 1977 als „den höchsten Moment technologischer Euphorie in der westlichen Gesellschaft".

Der „High-Tech"-Stil

Das Centre Pompidou wird von jenen kritisiert, die die Zurschaustellung von Leitungsrohren an den Außenwänden als häßlich und unnötig empfinden. Einige bestreiten, daß dieses Gebäude überhaupt etwas mit Architektur zu tun habe, und sagen, daß es ein ausschließlich technisches Machwerk sei. Dieser Standpunkt impliziert, daß Maschinenbau und Technik nichts mit Kunst zu tun haben. Ironischerweise ist das Centre Pompidou in gewissem Sinn dem Geist der klassischen Architektur näher als die moderne Nachahmung eines georgianischen Gebäudes. So wie ein griechischer Tempel stolz die sein Dach tragenden Säulen zur Schau stellte, so zeigt das Centre Pompidou das Metallskelett, das es stützt, und verbirgt nicht die notwendige technische Ausstattung. Die Unterscheidung zwischen Architektur und Maschinenbau hat sich immer mehr verwischt, je komplexer die Technologie geworden ist.

ASIEN

Oben: Die großen persischen Könige herrschten in atemberaubendem Glanz in ihrer Hauptstadt Persepolis.

Unten: Große Paläste wurden auch für Götter errichtet, wie zum Beispiel der Minakshi-Tempel in Indien.

Asien erstreckt sich vom Mittelmeer zum Pazifischen Ozean und ist mit über einem Drittel der Erdoberfläche der größte Erdteil der Welt. Hier befindet sich das wahrscheinlich größte Bauwerk der Erde: die Chinesische Mauer.

Die ersten Schritte auf dem Weg in die Zivilisation wurden im Nahen Osten getan. Vor 10.000 Jahren lebte die Menschheit in kleinen Gruppen von Sammlern und Jägern. Diese führten ein Nomadendasein und zogen von Ort zu Ort, um sich mit Nahrung zu versorgen. Später wurden einige Nomadengruppen seßhaft und lebten zum Teil von ihrem Ernteertrag aus dem Getreideanbau. Einer der ersten bis jetzt entdeckten Orte, an denen Menschen seßhaft wurden, ist Jericho, dessen Einwohner noch in der Steinzeit lebten. Sie ernteten ihr Getreide mit steinernen Sicheln und aßen aus steinernen Schüsseln. Nach der Erfindung der Schrift beschleunigte sich die Entwicklung.

Die großen Könige

Dörfer wuchsen zu Städten heran, und Städte wurden zu Zentren von Königreichen und mächtigen Staaten. In Mesopotamien herrschten die babylonischen und assyrischen Könige. Im 6. Jahrhundert v. Chr. wurde das Persische Reich von Kyros dem Großen gegründet. Das Reich seiner Nachfolger dehnte sich vom Mittelmeer bis zum Indus aus und umfaßte Ägypten, die jetzige Türkei, Mesopotamien und den heutigen Iran. Die großen persischen Könige herrschten im Glanz von Marmor, Elfenbein und Gold, um ihre eigenen Untertanen und die fremden Gesandten zu beeindrucken. Das Audienzzimmer von Darius dem Großen in Persepolis konnte 10.000 Menschen fassen, und der Treppenaufgang hatte solche Ausmaße, daß er sogar von Reitern benutzt werden konnte.

Im Fernen Osten wurde im 3. Jahrhundert v. Chr. in China von *Qin Shi Huangdi* ein neues Reich gegründet, das mehr als 2.000 Jahre bestehen sollte. Ihm verdanken wir auch die Chinesische Mauer, und Tausende seiner Untertanen der Mauer den Tod. Die berühmte Armee der Terrakottakrieger, die 1974 entdeckt wurde, stand als Wachtposten vor seinem Grabmal. Sein Grab wurde bis jetzt noch nicht geöffnet, es ist aber sehr wahrscheinlich, daß es unermeßliche Schätze birgt.

Götter auf Erden

Die Religion hat in ganz Asien ihre sichtbaren Spuren hinterlassen, von den unheimlichen christlichen Felsenkirchen in der Türkei, die Visionen von Hieronymus Bosch sein könnten, bis zu den anmutigen Shinto-Schreinen in Japan. Dazwischen liegen mit Kuppeln versehene Moscheen mit in den Himmel reichenden Minaretten sowie Pagoden, hinduistische und buddhistische Tempel, voll mit üppigen Schnitzereien und vielarmigen Gottheiten. Vom 7. Jahrhundert n. Chr. an war der Islam in Asien im Vormarsch. Seine Bauwerke reichen vom Felsendom in Jerusalem bis zum Serail des osmanischen Sultans in Istanbul und zum wunderschönen Tadsch Mahal in Agra.

Der Buddhismus entfaltete sich ursprünglich in Indien, starb in seinem Ursprungsland dann aber aus. Seinen größten Einfluß entwickelte er in Sri Lanka, in Südostasien, in Indonesien, China und Japan, wo er sich im Volksglauben mit älteren einheimischen Kulten vermischte. Das größte hölzerne Bauwerk der Welt, das eine riesige Buddhastatue beherbergt, wurde in Nara in Japan errichtet. Seine Größe wird aber bei weitem übertroffen vom größten buddhistischen Tempel der Welt: Borobudur in Java. Auch der Hinduismus ging von Indien aus und verbreitete sich nach Südostasien und Indonesien. Unweit von Borobudur befindet sich ein eindrucksvoller Tempel des Gottes *Shiva*. Der riesige Tempelkomplex Angkor Wat in Kambodscha, der von den Khmer erbaut wurde, ehrt einen anderen hinduistischen Gott: *Vishnu*.

Diese kolossalen Tempelberge waren ein Versuch, den legendären Weltberg der indischen Mythologie nachzubilden, auf dem das gesamte Universum ruhen soll. Sie wurden von Königen erbaut, die sich selbst als weltliche Inkarnationen (Verkörperungen) indischer Gottheiten betrachteten. Ähnliches hat man von den *Dalai Lamas,* den geistigen und politischen Herrschern Tibets, geglaubt. Sie regierten vom Potala-Palast in Lhasa aus und sahen sich als Reinkarnationen von *Avalokiteshvara,* einer gewaltigen Gottheit des buddhistischen Glaubens.

Auch die Herrscher Japans wurden jahrhundertelang als auf der Erde wandelnde Gottheiten verehrt. Die kaiserliche Familie behauptete, von der Sonnengöttin

Amaterasu abzustammen, die sie mit der Regierung beauftragt habe. 1946 hat Kaiser Hirohito dieser Lehre formell abgeschworen.

Die chinesischen Herrscher glaubten zwar nicht, unmittelbar von Göttern abzustammen, fühlten sich ihnen aber näher als andere Sterbliche. Sie regierten als Söhne des Himmels mit der Vollmacht der Himmlischen, mit dem von Gott gegebenen Recht auf ihren Thron. Man glaubte, daß sie die himmlischen Sachverwalter ebenso fördern und degradieren konnten wie ihre irdischen Mandarine. Die chinesischen Herrscher wurden schließlich so sehr als Heilige verehrt, daß sie sich ab dem 15. Jahrhundert von der unreinen Gegenwart gewöhnlicher Menschen in die Verbotene Stadt in *Beijing* (Peking) zurückzogen. Der Zutritt für einfache Leute und Fremde war unter Androhung der Todesstrafe verboten. Es gab nur in außergewöhnlichen Fällen Zutrittserlaubnis. Daraus folgte, daß die Herrscher nun von der tatsächlichen Welt vollkommen abgeschlossen waren und so zum Spielball von ehrgeizigen Ministern, Eunuchen und Konkubinen wurden.

Im 20. Jahrhundert wurde in Asien eines der aufsehenerregendsten Bauvorhaben der modernen Architektur realisiert – die neue Stadt Le Corbusiers in Chandigarh in Indien. Aber auch die Japaner haben zur selben Zeit ungeheure technologische Leistungen erbracht, wie die Seto-Ohashi-Brücke, die sich elf Kilometer über einen Inlandsarm des Pazifischen Ozeans erstreckt.

Rechts: Ein bronzener Löwe bewachte in der Verbotenen Stadt den Palast der chinesischen Herrscher.

9. Jahrtausend v. Chr., Israel

JERICHO

Es hat sich herausgestellt, daß die Stadt, die von Josua belagert wurde, eine der ältesten Städte der Welt ist.

Jericho, an der Route 90, liegt nordöstlich von Jerusalem und nördlich des Toten Meeres. Es gibt regelmäßige Busverbindungen von Ost-Jerusalem aus und auch Ausflüge von Jerusalem und Tel Aviv.

Die Schädelstätte

Zu den faszinierendsten der um 1950 gemachten Entdeckungen im alten Jericho gehören menschliche Schädel, die in Porträtköpfe umgewandelt wurden. Man ergänzte die Nasen und andere charakteristische Merkmale mit Stuck, allerdings nicht stilisierend, sondern so, daß man ein realistisches Bild von den individuellen Gesichtszügen erhielt. Es gibt verschiedene Anhaltspunkte dafür, daß im alten Jericho ein Kult bestand, bei dem Führerpersönlichkeiten nach ihrem Tod verehrt wurden.

Rechts: Zivilisierte Gesellschaften müssen sich verteidigen. Die steinzeitliche Stadt besaß starke Mauern und innerhalb der Mauern einen runden Verteidigungsturm. Später wurde um den Turm noch ein Befestigungsgraben angelegt.

Jericho wurde berühmt durch die biblische Erzählung, nach der die Stadtmauern nach einer Belagerung durch die Israeliten unter der Führung Josuas eingestürzt sind. Im Buch Josua (Kap. 6) heißt es, daß die Bundeslade (eine tragbare Lade, in der Jahwe gegenwärtig ist) siebenmal um die Stadtmauern getragen wurde, während die Priester die Posaunen bliesen. Beim siebenten Umzug stießen die Israeliten ihr Kriegsgeschrei aus und „die Mauern stürzten in sich zusammen. Sogleich stieg das Volk zur Stadt hinauf, wo ein jeder gerade war, und sie nahmen die Stadt ein".

Als Archäologen um 1930 das alte Jericho ausgruben, dachten sie, daß sie diese eingestürzte Mauer entdeckt hätten. Es hat sich aber gezeigt, daß diese Überreste etwa 1.000 Jahre älter waren als Josuas Zug gegen die Stadt im 13. Jahrhundert v. Chr.

Der Hügel, unter dem Jericho verborgen war, wird im Arabischen *Tel es-Sultan* genannt und befindet sich zwei Kilometer nordwestlich des modernen Jericho. Ausgrabungen unter der Leitung Kathleen Kenyons um 1950 haben ergeben, daß Jericho nicht nur älter als Josua war, sondern daß die Stadt eine der ältesten Siedlungen der Welt überhaupt ist.

Es ist möglich, daß hier bereits 9000 v. Chr. in

ASIEN

der Mittleren Steinzeit nomadische Jäger seßhaft wurden und einen Kultort eingerichtet haben. Um 7000 v. Chr. befand sich an dieser Stelle eine ständige Ansiedlung. Die Häuser waren aus Tonziegeln gebaut, die durch hölzerne Pfosten gestützt waren. Sie sind die frühesten Behausungen, die je entdeckt wurden. Die Stadt war von einer beachtlichen Mauer umgeben, die etwa 800 Meter lang war und einen massiven Steinturm mit einem Durchmesser sowie einer Höhe von neun Metern besaß.

Es hat sich auch herausgestellt, daß ihre Einwohner – im Gegensatz zu früheren Nomaden – zumindest zum Teil bereits vom Ackerbau lebten. Es wurden verschiedene kultivierte Weizen- und Gerstensorten gefunden, ebenso wie die Überreste von Grabgeräten und steinernen Sicheln für die Ernte. In der Gegend gibt es unterirdische Quellen, welche eine üppige Oase inmitten des unfruchtbaren Jordangrabens erstehen ließen. Die Einwohner von Jericho haben wahrscheinlich auch schon entdeckt, wie man Land bewässern konnte. An diesem Ort fanden Entwicklungen vom Nomadentum zum seßhaften bäuerlichen Leben statt.

Die erste Ansiedlung wurde offensichtlich durch ein Feuer zerstört. Im 7. Jahrtausend wurde auf ihren Ruinen dann eine größere Stadt erbaut. In späteren Zeiten entstanden weitere Städte am selben Ort. Im 1. Jahrhundert v. Chr. erbaute der römische Statthalter von Judäa, Herodes der Große, 1,5 Kilometer südlich von Jericho einen Palast im römischen Stil, in welchem er 4 v. Chr. starb. Ein Teil dieses Palastes wurde um 1950 bei Ausgrabungen freigelegt. Im 8. Jahrhundert n. Chr. schließlich entstand in der Nähe der luxuriöse Palast des Kalifen Hischam.

Oben: Das Orangenbaummosaik mit den Gazellen, die von einem Löwen angegriffen werden, ist ein berühmtes Beispiel für ausgezeichnete künstlerische Arbeiten im Palast.

Oben: Dieser Teil der Palastruinen hatte zwei Moscheen und eine Reihe von Bädern. Wasserquellen und ein mildes Klima machten Jericho noch lange nach dem Steinzeitalter zu einem beliebten Wohnort. Dort hatte auch der aus der Omaijaden-Dynastie stammende Kalif Hischam seinen Winterpalast.

Der Berg der Versuchung

Verschiedene Orte, die in der jüdischen, christlichen und islamischen Religion verehrt werden, befinden sich in unmittelbarer Umgebung von Jericho. In der Nähe des Hügels Tell es-Sultan befindet sich die Quelle Elischas, deren Wasser der Prophet auf Bitte der Einwohner der Stadt reinigte (siehe 2. Buch der Könige, Kapitel 2, 19–22). Unmittelbar im Westen von Jericho befindet sich der Berg der Versuchung. Auf diesem wurde im 19. Jahrhundert von russischen Mönchen ein orthodoxes Kloster errichtet. Etwa zehn Kilometer östlich von Jericho ist am Jordan jene Stelle, an der Jesus Christus getauft wurde und dann anschließend 40 Tage und 40 Nächte fastete. Dort erschien ihm der Teufel und führte ihn auf die Spitze des Berges und zeigte ihm „alle Reiche der Welt und ihre Herrlichkeit" (Matthäus, Kapitel 4, 1–11).
Im Süden von Jericho, abseits der Straße nach Jerusalem, befindet sich die Moschee Nabi Musa. Sie wurde im 13. Jahrhundert an jenem Ort „im Lande Moab" errichtet, an dem nach jüdischer und islamischer Tradition Moses begraben wurde (siehe das Buch Deuteronomium, Kapitel 34). Jedes Jahr findet hierher eine moslemische Pilgerfahrt statt.

81

Ab 522 v. Chr., Iran

PERSEPOLIS

Teheran hat einen internationalen Flughafen, und es gibt Inlandflüge von Teheran nach Shiras, die etwa 70 Minuten dauern. Persepolis liegt weitere 50 Autominuten 80 Kilometer nordöstlich von Shiras entfernt.

„Ist es nicht wunderbar, ein König zu sein und im Triumph
durch Persepolis zu reiten?"
– CHRISTOPHER MARLOWE, „Tamburlaine der Große"

Die heute noch erhaltenen Ruinen von Persepolis geben trotz ihrer Größe nur einen schwachen Eindruck von der Pracht und dem Reichtum dieses einstigen Herrschersitzes. Der griechische Historiker Plutarch erhellt manches davon, wenn er schreibt, daß Alexander der Große, der Persepolis 330 n. Chr. eroberte, 10.000 Maultiere und 5.000 Kamele gebraucht hat, um alle Schätze zu bergen. Die Schätze gehörten der Achämeniden-Dynastie, und Persepolis war nur eine ihrer drei Königsstädte.

Persepolis wurde von Darius dem Großen zu Beginn seiner Herrschaft 522 v. Chr. gegründet und nur im Frühling und im Herbst jeden Jahres bewohnt. Den Sommer verbrachten der König und sein Gefolge in den Ekbatana-Hügeln, den Winter jedoch in Susa. Persepolis vergrößerte sich unter den nachfolgenden Herrschern und wurde schließlich kurz nach der Ankunft Alexanders durch einen Brand zerstört. Eine Version besagt, daß Alexander die Stadt aus Rache angezündet habe, weil die Perser die Akropolis in Athen geplündert hätten. Es gibt aber keine Beweise, daß er die Stadt vorsätzlich in Brand gesetzt hat.

Die archäologischen Ausgrabungen von Persepolis begannen im Jahre 1931 und legten eine große königliche Residenz frei, die auf einer Kalksteinplattform am Rande eines Gebirges lag. Die Plattform bedeckt eine Fläche von 297 mal 448 Meter und besitzt ein wohldurchdachtes Kanal- und unterirdisches Wassernetz, das zu erkennen gibt, daß die gesamte Anlage sorgfältig geplant war. Der breite Treppenweg, der zur Anlage führt, unterstützt diese Annahme – die Treppen konnten auch von Reitern benützt werden.

Eine Inschrift am oberen Ende des Treppenaufganges berichtet, daß die Eintrittshalle vom Nachfolger des Königs Darius, Xerxes I., erbaut wurde. Diese Inschrift ist wie viele andere in drei Sprachen verfaßt: in elamisch, babylonisch und altpersisch. An einigen Wänden befinden sich aber auch Inschriften anderer Art. Hier sind die Namen von Besuchern eingeritzt, die erst viel später diese Stätte besucht haben. Darunter befindet sich auch der Name von Morton Stanley aus dem Jahre 1860. Er war ein Reporter der *Herald Tribune,* der sich einen Namen damit gemacht hatte, daß er Dr. Livingstone in Afrika aufspürte.

Persepolis wurde für königliche Repräsentationszeremonien entworfen. Der König, seine Familie und ihre Begleitung hatten hier zwar Privaträume, aber die wichtigsten waren Audienzzimmer, insbesondere der 18 Meter hohe Audienzsaal *(Apanada)* von Darius dem Großen. Er

Rechts: Still und verlassen unter dem Himmel – so legen die weiten Ruinen Zeugnis ab von der vergangenen Größe der mächtigen persischen Könige.

Gegenüberliegende Seite: Gemeißelte Reliefs an den Palastwänden zeugen von der Macht der Könige. Sie zeigen Gesandte, die ihre Tributgaben von den fernen Grenzen des Reiches bringen.

82

ASIEN

hatte einen quadratischen Grundriß von 61 Metern Seitenlänge, war mit sechs Säulenreihen ausgestattet und bot schätzungsweise 10.000 Menschen Platz. Der Thronsaal von Xerxes, bekannt als der *Saal der Hundert Säulen,* war sogar noch größer (er hatte einen quadratischen Grundriß von 70 Metern Seitenlänge). Kalkstein war bei den Bauwerken vorherrschend; zur Zeit seiner Entstehung wird es aber auch Holzsäulen und Holzdächer gegeben haben und eine Fülle von Verzierungen mit leuchtenden Farben, erlesenen Fliesen, Gold, Silber, Elfenbein und Marmor.

In den noch erhaltenen Skulpturen aber überlebt der Ruhm von Persepolis. Ausgedehnte Relieffriese an den Wänden und Treppen zeigen Prozessionen von Menschen. Sicherlich sind es Abbildungen von adeligen und fremden Delegationen, die zu Audienzen des Königs kamen oder an Festen teilnahmen, an denen sie dem König ihre Tribute übergaben. Beim Zugang zur Audienzhalle des Darius können an verschiedenen Mauern die gleichen Figuren rechts- und linksseitig dargestellt bewundert werden. Auf einer der Treppen befinden sich 23 Reliefs, auf welchen die verschiedenen Untertanen des Achämenidenreiches dargestellt sind. In den kleineren Privaträumen wird eine persönlichere Seite enthüllt. Hier sind königliche Diener porträtiert, die den Badenden Handtücher und Parfüms reichen und Fliegenwedel tragen.

Naqsch-i Rustam

Dieser Felsen in der Nähe von Persepolis beherbergt eine Reihe von Monumenten, die aus der Achämeniden-Dynastie und der späteren Sassaniden-Dynastie stammen. Vier Gräber sind in die Felsen gehauen. Eines der Gräber konnte durch eine Inschrift als das Grab Darius des Großen identifiziert werden. Von den anderen Gräbern wird angenommen, daß in ihnen die Nachfolger von Darius beerdigt wurden: Xerxes I., Artaxerxes I. und Darius II. Die Gräber sind so angelegt, daß sie die Fassade eines Palastes vortäuschen. Die Reliefs am unteren Ende zeigen einen von Dienern umgebenen König, während er gerade dem höchsten Gott Ahura Mazda ein Opfer darbringt. Vor den Gräbern steht der Würfel des Zarathustra, ein zwölf Meter hohes Gebäude mit einem einzigen Innenraum und einer Außentreppe. Man nimmt an, daß er auf die Zeit Darius des Großen zurückgeht und ein Feuertempel war.
Die Dynastie der Sassaniden regierte Persien von 224 bis 628 n. Chr. Aus dieser Periode stammen die acht monumentalen Felsreliefs in Naqsch-i Rustam. Eines stellt die Investitur des ersten Sassanidenkönigs Ardaschir I. dar. Ein anderes wahrscheinlich den Sieg König Schapurs I. über den römischen Kaiser Valerian 260 n. Chr. Feueraltäre neben den Gräbern und den Felsreliefs deuten darauf hin, daß dieser Ort eine religiöse Kultstätte war. Im vor-islamischen Persien gab es eine Religion, die von dem Propheten Zarathustra begründet wurde. Er verehrte *Ahura Mazda* als höchsten Gott und wird mit dem Lichtgott *Mithras,* Schutzgott der römischen Soldaten, in Verbindung gebracht.

Um 300 v. Chr., Jordanien

PETRA

Die Fahrt vom internationalen Flughafen Amman nach Petra dauert etwa drei Stunden. Es ist auch möglich, von Amman nach Aqaba zu fliegen und dann in etwa zwei Stunden durch den Wadi Rum zu fahren. Der Zugang nach Petra entlang des Sik erfolgt normalerweise zu Pferd und dauert eine halbe Stunde.

Deir

Von Petra aus erreicht man in einem halbstündigen Aufstieg Deir, das manchmal als ein Kloster, manchmal als Tempel bezeichnet wird. Hier gibt es eine weitere riesige Felsenrelieffassade, die der am Schatzhaus ähnlich ist. Sie ist 42 Meter hoch und 46 Meter breit und besitzt einen acht Meter hohen Eingang, der jeden Menschen davor wie einen Zwerg erscheinen läßt. Das Innere besteht aus einem riesigen Raum. Darin befindet sich eine über Treppen erreichbare Nische, in der möglicherweise ein Götterbildnis aufbewahrt wurde. Nach einer Theorie diente Deir als Kultort für religiöse Feste, und der ebene Platz davor war wahrscheinlich dazu auserschen, eine riesige Menschenmenge von Pilgern und Gläubigen aufzunehmen.

Rechts: Die Geschichte ging für Jahrhunderte an Petra vorbei. Einst war die Stadt jedoch die Drehscheibe für Karawanenstraßen zwischen dem Persischen Golf und dem Roten Meer.

Weder rosarot, noch eine Stadt, noch halb so alt wie die Ewigkeit – aber nach wie vor beeindruckend.

Man erwähne Petra, und irgend jemand wird wahrscheinlich zitieren: „Eine rosarote Stadt – halb so alt wie die Ewigkeit." Diese Worte stammen von J. W. Burgon, einem englischen Dichter des 19. Jahrhunderts. Fatalerweise entspricht diese Beschreibung nicht dem tatsächlichen Sachverhalt, und Burgon hat dies auch zugegeben, als er einige Jahre später den Ort besuchte. Petra ist nicht rosarot, sondern eher lachsfarben. Es ist auch keine Stadt, sondern vielmehr ein riesiger Friedhof. Wenn irgendwelche Häuser hier einst standen, dann waren sie aus Schlamm erbaut und sind jetzt verschwunden. Petra ist ein Ort, der viele Fragen unbeantwortet läßt, und dieses geheimnisvolle Flair macht ihn nur um so faszinierender.

Im 4. Jahrhundert v. Chr. erlangte der nomadische Stamm der Nabatäer die Kontrolle über das zerklüftete Talgebiet zwischen Aqaba und dem Toten Meer an der östlichen Seite des Wadi el Araba in Jordanien (Ein Wadi ist ein tiefeingeschnittenes, ausgetrocknetes Flußbett, das nur einige Male im Jahr Wasser führt). Da sie dadurch wichtige Handelsstraßen kontrollierten, wurden sie mit der Zeit reich und mächtig. Petra ist der Beweis dafür. Früher nahm man an, daß es sich um eine Stadt handelte, jetzt weiß man, daß Petra eine Grabstätte ist, die in einer unwegsamen Gegend 900 Meter über dem Meeresspiegel in die Felsen gehauen wurde. Einige Gräber zeigen bemerkenswerte klassische Detailarbeiten, andere sind mit charakteristischen nabatäischen Dekorationen versehen und zeigen den Einfluß assyrischen und ägyptischen Baustils. Das Schwergewicht liegt dabei auf der Fassade. 106 n. Chr. wurde Petra dem römischen Reich eingegliedert. Es erhielt ein Forum, Bäder, ein Theater und alle anderen Elemente römischer Zivilisation. Mit dem Aufstieg von Palmyra änderten sich die Handelswege, und Petra sank zurück in die Vergessenheit. Jahrhunderte hindurch war Petra nur noch einheimischen Stammesangehörigen bekannt, die wenig Schwierigkeiten hatten, neugierige Fremde fernzuhalten.

Die Wiederentdeckung erfolgte durch den Schweizer Forscher Johann Ludwig Burckhardt im Jahre 1812. Er war wie ein Moslem gekleidet, sprach fließend arabisch und überredete einen

ASIEN

einheimischen Führer, ihn zur Opferung einer Ziege zu einem Grab zu bringen, das angeblich in der Nähe einer Stadt lag. Dieser brachte Burckhardt bis zum *Sik*, zu jener engen, 1.200 Meter langen Felsenkluft, durch die auch heutige Besucher noch die Anlage betreten – und dann stand Burckhardt plötzlich vor einem Gebäude. Es war das Schatzhaus oder *el-Kasneh*, Petras wahrscheinlich berühmtestes Monument, obwohl der Stil der Anlage eher klassisch als nabatäisch ist. Die Urne, die den oberen Teil der Fassade krönt, hat früher möglicherweise einmal den Schatz eines Pharaonen enthalten. Viele frühere Besucher versuchten, dem Gefäß seine vermeintlichen Reichtümer zu entnehmen.

Nach dem Schatzhaus öffnet sich das Tal und enthüllt eine Reihe weiterer Felsengräber in zartem Rosa und in andere Farbtöne schattierendem Sandstein. Wo die Felsenreliefs dem Wind stark ausgesetzt waren, sind sie bis zur Unkenntlichkeit abgetragen worden. Archäologen nehmen an, daß die Gräber ursprünglich weder rosa noch lachsfarben, sondern mit Stuckfassaden verkleidet waren, und daß der ursprüngliche Eindruck ganz anders als der heutige war. Es bleibt aber ein eindrucksvolles Erlebnis, wenn man durch den schattigen, engen *Sik* kommt und dann plötzlich vor der sonnenumfluteten Fassade des Schatzhauses steht.

Das berühmte Schatzhaus ist wahrscheinlich das Grab eines der letzten Herrscher der Nabatäer.

Hoher Opferplatz

Ein weiterer steiler Aufstieg führt zum Hügel Attuf, auf dem sich auf einer Plattform zwei Obelisken befinden. Etwas weiter oben ist ein anderes abgeflachtes, 61 mal 18 Meter großes Areal angelegt. Man nimmt an, daß hier eine Opferstelle war, an der ursprünglich ein großer Altar stand. Die Nabatäer haben wahrscheinlich die beiden Götter Dusares und Al Uzza verehrt. Der Altar am Hohen Opferplatz war mit Ablaufrinnen versehen. Durch diese soll das Blut der Opfer abgelaufen sein. Manches deutet auf Menschenopferungen hin.

85

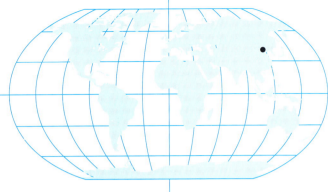

Im späten 3. Jahrhundert v. Chr., China

DIE CHINESISCHE MAUER

Die größte Anlage, die je von Menschenhand erbaut wurde, kostete Tausenden von Menschen das Leben.

Der einfachste und daher auch am meisten frequentierte Zugang zur Chinesischen Mauer ist am Badaling-Berg, 76 Kilometer nordwestlich von Peking. Busse fahren von der Busstation Dongzhimen aus. Es gibt von Peking aus auch Züge und Hubschrauberflüge. Ein anderer Mauerabschnitt bei Mutianyu im Nordosten kann ebenfalls mit Bussen von Peking aus erreicht werden. Er ist viel weniger besucht und wurde um 1980 restauriert.

Rechts: Heute spazieren Besucher friedlich auf der Großen Mauer. Einst marschierten hier Soldaten des Sohnes des Himmels in kriegerischen Zehnerreihen.

Gegenüberliegende Seite, links: Bei Mutianyu rollt sich die Mauer wie eine Brandungswelle über die Berge.

Gegenüberliegende Seite, rechts oben: Ein Wachturm in Badaling.

ASIEN

Die Ming-Gräber

Viele Touristen, die die Große Mauer bei Badaling besichtigen, besuchen auch noch die Ming-Gräber. Die Ming-Dynastie regierte China von 1368 bis 1644, und hier sind 13 Ming-Kaiser begraben. Die Grabstätten wurden nach den Prinzipien der chinesischen *Geomantie* (Erdwahrsagung) ausgewählt, um zu garantieren, daß sie von positiven übernatürlichen Kräften umgeben waren.

Der Zugang zu den Gräbern führt über die *Heilige Straße*, die durch Torbögen markiert ist. Dieser Straße folgten die Begräbnisprozessionen. Beim großen Roten Tor mußten die Trauergäste absteigen und zu Fuß weitergehen, da der zentrale Torbogen von niemandem durchschritten werden durfte, außer von den Sargträgern des Kaisers. Direkt dahinter befindet sich eine Säule (eine aufrecht stehende Steinplatte) von neun Metern Höhe. Sie fußt auf dem Rücken einer riesigen Schildkröte, die ein Symbol für das Universum und die Unsterblichkeit darstellt. Die Straße führt dann weiter und ist von glücksbringenden Tierstatuen aus dem 15. Jahrhundert flankiert – von Löwen, Pferden, Kamelen u. a. Dann folgen menschliche Statuen, die als Ehrengarde für den verstorbenen Herrscher gedacht waren. Der *Heilige Weg* beginnt beim Drachentor und führt über das Phönixtor zu den Gräbern. Das größte und am besten erhaltene Grab ist das aus Höfen und Toren bestehende Grabmal des Kaisers Cheng Zu (1404 bis 1424), der auch Yongle genannt wird. Sehenswert ist weiter die Grabstätte des Kaisers Wan Li, den man hier im Jahre 1620 in einem Marmorgewölbe 27 Meter unter der Erde bestattete. Auf dem Gelände befindet sich auch eine Ausstellung von Schätzen, die bei Grabungen um 1950 entdeckt wurden.

Die Chinesische Mauer ist eines der größten bautechnischen Bravourstücke aller Zeiten. Sie wurde ab 220 v. Chr. unter Kaiser *Qin Shi Huangdi* in ungefähr zehn Jahren errichtet. Dieser Herrscher gilt als einer der größten Despoten der Geschichte. Einige Abschnitte dieser Verteidigungsmauer wurden bereits früher von verschiedenen kleinen, miteinander konkurrierenden Königreichen im Norden errichtet. Qin Shi Huangdi rekrutierte eine Armee von Bauern, Soldaten, Kriminellen und politischen Gefangenen, um schadhafte Stellen zu erneuern und um diese Teile zu verbinden. So entstand ein geschlossener Schutzwall über die Berge entlang der Grenze seines Reiches. Die Mauer war als Bollwerk gegen die kriegerischen mongolischen Nomaden im Norden gedacht und wahrscheinlich auch als Demonstration der Macht und Herrlichkeit des Kaisers.

Qin Shi Huangdi beauftragte seinen erfolgreichsten General Meng Tian mit diesem Projekt. Die Mauer schlängelte sich bergauf und bergab, durch Wüsten und Sümpfe. Sie wurde auf steinernen Fundamenten errichtet und mit Erde und Ziegeln aufgebaut. Von ihren Wachtürmen aus verbreitete man mit noch nie zuvor dagewesener Geschwindigkeit durch Rauchsignale – und nachts durch Feuersignale – Informationen im ganzen Land.

300.000 Menschen sollen im Schweiße ihres Angesichts die Mauer errichtet haben. Allein schon die Organisation und die Versorgung einer solchen Menge an Arbeitskräften war eine außerordentliche Leistung. Eine Legende berichtet, daß Qin Shi Huangdi von einem Magier vorausgesagt wurde, daß die Mauer erst dann vollendet werden könne, wenn *Wan* oder 10.000 Menschen in ihr begraben würden. Der Kaiser fand schließlich einen Mann namens Wan, ließ ihn töten und in der Mauer beerdigen. Wahrscheinlich wird es so gewesen sein, daß man viele Tausende, die im Zuge der Bauarbeiten starben, in ihr einmauerte. Die Mauer wurde auch *der Welt längster Friedhof* oder *die Mauer der Tränen* genannt.

Die militärische Bedeutung der Mauer war enorm, wenn sie ihrer Länge entsprechend bemannt war. Im Laufe der Jahrhunderte wurde sie jedoch vernachlässigt und verfiel. Im Jahre 607 n. Chr. rekontruierte man das Bauwerk unter der Sui-Dynastie. In dieser Bauperiode sollen eine Million Arbeiter beteiligt gewesen und die Hälfte von ihnen zugrunde gegangen sein. Unter der Ming-Dynastie (1368 bis 1644) erhielt die Mauer im 15. Jahrhundert schließlich ihre heutige Gestalt. In jüngster Vergangenheit sind Teile von ihr für den Fremdenverkehr restauriert worden.

Die Mauer verläuft, beginnend in der Nähe des Bo-Hai-Sees, nordöstlich von Peking über Nordchina in die Wüste Gobi. Angaben über ihre Gesamtlänge variieren. Die Mauer windet und krümmt sich, an einigen Stellen gibt es parallel zu ihr weitere Schutzwälle, die mitgezählt werden könnten. Die Längenangaben sind sehr unterschiedlich: Die Luftlinie zwischen den beiden Endpunkten beträgt 2.450 Kilometer, die Mauer mit allen Abzweigungen und Biegungen dürfte zwischen 6.000 und 6.500 Kilometer lang sein. Angeblich ging 1990 ein Chinese die gesamte Mauer entlang und gab die Gesamtlänge mit 6.700 Kilometern an.

Die Mauer war nicht nur ein Schutzwall, sondern auch eine Straßenverbindung. Sie hat eine Breite von 5,5 Metern; dies ermöglichte jeweils zehn Infanteristen, nebeneinander zu marschieren oder fünf Kavalleristen, nebeneinander zu reiten. Sie ist auch heute noch im Durchschnitt neun Meter hoch, die Beobachtungstürme haben eine Höhe von zwölf Metern. Die Chinesische Mauer ist ein außerordentlich beeindruckendes Werk, das den Einflüssen von Wind und Wetter über Jahrhunderte hinweg widerstanden hat.

210 v. Chr., China
DIE TERRAKOTTA-ARMEE

2.000 Jahre lang hat eine lebensgroße, getreu nachgebildete Armee am Grab eines Kaisers stille Wache gehalten.

Die Entdeckung der Terrakotta-Armee machte Xi'an zu einem populären Touristenzentrum. Die Stadt liegt 1.100 Kilometer südwestlich von Peking. Von dort aus kann sie mit dem Zug oder mit dem Flugzeug erreicht werden. Direkte Flüge gibt es auch von Hongkong aus. Die Friedhofsanlage selbst befindet sich 31 Kilometer östlich von Xi'an und fünf Kilometer östlich von Lintong. Von Xi'an aus gibt es einen Busservice.

Oben: Die Infanteriesoldaten tragen ihr Haar zu einem Knoten gebunden.

Rechts: Die in Reihen stehenden Figuren zur Zeit der Ausgrabungen. Auch einige Pferde sind bereits zu sehen. Die Figuren wurden kunstvoll gearbeitet, haben einen individuellen, realistischen Gesichtsausdruck und stellen eine komplette Division der kaiserlichen Armee dar.

Gegenüberliegende Seite, links und rechts oben: Weitere Ansichten der lebensgroßen Figuren. Sie haben unschätzbare Informationen über die Ausstattung der Qin-Armeen geliefert.

Im Jahre 1974 entdeckten Bauern beim Versuch, einen Brunnen zu graben, in der Nähe der Stadt Lintong in China zu ihrem Erstaunen lebensgroße Soldaten und Pferdefiguren. Diese zufällige Entdeckung führte zu einer der aufregendsten archäologischen Ausgrabungen des Jahrhunderts, bei der Tausende von Terrakottafiguren ans Tageslicht kamen. Diese Armee, die neben dem Kaiser *Qin Shi Huangdi,* dem Initiator der Chinesischen Mauer, begraben wurde, hatte zweifelsohne die Aufgabe, seine Schlachten im Reich des Todes zu schlagen.

Bis jetzt sind in drei unter der Erde liegenden Hallen oder Gruben an die 8.000 Figuren gefunden worden. Infanteriesoldaten, Bogenschützen, Armbrustschützen, Kavalleristen und Streitwagen mit Pferden waren in Kampfformation aufgestellt. Die Krieger sind etwa 1,60 bis 1,70 Meter groß, und keine Figur ähnelt der anderen. Einige stehen, andere knien mit gezogenen Schwertern, als ob sie sich gegen einen Angriff wehren. Einige tragen Waffenröcke, andere Tuniken mit Gürteln um die Taille, eng anliegende Beinkleider und breite Schuhe. Die Körper sind hohl, Arme und Beine sind jedoch massiv gefertigt. Speere, Schwerter und Bogen sind echte Waffen, und die Pferde tragen Zügel aus Bronze. Die Haare der Infanteristen sind am Kopf zu einem Knoten zusammengebunden. Die Kavalleristen tragen einen Helm, der mit einem Kinnriemen befestigt ist.

Die Figuren waren ursprünglich in leuchtenden Farben bemalt. Während der 2.000 Jahre dauernden Wache ist die Farbe jedoch abgeblättert. Etwa 6.000 Soldaten wurden in der ersten Grube gefunden, in einer unterirdischen 4,90 Meter tiefen Halle, die eine Fläche von 229 mal 61 Meter bedeckt. Es waren Infanteristen, Bogenschützen und auch Streitwagen. In einer zweiten, kleineren Grube befanden sich Hunderte von weiteren Kavalleristen, Bogenschützen und Streitwagen. Die dritte Grube beherbergte nur 68 Figuren, offensichtlich den Führungsstab und seine Diener.

Die erste Grube, in der sich die meisten Figuren befinden, ist für Touristen geöffnet. Im Museum werden Videofilme über die Ausgrabungen gezeigt, ebenso weitere Figuren und zwei Miniaturstreitwagen aus Bronze mit Pferden und Wagenlenkern in halber Lebensgröße. Sie wurden 1980 entdeckt und stellen genau jenes Beförderungsmittel dar, die der Kaiser, sein Hofstaat und seine Konkubinen benützt haben.

Qin Shi Huangdi starb 210 v. Chr. Sein Grab befindet sich ganz in der Nähe der Ausgrabungen unter einem 43 Meter hohen Erdhügel, es ist aber bis heute noch nicht freigelegt worden. Niemand weiß nämlich, wo sich der Eingang befindet. Es kann sein, daß jene, die das Grab

ASIEN

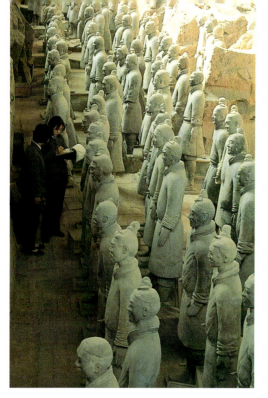

erbauten, nachher getötet und darin begraben wurden, um sicher zu gehen, daß das Geheimnis gewahrt blieb. Vermutlich begrub man viele Höflinge, Diener und Konkubinen lebendig mit dem Kaiser, damit sie ihm im Tode dienen konnten. Die gesamte Grabanlage wurde viele Jahre vor des Kaisers Tod durch Zwangsarbeit geschaffen.

Die Entdeckung aus dem Jahre 1974 war nicht die erste dieser Art, noch wird sie die letzte gewesen sein. Im Museum von Xi'an sind weitere 2.500 etwa 60 Zentimeter hohe Terrakotta-Miniaturen ausgestellt. Diese Infanteristen und Kavalleristen wurden 1965 in einem Grab der Han-Dynastie (die der Dynastie der Qin-Kaiser folgte) entdeckt. Im Jahre 1990 haben chinesische Archäologen ein weiteres Han-Grabmal in der Nähe von Xi'an entdeckt. Dieses enthielt in einem Labyrinth von Gruben und Gängen Tausende von weiteren kleinen Figuren: Männer, Knaben und Pferde. Sie waren mit Waffen aus Bronze und Eisen sowie mit hölzernen Karren ausgestattet.

Himmlischer Friede

Die alte, historische Stadt Xi'an, die Hauptstadt der Provinz Shaanxi, liegt im Tal des Flusses Wei, unweit seiner Einmündung in den Gelben Fluß (Huang He). Dieses Gebiet ist die Heimat des Kaisers Qin Shi Huangdi. Xi'an war mehr als tausend Jahre die Hauptstadt des Kaiserreiches China. Unter der Tang-Dynastie (zwischen 618 und 907) war sie die größte Stadt der Welt und erfreute sich des Namens Chang'an: *Himmlischer Friede*. Die Stadt lag an der Seidenstraße, auf der große Karawanen Seidenballen und chinesischen Tee quer durch Zentralasien und Afghanistan nach Persien und Syrien brachten und von dort aus nach Europa. In Chang'an lebten viele indische, persische und arabische Händler und betrieben Tauschhandel.

Die Altstadt ist noch immer von Mauern umgeben, die bis in die Qin-Zeit (221 bis 206 v. Chr.) zurückgehen. In ihrem Zentrum steht ein 23 Meter hoher, 1384 erbauter Glockenturm. Die große Wildganspagode ist sieben Stockwerke hoch. Hier wurden im 7. Jahrhundert die ersten, aus Indien kommenden, buddhistischen Texte ins Chinesische übersetzt. Die Große Moschee ist eine moslemische Kultstätte in chinesischem Architekturstil mit wunderschönen Innenhöfen und Gärten. Das Shaanxi-Museum beherbergt eine der schönsten Ausstellungen Chinas mit Jade- und Bronzeskulpturen. Hier befinden sich auch konfuzianische und buddhistische Schreibtafeln.

QIN UND HAN:
DIE GRÜNDUNG DES CHINESISCHEN REICHES

Diese Dynastien gründeten ein Imperium, das bis ins 20. Jahrhundert dauerte.

Oben: Malerei am Grab eines Herrschers der Han-Dynastie.

Die Geschichte jenes riesigen Landes, welches seine Einwohner das *Reich der Mitte* nennen, beginnt weit vor dem 3. Jahrhundert v. Chr. Danach kamen die *Qin-* und *Han-Dynastien*. Sie führten China in eine politische und kulturelle Einheit. Der Name China leitet sich von *Qin* ab. Die Große Mauer und die Terrakotta-Armee, die Grabwache des Kaisers, sind die bekanntesten Zeugnisse eines Herrschers, der einer der unbarmherzigsten der Geschichte war, vergleichbar dem russischen Zaren Iwan dem Schrecklichen. *Qin Shi Huangdi* wurde 259 v. Chr. geboren und bestieg im Alter von 38 Jahren den Thron. Er war ein schrecklicher, absolutistischer Herrscher und eroberte die kleineren Königreiche entlang des Gelben Flusses sowie die im Süden und schuf so von 221 bis 210 v. Chr. sein gewaltiges Imperium.

Qin Shi Huangdi trieb unbarmherzig Bauern, Kriegsgefangene und politische Häftlinge zur Zwangsarbeit, um Straßen, Kanäle und die Chinesische Mauer zu erbauen. Er überlebte verschiedene Attentate, vereinheitlichte die chinesische Schrift, das Münzwesen, die Gewichte und Maße.

Das immerwährende Reich

Von seiner Hauptstadt Xianyang aus, das westlich von Xi'an gelegen ist, führte der Kaiser das Reich durch eine straffe Zivilverwaltung. Jeder, der sich dem System widersetzte, wurde hart bestraft. Er war verantwortlich für die berüchtigten *Bücherverbrennungen* 213 v. Chr. Dabei wurden alle Bücher, außer denen der kaiserlichen Bibliothek, zerstört. Man berichtete auch, daß 460 Gelehrte, die diese Anordnung umgehen wollten, lebendig verbrannt wurden. Als die Bibliothek des Kaisers dann in den Unruhen nach dessen Tod niederbrannte, war dies ein herber Verlust für Chinas intellektuelles Leben.

Qin Shi Huangdi hat China seinen grausamen Stempel aufgedrückt. Das System, das er institutionalisiert hatte, hielt sich trotz wiederholten Wechseln der Dynastien von 221 v. Chr. bis zum Jahre 1912. Nach mehr als 2.000 Jahren wurde schließlich das am längsten währende politische Regime der Geschichte gestürzt.

Nachdem der Terror des Kaisers nach seinem Tod im Jahre 210 v. Chr. beendet war, konnten seine schwachen Nachfolger die Kontrolle über das Reich nicht behalten. Das Reich selbst aber überdauerte. 206 v. Chr. wurde die Quin-Dynastie durch eine Bauernrevolution abgesetzt. Ihr Führer rief sich selbst zum ersten Kaiser der Han-Dynastie aus. Er soll an seinem linken Oberschenkel 72 Muttermale besessen haben, eine Zahl von höchster mystischer Kraft.

Die Han-Dynastie dauerte 400 Jahre bis 220 n. Chr. Die Han-Kaiser dehnten ihr Reich in den Süden aus und übten so bereits, zumindest nominell, die Kontrolle über das gesamte moderne China aus. Sie eroberten das heutige Nordkorea und eröffneten die Seidenstraße, jene große Handelsstraße zwischen Asien und Europa, auf der die Seide bis nach Rom gelangte. In ihrer Herrscherperiode etablierten sich auch der Konfuzianismus und ein Verwaltungssystem zu fundamentalen Bestandteilen des chinesischen Lebens.

Die himmlische Bürokratie

Konfuzius hat um 500 v. Chr., lange vor der Han-Dynastie, gelebt. Seine Schriften wurden alle bei der Bücherverbrennung vernichtet, aber dann kamen doch versteckte Manuskripte ans Tageslicht, und Bücher wurden von alten Gelehrten aus dem Gedächtnis neu geschrieben. Die fünf Klassiker, eine Gruppe von Büchern, die Konfuzius zugeschrieben werden, erlangten großen Einfluß.

Die Philosophie des Konfuzius, wie sie in der Han-Periode rekonstruiert wurde, lieferte die Grundlage für eine von einer mächtigen Bürokratie regierten Gesellschaft. Sie lehrte Respekt vor der Autorität, vor den Älteren und vor der gebildeten Klasse. Es zählten Tradition, Höflichkeit und Zeremoniell, Ruhe und Unvoreingenommenheit. Man schätzte es, wenn jemand seinen Platz in der Gesellschaft einnahm und sein Los anerkannte, ohne sich dagegen zu sträuben oder mehr zu wollen.

Es ist kaum verwunderlich, daß Konfuzius in dieser streng geregelten chinesischen Gesellschaft mit ihrer sorgfältig festgelegten Beamtenhierarchie, die nach pedantischen Gesetzesbüchern lebte, wie ein kleiner Gott verehrt wurde. Die Bürokratie war so allumfassend, daß sie auch ins Reich der Götter übertragen wurde. Man nahm an, daß dort eine Hierarchie von himmlischen Beamten die Welt in bester Mandarin-Tradition verwaltete und glaubte, daß der Kaiser als der unumschränkte Herr über die irdische Bürokratie auch mit der Vollmacht ausgestattet war, die himmlische Bürokratie zu regieren. Er beförderte und degradierte die niedrigen Götter wie er wollte.

Die Chinesen glauben heute, daß sie von den Menschen aus der Zeit der Han-Dynastie abstammen und sie nennen sich Han. Am Ende der Han-Periode, nach 450 Jahren Regierung, war China ein einheitlicher, zentralisierter Staat, der von einer privilegierten, hochgebildeten Bürokratie und von einem dem Volk entfremdeten Autokraten regiert wurde. Im Grunde genommen ist es bis heute so geblieben.

Unten: Die Große Mauer wurde gebaut, um China vor den Nomaden im Norden zu schützen. Sie war auch ein dauerndes Symbol kaiserlicher Macht.

62 v. Chr., Türkei

NEMRUT DAG

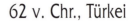

Das große Monument eines unbedeutenden Königs, der sich selbst zu den Unsterblichen zählte.

Wegen seiner Lage besucht man Nemrut Dag am besten in den Monaten Juni, Juli und August. Es ist auch wichtig, daß man diese Reise sorgfältig plant. In Elazig und Diyarbakir gibt es Flughäfen, die von Ankara aus erreicht werden können. Diese Flughäfen befinden sich aber in einiger Entfernung von Nemrut Dag. Die Stadt Adiyaman ist ein beliebter Ausflugsort, von wo aus man per Auto, per Bus oder auch per Hubschrauber nach Nemrut Dag gelangen kann. Es ist auch möglich, vom näher gelegenen Kahta (Route 360) aus die Stätte zu erreichen. Allerdings gibt es hier wenig Übernachtungsmöglichkeiten. Die Autofahrt von Sanliurfa dauert einen Tag.

Kommagene

Kommagene war ursprünglich Teil des Seleukiden-Reiches und wurde im Jahre 164 v. Chr. ein unabhängiger Staat. Unter Antiochos I. unterhielt Kommagene gute Beziehungen zu Rom, bis dieser sich mit den Parthern verbündete. Marcus Antonius setzte Antiochos 38 v. Chr. ab, danach wurde das Königreich als unzuverlässig betrachtet. Schließlich gliederte es Kaiser Vespasian 72 n. Chr. in die römische Provinz Syrien ein.

Rechts: Ein Adler hält an jenem Hügel Wache, der die höchste Erhebung im Königreich des Antiochos war. Er war somit auch der dem Himmel und dem Reich der Götter am nächsten gelegene Ort.

Nemrut Dag ist ein 2.200 Meter hoher Berg in Südostanatolien. Auf seinem Gipfel erbaute Antiochos I., König des Kommagene-Reiches von 69 bis 34 v. Chr., ein außergewöhnliches Monument. Aus einer Inschrift geht hervor, daß dieses Denkmal an seinen eigenen Ruhm und an den der Götter erinnern sollte. Er war persisch-griechischer Abstammung und regierte ein wohlhabendes Königreich, das vom Handel mit Syrien und Persien lebte.

Berggipfel sind in vielen Mythologien die Heimstätten von Unsterblichen. Antiochos machte Nemrut Dag zum Standort riesiger Götterstatuen – und reihte sich unter ihnen ein. Auf der Bergspitze befindet sich ein Hügelgrab, das aus einem Haufen loser Steine geformt ist und an

92

der West- und Ostseite von zwei Löwen, zwei Adlern und von neun Meter hohen Statuen bewacht wird. Diese Statuen stellen Herkules, Zeus Oromades (der mit dem persischen Gott Ahura Mazda in Zusammenhang steht), Tyche (die griechische Göttin des Schicksals) Apollo-Mithras und Antiochos selbst dar. Die Figuren sind sitzend dargestellt, ihre Köpfe fielen im Laufe der Jahrhunderte ab und liegen nun verstreut um sie herum. Die Statuen konnten durch Inschriften identifiziert werden, ebenso wie die Figuren auf den Flachreliefs. Sie sind auf einer Anzahl aufrecht stehender Steinplatten dargestellt, die einst einen langen Fries bildeten, und verkörpern die mazedonischen und persischen Ahnen von Antiochos. Wahrscheinlich stand vor jeder Figur ein Feueraltar für Weihrauchopfer.

An beiden Seiten des 49 Meter hohen Hügelgrabs, das einen Durchmesser von ca. 150 Metern hat, stehen die gleichen Figuren. Die Statuen an der Ostseite der Terrasse sind allerdings besser erhalten und nicht aus einem einzigen Stein gemeißelt, sondern aus einzelnen Steinschichten zusammengefügt. Die Riesenköpfe zeigen die Kombination von griechischen Gesichtszügen und persischem Kopfschmuck und Haartracht. Antiochos scheint keinen Zweifel gehabt

Oben: „Betrachtet meine Werke, Ihr Mächtigen, und verzweifelt!" Die Köpfe der Götter und Helden sind gefallen.

zu haben, daß er zu den Unsterblichen gehört, da auf gut erhaltenen Flachreliefs an der Westterrasse dargestellt wird, wie er Apollo, Zeus und Herkules die Hände schüttelt. Besonderes Interesse hat eine Steinplatte erregt, auf der ein Löwe unter einem Sternenhimmel dargestellt ist. Die Anordnung der Sterne und der Planeten Jupiter, Merkur und Mars zeigen eine spezielle astronomische Konstellation, die am 7. Juli 62 v. Chr. zu beobachten war. Man kennt die Bedeutung des Datums nicht genau, aber man nimmt an, daß es sich um den Baubeginn von Nemrut Dag handelt.

An der östlichen Seite des Hügelgrabes befindet sich ein Altar. Es gibt auch Anhaltspunkte dafür, daß zwischen den beiden Terrassen ein ummauerter Weg verlaufen ist und daß der Zutritt zu diesem Durchgang von einem unterhalb gelegenen Bergweg aus erfolgte. Wahrscheinlich wurde die gesamte Anlage regelmäßig für religiöse Zeremonien benutzt.

Nach Jahrhunderten des Verschollenseins wurde Nemrut Dag 1881 von dem deutschen Ingenieur Karl Sester wiederentdeckt. Bei den darauf folgenden Ausgrabungen konnte das Grab des Antiochos zwar nicht entdeckt werden, man vermutet aber, daß er an diesem Ort begraben liegt.

Arsameia am Nymphaios

Die Statuen, der Altar und das Hügelgrab von Nemrut Dag wurden unter dem Begriff *Hierotheseion* bekannt. Eine ähnliche Anlage (aber ohne Riesenstatuen) wurde in der Nähe von Arsameia am Nymphaios entdeckt. Hierbei handelt es sich um das Hierotheseion von Mithradates Kallinikos, des Vaters von Antiochos I. Auch hier berichten Inschriften über den Zweck des Ortes und auch hier ist Antiochos I. auf einem Flachrelief abgebildet, wie er einem Gott die Hand schüttelt. Besonders interessant ist ein langer Tunnel, der 152 Meter in den Felsen führt. Von Menschenhand geschaffen, ist er so hoch, daß man gerade aufrecht darin stehen kann, und besitzt an einigen Stellen Treppen, die jedoch in Sackgassen führen. Am Eingang befindet sich eine Inschrift, die aber über den Zweck des Tunnels nichts aussagt. Ein Relief zeigt einen prächtig gekleideten König von Kommagene, wahrscheinlich Mithradates Kallinikos.

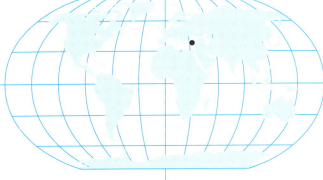

Ab 412 n. Chr., Türkei

DIE FELSENKIRCHEN VON KAPPADOKIEN

An den Wänden von Hunderten von Felsenkirchen ist eine riesige Ausstellung byzantinischer Kunst zu besichtigen.

Der am nächsten gelegene Flughafen ist Kayseri. Man kann ihn mit Inlandflügen von Ankara und Istanbul aus erreichen. Die Städte Nevsehir und Ürgüp sind gute Ausgangspunkte für Ausflüge zu den Kirchen. Es ist vorteilhaft, die Ausflüge mit dem Auto zu unternehmen. Von Nevsehir, Ürgüp und sogar von Ankara aus gibt es organisierte Exkursionen nach Göreme.

Kaymakli und Derinkuyu

Diese beiden unterirdischen Städte liegen etwas südlich des Tales von Göreme und werden immer noch archäologisch erforscht. Möglicherweise sind sie durch einen noch nicht entdeckten Tunnel verbunden. Es ist auch unsicher, aus welcher Zeit diese Städte stammen. Sie könnten auf das 2. Jahrtausend v. Chr. in die Zeit der Hethiter zurückgehen. Kaymakli ist ein düsteres, weitläufiges Labyrinth von Tunnel und Räumen, das auf vier Ebenen angelegt ist. Vorratsbehälter sowie Brunnen aus alter Zeit machen den Besuchern deutlich, wie die Menschen hier gelebt haben. Die Stadt Derinkuyu besitzt acht unterirdische Ebenen.

Oben: Im Tal von Göreme sind über 350 Kirchen und Kapellen erhalten geblieben, die direkt in die Felsen gearbeitet sind. Die meisten stammen aus dem 10. und 11. Jahrhundert, einige aber sind noch viel älter.

Gegenüberliegende Seite, unten: Einige Kirchen besitzen sehr schöne Fresken.

Kappadokien ist der antike Name für eine Landschaft in Mittelanatolien, die einen antiken – um nicht zu sagen *außerirdischen* – Charakter hat. Tausende von Jahren zurückliegende vulkanische Aktivitäten schufen Ablagerungen aus Asche, Schlamm und Lava. Die Witterung trug anschließend das weiche Erdreich ab und ließ widerstandsfähigeres Gestein zurück, das nun in bizarren Formen die Landschaft prägt. Diese öde, fahle, unwirtlich wirkende Gegend wurde manchmal mit einer Mondlandschaft verglichen. Sie war aber einst erstaunlich dicht bevölkert.

Kappadokien wurde zuerst von den Hethitern regiert, dann von den Persern und 17 n. Chr. dem römischen Reich eingegliedert.

Die frühchristliche Neigung, sich in die Einsamkeit zurückzuziehen und ein asketisches Leben zu führen, um näher bei Gott zu sein, ist bereits erwähnt worden. Das Tal von Göreme in Kappadokien wurde für jene Menschen, die einen solchen Lebensweg suchten, zu einem besonderen Anziehungspunkt. Besonders deshalb, weil man entdeckt hatte, daß die bizarren Gesteinsformationen leicht zu Unterkünften auszuhöhlen waren und man sogar mehrere Räume und Gänge in ihnen anlegen konnte. Eremiten schufen sich Zellen, und es bildeten sich auch Gemeinschaften – aber es sind vor allem die christlichen Kirchen, die diese Gegend berühmt machten. Einige befinden sich in bescheidenen Räumen, andere wieder sind komplexe Bauwerke mit Gewölben und Kuppeln. Es sollen sich um Göreme 365 Kirchen befinden, in ganz Kappadokien werden es viel mehr sein.

Es gibt Vermutungen, daß sich in dieser Gegend einst ganze Städte befanden, Gemeinschaften von Tausenden von Menschen, die hier Schutz vor den Verfolgungen der Araber im 7. Jahrhundert suchten und ihn in diesem unterirdischen Netz von Höhlen auch fanden. Als die unmittelbare Gefahr vorüber war, baute man weitere und aufwendigere Kirchen im byzantini-

Oben: Wind und Wasser haben eine eigenartige, surreale Landschaft geformt. Manche Felsformationen sehen nur so aus, als ob sie von Menschen gemeißelt wären, andere, wie die Felsenkirchen, sind es tatsächlich.

schen Stil. Sie alle wurden aus den Felsen herausgehauen und mit Fresken und Zeichnungen geschmückt. In einigen gibt es nur nichtgegenständliche Dekorationen. Sie stammen aus der Zeit des Bilderstreites im 8. und 9. Jahrhundert, als in der Ostkirche heftig darüber diskutiert wurde, ob es erlaubt sei, Gott und Christus in der Gestalt von sterblichen Wesen abzubilden. In anderen Kirchen zeigen gegenständliche Darstellungen aus dieser Zeit die Bilderfreundlichkeit der sich in ihnen versammelnden Gemeinden. Erst auf der Synode zu Konstantinopel im Jahre 843 kam es zu einer verbindlichen Entscheidung für die Bilder. Die frühen, primitiveren geometrischen Dekorationen sind direkt an die kahlen Felsen in den Innenräumen gezeichnet. Später wurden mit verbesserten Techniken die Steinwände vor dem Bemalen mit Gips behandelt.

Die *Karanlik Kilise* (Dunkle Kirche) in Göreme besitzt einige sehr wertvolle Fresken, deren Farben gut erhalten sind, weil sie nicht dem Tageslicht ausgesetzt waren. Sie stammt aus dem 11. Jahrhundert und ist an ein *Refektorium* (Speisesaal) angebaut, das offensichtlich zu einem unterirdischen Kloster gehört hat. Kirchen, die in der Nähe eines Refektoriums liegen, findet man öfter. Vermutlich wurden sie von Klostergemeinschaften benützt. Man kann auch die Überreste eines Klosters besichtigen, das auf sechs Ebenen angelegt war. In der Mitte befand sich eine Kapelle, oberhalb lagen Zellen und unterhalb die Küche und das Refektorium.

In der *Yilanli Kilise* (Kirche der Schlange) zeigen Fresken einen Drachen (oder eine Schlange), der vom heiligen Georg getötet wurde. In der *Elmali Kilise* (Kirche des Apfels) sind die Wände und Kuppeln mit Malereien ausgestattet. Sie zeigen Szenen aus dem Leben Jesu. Die christliche Gemeinschaft lebte hier bis zum Untergang des byzantinischen Reiches. Einige Kirchen wurden noch bis zum Anfang des 20. Jahrhunderts benützt.

Die Väter von Kappadokien

Das Gebiet steht in enger Verbindung mit drei wichtigen Gestalten des frühen Christentums. Basilius von Caesarea (Kayseri) wurde als der heilige Basilius der Große bekannt. Er lebte zurückgezogen als Eremit, wurde aber zu Hilfe gerufen, um gegen die ketzerischen Arianer zu kämpfen. Diese waren eine Sekte im 4. Jahrhundert, die die Göttlichkeit Jesu Christi leugnete. Basilius wurde Bischof von Caesarea und stellte eine eigene Mönchsregel auf. Diese Regel war in der östlichen Kirche weit verbreitet und bildet bis heute das Fundament ihres klösterlichen Lebens. Basilius' Bruder, der heilige Gregor, war Bischof von Nyssa in Kappadokien und stand ihm im Kampf gegen die Arianer bei. Beide sowie der heilige Gregor von Nazianz, das ebenfalls in Kappadokien gelegen ist, haben wichtige theologische Schriften verfaßt.

692, Israel

DER FELSENDOM

Einer der heiligsten Schreine des Islam befindet sich im ältesten islamischen Bauwerk.

Der internationale Ben-Gurion-Flughafen liegt 48 Kilometer nordwestlich von Jerusalem. Der Felsendom befindet sich auf dem Tempelberg in der Altstadt von Jerusalem, östlich des modernen Stadtzentrums und ungefähr 1,5 Kilometer vom Bahnhof entfernt. Er kann leicht mit dem Auto und mit öffentlichen Verkehrsmitteln erreicht werden.

Die Via Dolorosa

Die Via Dolorosa ist jene Straße, auf der Jesus Christus das Kreuz zum Kalvarienberg trug. Sie verläuft heute – 2.000 Jahre später – etwas höher und führt entlang der nördlichen Seite des Tempelberges. Ihr Ausgangspunkt ist jener Ort, an dem sich einst das römische Hauptquartier befunden hat und wo Christus zum Tode verurteilt wurde. Viele Pilger erzählen von dem überwältigenden Erlebnis, diese Straße entlangzugehen.

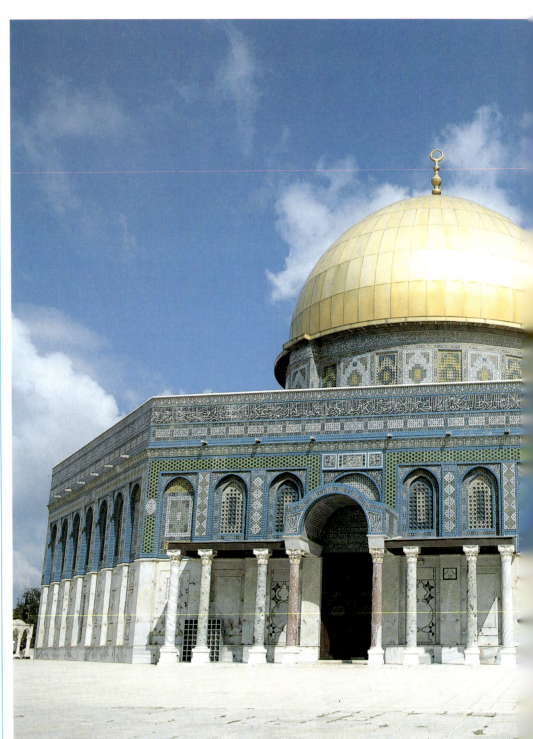

Der Felsendom ist der bedeutendste islamische Schrein. Er steht allerdings an einem Ort, der schon lange vor dem Islam religiöse Bedeutung hatte. Als König David am Beginn des ersten Jahrtausends v. Chr. Jerusalem einnahm, versuchte er eine Volkszählung durchzuführen und rief damit Gottes Zorn herab. Jahwe schickte eine Seuche, und zur Wiedergutmachung erbaute David auf diesem Felsen einen Altar. Dieser wurde als jener Ort verehrt, an dem Abraham den Opfertod seines Sohnes Isaak vorbereitet hat. Der Felsen, der Gipfel des Berges *Moria*, wurde von vielen Menschen als das Zentrum der Welt betrachtet.

Hier errichtete Davids Sohn Salomo später den großen Tempel, in dem die Bundeslade aufbewahrt wurde. Heute noch ist es möglich, einen kleinen Teil der Plattform zu besichtigen, auf der er stand. Im 6. Jahrhundert v. Chr., nach der Zerstörung der Stadt durch Nebukadnezar, wurde der Tempel wieder aufgebaut. Im 1. Jahrhundert v. Chr. vergrößerte König Herodes dann Plattform und Tempel.

Im 7. Jahrhundert n. Chr. legte der arabische Eroberer Jerusalems, *Omar Ibn-Khatib*, den ursprünglichen Felsen frei und errichtete in seiner Nähe eine Moschee. Kalif *Abd el-Malik* erklärte diesen Ort später zu einer Pilgerstätte für Moslems. Hier soll sich Mohammeds nächtlicher Ritt ereignet haben: Er wurde vom Erzengel Gabriel aufgeweckt und auf einem geflügelten Pferd nach Jerusalem gebracht. Dort durfte er vom Gipfel des Berges Moria aus in den Himmel auffahren, und Gott vertraute ihm die Gebote des islamischen Glaubens an. Der Felsendom markiert jene Stelle, von der aus Mohammed in den Himmel aufgefahren ist. Pilger können an dieser Stelle seinen Fußabdruck und drei Haare aus seinem Bart sehen.

Der Felsendom wurde zwischen 688 und 692 errichtet, möglicherweise auch als ein bewußter Versuch, Pilger von Mekka fernzuhalten. Es ist das älteste noch erhaltene islamische Gebäude der Welt. Trotzdem wurde es als „unislamisch" bezeichnet, da seine Form den Einfluß frühchristlicher Architektur zeigt.

Es wird erzählt, daß der Dom ursprünglich aus Gold war. Er ist ein Symbol für den geheiligten Felsen, den er beherbergt. Der Dom hat einen Durchmesser von 20 Metern, eine Höhe von 34 Meter und ruht auf einer Plattform, die von Steinsäulen gestützt wird. Die äußeren Wände des Gebäudes sind achteckig und mit Arkaden versehen. Im Zentrum des Gebäudes steht der Felsen, und ein um ihn herum führender zweiter Arkadengang ermöglicht es den Pilgern, sich in Prozessionen frei um den Gegenstand der Anbetung zu bewegen.

Im Inneren befinden sich wunderschöne Mosaikmuster, die eindeutig von der byzantinischen Kunst beeinflußt sind. Schriftbänder schmücken die Wände, sie waren schon damals ein wichtiges islamisches Dekorationselement. Das Äußere war ursprünglich mit Glasmosaiken bedeckt, diese wurden aber im 16. Jahrhundert durch islamische Fliesen ersetzt.

Eine Inschrift gedenkt des Felsendom-Erbauers Kalif Abd el-Malik aus der Dynastie der *Omaijaden*. Ein späterer Kalif der Dynastie der *Abbasiden* hat den Bau des Domes für sich in Anspruch genommen und die Inschrift geändert. Er änderte zwar den Namen, vergaß aber das Datum auszutauschen. Dies ist ein klares Zeichen seiner Unglaubwürdigkeit. Es ist wahrscheinlicher, daß Abd el-Malik der Erbauer des Domes ist. Der Tempelberg, auf dem der Felsendom steht, ist also ein Ort, der für drei Religionen von großer Bedeutung ist.

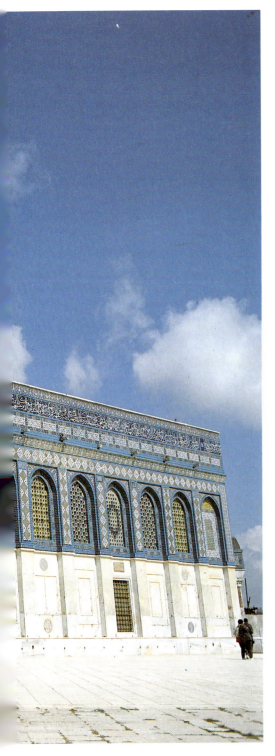

Rechts oben: Die Klagemauer ist Teil der Plattform des ehemaligen Tempels.

Links: Der Felsendom ist mit dem islamischen Halbmond gekrönt, der im Sonnenlicht erstrahlt. Die goldene Kuppel ist ein Symbol für den heiligen Felsen, der nach traditionellem Glauben im Herzen und Zentrum der Welt liegt.

ASIEN

Die Klagemauer

Im Jahre 66 n. Chr. gab es einen jüdischen Aufstand gegen Rom, und vier Jahre später zerstörte die römische Armee Jerusalem. Die Juden wurden getötet oder versklavt. Jenen, die überlebten, verbot man, an den Ort des Tempels des Salomo zurückzukehren. Später erlaubte man den Gläubigen, einmal im Jahr den zerstörten Ort zu besuchen, um zu klagen. Diese Tradition hat sich bis heute erhalten, und die Klagemauer (d. h. die westliche Mauer, auf hebräisch: *Kotel Maarvai*) ist eines der erschütterndsten Symbole des Judentums. Die Mauer, die von 1948 bis zum Sechs-Tage-Krieg im Jahre 1967 in jordanischem Besitz war, ist ein Teil der Plattform des jüdischen Tempels aus der Zeit des Herodes. Sie ist aus riesigen, etwa 1,2 Meter hohen Steinquadern errichtet und gibt einen entsprechenden Eindruck von den Ausmaßen dieses Tempels.

Die El-Aksa-Moschee

Diese Moschee im Süden des Tempelberges war schon bevor der Felsendom erbaut wurde ein religiöses Zentrum des Islam. Sie wurde mehrere Male neu aufgebaut, hat einen rechteckigen Grundriß und bietet 3.000 Menschen Platz.

752, Japan

DIE HALLE DES GROSSEN BUDDHA

Eine gigantische Buddha-Statue, die Hunderte von Tonnen wiegt, segnet die Pilger mit erhobener Hand.

Nara kann mit dem Zug von Kyoto und Osaka aus erreicht werden, die eine Flugverbindung zu Tokyo haben. Der Todaiji-Tempel und weitere Tempel und Schreine befinden sich im östlich der Stadt gelegenen Park von Nara. Es fahren regelmäßig Busse vom Hauptbahnhof, man kann aber auch zu Fuß hingelangen. Von Nara aus gibt es Führungen zu allen wichtigen Stätten.

Rechts: Im 8. Jahrhundert wurde der Buddhismus Staatsreligion. Der Todaiji-Tempel war das Zentrum der Kegon-Sekte, die von China aus nach Japan kam.

Gegenüberliegende Seite, links oben: Der Große Buddha. Die Riesenstatue spiegelte die Macht der japanischen Kaiser und zugleich die Regelmäßigkeit und Harmonie japanischen Lebensstils.

Die *Daibutsuden* oder die Halle des Großen Buddha im Todaiji-Tempel ist das größte Holzgebäude der Welt – obwohl es gegenwärtig nur zwei Drittel seiner ursprünglichen Größe hat. Es brannte mehrere Male nieder und wurde immer wieder aufgebaut. Heute steht es auf einer Fläche von 58 mal 51 Metern und ist 49 Meter hoch. Die Halle wurde im 8. Jahrhundert auf Anordnung des Kaisers Shomu konstruiert und beherbergt eine der größten Bronzestatuen der Welt.

Der Große Buddha ist eine der berühmtesten Sehenswürdigkeiten Japans und die größte Buddhafigur des Landes. Der Entwurf stammt von einem koreanischen Bildhauer, der in Japan unter dem Namen Kimimaro bekannt ist. Der Buddha wurde aus 444 Tonnen Bronze gegossen. Die sitzende Gestalt ist 16 Meter hoch. Ihr Gesicht ist 4,90 Meter lang und 3 Meter breit, und die Ohren haben eine Länge von 2,40 Metern. Die rechte Hand Buddhas ist erhoben und zeigt die offene Handfläche. Dies ist eine Geste des Segnens, die dem Empfänger Seelenfrieden verleiht. Die Haltung der linken Hand zeigt eine Geste, die die Bewilligung von Wünschen symbolisiert.

Der Buddha sitzt auf einem terrassenförmigen Fundament von 21 Metern Umfang, das aus 56 Lotusblumenblättern aus Bronze geformt ist. Hinter seinem Kopf befindet sich ein vergoldeter hölzerner Glorienschein, auf welchem Bilder von Buddhas 16 Inkarnationen zu sehen sind. Dies ist eine Ergänzung aus dem 17. Jahrhundert, ebenso wie die beiden Statuen, die die barmherzige Göttin Kannon und die Gottheit des Glücks darstellen. Rechts hinter dem Buddha befindet sich eine hölzerne Säule mit einem kleinen Loch, durch das die Pilger versuchen, hindurchzukriechen. Nach einem alten Glauben ist ihnen danach das Paradies sicher.

In der Halle befinden sich weitere Figuren von himmlischen Wächtern und ein Modell der ursprünglichen Halle. Das Gebäude wurde im Jahre 752 in einer äußerst prächtigen Zeremonie in Anwesenheit des Kaisers und der Kaiserin, des Hofes, der Priesterschaft und von Delegationen aus ganz Japan, China und Korea eingeweiht. Einige der damals verwendeten Roben, heilige Gefäße, Juwelen und Schätze werden seit dieser Zeit im wahrscheinlich ältesten Museum der Welt, im Tempelschatz, aufbewahrt. Dieser ist gelegentlich öffentlich zugänglich und hat eine bemerkenswerte natürliche Klimaanlage. Er wurde mit so großem Geschick konstruiert, daß sich die Holzbalken bei feuchter Witterung ausdehnen und dadurch keine Feuchtigkeit von außen eindringen kann. Wenn es trocken ist, ziehen sie

ASIEN

sich zusammen und bilden Ritzen, durch die Luft einströmt. Aus diesem Grunde konnten auch Leinwände und wertvolle Objekte aus Papier und Seide elf Jahrhunderte überdauern. Der *Todaiji* ist der Haupttempel der buddhistischen Sekte der Kegon, die sich im 8. Jahrhundert in Japan ausbreitete. Im Tempelbezirk befinden sich weitere Pagoden, zwei Hallen aus dem 8. Jahrhundert, die Unterkünfte der Priester, Teehäuser in japanischen Gärten und ein kleines Museum, das chinesisches und koreanisches Kunsthandwerk zeigt. Der umfriedete Tempel ist durch ein großes zweistöckiges Tor zu betreten, das 1199 wiedererbaut wurde und von 18 hölzernen, 21 Meter hohen Säulen getragen wird. Am Tor halten zwei acht Meter hohe furchterregende Statuen Wache, die Deva-Könige. Weitere historische Tempel und Schreine befinden sich im angrenzenden Park von Nara, in denen sich japanischer Geist und japanisches Gefühl manifestieren.

Rechts: Der Kasuga-Schrein. Die einheimischen Shinto-Kulte wurden nicht unterdrückt, sondern hielten sich neben dem Buddhismus.

Nara

Die Stadt Nara liegt im Herzen Japans, hier entwickelte sich die erste Zivilisation. Sie war fast das ganze 8. Jahrhundert Hauptstadt des Reiches. Die Tempel und Schreine in dem 526 Hektar großen Park von Nara zeugen von einer großen Periode japanischer Geschichte.
Der *Kofukuji*-Tempel besitzt beeindruckende Säle, Statuen und Kunstschätze und zwei anmutige Pagoden (die größere mit ihren fünf Stockwerken ist die zweithöchste Japans). Der Tempel wurde von der Fujiwara-Familie gegründet, die das Land vom 8. bis zum 12. Jahrhundert regierte. Im Nationalmuseum von Nara befinden sich Plastiken, Bilder und weitere Objekte aus dem Schatz des *Todaiji*-Tempels. Der *Shin-Yakushiji*-Tempel aus dem 8. Jahrhundert beherbergt eine Statue des Heilenden Buddha *(Yakushi Nyorai)*. Während der Asuka-Periode haben die Kaiser den Buddhismus zur Staatsreligion erhoben. Diese Entscheidung wurde später aber wieder rückgängig gemacht, und so konnte die alte japanische Shinto-Religion fortbestehen. Im Park befinden sich auch der Kasuga-Schrein, ein großes Shinto-Denkmal, das von der Fujiwara-Familie gestiftet wurde. Man betritt den Schrein durch einen Torweg, der von vielen Stein-, Holz- und Metall-Laternen umsäumt ist. Im Osten befindet sich der Berg Kasuga, der in der Tradition als die Heimstätte der Shinto-Götter betrachtet wird. Im *Kasuga-Wakamiya*-Schrein finden rituelle Tänze zu Ehren der Sonnengöttin Amaterasu statt, die als Urahnin der Kaiser angesehen wird. Sie ist die wichtigste einheimische Göttin und symbolisiert die aufgehende Sonne.

Um 800, Indonesien

BOROBUDUR

Der größte buddhistische Schrein der Welt ist ein steinernes Buch der buddhistischen Lehre.

Borobudur liegt 42 Kilometer nordwestlich von Yogyakarta, der wichtigsten Stadt Mitteljavas. Es gibt einen regelmäßigen Busverkehr von Yogyakarta nach Muntilan und Borobudur. Yogyakarta kann per Flugzeug oder per Zug von Jakarta (Hauptstadt von Indonesien) aus erreicht werden.

Gott des Tanzes

Das Gebiet von Mitteljava, in dem Borobudur liegt, ist historisch und kulturell das Herz der Insel Java. Ab dem 8. Jahrhundert stand Indonesien unter starkem indischen Einfluß. Es gab buddhistische und hinduistische Königreiche, deren Herrscher überzeugt waren, daß sie Inkarnationen indischer Gottheiten seien. Der Tempelkomplex von Prambanan ist 17 Kilometer nordöstlich von Yogyakarta gelegen. Er wurde im 9. und 10. Jahrhundert erbaut und besitzt wie Borobudur steinerne Flachreliefs. Diese stellen lebhafte Szenen aus dem indischen Ramayana-Epos dar. Es sind reizende Abbildungen von mythologischen Tieren und lustigen Affen zu sehen, himmlische Bäume und der kosmische Tanz des weltschaffenden und weltzerstörenden Gottes Shiva. Der 20-seitige und 49 Meter hohe Haupttempel ist Shiva geweiht und beherbergt in seinem Inneren eine vierarmige, drei Meter hohe Statue des Gottes. In einem anderen Raum befindet sich eine Statue seiner Gemahlin Durga, die hier als *die schlanke Jungfrau* bekannt ist. Shivas Tempel ist von zwei weiteren Tempeln umgeben, die den hinduistischen Göttern Vishnu und Brahma geweiht sind.

Die Erbauer der riesigen Tempelanlage von Borobudur versuchten, auf dem Boden Javas eine überzeugende Nachbildung des legendären Berges *Meru* aus der indischen Mythologie zu gestalten – jenes riesigen goldenen Gipfels, auf dem das gesamte Universum ruht. Es wird behauptet, das Resultat sei das größte Denkmal der gesamten südlichen Hemisphäre. Mit seiner Vielfalt von Spitztürmen, Bildnissen und Buddhastatuen erscheint es auch nach 20 Jahrhunderten noch immer als ein phantastisches Werk.

Aus der Luft betrachtet erscheint Borobudur (der Name bedeutet *viele Buddhas*) wie ein riesiges dreidimensionales *Mandala* oder rituelles Diagramm des Universums, das Himmel und Erde symbolisch zusammenfügt. Der Tempel wurde um und über einem Hügel gebaut und ist in Form einer stufenförmigen Terrassenpyramide angelegt. Sie erreicht eine Höhe von 34 Meter, und man schätzt, daß sie mehr als 55.000 Kubikmeter Stein enthält. Die fünf tieferliegenden Terrassen haben einen quadratischen Grundriß und repräsentieren die irdische Welt. Darüber liegen drei kreisförmige Terrassen, die die geistige Welt symbolisieren. Der Pilger steigt langsam von der irdischen zur geistigen Sphäre auf.

Auf den oberen Terrassen befinden sich Reihen von *Stupas* (Schreine). Jeder dieser glockenförmigen Schreine enthält im Inneren eine Buddha-Figur. Unterschiedliche Handstellungen der Figuren verweisen auf die verschiedenen Aspekte der buddhistischen Lehre. Auf der Spitze der Anlage, in der Mitte der höchsten Terrasse, die einen faszinierenden Ausblick auf die umgebende Berglandschaft freigibt, befindet sich ein Schrein von 15 Meter Durchmesser, der das oberste Ziel des Buddhismus, das *Nirvana,* die geistige Freiheit oder den Himmel, symbolisiert.

Besucher sollten dem Prozessionsweg folgen. Man steigt die Treppen zu den Terrassen hinauf und umrundet jede Terrasse einmal, bevor man zur nächsten gelangt. Dabei hat man sich immer nach links zu wenden (in die andere Richtung zu gehen bedeutet, sich dem Bösen zuzuwenden). Der etwa fünf Kilometer lange Weg führt an der größten Sammlung buddhistischer Kunst vorbei. Auf 1.500 Reliefs sind Szenen aus dem Leben und der Lehre Buddhas dargestellt – eine steinerne Enzyklopädie des Buddhismus. Weitere Hunderte von Steinreliefs zeigen Szenen aus dem Leben – die Arbeit auf dem Lande, das Familienleben, im Sturm gekenterte Schiffe, Tänzer, Affen, Kriegsgeschehen. Sie geben Einblick in das Leben der Einwohner Javas im 9. Jahrhundert. Ursprünglich waren diese Reliefs mit leuchtenden

Farben bemalt. Das gesamte Bauwerk hat Ähnlichkeit mit indischen Bauten.

Borobudur wurde um 800 n. Chr. von der Shailendra-Dynastie erbaut. Wahrscheinlich hat es mehr als 75 Jahre gedauert, diesen Tempelberg zu vollenden. Eine Unmenge von Arbeitskräften, Handwerkern und Bildhauern muß beschäftigt gewesen sein. Offensichtlich wurde die Anlage 200 Jahre später verlassen. Sie verfiel langsam, und der Dschungel überwucherte sie. Lange Zeit nachher, als eine englische Expeditionstruppe während der Napoleonischen Kriege Java eroberte, entdeckte ein englischer Offizier Borobudur wieder. Die überwuchernden Pflanzen und Bäume wurden entfernt, und 1907 begannen holländische Archäologen mit der Restauration. Zwischen 1970 und 1980 wurden weitere, von der UNESCO unterstützte Restaurationsarbeiten vorgenommen.

Rechts: In Borobudur gibt es mehr als 500 sitzende Buddhafiguren und eine Reihe von Reliefs, die die buddhistische Lehre veranschaulichen.

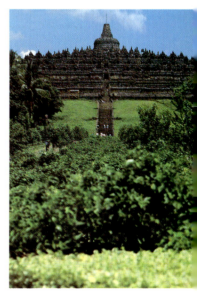

Oben: Ein Überblick auf einen großen Teil der Tempelanlage.

Links: Statuen und glockenförmige Schreine stehen auf der obersten Terrasse. Borobudur liegt in den Bergen und ist von der indischen Architektur inspiriert.

Um 1150, Kambodscha

ANGKOR WAT

Der größte und berühmteste Tempel liegt im gewaltigsten Tempelkomplex der Welt.

Vietnam zog sich aus Kambodscha im Jahre 1989 zurück. Seitdem hat man mit geringen Fortschritten versucht, einen Friedensplan auszuarbeiten. Zur Zeit kann das Land kaum als Touristenziel empfohlen werden. Angkor liegt in Nordwestkambodscha, einige Kilometer nördlich der Stadt Siem Reab.

Rückkehr zum Dschungel

Angkor Wat ist nur einer der unzähligen Bauten im Territorium der Khmer-Könige. 600 Jahre lang war dieses Gebiet praktisch vom Dschungel überwuchert, und auch heute werden Teile davon wieder von ihm zurückgefordert. Die entfernteren Gebiete sind möglicherweise noch vermint. Einige größere Tempel zerbröckeln, weil üppig wuchernde Bäume ihren Weg durch das Mauerwerk suchen. Es gibt noch immer viel zu sehen, aber man befürchtet, daß auch die Steingebäude genauso zusammenbrechen werden wie die einfachen Holzbauten der mehr und mehr in Vergessenheit geratenden Khmer.

Rechts: Der Riesentempel mit seinen spitzen Türmen ist ein Wunderwerk der Symmetrie. Er war von Gräben umgeben. Diese symbolisierten den Ozean, der den Heiligen Berg in der indischen Mythologie umgibt.

ASIEN

Das phantastischste Beispiel hinduistischer Architektur steht nicht am Geburtsort des Hinduismus in Indien, sondern in Kambodscha. Dort erbaute der Gottkönig *Suyarvarman II.* im 12. Jahrhundert den riesigen Tempel von Angkor Wat. Er ist dem hinduistischen Gott *Vishnu* geweiht und dient zugleich auch als Heiligtum und Grabstätte für Suyarvarman selbst. Die Khmer-Herrscher von Kambodscha, die zwischen dem 9. und 15. Jahrhundert n. Chr. über ein ausgedehntes Königreich regierten, betrachteten sich als irdische Inkarnationen von Vishnu. Angkor Wat war eine Art himmlischer Palast, in dem sich der Geist der Könige aufhalten konnte.

Der Tempel ist von einem Festungsgraben umgeben. Der geometrisch angelegte Grundriß hat enorme Ausmaße. Die Außenmauer umschließt ein Areal von 1,95 Quadratkilometern. Der Besucher betritt den Tempel durch das Hauptportal der Umfassungsmauer und erblickt die gesamte Anlage, die sich in einer Reihe von aufeinanderfolgenden Plattformen erhebt. Das Herz des Schreines befindet sich unter einem über 61 Meter hohen Turm und kann über weitere Torwege, Treppen und offene Höfe erreicht werden. Es ist von vier niedrigeren Türmen umgeben, die vier weitere Heiligtümer darstellen.

Die üppige Ausschmückung von Angkor Wat steht im Gegensatz zur streng geometrischen Anlage. In den Stein sind lebhafte Szenen aus der indischen Mythologie gemeißelt. Üppige Götter und Göttinnen sind in erotischen Stellungen ineinander verschlungen. Auf Reliefs werden historische Figuren aus der Khmer-Geschichte dargestellt, die sich über Hunderte von Metern erstrecken. Eine der berühmtesten und am häufigsten abgebildeten Skulpturen ist Apsaras, die tanzende Göttin der Khmer.

Angkor Wat ist ein ungewöhnliches Bauwerk. Es ist erstaunlich, wie Baumaterial und Raum zu dieser geometrischen Anlage „komponiert" wurden. Dabei waren die Bautechniken begrenzt, denn Bogen- und Kuppelbau waren unbekannt. Die in den Stein gemeißelten Szenen wirken wie Holzschnitzereien. Der Gesamteindruck des Tempels ist einfach atemberaubend schön.

Vishnu, der hinduistische Gott der Beständigkeit und der Rettung, hat in Angkor Wat seine Allmacht demonstriert. Als 1973 der Krieg eskalierte, zwang man französische Archäologen, die Angkor Wat beaufsichtigten, die Anlage zu verlassen. Der gesamte Tempelkomplex wurde zu einem Versteck der Roten Khmer (Angkor Wat ist lediglich das Zentrum einer riesigen Anlage von rund 260 Quadratkilometern Fläche mit über 200 Tempeln). Heute zeigen die Tempel Einschußlöcher. Die Roten Khmer verfolgten die Politik, das Land aus der religiösen Abhängigkeit zu lösen, und ließen zahlreiche Skulpturen von Göttern enthaupten. Nach über 20 Jahren beginnt heute die Restaurierung. Es gibt aber Bedenken, ob diese fachgerecht durchgeführt oder nur noch weitere Zerstörungen mit sich bringen wird. Krieg und politische Wirren haben ihre Spuren hinterlassen. Ein weiteres Problem, mit dem sich diejenigen konfrontiert sehen, die sich um die Bewahrung dieses einzigartigen Erbes kambodschanischer Religion und Geschichte bemühen, sind die ständig mangelnden finanziellen Mittel.

Oben: Groß und rätselhaft blickt das steinerne Gesicht des Bodhisattva Avalokiteshvara, eine der großen Gestalten buddhistischen Glaubens, im Herzen von Angkor Thom aus dem Bayon heraus.

Angkor Thom

Die Kunst der Khmer zeigt sowohl hinduistische als auch buddhistische Einflüsse, und es scheint, daß beide Religionen mit der gleichen Achtung behandelt wurden. Angkor Thom ist eine Stadt, die von König Jayarvarman VII. am Beginn des 13. Jahrhunderts erbaut wurde. Sie befindet sich in der Nähe von Angkor Wat und hat in ihrem Zentrum einen buddhistischen Tempel, den Bayon. Auch hier wurde der König zusammen mit einem Gott verehrt, und auch hier ist das Gebäude mit Türmen, rechteckigen Galerien und einem erhöhten, sich im Zentrum befindlichen Schrein geschmückt. Auf den Reliefs sind auf Elefanten reitende und von Volksmengen umgebene Herrscher und auch Tänzerinnen dargestellt. Der an diesem Ort verehrte Gott ist Lokesvara, d. h. Buddha, der den Zustand des Nirwana erreicht hat. Die Türme von Angkor Thom sind mit jeweils vier wuchtigen lächelnden Gesichtern gekrönt, die diesen heiter gelassenen Zustand symbolisieren sollen.

Unten: In den Bayon gemeißelte Kriegsszenen. Angkor wurde oft von Thai-Armeen geplündert.

12. Jahrhundert, Japan

DER ITSUKUSHIMA-SCHREIN

Eine turmhohe Säulenhalle bewacht einen der am meisten verehrten Schreine Japans.

Die Insel Miyajima liegt im Inlandmeer südwestlich von Hiroshima. Es gibt Fähren und Touristenboote von Hiroshima aus, außerdem regelmäßige Zug- und Busverbindung von Hiroshima nach Miyajimaguchi, von dort dann weiter mit dem Boot. Hiroshima hat Flug- und Bahnverbindungen nach Tokyo.

Hiroshima

Der Name Hiroshima ist unauslöschlich in die Geschichte eingegangen. Als die erste Atombombe um 8.15 Uhr am Morgen des 6. August im Jahre 1945 auf die Stadt fiel, wurde ein Gebiet mit 6,5 Kilometern Durchmesser dem Erdboden gleichgemacht. Dabei sollen mindestens 250.000 Menschen umgekommen sein. Seit 1949 wurde Hiroshima neu aufgebaut. Heute ist es wieder eine blühende Stadt mit über einer Million Einwohnern. Nur die verkohlten und zerschmetterten Skelette im Gebäude der ehemaligen Handelskammer, das im Zentrum der Zerstörung stehenblieb, wurden so belassen. Heute wird dieses Gebäude der *Atombomben-Dom* genannt. Der *Park des Friedens* im ehemaligen Zentrum der Stadt wurde dem Aufruf „kein weiteres Hiroshima" gewidmet. Er beherbergt auch das *Peace-Memorial-Museum* mit einer der schrecklichsten und bewegendsten Sammlungen der Welt. Das von Tange Kenzo entworfene Ehrengrabmal hat eine Form, die auf die prähistorische Bauweise der japanischen Ureinwohner zurückgeht. Im Inneren befindet sich eine Truhe, die alle Namen der Getöteten enthält.

Überall in der Welt gibt es Torbauten, die eine spezielle Symbolik und psychologische Bedeutung vermitteln sollen. Sie sind Kreuzungspunkte zwischen zwei verschiedenen Bereichen oder Geisteshaltungen: dem öffentlichen und privaten, dem verletzbaren und geschützten, dem bekannten und unbekannten, dem weltlichen und heiligen. Japans berühmtestes Tor, eines der schönsten der Welt, ist das rote hölzerne Torii des Itsukushima-Schreines auf der Insel Miyajima. Es ist das größte Japans und steht in einer kleinen Bucht, mitten im Wasser. Seine beiden Hauptsäulen sind 16,20 Meter hoch und tragen einen geschwungenen 23,50 Meter langen Oberbalken. Am Rande der Bucht, hinter dem Tor, befinden sich die Tempelgebäude mit ihren weißen Mauern und roten Balken. Sie stehen auf Pfählen, und bei Flut scheinen sie magisch auf dem Wasser zu gleiten, das ihr Bild reflektiert. Das Tor wurde 1875 errichtet und steht genau parallel zur Achse des Schreines. Der Schrein selbst ist aber viel älter als das Tor und eines der am meisten verehrten Heiligtümer Japans. Er ist bereits mehrere Male restauriert worden. Die gesamte Insel wurde als geheiligt angesehen, und es war nicht erlaubt, daß dort Menschen geboren wurden oder starben. Schwangere Frauen und sehr alte oder kranke Menschen brachte man deshalb auf das Festland. Bis heute ist es verboten, Hunde auf die Insel mitzunehmen. Sie könnten das Wild stören, das die Besucher um Futter anbettelt.

Einige der Verbote wurden im 19. Jahrhundert aufgehoben, einen Friedhof gibt es auf Miyajima bis heute nicht. Die Toten werden auf dem Festland bestattet, und die Verwandten müssen sich

ASIEN

einem Reinigungsritual unterziehen, bevor sie auf die Insel zurückkehren dürfen.

Der Hauptschrein ist drei Shinto-Göttinnen geweiht. Sie sind die Töchter des mächtigen Sturmgottes *Susanoo*, einer der obersten japanischen Gottheiten. Der Schrein besteht aus mehreren Bauten (nicht alle von ihnen sind aber der Öffentlichkeit zugänglich), zu denen Gebetssäle, Reinigungshallen und Opferungssäle gehören. Auf einer Bühne, die von zwei Musikpavillons flankiert ist, werden die traditionellen Shintotänze aufgeführt. Es gibt auch einen eigenen Schrein für *Okuninushi*, einen Sohn von Susanoo, und einen weiteren für den Gott *Tenjin*. Letzterer hat jedoch tatsächlich gelebt. Er war ein kaiserlicher Minister und starb im Jahre 903. Nach seinem Tode wurde er als Gott der Gelehrten und der Schrift verehrt.

Die Gebäude in der Bucht sind untereinander durch überdachte Gänge und durch eine rote hölzerne Brücke mit der Insel verbunden. Besonders hübsch ist die Stimmung zur Nachtzeit, wenn die Laternen angezündet sind. Genau vor der Küste, auf einer weiteren Plattform, befindet sich das älteste No-Theater Japans. Es wurde 1568 erbaut und später restauriert.

Neben der Bucht steht eine Pagode und ein modernes, erdbebensicheres Schatzhaus, welches über 4.000 unbezahlbare Objekte beherbergt: bemalte Schriftrollen, Masken und Fächer, Waffen und Porzellan.

Eine fünf Stockwerke hohe Pagode und die *Halle der Tausend Matten* befinden sich auf einem niedrigen Hügel. Es wird erzählt, daß die Halle aus dem Holz eines einzigen Kampferbaumes erbaut wurde. Vom Berg Misen aus, der höchsten Erhebung der Insel (530 Meter), hat man einen wunderbaren Ausblick.

Links und oben: Das sich im Wasser spiegelnde Torii des Inselschreins ist das größte Japans. Tore dieser Art sind Symbole von Shinto-Schreinen und kennzeichnen den Eingang zum heiligen Bezirk. Das Wort Torii ist mit dem japanischen Wort „Vogel" (Tori) verwandt. Man nimmt daher an, daß sie auch als Sitzstangen für Vögel gedacht waren.

105

1421, China

DIE VERBOTENE STADT

Die chinesischen Kaiser regierten vom Drachenthron aus, der sich in der Halle der Höchsten Harmonie befindet.

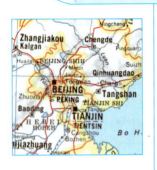

Die Verbotene Stadt oder Gugong (Kaiserpalast) liegt im Zentrum von Peking im Norden des Tian'anmen-Platzes. Besucher betreten ihn gewöhnlich durch das Wumen-Tor, den südlichen Haupteingang, und sie verlassen ihn beim Shenwu-Men-Tor an der Nordseite. Busse fahren zu beiden Toren. Es gibt zahlreiche Führungen.

Rechts: Das Tor zur Höchsten Harmonie. Die Verbotene Stadt sollte die Ordnung, Einheit und Harmonie des Universums und ganz Chinas symbolisieren.

Die Verbotene Stadt im Herzen Pekings war durch Gräben und purpurrote Mauern von der übrigen Stadt abgeschnitten. Nur der Kaiser mit seinem Gefolge durfte sich hier aufhalten, denn sie war für alle gewöhnlich Sterblichen unzugänglich. Sie war das Zentrum des chinesischen Imperiums und in den Augen der Chinesen das Zentrum der Welt. Hier lebten und regierten die Herrscher der Qing- und der Ming-Dynastien bis zum Untergang des Reiches im Jahre 1911.

Pekings Geschichte ist sehr alt. Die Verbotene Stadt wurde aber erst 1420 erbaut. Damals verlegte Kaiser Yongle aus der Ming-Dynastie seine Hauptresidenz von Nanjing nach Peking. Mit großem Arbeitsaufwand entstand eine Palastanlage, die eines imperialen Herrschers würdig war. 1644, als die Mandschu die Ming-Dynastie stürzten, wurde die Stadt geplündert. Die Mandschu-Herrscher, die sich als Qing-Dynastie etablierten, haben sie aber wieder in altem Glanz erstehen lassen. Man errichtete neue Tempel und Paläste und legte Teiche und Gärten von außergewöhnlichem Liebreiz an. Im 18. Jahrhundert erreichte die Stadt ihren glanzvollen Höhepunkt.

Die Verbotene Stadt hat einen quadratischen Grundriß. Sie liegt auf einer Nord-Süd-Achse und ist von einem breiten Graben und einer 10,40 Meter hohen Mauer umgeben. Innerhalb befinden sich symmetrisch angeordnete Paläste, Tore, Innenhöfe, Bäche und Gärten. Es gibt 9.000 Räume, die vom Kaiser und seinen Frauen – Mutter, Gattinnen und Konkubinen – und von unzähligen Dienern und Eunuchen bewohnt wurden. Das höfische Leben war durch eine genaue Hofetikette geregelt. Die Verbotene Stadt wurde so zu einem Käfig, in dem der Kaiser und sein Gefolge abgeschirmt vor der Realität lebten.

Alle Fassaden der Hauptgebäude sind nach Süden gerichtet. Dadurch wendet die Verbotene Stadt den feindlichen Mächten aus dem Norden und den kalten Winden aus Sibirien den Rücken zu. Auch das Haupteingangstor befindet sich im Süden. Es ist das *Wumen* (Mittagstor), von dem aus der Kaiser seine Truppen inspizierte. Dahinter befindet sich ein Innenhof, der von einem kleinen Fluß, dem Goldwasser, durchquert wird. Über diesen führen fünf Brücken aus Marmor, die die fünf Tugenden symbolisieren und zum *Tor zur Höchsten Harmonie* führen. Hinter diesem Tor liegt ein großer Innenhof. Er wurde so groß angelegt, daß er an die 20.000 Menschen aufnehmen konnte. Auf der gegenüberliegenden Seite, auf einer hohen Marmorterrasse, erhebt sich das größte Gebäude der Verbotenen Stadt, die *Halle*

ASIEN

der Höchsten Harmonie. Dort thronte der Kaiser majestätisch bei großen Staatsanlässen, begleitet vom Geläute goldener Glocken. Er war umgeben von Weihrauchwolken und von Regimentern von unterwürfigen Beamten und Würdenträgern.

Dahinter liegen zwei weitere Zeremonienräume, die *Halle der Vollkommenen Harmonie* und die *Halle der Erhaltung der Harmonie*. Weiter nördlich befinden sich die privaten Räume, in denen der Kaiser, seine Familie und sein Hofstaat wohnten. Heute sind in mehreren Räumen die von den Kaisern gesammelten Schätze ausgestellt, darunter eine bemerkenswerte Sammlung von Uhren und Gliederpuppen. Die Schätze geben nur einen schwachen Eindruck des früheren Glanzes. 1937 wurde die Verbotene Stadt von den Japanern geplündert, und 1949 brachten die Nationalisten sehr vieles nach Taiwan.

Am nördlichen Ende des Palastkomplexes erstrecken sich die kaiserlichen Gärten. Sie sind anmutig angelegt, mit Bäumen bepflanzt, mit Statuen geschmückt und besitzen Felsengärten, Teiche und Wasserfälle. Diese Oase des Friedens wird durch das *Tor der Irdischen Ruhe* betreten.

Rechts: Der Tempel des Himmels.

Unten: Der kaiserliche Thron in der Halle der Höchsten Harmonie, die für große staatliche Anlässe vorgesehen war.

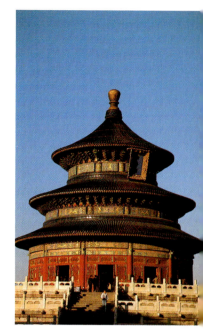

Altar des Himmels

Peking (das bedeutet *nördliche Hauptstadt*) erhielt den heutigen Namen durch Kaiser Yongle im 15. Jahrhundert, war aber schon lange zuvor eine bedeutende Stadt. Im 13. Jahrhundert wurde sie von den mongolischen Horden des Dschingis Khan geplündert. Die ältesten Bauwerke Pekings stammen aus der Zeit nach 1267, als der mongolische Herrscher Kublai Khan die Stadt zu seiner Winterresidenz machte. Kaiser Yongle erbaute die *Verbotene Stadt* dann inmitten der Stadt. Diese hatte ebenfalls einen quadratischen Grundriß und war von Mauern umgeben. 1648 siedelte der neue Qing-Herrscher die Einwohner aus, um Platz zu machen für die mit ihm verbündeten Mandschu und Mongolen. Die Einwohner wurden in den Süden in ein Gebiet umgesiedelt, das später als die Chinesische Stadt bezeichnet wurde. Neben der Verbotenen Stadt gibt es heute in Peking noch vieles zu sehen. Südlich liegt der große Tian'anmen-Platz, dessen Name (ironischerweise, wenn man die jüngsten Ereignisse bedenkt) soviel wie *Platz zum Tor des Himmlischen Friedens* bedeutet. Mao-Tse-Tung proklamierte hier 1949 die Volksrepublik China. Nicht weit davon entfernt befindet sich in einem 273 Hektar großen Park der *Tempel des Himmels*. Dort vollzogen die Kaiser Rituale zur Erhaltung der Ordnung und Harmonie auf der Welt und opferten auf dem dreistöckigen *Altar des Himmels*. Westlich der Verbotenen Stadt liegt der prachtvolle Behai-Park mit der *Brücke der Perfekten Weisheit*.

107

Ab 1468, Türkei

DER TOPKAPI-PALAST

Im Herzen des osmanischen Reiches waren Politik, Vergnügen und Intrige in einer einzigen Anlage vereinigt, die einem Paradies ähnelte.

Istanbul besitzt einen internationalen Flughafen. Topkapi liegt im Stadtteil südlich der Galata-Brücke und westlich vom Bosporus. In der Nähe befindet sich die Bahnstation Sirkeci. Der Bezirk trägt den Namen „Sultan Ahmed", und so heißt auch die nächste Busstation.

Die Hagia Eirene

Die Kirche Hagia Eirene steht an der Ecke des ersten Palasthofes. Bereits im 4. Jahrhundert befand sich hier eine christliche Kirche. Teile des gegenwärtigen Bauwerks gehen auf das 6. Jahrhundert zurück. Die Kirche ist ein einfacher Ziegelbau, hat eine mit einer Kuppel versehene Apsis und enthält einige frühe Mosaikarbeiten. Man nutzte sie einst als Arsenal. Hagia Eirene – der Name bedeutet *Kirche des Göttlichen Friedens* – ist heute Museum und Konzerthalle. Das Gebäude hat eine beeindruckend friedliche Ausstrahlung.

Rechts: Das Kaiserliche Tor beim Topkapi-Palast, der 400 Jahre lang die „City" der osmanischen Sultane war. Dahinter liegt das „Haus der Seligkeit", die Residenz der mächtigen Herrscher. Ihre Titel sprachen sie als Herr beider Welten an und als den Schatten Gottes auf Erden.

Das Serail von Topkapi war einst der Lebensnerv des osmanischen Reiches. Offiziell wird er der *Kanonentor-Palast* genannt (dieser Name stammt aus dem 19. Jahrhundert; früher wurde er als der *neue Palast* bezeichnet). Er steht am Ort der griechischen Stadt Byzantion, die später Konstantinopel und schließlich Istanbul hieß und das *Goldene Horn*, den Bosporus und das Marmarameer, überblickt.

Der Begriff *Palast* ist dem Bauwerk kaum angemessen. Topkapi ist eine weite, ausgedehnte Stadt, die durch Jahrhunderte hindurch geändert und umgestaltet wurde. Die Sultane bauten immer wieder neue Gebäudekomplexe an, wenn es notwendig war. Sie wurde 1574, 1665 und 1856 durch Feuersbrünste schwer beschädigt. Heute ist Topkapi ein Museum und besitzt so viele verschiedene Reichtümer, daß man mehrfach zurückkehren muß, um all die Schätze und Kostbarkeiten bewundern zu können.

Der türkische Eroberer des christlichen Konstantinopel, Mehmet II., baute hier Amtsgebäude und machte im Jahre 1454 die Stadt mit dem neuen Namen Istanbul zur Hauptstadt des osma-

ASIEN

nischen Reiches. Topkapi war also eine Verwaltungsanlage und keine königliche Residenz. Obwohl der *Çinili-Kiosk* von Mehmet II. – ein elegant verfliester Pavillon in der Nähe des Serails – bereits eindeutig als Erholungsort gebaut wurde, waren im Serail ursprünglich die Regierungsbeamten untergebracht, die den als *Diwan* bezeichneten Rat bildeten. An diesem Ort befanden sich auch das Schatzhaus, die Palastschule (eine Art Eliteschule für die zivilen Diener), offizielle Werkstätten, Warenhäuser, Stallungen und Bäckereien. Erst um 1540 hat Roxelane, eine ehemalige Sklavin und später Frau des Sultans Süleyman des Prächtigen, veranlaßt, daß das Serail Heim des Sultans und seiner weiblichen Begleitung wurde. Der von einer Gruppe schwarzer Eunuchen bewachte Harem war die

Oben: Der Harem war Heimstatt für mehr als 4.000 Frauen, die von schwarzen Eunuchen bewacht wurden.

Wohnstätte der Frauen, Mätressen und weiblichen Verwandten des Sultans. Diese Frauen führten ein abgeschlossenes, streng isoliertes Leben, einige von ihnen erreichten dennoch großen Einfluß.

Die Führungen, die gegenwärtig angeboten werden, zeigen nur einen Teil der 300 Räume. Sie geben aber ohne Zweifel einen Eindruck von der Herrlichkeit dieses *Palastes-in-einem-Palast*. Geheimtüren, Gänge, Brunnen, die in die Zimmerwände eingebaut sind (um die Gespräche für eventuelle Lauscher zu übertönen), Seide, Brokat, herrliche Fliesen, Möbel und Malereien aus verschiedenen Stilepochen schufen eine luxuriöse, geheimnisumwitterte Atmosphäre, in der Intrigen und Ränkespiele gediehen. Im Inneren dieses Luxus lauerte aber die Furcht. Die üppige Bäderanlage des Sultans mit dem Ankleide- und Massageraum sieht einladend aus. Das Gitter aber, das das Bad umgibt, hatte die Funktion, Meuchelmörder in Schach zu halten.

Topkapi strotzt vor Brunnen und fließendem Wasser, Parkanlagen und Pavillons. All dies erzeugt – wie so oft bei islamischer Architektur – den Eindruck, daß man sich in einem Paradies auf Erden befindet. Ahmet III. war bekannt für seine Liebe zu Tulpen. Er ließ einen besonderen Tulpengarten anlegen und ernannte sogar einen Minister, der diese Blumen zu pflegen hatte. Dies klingt wie ein Märchen, und auch die Juwelen und der Reichtum an Edelmetallen scheinen aus einer ähnlich irrealen Welt zu stammen. Diamanten, Smaragde, Rubine, die anderswo als Seltenheit gerühmt werden, sind in Topkapi alltäglich.

Unten: Mosaikdekorationen an den Palastwänden.

Die Höfe von Topkapi

Das Topkapi-Serail ist um mehrere Höfe angeordnet. Der erste Hof wird als Parkplatz benutzt, so daß die Besichtigungstour erst beim zweiten Hof beginnt. Auf der rechten Seite dieses Hofes befinden sich die weitläufigen Küchenanlagen. Sie sind von vielen Kuppeln und Schornsteinen gekrönt, und hier arbeiteten einst über tausend Köche. Heute beherbergen diese Küchenräume eine außerordentliche Sammlung chinesischen Porzellans. Im alten Schatzhaus ist eine Waffensammlung ausgestellt. Vom zweiten Hof aus kann man auch zum Diwan oder Beratungszimmer und zum Harem gelangen. Im dritten Hof werden im Pavillon des Heiligen Mantels Reliquien des Propheten Mohammed ausgestellt. Dort kann man auch das Audienzzimmer des Sultans besichtigen. In den neuen Schatzhäusern sind erstaunliche Ausstellungsstücke zu sehen, darunter der Topkapi-Dolch mit seinem juwelenbesetzten Griff. Der Bagdad-Kiosk wurde im Angedenken an die Stadteroberung durch Sultan Murad IV. im Jahre 1699 erbaut. Er ist ein außergewöhnliches Gebäude, von dem aus man einen wunderbaren Ausblick über Istanbul hat. Hier kann auch der Tulpengarten Ahmeds III. besichtigt werden.

Ab 1550, Indien

DER MINAKSHI-TEMPEL

Der Tempel fasziniert durch seine Plastiken und Geschichte, aber auch dadurch, daß er heute noch ein lebendiges Pilgerzentrum ist.

Der Tempel liegt in Madurai in Südindien im Staat Tamil Nadu, etwa 520 Kilometer von Madras entfernt. Die Stadt besitzt einen nur fünf Kilometer entfernten Flughafen mit Flugverbindungen von Cochin und Bangalore. Die Zugreise von Madras aus dauert acht Stunden, die Bahnstation befindet sich ganz in der Nähe des Tempels. Es gibt auch Busverbindungen von Madras aus.

Andere Bauwerke von Madurai

Madurai besitzt eine Reihe weiterer Tempel. Zehn Kilometer vom Stadtzentrum entfernt liegt der Tiruparamkundram-Tempel. Er ist aus einem Felsen gehauen und wirkt wie eine riesige Skulptur. In der Nähe des Minakshi-Tempels liegt der Palast seines Erbauers *Tirumala Nayak*. Heute beherbergt er ein Museum. Gelegentlich finden in seinen Räumen auch Konzerte und Tanzvorstellungen statt. Die Stadt besitzt noch ein weiteres Museum, in dem Kunsthandwerksarbeiten ausgestellt sind, die in der Umgebung erzeugt wurden. Es ist Mahatma Gandhi gewidmet und zeigt auch sein *Dhoti* (Lendentuch), das er trug, als er ermordet wurde.

Minakshi war eine Prinzessin, die mit drei Brüsten zur Welt kam. Verschiedene heilige Männer wurden um Rat gefragt. Sie verkündeten, daß die dritte Brust verschwinden würde, wenn sie ihrem zukünftigen Gatten begegnen würde. Dies geschah dann auch, als die Prinzessin dem Gott Shiva begegnete. Acht Tage später wurde sie in Madurai mit dem Gott vermählt, der sich ihr als *Sundareshvara* (Bräutigam der Schönheit) näherte.

Diese Geschichte wird erzählt, um den Ursprung dieses hinduistischen Tempelbezirkes zu erklären. Er enthält Schreine, die Minakshi und Sundareshvara geweiht sind, und ist auch heute noch einer der bedeutendsten Wallfahrtsorte.

Der Tempelbezirk hat eine Fläche von 258 mal 223 Meter. Er besitzt neun *Gopuras* (riesige, mit Skulpturen bedeckte Tortürme), die bis zu 50 Meter in die Höhe ragen. Vier davon befinden sich in den äußeren Mauern des Tempelbezirks, die anderen stehen innerhalb. Viele Gebäude entstanden in der Zeit des Herrschers *Tirumala Nayak* (1623 bis 1659). Der Schrein stammt aber wahrscheinlich aus dem 12. Jahrhundert und die außergewöhnliche *Halle der tausend Säulen* aus der Mitte des 16. Jahrhunderts. Man sagt, daß keine Säule der anderen gleicht. Es würde Monate dauern, um all die Skulpturen zu studieren, die an den Säulenreliefs angebracht sind: darunter Männer und Frauen, Götter, Göttinnen und Musikanten. Die Halle beherbergt heute ein Museum, und diese Tatsache beeinträchtigt etwas das Ambiente dieses Platzes. Der Ort ist heute ein lebendiger Wallfahrtsort, zu dem Tausende von Pilgern strömen. Die Besucher sowie die Händler, die hier ihre Läden öffnen, um von kleinen Plastiken Shivas bis zu Gewürzen alles mögliche zu verkaufen, sind ein wesentlicher Bestandteil dieses Ortes und seiner bunten Kulisse.

ASIEN

Der Tempel lockt bei Tag und Nacht Pilger an. Es gibt viele Prozessionen und von Musik begleitete Feste. Ein riesiger Tempelteich (der Teich der Goldenen Lilie) versorgt die Pilger mit Wasser für ihre rituellen Waschungen. Eine steile Treppenflucht führt zu ihm hinauf. Die Anlage ist von einer bemalten Arkade eingefaßt. Die Malereien stellen die 64 Wunder dar, die Shiva in Madurai bewirkt hat.

Der Reichtum an mit Plastiken verzierten Säulen, Korridoren, Sälen und Schreinen wird manchem Besucher überladen vorkommen. Der Tempel folgt aber bestimmten Regeln, die immer wieder an indischen religiösen Tempelbauten festgestellt werden können. Die Hauptachse des Tempels ebenso wie der Schrein Sundareshvaras haben eine Ost-West-Orientierung. Im Inneren des Tempels befindet sich rund um den Schrein ein Gang für die *Puja,* der die rituelle, im

Oben: Das Raya-Tor, eines der großen Eingangstore.

Links: Der Tempel ist einer der prächtigsten Indiens. Minakshi bedeutet „die Fischäugige". Man sagt, daß die Prinzessin große fischförmige Augen und einen Fischgeruch an sich hatte, den sie aber verlor, als sie Sundareshvara, dem „Herrn der Schönheit" begegnete.

Uhrzeigersinn erfolgende Umschreibung des Kultbildes erlaubt. An besonderen Festtagen werden Götterbilder in einem goldenen Tempelwagen um den Tempel geführt. Ein Elefant, der ein Ebenbild des elefantenköpfigen Gottes *Ganesha* darstellen soll, zieht den Wagen. Der Gott ist häufig auf den Tempelplastiken abgebildet. Von dem großen südlichen Torturm hat man einen guten Ausblick auf das unaufhörlich pulsierende, farbenprächtige und mit Musik untermalte Leben um den Minakshi-Tempel.

Das Teppam-Fest

Im Januar oder Februar jeden Jahres feiert man in Madurai das Teppam-Fest. Die Bildnisse von Sundareshvara und Minakshi werden aus dem Tempel geholt und auf dem künstlich angelegten Mariamman-Theppakkulam-See im östlichen Teil der Stadt auf Flöße verfrachtet. Dann findet eine feierliche Prozessionsfahrt statt. Auf einer Insel in der Mitte des Sees steht ein Tempel, der zur selben Zeit wie der Minakshi-Tempel erbaut worden ist. Dieses *Floß*-Fest zieht Tausende von Pilgern an.

1609–1616, Türkei

DIE BLAUE MOSCHEE

In der Stadt der zahllosen Moscheen ist sie die schönste.

Die Moschee hat dem alten Teil der Istanbuler Innenstadt, in dem sie steht, den Namen „Sultan Ahmed" gegeben. Er ist südlich der Galata-Brücke und westlich des Bosporus gelegen. Die Station Sirkeci, in der mehr Züge aus Europa als aus Asien eintreffen, liegt nicht weit von ihr entfernt. „Sultan Ahmed" heißt auch die nächste Bushaltestelle.

Die Hagia Sophia

Gegenüber der Blauen Moschee, nur durch einen kurzen, durch Parks führenden Spaziergang entfernt, liegt die berühmte Hagia Sophia, die *Kirche der Heiligen Weisheit*. Die von Kuppeln gekrönte Basilika wurde während des 6. Jahrhunderts auf den Fundamenten früherer Kirchen erbaut. Sie war die Mutterkirche des byzantinischen Reiches, bis Konstantinopel im Jahre 1453 unter türkische Herrschaft fiel. Damals wurde sie in eine Moschee umgewandelt. Heute scheint es, als ob sie – mit ihren vier Minaretten und ihrer Kuppel – nie etwas anderes gewesen wäre. Die Mosaike im Inneren enthüllen allerdings eine andere Geschichte. Sie wurden Mitte der 30er Jahre des 20. Jahrhunderts, als man die Moschee in ein Museum umbaute, freigelegt und restauriert. Sie zeigen u. a. den inthronisierten Jesus Christus mit der Inschrift „Ich bin das Licht der Welt" sowie die Erzengel Gabriel und Michael. Die vorherrschende Farbe ist Gold und der strahlende Effekt des Goldes wird noch durch die Verwendung von vielfarbigem Marmor und anderen bunten Steinen erhöht.

Offiziell ist die Blaue Moschee die Moschee des Sultans Ahmed. Ihren volkstümlichen Namen verdankt sie aber den mehr als 20.000 vornehmlich blauen Fliesen, die ihr Inneres schmücken.

Die Bauarbeiten begannen im Jahre 1609 auf Veranlassung des damals 19jährigen Sultans. Nach einer Erzählung wollte er Allah wegen einiger Jugendsünden versöhnen. Er hatte auch einen Vertrag mit einem Habsburger-Herrscher unterschrieben, in dem er diesen als gleichrangig akzeptierte. Dies wird möglicherweise ausschlaggebend gewesen sein, daß er sich verpflichtet fühlte, seinen Glauben und seine spezielle Verbundenheit mit dem Islam zu demonstrieren.

Mehmet Aga war der Architekt der Moschee. In sieben Jahren vollendete er dieses Meisterwerk der Baukunst. Es zeigt alle typischen Charakteristika des Moscheenbaues. Ungewöhnlich an der Blauen Moschee ist nur, daß sie sechs Minarette besitzt, vier wie üblich an den Seiten und zwei etwas kürzere an der äußeren Ecke des Innenhofes. Eine phantastische Geschichte berichtet, daß der Sultan dadurch die Obersten von der Pilgerstadt Mekka (dem religiösen Zentrum des Islam) verärgerte.

Man gelangt durch drei Tore in den Innenhof der Moschee, die zu einer äußeren Säulenhalle aus Granit führen, deren Dach 30 kleine Kuppeln besitzt. In der Mitte des Innenhofes steht ein sechseckiger Brunnen. Solche Brunnen finden sich häufig bei Moscheen, und sie haben einen sehr praktischen Zweck. Hier waschen sich die Gläubigen vor dem Eintritt in die Moschee. Im östlichen Teil des Hofes steht die *Medrese* (Koranschule).

Die Kuppelstruktur der Moschee ist sehr interessant. Eine große Zentralkuppel wird von vier Halbkuppeln umgeben und darunter befinden sich vier weitere kleine Kuppeln. Im Inneren kommt diese Kuppelanordnung erst vollständig zur Geltung. Vier große, auf Elefantenfüßen stehende Säulen stützen die gesamte Kuppelanlage. Der fast blendende Effekt der vielen tausend Fliesen könnte erdrückend sein, wenn der Innenraum nicht so groß wäre und das Licht nicht durch die 260 Fenster hereinströmen würde.

Der *Mihrab* (die nach Mekka weisende Gebetsnische) und der *Mimber* (die Predigtkanzel) sind aus weißem Marmor gemeißelt. Der Boden ist mit dicken, meist in Rot gehaltenen Teppichen bedeckt; es ist aber das Blau der Fliesen, das den dominierenden Eindruck hinterläßt. Es gibt viele verschiedene Blauschattierungen, und erst bei näherer Betrachtung erkennt man, daß auch noch zahlreiche andere Farbtöne vorkommen. Diese elegante Keramikarbeit wurde in den Iznik-Fabriken angefertigt. Sie waren im 16. Jahrhundert außerordentlich erfolgreich und exportierten ihre Waren in alle Welt. Sultan Ahmed bestand darauf, daß in die Moschee nur die schönsten Fliesen kamen. Deshalb verbot er den Keramikern, für andere Gebäude Fliesen herzustellen. Die Anforderung, in solchem Ausmaß zu produzieren, war riesig, und die Iznik-Fabriken haben sich davon nicht mehr richtig erholt. Der Sultan, für den sie arbeiteten, nahm allerdings auch ein trauriges Ende. Ahmed starb im Alter von 27 Jahren an Typhus, kurz nachdem seine neue Moschee fertig wurde.

Oben: Die Moschee ist insbesondere durch ihre herabfallenden Kuppel-Kaskaden berühmt. Sie steht am Platz des Palastes der byzantinischen Herrscher.

Gegenüberliegende Seite: Das Innere der Moschee. Die vornehmlich blauen und grünen Fliesen werden magisch vom Tageslicht beleuchtet, das durch 260 Fenster einfällt. Die Hauptkuppel wird von riesigen Säulen getragen.

Museen

Die Blaue Moschee zieht große Besucherströme an. Viele übersehen aber das ansprechende Teppich-Museum, das in einem früheren königlichen Pavillon untergebracht ist, und das Kilim-Museum. Beide sind wert, daß man sie besucht.

1632–1654, Indien

DER TADSCH MAHAL

Das Denkmal eines Herrschers für seine geliebte Frau – unnachahmlich und traumhaft schön.

Agra liegt etwa 200 Kilometer von Delhi entfernt am Ufer des Flusses Yamuna im Staat Uttar Pradesh. Es gibt einen Flughafen, auf dem Inlandflüge aus einigen indischen Städten landen. Eine Autoreise von Delhi aus dauert über drei Stunden, und der Tadsch-Expreß-Zug braucht noch etwas länger.

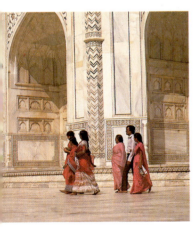

Oben: Besucher im Tadsch Mahal, einem Bauwerk wie aus Tausendundeiner Nacht

Rechts: Das Gebäude scheint seinen Charakter bei unterschiedlichem Lichteinfall zu verändern. Etwas unterhalb der sanften Kuppelwölbung befinden sich vier weitere Kuppeln, und noch weiter unterhalb sieht man die Nischen in den Marmorwänden.

Im Jahre 1629 starb die Gattin des indischen Moguls, als sie ihr 14. Kind gebar. Sie war 36 Jahre alt und bereits 17 Jahre verheiratet. Ihr Gatte Schah Jahan verlor damit nicht nur seine geliebte Frau, sondern auch eine kluge politische Beraterin. Es wird berichtet, daß er zwei Jahre um sie getrauert habe (nach anderen Erzählungen wurde sein Haar vor Schmerz weiß). Er gelobte, ein Grabmal zu erbauen, das dem Andenken seiner Frau würdig sei, etwas ganz Außergewöhnliches, dem nichts in der Welt gleichen sollte, und es läßt sich kaum bestreiten, daß ihm dies gelang. Arjumand Banu, die auch als Mumtaz Mahal bekannt ist *(die vom Palast Auserwählte)* bekam so eine ganz außergewöhnliche Grabstätte, die mit einer Abkürzung ihres Namens bezeichnet wird: *Tadsch Mahal*.

Das Gebäude wurde in aller Welt berühmt und zog unglaublich viele Besucher an. Die von zahllosen Fotografien bekannte Silhouette wurde zu einem der Wahrzeichen Indiens. Man verbindet dieses Bild einfach mit Indien. Man kann den Tadsch Mahal immer wieder besuchen und wird immer wieder überrascht sein. Zu jeder Tageszeit und je nach den Lichtverhältnissen wirkt es anders auf den Betrachter. Ihm fehlt die monumentale Schwere eines Grabmals, die man erwarten könnte. Vielmehr scheint er zwischen Himmel und Erde zu schweben – seine Proportionen, seine symmetrische Gliederung, die umliegenden Gärten und die Wasserspiegelungen verbinden sich zu einem Eindruck, der zahllose Besucher immer wieder sprachlos macht.

Der Tadsch Mahal wurde bis zu seiner Vollendung in 22 Jahren von etwa 20.000 Arbeitskräften erbaut. Man sagt, daß ein Franzose und ein Venezianer wesentlichen Anteil an der architektonischen Gestaltung hatten. Es ist aber kein einziger Name von den Erbauern mit Sicherheit überliefert.

Das Grabmal ist aus Marmor erbaut (der aus 300 Kilometer entfernten Steinbrüchen herbeigeschafft werden mußte), aber es ist keinesfalls ein ganz in Weiß gehaltenes Gebäude, wie viele Fotos glauben machen wollen. Tausende von Edel- und Halbedelsteinen sind in die Oberfläche eingelegt, und schwarzer Marmor wurde für kalligraphische Verzierungen benützt. Die ziselierten Marmorverkleidungen sind kunstvolle Handwerksarbeiten und werfen, je nach Lichteinfall, faszinierende Schatten. Einst hatte der Tadsch Mahal Silbertüren. Im Inneren befand sich ein

ASIEN

Geländer aus Gold, und ein perlenbesetztes Tuch lag über dem direkt über der Verbrennungsstätte errichteten Grabmal der Prinzessin. Diebe haben diese Wertgegenstände gestohlen und versuchten auch immer wieder, die eingelegten Edelsteine herauszubrechen. Doch trotz allem wirkt die Anlage bis heute immer noch überwältigend auf jeden Besucher.

Das Gebäude steht in einer Gartenlandschaft, und man betritt es durch ein großes, wunderschönes Eingangstor. Das Tor symbolisiert den Eingang ins Paradies. Es wird von mit Kuppeln gekrönten Pavillons überragt und hatte ursprünglich eine Tür aus Silber, die zusätzlich mit Hunderten von Silbernägeln beschlagen war. Die Tür wurde geraubt, und gegenwärtig befindet sich eine aus Messing an ihrer Stelle.

Einer eher unwahrscheinlichen Erzählung zufolge wollte Schah Jahan sich auf der anderen Seite des Yamuna-Flusses ein Grabmal aus schwarzem Marmor errichten. Im Jahre 1658 drängte sein Sohn *Aurangzeb* an die Macht und stellte seinen Vater neun Jahre bis zu seinem Tod im Fort von Agra unter Hausarrest. Von dortaus konnte Schah Jahan den Tadsch Mahal sehen.

Rechts: Die perlenförmige Kuppel ist ein islamisches Symbol für Weiblichkeit und für das Paradies. Die Kuppel symbolisiert den Himmel und das quadratische Gebäude unterhalb die Erde.

Architektur der Mogul-Zeit

Der Tadsch Mahal repräsentiert den Höhepunkt der architektonischen Entwicklung der Mogul-Zeit. Auf einem Sockel stehenden Monumentalgrabmälern, die mit Minaretten ausgestattet sind, begegnet man in vielen Teilen Nordindiens. 1565 wurde das Grabmal von Humayun in Delhi begonnen. Es ist eindeutig ein Vorfahre des Tadsch Mahal, wirkt jedoch solider und imposanter im Gegensatz zu dessen schwebender Leichtigkeit. Um 1670 schuf Aurangzeb für seine Frau Aurangabad eine Nachbildung des Tadsch Mahal, das allerdings nicht so anmutig war wie das Original. Im Jahre 1753 wurde in Delhi ein weiteres Grabmal für Safdar Jang begonnen. Seinen Bau bezeichnete man als „das letzte Aufflackern der Mogul-Architektur", es ist aber kein Bauwerk, das man unbedingt gesehen haben muß.
Bei diesen Grabmonumenten gibt es sich wiederholende Baustrukturen: eine große zwiebelförmige Kuppel, Wasserkanäle, Steinsockel, Gärten, die in vier Teile aufgeteilt sind.

Grabräuber

Die kleinen Grabräuber, die beispielsweise Edelmetalle vom Tadsch Mahal stahlen, sind nicht so erwähnenswert wie die Tat des Generalgouverneurs von Bengalen, Lord William Bentinck. Um 1830 schlug er vor, den vergessenen und bereits zugewachsenen Tadsch Mahal des Marmors zu entkleiden und ihn nach London zu verschiffen und dort zu verkaufen. Der Plan wurde wieder aufgegeben, weil schon der Marmor, der vom Roten Fort abmontiert worden war, keinen Käufer fand.

DER ISLAM IN ASIEN

„Im Namen Allahs, des Allbarmherzigen! Lob und Preis
sei Allah, dem Herrn aller Weltbewohner, dem gnädigen Allerbarmer,
der am Tage des Gerichts herrscht." – DER KORAN, ERSTE SURE.

Oben: Fliesen aus dem Topkapi-Palast in Istanbul. Der Islam verpflichtete die moslemischen Künstler zu verschlungenen und stilisierten Dekorationsmotiven.

Im Jahre 632 starb der Prophet Mohammed in Medina in Arabien. Diese Stadt ist heute nach Mekka die zweitheiligste Stadt des Islam. Nach Mohammeds Tod breitete sich der Islam in mehreren Wellen unter dem Ruf *Allahu akbar* (Gott ist groß) immer weiter aus.

Die Kalifen folgten Mohammed als Führer nach. Der grausame Kalif Omar eroberte Damaskus und Jerusalem, die drittheiligste Stadt des Islam: Dort errichtete einer seiner Nachfolger den Felsendom, jene große Moschee, an deren Stelle einst der Tempel des Salomo stand. In der Zwischenzeit bedrängten die arabischen Armeen das Land um den Euphrat und Tigris, um Persien zu erobern. Nach den Niederlagen bei Kadesia in den Jahren 638 und 639 und bei Nahawand 642 dauerte der persische Widerstand noch bis 651, dann wurde das Land arabischen Statthaltern unterstellt. Samarkand fiel 710, und der Islam stand vor den Toren Indiens. Hundert Jahre nach dem Tod des Propheten regierten seine Nachfolger ein Gebiet, das größer als das römische Reich am Höhepunkt seiner Machtentfaltung war: von Spanien und Marokko im Westen, über Nordafrika nach Ägypten, Arabien, Palästina, Syrien, Mesopotamien und Persien. Ihren Erfolg schrieben sie Gottes Hilfe zu.

Ein wichtiger Grund für die schnelle und erfolgreiche Verbreitung des Islam war auch, daß die arabischen Herrscher oftmals viel milder waren als jene, die sie ablösten. Auch hatten Anhänger anderer Religionen die Erlaubnis, ihren eigenen Glauben ungestört auszuüben. Sie mußten dafür allerdings spezielle Steuern entrichten. Die meisten der Besiegten wurden zum Islam bekehrt. Dies geschah zum Teil aus praktischen Gründen, aber auch deshalb, weil der Islam für viele eine überzeugende und anziehende Religion war.

Von 750 bis 1258 wurde das Riesenreich durch die islamische Dynastie der Abbasiden von Bagdad aus regiert. In dieser Zeit erlebte die islamische Architektur, Dichtung, Philosophie und Kunst ihre erste Blüte. Harun-al-Raschid, der Kalif aus *Tausendundeiner Nacht,* speiste von goldenen und silbernen Tellern und vergnügte sich mit den Frauen seines Harems. Er war von vielen Beamten, Eunuchen und Sklaven umgeben und der bei weitem reichste Herrscher dieser Erde.

Aber das Reich hielt nicht ewig. Die Abbasiden wurden von etlichen Herrscherdynastien in verschiedenen Teilen des Landes abgelöst.

Moschee und Minarett

Die erste Pflicht eines jeden Moslems ist es, täglich zu Gott zu beten. Diese Pflicht erfüllt er fünfmal am Tag, entweder zu Hause oder dort, wo er sich gerade befindet – am besten aber in einer Moschee, dem Platz der *Unterwerfung,* der speziell für das Gebet eingerichtet ist.

Moscheen finden sich verstreut in ganz Asien. Sie sind das charakteristische Zeichen für Orte mit moslemischer Bevölkerung, ebenso wie die Kirche charakteristisch für von Christen bewohnte Gebiete ist. Ihre Grundgestalt, ein Kuppelbau über einem rechteckigen Grundriß, hat einiges mit den östlichen orthodoxen Kirchen gemeinsam. Aber es gibt keine Kirchenbänke und Stühle. Die Glaubensgemeinschaft steht in Reihen hinter dem *Iman* (Vorbeter). Ihre Blicke sind auf die nach Mekka weisende Gebetsnische *(Mihrab)* gerichtet. Traditionell ist der Besuch der Moschee nur Männern vorbehalten, Frauen sind gewöhnlich hinter Trennwänden versteckt.

Der Muezzin ruft die Gläubigen vom Minarett aus zum Gebet auf. Die große, schlanke Silhouette der Minarette wurde so zu einem charakteristischen Kennzeichen der islamischen Architektur. Im Islam war die Darstellung von Menschen, Tieren und anderen natürlichen Formen in den Moscheen verboten. Dies zwang die moslemischen Künstler, abstrakte, anmutige Muster mit geometrischen Formen zu entwickeln, mit stilisierten Blattmustern und arabischen Schriftzeichen.

Größe und Zerfall

Im 11. Jahrhundert expandierte der Islam mit der Eroberung von Panjab in Nordindien erneut. Die türkischen Seldschuken folgten den Abbasiden nach und errichteten in Westasien ein neues Reich. Ihre Nachfolger, die osmanischen Türken, nahmen 1453 Konstantinopel ein und dehnten ihre Herrschaft bis in den Balkan aus. Die große byzantinische Kirche zur *Heiligen Weisheit* (Hagia Sophia) in Konstantinopel wurde in eine Moschee verwandelt und die Stadt Istanbul genannt. Von hier aus regierte Suleiman II., der Große, ein Territorium, das sich vom Balkan über fast ganz Nordafrika und Ägypten nach Persien erstreckte. Heute zeugen in Istanbul die Blaue Moschee und der Topkapi-Palast von dieser großen und luxuriösen Periode der osmanischen Sultane. In der Zwischenzeit war der Islam durch Kaufleute und Missionare bis nach Malaysia, Indonesien und China verbreitet worden.

Im Jahre 1526 drang der türkische Eroberer Babur von Afghanistan aus nach Indien vor und begründete damit die Dynastie der Großmoguln. Das Mogulreich wurde in Indien zur dominierenden politischen Macht. Wunderbares Zeugnis dieser Zeit ist der Tadsch Mahal mit seinen mit Kristall, Lapislazuli und Karneol geschmückten Wänden.

Das osmanische Reich und das Mogulreich zerfielen mehr und mehr und brachen schließlich zusammen. Das osmanische Reich zerfiel in jene moslemischen Staaten, wie sie in etwa heute noch im Nahen Osten existieren. 1947 wurde Pakistan als selbstverwaltetes Gebiet im britischen Commonwealth von Indien abgetrennt, 1956 die islamische Republik Pakistan ausgerufen. Gegenwärtig gibt es eine starke islamisch-fundamentalistische Bewegung gegen europäische Kultur und Einflüsse.

Unten: Der Tadsch Mahal bei Sonnenuntergang. Er ist eines der schönsten Bauwerke in Indien.

1639–1648, Indien

DAS ROTE FORT

Wenn es in der Mitte des 17. Jahrhunderts ein Paradies auf Erden gab, dann war es hier.

Das Rote Fort oder *Lal Qila* erhielt seinen Namen von dem roten Sandstein, aus dem seine Mauern gebaut sind. Für die verschiedenen Paläste und Audienzräume wurden jedoch edlere Materialien verwendet. Das Fort wurde zwischen 1639 und 1648 für den Mogulkaiser Schah Jahan errichtet und war berühmt für seinen Reichtum an Marmor, Silber und Gold sowie für üppigen Juwelenschmuck. Mit den Jahren verschwanden viele Schätze und einige Originalbauten wurden

Das rote Fort liegt in der nordöstlichen Zone der Innenstadt von Delhi (Alt-Delhi), in der Nähe der Chandni Chowk, nicht weit vom Hauptbahnhof entfernt. Delhi besitzt einen internationalen Flughafen mit vielen Inlandflugverbindungen.

Jami' Masjid

Diese riesige Moschee, die ebenfalls von Schah Jahan erbaut wurde, ist die größte Indiens. Sie liegt in der Nähe des Roten Forts im Herzen des pulsierenden Alt-Delhi. Die Moschee wurde zwischen 1650 und 1656 wie das Fort aus rotem Sandstein erbaut und mit weißem Marmor ausgeschmückt. Sie besitzt drei Kuppeln und zwei vierstöckige, sich verjüngende Minarette, die einen wundervollen Ausblick gestatten. Das östliche Eingangstor war dem Herrscher vorbehalten, der auch seine eigene private Galerie besaß.

Rechts: Ein Reisender im 17. Jahrhundert sagte über das Rote Fort, es sei „ein Palast, schöner als jene, die im Himmel versprochen werden". In seinen Innenhöfen plätscherten Brunnen, und in den Gärten wuchsen Zypressen.

118

ASIEN

zerstört. Das, was übrigblieb, gibt aber noch immer einen starken Eindruck vom Mogulreich in seiner Blütezeit.

Nach dem Tod seiner Frau, für die er den Tadsch Mahal errichtete, wollte Schah Jahan seine kaiserliche Residenz von Agra nach Delhi verlegen, oder besser, in eine neue Stadt, die sich *Shajahanabad* nennen sollte. Dort baute er das Rote Fort als eine eigene kaiserliche Stadt.

Zur Anlage eines jeden mogulischen Hofes gehörten zwei Audienzzimmer – der *Diwan-i-Am* und der *Diwan-i-Khas*. Das eine wurde bei öffentlichen Audienzen mit dem Herrscher benützt, das andere für Privataudienzen. Beide sind im Roten Fort erhalten. Der Diwan-i-Am ist ein großer, auf einem Sockel erbauter Saal, der sich nach drei Seiten zu Innenhöfen hin öffnet. Hier konnte sich eine große Anzahl von Menschen versammeln, und Bittgesuche wurden dem Herrscher öffentlich vorgetragen. Der Diwan-i-Khas war ein Ort, an dem sich der Kaiser privat mit seinen Beamten oder mit ausländischen Gesandten beriet. Einst besaß er einen geräumigen Innenhof mit einem Marmorboden und einer Silberdecke. Schah Jahan ließ den berühmten *Pfauenthron* für den Diwan-i-Khas anfertigen. Er war ein außerordentlich reich mit Juwelen verziertes Stück, dessen Anfertigung sieben Jahre dauerte. 1739 brachte man den Thron nach Persien. Eine Inschrift im Diwan-i-Khas dokumentiert, was Schah Jahan über diesen Ort gedacht hat: „Wenn es ein Himmelreich auf Erden gibt, so ist es hier, hier und nur hier."

Einst gab es im Roten Fort sechs königliche Paläste *(Mahals)*. Im *Mumtaz Mahal* befindet sich heute ein Museum. Ein anderer ist der *Rang Mahal* (der bemalte Palast), aber die Malereien sind längst verschwunden. Der *Khas Mahal* ist ein dreiteiliger Palast. Jeweils drei Räume dienten als Schlaf- bzw. Andachtsräume, eine lange Halle mit Decken- und Wandgemälden wurde als Speiseraum benützt. Schah Jahans Sohn und Nachfolger, Aurangzeb, erbaute im Fort die außergewöhnliche *Moti-Masjid* (Perl-Moschee). Die Moschee und ihre Höfe sind relativ klein, sie haben aber eine zart wirkende Raumstruktur. Besonders effektvoll sind die schwarzen Marmorintarsien auf weißem Marmorgrund.

Eine Arkade mit Geschäften vor dem in den Palast führenden eindrucksvollen *Lahore-Tor* kann noch immer besichtigt werden ebenso wie die kaiserlichen Bäder. Nach dem Aufstand von 1857 wurde ein großer Teil des Forts abgerissen, um Kasernen Platz zu machen. James Fergusson, ein Schriftsteller des 19. Jahrhunderts, der über indische Architektur schrieb, hat diese Demolierung als „einen bewußten Akt unnötigen Vandalismus" bezeichnet.

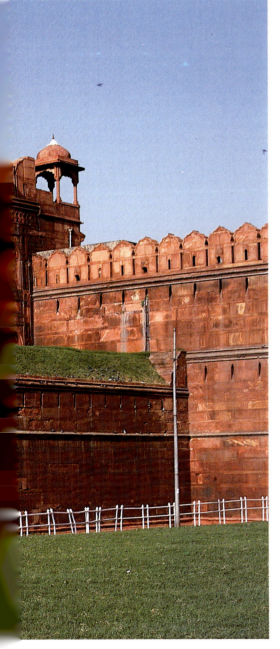

Oben: Die kleine Perl-Moschee aus weißem Marmor und mit schwarzen Turmspitzen liegt etwas höher als der Hof und wurde vom Herrscher und seinem Hofstaat benützt.

Lord Curzon

Lord Curzon, der Vizekönig Indiens von 1898 bis 1905, hat die Restaurierungsarbeiten am Roten Fort eingeleitet. Nach der Meuterei von 1857 hatten die Engländer einige Marmorintarsien vom Diwan-i-Am entfernt und nach London geschickt. Unter ihnen befand sich eine Wandtafel, die die Geschichte des Orpheus aus der griechischen Mythologie behandelte. Man hat angenommen, daß dies die Arbeit eines europäischen Künstlers war. Die Marmortafeln, die darunter gelitten haben, daß sie als Tischplatten benützt wurden, wurden schließlich im Victoria-Museum ausgestellt. Curzon veranlaßte, daß sie zurückgegeben wurden, und ließ sie an ihren ursprünglichen Stellen wieder anbringen. Er ließ auch die Ziergärten des Roten Forts wieder pflegen, die bis dahin vollkommen vernachlässigt worden waren.

Chandni Chowk

Dieser lebendige Platz soll von einer Tochter Schah Jahans im Jahre 1648 als Bazar angelegt worden sein. Auch heute ist sie noch ein geschäftiges Handelszentrum, in dem in engen, gewundenen Straßen alle Arten von Geschäften sowie Straßenhändler zu finden sind.

119

1694, Tibet

DER POTALA-PALAST

Der Palast der Dalai Lamas überragt Tibets heilige Stadt Lhasa.

100 Kilometer außerhalb von Lhasa befindet sich der Gongka-Flughafen, der von Chengdu und Peking in China aus erreichbar ist. Eine Straße geht von Kathmandu in Nepal aus. Nach Nepal gibt es Flugverbindungen von vielen asiatischen und europäischen Städten aus. Eine Bahnverbindung Lhasa-China ist zwar geplant, sie wird aber in den nächsten Jahren sicher nicht realisiert werden.

Der 13 Stockwerke hohe Bau wirkt wie ein großer Felsen. Mit seinen weißen Wänden, der Vielzahl von Fenstern und den auf verschiedenen Ebenen dicht gedrängten Dächern ist er ein weithin sichtbares Wahrzeichen. Der Palast liegt über der Stadt auf einem Felsvorsprung, der *Marpori* (der Rote Hügel) genannt wird.

Der Name *Potala* leitet sich aus einem Sanskritwort ab, das *Buddhas Berg* bedeutet. An diesem Ort stand bereits der Palast von Songtsen Gampo, der im 7. Jahrhundert n. Chr. ein buddhistischer König Tibets war. Er war auch der Begründer des großen Jokhang-Tempels der Stadt, von dem Scharen von Pilgern magnetisch angezogen werden. Jahrhunderte später, im Jahre 1645, veranlaßte der fünfte Dalai Lama und Herrscher von Tibet einen Palastbau am einstigen Residenzplatz. Als er 1682 starb, war der Bau noch nicht fertiggestellt. Sein Ableben wurde bis zur Fertigstellung des Palastes im Jahre 1694 geheimgehalten. Dieser Palast blieb der Sitz der tibetischen Regierung bis in die 50er Jahre des 20. Jahrhunderts.

Der Palast wurde aus Erde, Stein und Holz und mit einfachsten Mitteln erbaut. Das gesamte Material wurde auf Eseln oder von Menschen herbeigeschafft.

Das großangelegte Gebäude besitzt mehr als 1.000 Räume und soll 10.000 Schreine und nicht weniger als 20.000 Statuen enthalten. Der Palast war die Winterresidenz der Dalai Lamas bis 1959, als der gegenwärtige, der 14. Dalai Lama, nach Indien flüchtete. Heute befindet sich hier ein Museum. Die Privatgemächer der Dalai Lamas lagen in den obersten Stockwerken. Dort lebten sie isoliert von den übrigen Menschen.

Der Haupttrakt des Gebäudes enthielt die Regierungsräume, die Räume für das Haushaltspersonal, das ausschließlich aus Mönchen bestand, und eine Schule für Mönche. Es gab Meditationsräume, Bibliotheken, Rüstungskammern, Kornspeicher, Lagerräume, Folterkammern und einen Kerker. Die zahlreichen Kapellen und Schreine sind mit Statuen, Fresken, gestickten Seidenbildern, Weihrauchgefäßen und rituellen Gegenständen ausgestattet. Auch die Grabmäler des fünften Dalai Lama und seiner Nachfolger können besichtigt werden. Ihre *Stupas* (Grabtruhen) sind mit Gold und Edelsteinen verziert. Die Silberstupa des dreizehnten, im Jahre 1933 verstorbenen Dalai Lama steht in einer Höhe von 21 Metern und ist mit Edelsteinen übersät.

Lhasa liegt 3.650 Meter hoch in der dünnen Luft des Himalaya. Bis zur chinesischen Beset-

ASIEN

zung im Jahre 1951 stellten Mönche einen großen Bevölkerungsanteil dar. Viele Pilger sammeln sich beim im 7. Jahrhundert gestifteten Jokhang-Tempel, der eine berühmte juwelenbesetzte Buddhastatue enthält. Diese war ein Geschenk an Songtsen Gampo von seiner chinesischen Frau. Im Westen der Stadt liegt *Norbulinka*, der Juwelenpalast. Dieser war seit dem 18. Jahrhundert die Sommerresidenz der Dalai Lamas. Dort können schöne Wandgemälde und die Privaträume des gegenwärtigen Oberhauptes der Tibeter besichtigt werden.

Rechts: Ein hübscher Blick auf eine Detailansicht des Potala-Palastes.

Unten: Der Verbotene Palast wurde für den fünften Dalai Lama (1617 bis 1682) erbaut, der der geistige und politische Führer Tibets war. Für einige seiner Nachfolger wurde der Palast zu einem Gefängnis.

Der Ozean der Weisheit

Der tibetische Buddhismus entwickelte sich als Ableger aus dem nepalesischen und nordindischen Buddhismus. Er vermischte sich mit der einheimischen Naturreligion und entwickelte ein religiöses System von eigenem Charakter mit zahlreichen Sekten. Eine von ihnen bewog im 16. Jahrhundert den *Khan* (Oberhaupt der Mongolen), zum Buddhismus überzutreten. Der Khan verlieh dem Oberhaupt der Sekte den Titel *Dalai Lama,* was soviel bedeutet wie *Ozean der Weisheit*. Der „Große" fünfte Dalai Lama wurde Herrscher über Tibet. Im tibetischen Buddhismus wird die Nachfolge der Herrscher durch Reinkarnation geregelt. Wenn einer der Dalai Lamas stirbt, sucht man nach einem Kind, in dem er wiedergeboren sein soll. Manchmal hinterläßt der alte Dalai Lama einen Hinweis, wo zu suchen ist. Das Kind wird mit Hilfe von Voraussagungen und Zeichen gefunden. Manche Kinder können Erinnerungen an frühere Leben mitteilen und durch die Bezeichnung von Gegenständen aus früheren Leben beweisen, daß sie der Wiedergeborene sind. So geschah es auch mit dem gegenwärtigen, 1935 geborenen Dalai Lama. Im Alter von vier Jahren wurde er zum Nachfolger erklärt. Wenn der neue Dalai Lama einmal gefunden ist, wird er zur Erziehung nach Lhasa gebracht. Dort übernimmt er im Alter von 18 Jahren seine Pflichten. Während seiner Minderjährigkeit regiert ein Stellvertreter.

1955, Indien

DIE INNENSTADT VON CHANDIGARH

Eine modern gebaute Hauptstadt findet Zuspruch und Ablehnung.

Es gibt tägliche Flüge von Delhi nach Chandigarh. Eine Busfahrt von der 250 Kilometer entfernten Hauptstadt dauert über fünf Stunden. Es gibt auch eine Bahnstation mit Verbindungen nach Delhi. Sie liegt jedoch in einiger Entfernung vom Stadtzentrum. Chandigarh ist in verschiedene Sektoren eingeteilt und kann nicht leicht zu Fuß abgegangen werden. Das Gerichtsgebäude befindet sich im ersten Sektor, die Busstation liegt im Sektor 17.

Die offene Hand

Das Bild der offenen Hand erscheint in einer Anzahl von Skizzen von Le Corbusier. In Chandigarh wurde im Jahre 1985, 20 Jahre nach seinem Tod, die große Skulptur einer solchen Hand enthüllt. Den Vorstellungen Le Corbusiers folgend, dreht sie sich im Wind wie eine Wetterfahne.

Rechts: Ein Moloch, in dem gearbeitet wird – das Regierungsgebäude in Chandigarh. Le Corbusier war über 60 Jahre alt, als er mit der Arbeit an der neuen Stadt begann. Er hatte lange von einer solchen Gelegenheit geträumt und bereits 1922 eine Stadt für drei Millionen Einwohner geplant.

Der Schweizer Architekt Le Corbusier (1887 bis 1965) wurde von vielen als seltenes, originelles Genie gefeiert. Andere kritisierten ihn als den Urheber der modernen und oft häßlichen Architektur des 20. Jahrhunderts. Sein tatsächlicher Name war Charles-Edouard Jeanneret, er selbst nannte sich aber Le Corbusier. 1951, nach vielen Enttäuschungen und Fehlschlägen, konnte er endlich seinen Traum, eine ganze Stadt zu bauen, verwirklichen. Die Einladung kam aber nicht aus Europa oder aus einem anderen westlichen Teil der Erde, sondern aus Indien. Der nördliche Staat Punjab hatte seine Hauptstadt Lahore verloren, das nach der Teilung der Staaten im Jahre 1947 zu Pakistan gehörte. Die Bevollmächtigten wünschten nun, daß eine neue Hauptstadt für den bei Indien verbleibenden Teil des Punjab gebaut würde. Chandigarh würde die erste neugebaute Stadt Indiens seit Jaipur sein, das ab 1728 angelegt wurde. Der Standort war bereits ausgesucht, und die Bauarbeiten hatten schon begonnen, als einer der führenden Architekten bei ei-

ASIEN

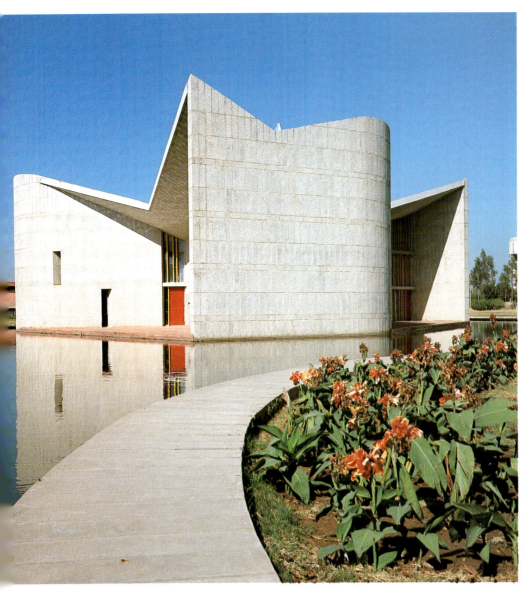

Oben: Der Oberste Gerichtshof besitzt ein Sonnengitter aus Beton, um die Innenräume vor der brennenden Sonne abzuschirmen.

Links: Die Ghandi-Bhavan--Gedächtnis-Bibliothek in Form einer Lotusblüte wurde von Le Corbusiers Cousin Pierre Jeanneret geplant.

Andere Arbeiten von Le Corbusier

Die Besucher von Chandigarh sollten auch die anderen Gebäude der Stadt besichtigen und dann selbst entscheiden, ob ihnen diese Stadt gefällt oder nicht. Vielleicht ist Le Corbusier ein mißverstandenes Genie und seiner Zeit weit voraus gewesen. In Ahmedabad im Staat Gujarat (Nordindien) entwarf er Villen für reiche Leute, ein Kulturzentrum und ein Hauptquartier für die dort ansässige Mühlenbesitzer-Vereinigung. Eines seiner berühmtesten Bauwerke in Europa ist die Kirche *Notre Dame du Haut* in Ronchamp, die aus derselben Bauperiode stammt wie Chandigarh (1950 bis 1954). In Marseilles erbaute er direkt nach dem Zweiten Weltkrieg die *Unité d'Habitation*. Sie hat für eine Wohnanlage eine interessante Bauweise und ist so angeordnet, daß verschiedene Straßen einschließlich einer Ladenstraße übereinander liegen. Die Anlage ähnelt einem großen Schiff, auf den Flachdächern befinden sich nämlich auch Schornsteine. Zu den anderen bemerkenswerten Gebäuden in Frankreich zählen die *Villa Savoye* in Poissy bei Paris und das Kloster *Sainte Marie de la Tourette* in der Nähe von Lyon.

nem Flugzeugunglück ums Leben kam. Daraufhin wurde Le Corbusier eingeladen, die Bauarbeiten fortzusetzen. Es war geplant, daß er nur die größeren Regierungsgebäude entwerfen sollte, tatsächlich hat er aber die gesamte Planung der Stadt überarbeitet.

Der Ort liegt unterhalb der Siwalik-Berge zwischen zwei Flüssen. Ein großer künstlicher See mit einem bequemen Spazierweg wurde angelegt, und man pflanzte in der ganzen Stadt blühende Bäume. Sie ist in durch breite Boulevards getrennte Sektoren gegliedert. Viele der Hauptgebäude sind auf Pfeilern errichtet. Le Corbusier entwarf das riesige Regierungsgebäude, das Parlament und das Gerichtsgebäude. Der von ihm geplante Gouverneurspalast wurde nicht realisiert.

Er sah eine breite Straße als Hauptachse vor. Auf der einen Seite sollte das Regierungshochhaus stehen und auf der anderen das Gerichtsgebäude. So wurde die Stadt auch tatsächlich realisiert. Die Gebäude und Straßen wurden heftig kritisiert, weil sie nicht an menschlichen Bedürfnissen und Proportionen orientiert seien, und das, obwohl Le Corbusier sein eigenes, als *Modulor* bekanntes Maßsystem verwendet hatte, das darauf basierte, daß der Mensch das Maß aller Dinge ist.

Die Anlage von Chandigarh wurde auch deshalb angegriffen, weil es als eine Stadt mit regem Autoverkehr konzipiert war. Und das in einem Land, in dem nur sehr wenige Menschen ein Auto besaßen. Die Kritiker meinten, der Architekt habe Chandigarh geplant, ohne sich die Mühe zu machen, Indien zu besuchen oder das indische Leben kennenzulernen.

Das auffälligste Gebäude ist das Gerichtsgebäude, das den obersten Gerichtshof und acht untergeordnete Gerichtshöfe beherbergt. Der oberste Gerichtshof ist auch tatsächlich um ein Stockwerk höher als die anderen, die nur zweistöckig sind. Die acht untergeordneten Gerichtshöfe besitzen eigene Eingänge, und ihre Unterteilungen sind an der Fassade des Gebäudes klar erkennbar. Die Fassade ist mit geometrischen Sonnenbrechern ausgestattet, einer Erfindung Le Corbusiers, die er zum erstenmal in den 30er Jahren ausprobiert hat. Sie besteht aus einem tiefen Gitter, das die Fassade des Gebäudes bedeckt und die volle Sonneneinstrahlung vermeidet. Dieses System schien besonders für das indische Klima geeignet.

Weitere Attraktionen in Chandigarh sind der Rosengarten, der der größte in ganz Asien sein soll, und ein eigenwilliger Felsengarten in der Nähe des Sees.

123

1988, Japan
DIE SETO-OHASHI-BRÜCKE

Eine Höchstleistung moderner Ingenieurkunst spannt sich über das japanische Inlandmeer.

Über die Seto-Ohashi-Brücke führt die Autobahn Nr. 30, die auf der Strecke elf Bushaltestellen hat und eine Mautstraße ist. Über die Brücke verkehrt auch die Honshi-Bisa-Bahn mit drei neuen Stationen: Kimi, Kaminocho und Kojima.

Immer schneller

Japans steiler wirtschaftlicher Aufschwung nach dem Krieg spiegelt sich in einer Reihe kühner technischer Projekte wider: Eisenbahnverbindungen, Tunnels und Brücken. 1964 setzte Japan die Welt mit der Eröffnung der neuen nationalen Shinkansen-Bahnlinie in Erstaunen. Sie war 515 Kilometer lang und verkehrte zwischen Tokyo und Osaka. Inzwischen wurde sie südwärts bis nach Hakata auf Kyushu ausgedehnt und führt von Tokyo aus nördlich nach Niigata und nordwestlich nach Morioka. Das Shinkansen-Netz hat heute eine Länge von 1.800 Kilometern. Für diese Bahnlinie wurden spezielle Lokomotiven entworfen, die 15.875 Pferdestärken besaßen und 16 Waggons mit einem Gewicht von 880 Tonnen ziehen konnten. Dabei erreichten sie eine Geschwindigkeit von 160 Kilometern pro Stunde. Das System wurde automatisch kontrolliert und war das

Rechts: Ein wirklich beeindruckendes Bild – die Brücke schlängelt sich von Insel zu Insel über das prachtvolle Inlandmeer. Sie wurde erdbebensicher konstruiert.

Gegenüberliegende Seite: Die Brücke vom Wasser aus gesehen. Schiffe können mühelos unter ihr hindurchfahren.

Japan besteht aus vier Hauptinseln und einer großen Anzahl kleinerer Inseln. Als am 10. April 1988 die Seto-Ohashi-Brücke eröffnet wurde, waren alle vier Hauptinseln zum erstenmal durch Schienen miteinander verbunden. Durch die Realisierung dieses Projektes, das bis dahin Japans größtes technisches Unternehmen darstellte, wurde es möglich, rasch vom nördlichen, sibirischkalten Hokkaido über Hondu zu den subtropischen Häfen von Honshu und den von Pilgern bevölkerten Tempeln von Shikoku im Süden zu gelangen. Die neue Brücke überquert das Inlandmeer *(Seto)* zwischen den beiden Inseln Honshu und Shikoku, eine der schönsten Insellandschaften der Welt.

Die Mautbrücke erstreckt sich zwischen den Städten Kurashiki auf Honshu und Sakaide auf Shikoku elegant über fünf kleine Inseln und überwindet so eine Entfernung von zwölf Kilometern. Es ist eigentlich richtiger, wenn man von Brücken spricht, da dieses ungeheure technische Projekt aus vielen Brücken mit unterschiedlicher Konstruktionsweise zusammengefügt ist.

Die längste der Hängebrücken, die Süd-Bisan-Brücke, hat eine Hauptspannweite von 1.100 Metern und ist die fünftlängste der Welt. Die Höhe des größten der beiden Stahlpfeiler beträgt 194 Meter. Sie sind also wesentlich höher als die Cheops-Pyramide und erreichen knapp zwei Drittel der Höhe des Eiffelturms. Die Drahtseile, die bei ihrem Bau verwendet wurden, haben angeblich eine solche Länge, daß sie dreimal um den Erdball gelegt werden könnten. Bei Flut liegt die Brücke 65 Meter über dem Wasser und erlaubt Tankern und Ozeanriesen die Einfahrt in das Inlandmeer.

Die Seto-Ohashi-Brücke ist eine Doppelbrücke mit einer Bahn- und Straßenverbindung. Das obere Deck besteht aus einer vierspurigen Autostraße, und das untere Deck trägt die Bahn und die Shinkansen-Züge. Der Bau dauerte zehn Jahre, und die Kosten beliefen sich auf etwa 9,5 Milliarden Dollar. Es waren am Höhepunkt der Bauperiode an die 5.000 Arbeitskräfte eingesetzt, die 67 Millionen Arbeitsstunden für diesen Bau aufwendeten. 17 Menschen starben durch Unfälle auf der Baustelle. Die Brücke ist so konstruiert, daß sie ein Erdbeben von der Stärke 8,5 auf der Richterskala überstehen kann; das Inlandmeer ist zwar ein ruhiges Gewässer, das Gebiet

ASIEN

ist aber auch für seine ständige Erdbebenanfälligkeit bekannt.

Die Brücke ist zwar groß, sie wird in absehbarer Zeit aber von einer noch größeren in den Schatten gestellt werden. Seit 1988 arbeitet man an der Konstruktion einer weiteren zweistöckigen Brücke zwischen Honshu und Shikoku. Sie soll 1998 fertiggestellt werden. Diese riesige Akashi-Kaikyo-Brücke wird eine Hauptspannweite von 1.780 Metern haben und dann die längste Hängebrücke der Welt sein.

Die Auswirkungen auf Shikoku werden wahrscheinlich sehr beträchtlich sein. Sie ist die kleinste unter den vier Inseln und war auch die am meisten isolierte. Sie zog hauptsächlich Pilger jedoch keine Touristen an. Die Pilger besuchen hier die 88 Haupttempel der Insel. Um sie alle zu Fuß zu erreichen, würde man etwa zwei Monate benötigen. Sämtliche Tempel sind durch den buddhistischen Heiligen *Kobo Daishi* miteinander verbunden, der 774 auf Shikoku geboren wurde und um das Jahr 806 die Shingon-Sekte des japanischen Buddhismus gründete. Nun wird sich diese ruhige Insel durch den Einzug des Tourismus stark verändern.

erste auf der Welt, das keine Signale entlang der Gleise hatte. Die zweite Generation der Shinkansen-Lokomotiven mit 23.600 Pferdestärken kann 930 Tonnen schwere Züge ziehen. Im Jahre 1981 hatte Shinkansen 255 Superexpreßzüge pro Tag laufen, die eine Durchschnittsgeschwindigkeit von 145 Kilometern pro Stunde und auf schnellen Strecken 209 Kilometer pro Stunde erreichten. 1981 verlor Shinkansen seinen Titel „der schnellste Zug der Welt", als die Franzosen zwischen Paris und Lyon den neu entwickelten TGV mit einer Höchstgeschwindigkeit von 257 Kilometern pro Stunde einsetzten. Und seit dem 1. Juni 1991 hat auch die Bundesrepublik Deutschland ihren Hochgeschwindigkeitszug. Der ICE verbindet mit Spitzengeschwindigkeiten von 250 Kilometern pro Stunde die Städte Hamburg und München.

Die Verbindung der vier Hauptinseln Japans durch diese Bahnlinie war eine außerordentliche Errungenschaft. Im Südwesten zwischen den Inseln Kyushu und Honshu verkehren die Züge in Unterwassertunnels (ein dritter Tunnel wurde für Autos gebaut). Die Seto-Ohashi-Brücke verbindet heute Shikoku und Honshu durch eine Straße und eine Bahnlinie. Im März 1988 wurde zwischen Honshu und Hokkaido der spektakuläre Seikal-Bahntunnel eröffnet. Er ist mit 54 Kilometern der längste der Welt, 23 Kilometer verlaufen unter dem Meer in einer Tiefe von 100 Metern. Der Bau dauerte 24 Jahre und kostete viele Menschenleben.

125

AFRIKA

Die große Skulptur von Ramses II. in Luxor. Ramses hält seine kleine Tochter zwischen den Knien.

Afrika ist nach Asien der zweitgrößte Kontinent und nimmt 22 Prozent der Oberfläche unserer Erde ein. Aus Afrika stammen auch die ältesten Spuren von Menschen oder von menschenähnlichen Wesen. Sie verteilten sich dann von dort auf die ganze Welt. Die große Anzahl der Menschenrassen in Afrika und die mindestens 800 verschiedenen Sprachen zeigen die vielfältige Entwicklung der Menschheit bis heute.

Die ersten Menschen waren Sammler und Jäger. Im 5. Jahrtausend v. Chr. gab es im fruchtbaren Niltal Ägyptens aber schon Menschen, die Landwirtschaft betrieben. Die Sahara im Westen war noch keine Wüste, in der heute unfruchtbaren Wildnis fand man Hinweise auf Viehzucht. Zwischen 2650 und 2350 v. Chr. bestand das sogenannte *Alte Reich* in Ägypten, in dem sich eine hohe Kultur entwickelte. Dem schlossen sich das *Mittlere* (2040 bis 1785) und das *Neue Reich* (1551 bis 1070) an. Im ersten vorchristlichen Jahrhundert wurde dann das Land der Pharaonen von fremden asiatischen Mächten erobert – zuerst von den Assyrern im 7. Jahrhundert v. Chr., im 6. Jahrhundert v. Chr. dann von den Persern.

Karthago und Kleopatra

In der Zwischenzeit hatten sich die Phönizier, die in Syrien und im Libanon siedelten, als Seemacht etabliert. Ihre Haupthäfen waren Tyros und Sidon. Von dort aus errichteten sie ein Handelsimperium im Mittelmeerraum. Mit Galeeren erforschten sie die Küste Nordafrikas, ruderten oder segelten bei Tag und ankerten jede Nacht an der Küste. Auf diese Weise gründeten sie eine Kette von Handelsniederlassungen und im heutigen Tunesien die Kolonie Karthago (wahrscheinlich im Jahre 814 v. Chr.). Karthago erreichte eine außerordentliche Machtposition.

Im Jahre 332 v. Chr. eroberte Alexander der Große Ägypten und wurde von ägyptischen Priestern als Gott verehrt. Später ging er daran, Persien zu unterwerfen. Er starb im Alter von nur 32 Jahren im Jahre 323. Nach seinem Tod zerbrach sein Reich. Ägypten fiel seinem griechischen Feldherrn Ptolemaios zu. Dieser gründete eine neue Pharaonen-Dynastie.

Die Karthager besaßen einträgliche Handelsstraßen durch die Sahara nach Westafrika. Das war schon lange bevor man das Kamel, das *Wüstenschiff,* das erst 100 v. Chr. aus Westasien nach Karthago kam, als Lasttier nutzte. Das Imperium der Karthager blühte, bis sie mit den immer mächtiger werdenden Römern zusammenstießen. Nach drei großen Kriegen haben die Römer Karthago im Jahre 146 v. Chr. vernichtet.

Im folgenden Jahrhundert begünstigte Kleopatra, die ptolemäische Königin von Ägypten, den falschen Mann. Sie beging Selbstmord, nachdem sie und ihr Liebhaber Marc Antonius vom zukünftigen römischen Kaiser Augustus 31 v. Chr. besiegt worden waren. Rom regierte Ägypten und beherrschte die gesamte nordafrikanische Küste. Das Christentum wurde im Jahre 324 n. Chr. Staatsreligion und breitete sich auf das ganze römische Staatsgebiet aus. In Karthago hatte ein christlicher Erzbischof seinen Sitz. Die Stadt war in der Folgezeit (439 bis 533) die Hauptstadt des Vandalenreiches, später dann Teil des byzantinischen Reiches (533 bis 698). Im 7. Jahrhundert fiel Karthago den Arabern zu und wurde islamisch.

Die unterschiedlichsten historischen Phasen haben in Karthago ihre Spuren hinterlassen. Ein grausiger archäologischer Fund war die Entdeckung der Knochenreste Tausender kleiner Kinder, die für die karthagische Fruchtbarkeitsgöttin Tanid und ihren Gemahl „Baal" Hammon geopfert wurden.

Weißes und schwarzes Elfenbein
Südlich von Ägypten bestand ab ca. 530 v. Chr. das mächtige Königreich der Kuschiten mit seiner Hauptstadt Meroë. Archäologische Ausgrabungen legten in Meroë Paläste und Tempel einer wohlhabenden Stadt frei, die eine gemischte schwarze und weiße Bevölkerung hatte. Der Einfluß der ägyptischen Kultur war stark und drang über Meroë in den Süden des schwarzen Kontinents vor.

Um 330 n. Chr. wurde Meroë von äthiopischen Armeen aus dem Süden überrannt. Im äthiopischen Amharenhochland entstanden im 12. und 13. Jahrhundert die phantastischen Felsenkirchen von Lalibela.

Im Jahre 641 eroberten die Araber Ägypten und überschwemmten ganz Nordafrika. Die Kuppeln ihrer Moscheen waren in den befestigten Städten, wie beispielsweise Fes in Marokko, zu sehen. Bereits 859 n. Chr. wurde in Fes eine Universität gegründet. Bis heute hat die Stadt ihre alten Befestigungsanlagen bewahrt, ebenso ihre ehrwürdige Moschee und die engen, überfüllten, lauten Straßen.

Arabische Kaufleute drangen weit nach Süden vor, wo sie mit Gold, Elfenbein und Sklaven handelten. Südlich der Sahara entstanden und versanken mächtige Königreiche. In den Steinbauten von Simbabwe bedecken die Steinruinen mit bis zu 9 Meter hohen und 4,6 Meter dikken Mauern mehr als 24 Hektar Fläche.

Ab dem 15. Jahrhundert war Afrika Anziehungspunkt für den europäischen Handel und Imperialismus. Zuerst kamen die Portugiesen, dann folgten die Spanier. 1652 gründeten die Holländer eine Siedlung am Kap der guten Hoffnung – das spätere Kapstadt. Zwischen den westafrikanischen Königreichen und der Neuen Welt entwickelte sich ein blühender Sklavenmarkt, bis die britische Regierung den Sklavenhandel im Jahre 1807 verbot und auch der Wiener Kongreß 1815 diese Praxis verurteilte. Im 19. Jahrhundert teilten die europäischen Großmächte Afrika un-

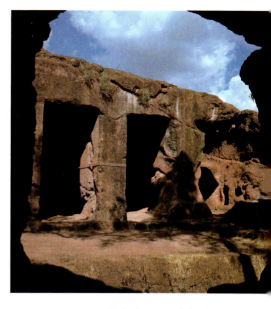

Die Felsenkirchen von Lalibela, benannt nach dem König, in dessen Regierungszeit sie entstanden sind.

ter sich auf, und der Suezkanal wurde 1859 bis 1869 von einem Franzosen mit französischem Geld gebaut. Aber auch noch in diesem Jahrhundert hatten die Europäer großen Einfluß, obwohl die afrikanischen Staaten inzwischen unabhängig waren. So zum Beispiel wurde der Assuan-Staudamm von Deutschen entworfen und von Sowjets erbaut.

Die Tempelmauer der Steinbauten von Simbabwe ist ein Überbleibsel eines mächtigen versunkenen Königreichs.

Um 2560 v. Chr., Ägypten

DIE CHEOPS-PYRAMIDE

Wuchtig und geheimnisumwittert, so hat die Cheops-Pyramide 4.500 Jahre überstanden.

Die Cheops-Pyramide liegt zehn Kilometer südwestlich von Kairo außerhalb des Vorortes Giseh. Man erreicht sie mit Taxis oder Bussen, die am Tahrir-Platz in Kairo abfahren. Touristen können auch auf Kamelen oder Pferden in die Wüste gelangen.

Rätsel der Sphinx

Die Sphinx war schon immer ein Symbol des Geheimnisvollen und der Rätsel. Sie wurde von Pharao Chephren erbaut, wahrscheinlich ist der Kopf sogar ein Porträt von ihm. Sie wirkt im Verhältnis zu den hinter ihr aufragenden, riesigen Pyramiden wie ein Kätzchen, stellt aber tatsächlich einen liegenden Löwen mit Menschenkopf dar. Die Sphinx wurde aus einem Felsbrocken gearbeitet und ist 21 Meter hoch und 74 Meter lang. An der breitesten Stelle mißt das Gesicht 4,20 Meter. Wahrscheinlich war die Sphinx als Wächter für die hinter ihr liegende Totenstadt gedacht. Die Nase ist allerdings zum Teil abgebrochen und der Bart ist vollkommen verloren gegangen. Ursprünglich dürfte sie mit Gips verkleidet und bemalt gewesen sein. Vor ihr befindet sich eine Stele, auf dem die merkwürdige Geschichte von Pharao Thutmosis IV. aus dem 15. Jahrhundert v. Chr. niedergeschrieben ist. Er rastete nach einer Gazellenjagd im Schatten der Sphinx, schlief ein und träumte davon, den ägyptischen Thron zu besteigen, nachdem er die Statue vom Sand befreit hatte. Das tat er auch, und er erhielt, wie versprochen, den Thron.

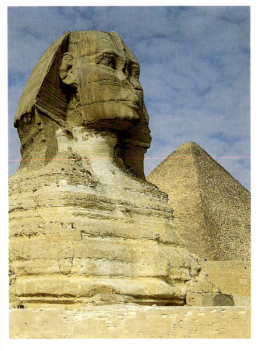

Die Cheops-Pyramide steht am Ende der Wüste westlich des Nils und wurde vom Pharao Khufu (2590 bis 2568 v. Chr.) erbaut. Die griechische Form seines Namens lautet Cheops. Zwei Könige aus einer späteren Dynastie, Chephren und Mykerinos, errichteten ganz in der Nähe weitere Pyramiden. Diese drei Pyramiden zusammen bilden wahrscheinlich einen der bekanntesten Gebäudekomplexe der Welt, der seit Jahrhunderten fasziniert und ehrfürchtig betrachtet wird.

Die Ehrfurcht ist berechtigt. Die Cheops-Pyramide ist 138 Meter hoch (ihre ursprüngliche Höhe betrug sogar 147 Meter) und wurde aus über zweieinhalb Millionen Kalksteinblöcken erbaut, die im Durchschnitt zweieinhalb Tonnen wiegen und aus einem Steinbruch in der Nähe stammen. Das insgesamt über sechs Millionen Tonnen schwere Bauwerk konnte nur mit Hilfe von Rampen, Hebelvorrichtungen, Walzen und durch Ochsen gezogene Schlitten errichtet werden.

Trotz dieser primitiven Verhältnisse wurde bei der Konstruktion der Pyramide mit einer enormen, schwer nachvollziehbaren Genauigkeit vorgegangen. Sie steht auf einer künstlich angelegten Ebene, deren horizontale Abweichung weniger als zwei Zentimeter beträgt. Der Grundriß der Pyramide ist quadratisch mit 227,50 Metern Seitenlänge. Ihre vier Seiten sind mit einer winzigen Abweichung nach Norden, Süden, Westen und Osten ausgerichtet. Niemand weiß, warum diese Perfektion so wichtig war, aber offensichtlich war sie es wohl. Auch kann niemand erklären, warum diese Pyramide überhaupt errichtet wurde.

Nach einer Theorie soll sie das Grabmal des Pharaos gewesen sein. Das könnte stimmen. Seltsam ist nur, daß man in dieser und auch in den anderen Pyramiden nie einen Leichnam gefunden hat. Als im 9. Jahrhundert n. Chr. eine offizielle Delegation in die Cheops-Pyramide eindrang und unter größten Schwierigkeiten die Grabkammer des Königs erforschte, fand sie den großen Steinsarg leer, ohne ein Anzeichen vorheriger Zerstörung.

Von einem 18 Meter hohen Eingang an der Nordseite aus kann man geduckt durch einen niedrigen, engen Gang zur Großen Galerie gelangen, die 46,6 Meter lang ist. Diese führt zur Grabkammer des Königs. Sie befindet sich 42,7 Meter über der Erde und beherbergt den leeren Granitsarg. In der Pyramide gibt es zwei weitere leere Kammern, und außerhalb wurde 1954 in einer langen Grube ein 43,6 Meter langes Boot aus Zedernholz gefunden. Es war zum Teil zerlegt

und kann heute im Solar-Barque-Museum bei den Pyramiden besichtigt werden. Es gibt Hinweise, daß weitere Boote in der Nähe verbrannt wurden. Die Boote waren wahrscheinlich für die Reise des toten Herrschers in ein neues Leben bestimmt.

Etwa 160 Meter von der Cheopy-Pyramide entfernt erhebt sich die Chephren-Pyramide. Sie ist 136,60 Meter hoch und hat eine Seitenlänge von 210,50 Metern. An ihrer Spitze kann man noch ein Stück der ursprünglichen Verkleidung sehen.

Die noch kleinere Mykerinos-Pyramide liegt 200 Meter von der Chephren-Pyramide entfernt. Sie ist 62 Meter hoch und ihre Seitenlänge beträgt 108 Meter.

Aber das wohl weltweit bekannteste Monument Ägyptens nach der Cheops-Pyramide ist die Sphinxfigur, die aufmerksam die Totenstadt bewacht.

Diese drei Pyramiden sind Teil einer Anlage, die außerdem einige Tempel, kleinere Pyramiden und die Gräber von Priestern und Beamten enthält. Die kleineren, südlich gelegenen Pyramiden waren wahrscheinlich für die Frauen der Könige bestimmt und sind unvollendet.

Oben: Die Pyramiden von Giseh – die gewaltigsten Grabmäler der Welt.

Gegenüberliegende Seite, oben: Das Gesicht der Sphinx, ein früher Versuch der Porträtkunst.

Gegenüberliegende Seite, unten: Die Sphinx bei Nacht, dahinter die Cheops-Pyramide.

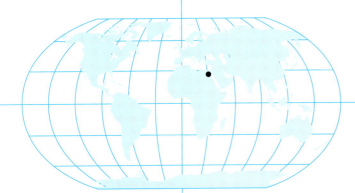

Ab 18. Jahrhundert v. Chr., Ägypten

DIE TEMPEL VON KARNAK

Fast 2000 Jahre lang wurde an dieser größten Tempelanlage Ägyptens gebaut.

Luxor liegt etwa 600 Kilometer südlich von Kairo und 200 Kilometer nördlich von Assuan. Es gibt Flüge von Kairo und Assuan und Zugverbindungen (Ramses-Station) sowie Busse von Kairo. Auch auf dem Nil gelangt man nach Luxor und zu den Tempeln von Karnak.

Der König der Könige

Am Westufer des Nils, nicht weit von Luxor entfernt, befinden sich in einer einsamen Gegend zwei riesige, 15,60 Meter hohe sitzende Statuen von Pharao Amenophis III. Sie wurden als die Memnons-Kolosse bekannt und standen einst am Eingang zu seinem Tempel. Auf ihrer Oberfläche sind Unterschriften eingekritzelt, unter anderen auch die des Hofpoeten des römischen Kaisers Hadrian.

Rechts: Die Tempelruinen vom Heiligen See aus gesehen. Der See wurde durch unterirdische Leitungen mit Nilwasser gespeist. Man hielt hier heilige Gänse und heilige Boote befuhren den See.

Gegenüberliegende Seite: Innenansicht der Tempelanlage: Die Säulen symbolisierten Palmen, die nach der ägyptischen Mythologie auf der Insel der Schöpfung wuchsen. Aus dieser Insel soll die Welt entstanden sein.

Die Griechen bezeichneten die Stadt Weset, die in der Bibel (Ezechiel 30,14 ff; Jeremia 46,25) No genannt wird, mit dem Namen Theben. Sie lag in der Nähe des heutigen Luxor am Ostufer des Nils und hatte ihre Blütezeit im Neuen Reich zur Zeit der 18. Dynastie (1552 bis 1306), als sie Hauptstadt Ägyptens war. Nach ihrer Zerstörung durch die Assyrer unter Assurbanipal im Jahre 663 v. Chr. ist nicht viel übrig geblieben, nur die mächtigen Ruinen der Tempel von Karnak beeindrucken heute noch die Besucher. Die Tempelanlage von Karnak ist mit ihren Toren,

Höfen und Sälen, mit ihren unzähligen Säulen, Skulpturen und Obelisken die größte Tempelanlage des alten Ägypten. Der größte Tempel der Anlage war Gott Amun geweiht, dem Herrn der Winde und der Lüfte. Er wurde als Mensch mit einer doppelten Federkrone dargestellt und hatte als symbolisches Tier den Widder zugeordnet. Ursprünglich war er eine untergeordnete Lokalgottheit. Die Pharaonen des Neuen Reiches machten ihn aber zur Nationalgottheit. Vom 16. Jahrhundert v. Chr. an wurde er mit dem Sonnengott Re identifiziert.

Zu Beginn des Neuen Reiches wurde Amuns kleiner Tempel durch Pharao Thutmosis I. vergrößert, und seine Nachfolger erweiterten ihn immer mehr. Man betritt die verschiedenen Tempelbezirke durch große Tempeltore (*Pylonen*). Diese bestanden aus einem von Türmen flankierten Tor. In Karnak gibt es zehn solcher Pylonen. Wenn der Gläubige in den Tempel eintrat, kam er aus dem hellen Sonnenlicht der äußeren Welt in sich mehr und mehr verdunkelnde Räume und Säle zum Allerheiligsten.

Die Anlage konnte durch zwei Straßen erreicht werden, die von widderköpfigen Sphinxen flankiert waren. Eine führte vom Nil aus zum Tempel, die andere von Luxor her. Der große Vorderpylon des Haupttempels steht heute noch. Er ist 43,6 Meter hoch, 113 breit und hat 15 Meter dicke Mauern. Dahinter liegt der Große Hof. Er ist von einer Säulenhalle umgeben, die sich zu weiteren kleineren Tempeln hin öffnet. Der zweite Pylon führt in den Großen Säulensaal. Er bedeckt eine Fläche von 5.000 Quadratmetern und ist heute nach oben offen. Das Dach lag ursprünglich 24 Meter über dem Erdboden und wurde von 134 Säulen getragen, die in 16 Reihen angeordnet waren und einen Umfang von 10 Metern hatten. Ihre Kapitelle waren in Form von Papyrusblüten und -knospen gestaltet. Ein dritter Pylon führt dann zum zentralen Hof, dahinter durchschreitet man drei weitere Pylonen zum Heiligtum der Barken. Es diente als Aufbewahrungsort für drei Boote, die Amun, seiner Gattin Mut und ihrem gemeinsamen Sohn Chons geweiht waren. Im südlichen Teil der Anlage liegt der Tempel der Göttin Mut. Er kann durch vier weitere Pylonen erreicht werden und ist noch nicht vollständig freigelegt. Er ist aber fast so groß wie der ihres Gatten. In der Tempelanlage stehen auch Tempel des Gottes Chons und anderer Götter. Die sie einst umgebenden Gärten sind längst verschwunden. Einen schönen Blick auf die Anlage hat man vom Heiligen See aus, der sich direkt an die Südseite der Anlage anschließt.

Der kleinere, aber sehr beeindruckende Tempel von Luxor ist ebenso Gott Amun geweiht und liegt etwa drei Kilometer südlich der Karnak-Tempel. Auch er wurde im Laufe der Jahrhunderte erweitert. Später nutzten ihn die Christen als Kirche. Auch hier gibt es eine Säulenhalle mit Papyruskapitellen, riesige Statuen von Ramses II. und lebensecht gestaltete Reliefs.

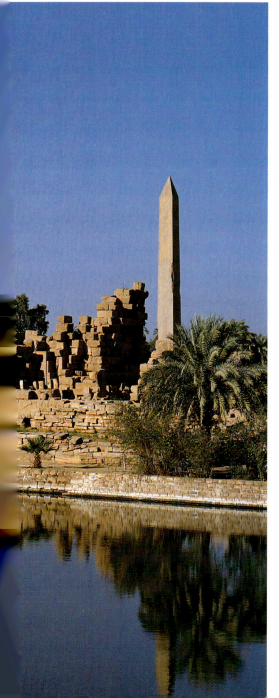

Das Tal der Könige

Die Pharaonen des Neuen Reiches mit ihrer Hauptstadt Theben beerdigte man zumeist westlich des Nils im Tal der Könige. Hier wurden bis jetzt 62 Gräber entdeckt. Das berühmteste ist das Grabmal des Pharao Tut-Ench-Amun. Als es 1922 geöffnet wurde, kamen außerordentliche Reichtümer ans Tageslicht: ein Sarg aus purem Gold, goldene Diademe und Masken, Juwelen, Statuen, Streitwagen, Waffen, Ornamente und Malereien. Zum Ordnen der Kostbarkeiten brauchte man drei Jahre. Tut-Ench-Amun, der im Alter von nur 18 Jahren 1339 v. Chr. starb, befindet sich noch immer in seinem Sarg im Grabmal. Aber fast alle seine Grabschätze wurden in das Ägyptische Museum in Kairo gebracht.

Wer weiß, mit welchen unglaublichen Schätzen bedeutendere Pharaonen begraben wurden, bis Grabräuber sie raubten? Heute sind die Grabmäler wegen ihrer Fresken interessant. Diese stellen Szenen aus dem Leben nach dem Tode dar, wie sie im Ägyptischen Totenbuch geschildert sind, Darstellungen der Nachtreise des Sonnengottes in einem Boot durch die Unterwelt sowie tierköpfige Götter und Göttinnen. Im Grabmal von Ramses III. sind sehr interessante Schilderungen aus dem täglichen Leben des alten Ägyptens zu sehen.

DAS LAND DER PHARAONEN

Im Niltal entwickelte sich eine hohe und rätselhafte Kultur.

Im Tal der Könige: Fresken über das Leben nach dem Tod im Grabmal des Pharao Sethos I.

Ägypten wurde als ein sehr langes und schmales Land beschrieben. Obwohl es ungefähr die Größe Frankreichs hat, reduziert sich der bewohnbare Teil auf einen schmalen Streifen rechts und links des Nils. Die restliche Fläche ist Wüste.

Im Niltal entwickelte sich eine der großen antiken Kulturen. Ihre Überreste wurden über Jahrhunderte durch das trockene ägyptische Klima vor dem Zerfall bewahrt. Besondere Ehrfurcht erwecken die ungeheuer großen Bauwerke und Monumente. Die Cheops-Pyramide bedeckt beispielsweise eine Fläche von 5,3 Hektar. Besonders faszinierend an dieser geheimnisvollen Kultur sind die Gräber mit ihren mumifizierten, in Leinenbandagen gewickelten Körpern und die mit Hieroglyphen bedeckten Tempelwände und -säulen. Die *Heiligen Zeichen,* wie die Hieroglyphen auch genannt werden, gelten als eines der ältesten Schriftsysteme der Welt.

Die drei Königreiche

Die Wirtschaft Ägyptens hing immer vom Wasserstand des Nils und der Sonne ab. Jedes Jahr, normalerweise im Juli, trat der große Fluß aus den Ufern, überschwemmte auf beiden Seiten das Land und hinterließ einen fruchtbaren schwarzen Schlamm. Daraus leitet sich auch der ägyptische Name des Landes her: Kemt bedeutet *das schwarze Land.* Wenn die Überschwemmung einmal ausblieb, führte dies zu Hungersnöten und Elend. Damals gab es viele religiöse Rituale, durch die die lebensspendende Flut zur rechten Zeit eintreffen sollte. Der Pharao, König und Hohepriester zugleich, spielte dabei eine wichtige Rolle. Er galt als Sohn der Götter, als deren sichtbares Abbild.

Um 2900 v. Chr. wurde Ägypten zu einem einzigen Reich zusammengeschlossen. Memphis südlich des Nildeltas wurde die Hauptstadt. Ab diesem Zeitpunkt teilten die Historiker die Geschichte Ägyptens in drei Hauptperioden (Reiche) ein. Dazwischen gab es sogenannte Zwischenzeiten. Das Alte Reich (2660 bis 2160 v. Chr.) war die Zeit der großen Pyramidenbauten. Sie erreichte ihren Höhepunkt beim Bau der riesigen Pyramidenanlage bei Giseh. Heute sind die Pyramiden etwa 4.000 Jahre alt. Die nach oben strebende Bauweise der Pyramide soll den Aufstieg des verstorbenen Pharao zu seinem Vater, dem Sonnengott, symbolisiert haben.

Das Mittlere Reich (2040 bis 1785 v. Chr.) war eine weitere Periode des Reichtums und des Wohlstands. Das goldene Zeitalter Ägyptens kam jedoch mit dem Neuen Reich (1552 bis 1070 v. Chr.). Damals war Theben (das heutige Luxor) Hauptstadt. Der ungeheure Reichtum der Pharaonen wurde für gigantische Tempelbauten ausgegeben, die reich mit Statuen, Obelisken, Sphinxen, Reliefs und Fresken ausgestattet waren. Die Tempelanlage von Karnak in Theben war die größte. Das Tal der Könige war die Grabstätte der Pharaonen. Man beerdigte sie mit Grabbeigaben von ungeheurem Wert. Als im Jahre 1922 das Grab von Tut-Ench-Amun geöffnet wurde, kamen kostbare Schätze ans Tageslicht.

Ramses II. – er gilt als Unterdrücker des Volks Israel, während der Auszug aus Ägypten wohl unter seinem Nachfolger Merneptah stattfand (Exodusbuch, Kap. 1-14) – errichtete die Felsentempel in Abu Simbel. Dort ließ er vier riesige Statuen anfertigen, die ihn mit ausdrucksstarkem Lächeln in die Wüste blickend zeigen. Jeder der Kolosse, deren Höhe zirka 20 Meter beträgt, wird von mehreren, weitaus kleineren Figuren flankiert, die Familienangehörige darstellen.

Die Welt nach dem Tod
In der antiken ägyptischen Religion spielte der Glaube an ein Leben nach dem Tod eine große Rolle. Die reicheren Toten balsamierte man mit außerordentlich weit entwickelten Techniken ein. Einfachere Sterbliche mußten ohne Mumifizierung auskommen, weil sie zu teuer war. Durch die Einbalsamierung sollte der Tote sicher in das Reich des Todes gelangen, wo ihn ein ähnliches Leben wie im Diesseits erwartete. In den Gräbern gibt es viele Ma-

Der Tempel der großen Göttin Isis, von Philae nach Gelkia verlegt, um ihn vor den Wassermassen des Assuan-Staudammes zu bewahren.

lereien, auf denen dieses Leben nach dem Tod dargestellt wird. Man gab den Verstorbenen Miniaturfiguren mit ins Grab, diese sollten ihnen als Diener im Jenseits zur Verfügung stehen. Sie wurden aber auch mit Möbeln, Kleidung und Waffen ausgestattet, man versorgte sie mit Brot, getrocknetem Fisch und Lammkeulen. Es wurden aber nicht nur Menschen einbalsamiert. Man fand Friedhöfe, die Tausende von mumifizierten Katzen, Hunden, Falken, Pavianen und Krokodilen beherbergten.

Überall sind die ägyptischen Götter und Göttinnen durch Statuen, Schnitzereien und Malereien präsent. Viele werden mit Tierköpfen dargestellt. Der Himmelsgott Horus trägt den Kopf eines Falken, die Liebesgöttin Hathor die Ohren und Hörner einer Kuh. Es ist bis heute nicht gelungen, die Bedeutung dieser Darstellungen zu entschlüsseln. Keine andere Kultur hat die Götter aber so stark durch Tierfiguren dargestellt wie die ägyptische – ein weiteres ungelöstes Rätsel des alten Ägypten.

Ab 800 v. Chr., Tunesien

KARTHAGO

*"Tyrer, siehst du das punische Reich und die Stadt Agenors . . .
Dido regiert das Reich: Sie kam von Tyros herüber. Als sie den Bruder floh."
Aus der Aeneis, übersetzt von* JOSEPH SPITZENBERGER

Tunis besitzt einen internationalen Flughafen unweit vom Stadtzentrum und ist auch per Schiff von Sizilien aus erreichbar. Karthago ist heute ein Vorort der Stadt, der mit der Bahn erreicht werden kann. Die wichtigsten Ausgrabungsstätten verteilen sich auf ein sechs Kilometer langes Gebiet.

Hannibal

Der junge karthagische Feldherr Hannibal führte eine Armee von 26.000 Soldaten, 8000 Reitern und 37 Elefanten über die Alpen, um einen Überraschungsschlag gegen Rom zu führen. Sein berühmter Feldzug fand 218 v. Chr. statt. Zwischen 264 und 241 v. Chr. kämpften Römer und Karthager den Ersten Punischen Krieg aus. Er war die unvermeidliche Konsequenz der Rivalität beider Großmächte. Am Ende wurde Karthago gezwungen, auf Sizilien zu verzichten, und mußte eine hohe Kriegsentschädigung zahlen. 218 v. Chr. ergriff dann Hannibal die Initiative. Er drang nach Etrurien vor und schlug 216 die Römer in der Schlacht bei Cannae. Hannibal blieb in Italien und hielt über mehrere Jahre allen Angriffen stand. Als Scipio der Ältere mit Truppen nach Afrika übersetzte, mußte Hannibal in seine Heimat zurückkehren. Er wurde von Scipio in der Schlacht bei Zama 202 v. Chr. entscheidend geschlagen. Dies bedeutete das Ende des Zweiten Punischen Krieges. 149 v. Chr. erklärte Rom Karthago erneut den Krieg. Karthago wurde belagert und 146 zu einer Ruinenstadt niedergebrannt.

Tyros war die alte Hauptstadt der Phönizier. Der König von Tyros ließ den Gatten seiner Schwester Dido ermorden. Daraufhin versammelte Dido ihre Getreuen um sich und segelte mit ihnen davon, um ein neues Königreich zu suchen. An der nordafrikanischen Küste ließ sie eine wunderschöne Stadt erbauen, die sie Karthago (der Name ist aus dem Phönikischen *neue Hauptstadt* abgeleitet) nannte. Der trojanische Königssohn Aeneas war mit seiner Flotte auf der Suche nach einem geeigneten Ort für die Gründung Roms. Er landete nach langer Reise in Karthago und verliebte sich in Dido. Als er Dido verließ, beging sie Selbstmord. Diese dramatische Liebesgeschichte inspirierte später viele Dichter, Maler und Komponisten. Sie wurde ergreifend von dem römischen Dichter Vergil in seinem Epos *Aeneis* geschildert.

Karthago ist aber nicht nur ein berühmtes Thema der europäischen Kunst, sondern auch der europäischen Geschichte. In der Mitte des 2. Jahrhunderts v. Chr. stimmte der römische Senat den Worten Catos des Älteren zu, der wiederholt erklärt hatte, daß Karthago zerstört werden müsse *(Ceterum censeo Carthaginem esse delendam)*. 146 v. Chr. wurde die Stadt, einst Roms Verbündete, dann Rivale und Feind, vernichtet.

Es ist nahezu unmöglich, Fabel und Geschichte auseinanderzuhalten. Trotz vieler archäologischer Grabungen sind die Fakten schwer feststellbar. Sogar das Datum der Stadtgründung ist unsicher. Man vermutet, daß sie am Ende des 9. Jahrhunderts v. Chr. erfolgte. Die archäologischen Funde weisen darauf hin, daß sie nicht vor Mitte des 8. Jahrhunderts bestanden hat. Die ältesten Funde lassen vieles im dunkeln. Im heiligen Bezirk Tophet, der Stadtgöttin Tanid geweiht, wurden in großer Anzahl Kindesopfer dargebracht. Hier opferte man zwei- bis dreijährige Kinder dem Gott Baal Hammon. Es scheint, daß es eine Tradition gab, die Erstgeborenen von angesehenen und regierenden Familien zu opfern. In Tophet soll sich auch Dido verbrannt haben, um ihr Volk vor der Rache des herrschenden Landesfürsten zu retten, dessen Heiratsantrag sie mehrfach ausgeschlagen hatte.

Während des 6. Jahrhunderts v. Chr. entwikkelte sich Karthago zu einer mächtigen Stadt. Man baute die Kriegsflotte aus und gründete eine Reihe von Kolonien. Zeichen der einstigen Seemacht können in künstlich angelegten Häfen in der Nähe Tophets besichtigt werden. Eine beeindruckende Sehenswürdigkeit ist der Hafen der Kriegsflotte. In der Mitte des runden Hafenbeckens befindet sich eine künstliche Insel, auf der die Gebäude der Admiralität lagen. 220 Galeeren wurden von dem griechischen Historiker Appianus gezählt. Vieles von seiner Hafenbeschreibung haben die Archäologen dann auch bestätigt. Der Kriegshafen war mit einem großen Handelshafen verbunden, dessen versandete Einfahrt ausfindig gemacht wurde. Das Zentrum der Stadt befand sich wahrscheinlich auf dem Stadthügel Byrsa. Der Name bedeutet *Ochsenfell* und steht in Zusammenhang mit der Gründungslegende. Nach einem Gesetz war Fremden nur der Erwerb von Land in der Größe eines Ochsenfells erlaubt. Didos List war, das Fell in schmale Streifen zu schneiden und mit ihnen das Gebiet zu umgrenzen. Heute befindet sich dort ein archäologisches Museum. Ausgrabungen auf dem Hügel haben Häuser und Geschäfte freigelegt, die aus dem 2. oder 3. Jahrhundert v. Chr. stammen.

Die meisten Gebäude, die heute besichtigt werden können – zum Beispiel ein Amphitheater, die Grundmauern der Anton-Pius-Bäder und eine Reihe von Villen –, tragen jedoch den Stempel des triumphierenden Rivalen, der unwiderstehlichen Macht Roms.

Oben: Säulenruinen stehen friedlich am blauen Mittelmeer. Karthago wurde von den Phöniziern vom Meer aus gegründet, und über das Meer bauten sie auch ihr großes Handelsimperium auf.

Gegenüberliegende Seite: Die Ruinen der römischen Bäder von Karthago überdauerten Jahrhunderte.

Ab dem 6. Jahrhundert v. Chr., Sudan
MEROË

In einem alten afrikanischen Staat, an einem Kreuzungspunkt verschiedener Kulturen, teilten sich Könige und Königinnen die Macht.

Vom internationalen Flughafen in Khartum gelangt man mit Zügen und Bussen nach Shendi. Von dort aus ist es nur eine kurze Bus- oder Taxireise nach Meroë, das sich in der Nähe der kleinen Stadt Kabushiya befindet.

Rechts: In Meroë ist ein starker Einfluß der ägyptischen Kultur feststellbar. Die toten Könige und Königinnen wurden unter Pyramiden bestattet.

Gegenüberliegende Seite, oben: Tempelmauerruinen mitten in der Wüste. Meroë, westlich des Nils gelegen, war die Hauptstadt eines der mächtigsten Königreiche Afrikas.

Gegenüberliegende Seite, Mitte: In den 20er Jahren des 19. Jahrhunderts suchte ein italienischer Forscher begierig nach Schätzen und entdeckte dabei in Meroë die Spitzen von vielen Pyramiden.

Der griechische Schriftsteller Herodot aus dem 4. Jahrhundert v. Chr. erzählt in seiner Beschreibung des fernen Landes Äthiopien von einem Heiligtum, das *Der Tisch der Sonne* genannt wurde. Jede Nacht brachten Beamte gekochtes Fleisch auf diesen Tisch. Der Tisch stand auf einem Feld in der Nähe von Meroë. Tagsüber durfte jeder von diesem Fleisch essen. Der König von Meroë rühmte sich, daß seine Untertanen 120 Jahre alt würden, weil sie nur von Milch und Fleisch lebten. Ob diese Geschichte stimmt, ist leider nicht nachprüfbar.

Meroë war die Hauptstadt eines mächtigen afrikanischen Staates, der wahrscheinlich vom 6. Jahrhundert v. Chr. bis ins 3. Jahrhundert n. Chr. florierte und seinen Einfluß weit über die Grenzen Hunderte Kilometer entlang des Nils ausdehnte. Ein in der Nähe des Zentrums ausge-

AFRIKA

grabenes Gebäude ist als Sonnentempel bezeichnet worden, zum Teil wegen Herodots Beschreibung, zum Teil aber auch wegen der Entdeckung eines Steinblocks, auf dem das Bild der Sonne dargestellt ist. Der heilige Stein steht auf einer Plattform, die mit Reliefs verziert ist, auf denen Eroberungen dargestellt sind. Neben Herodot haben auch andere griechische und römische Schriftsteller über die Äthiopier und Meroë detailliert berichtet. So fiel es dem europäischen Forscher James Bruce im Jahre 1772 nicht schwer herauszufinden, daß die Ruinen, die er 161 Kilometer nördlich von Khartum im Niltal entdeckte, an jenem Ort standen, über den er in der klassischen Literatur gelesen hatte. Als Archäologen schließlich am Anfang des 20. Jahrhunderts mit systematischen Ausgrabungen begannen, ent-

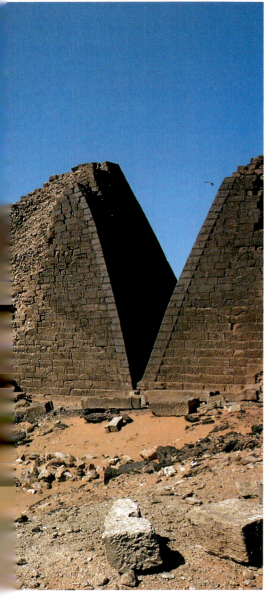

deckten sie viele Grabmäler, religiöse Bauten, Keramiken, Juwelen und feine Metallarbeiten. Vieles ist aber noch unerforscht und geheimnisvoll. So zum Beispiel die Sprache und Schrift des Volkes, die bis jetzt jedem Versuch, sie zu entziffern, widerstanden hat und es besteht auch wenig Aussicht, daß sie je entschlüsselt werden können.

Meroë entstand wahrscheinlich als neue Hauptstadt in einem Gebiet, das einst von den Ägyptern beherrscht wurde. Die Kusch-Herrscher hatten jedoch schon 712 v. Chr. Ägypten erobert. In ihrer Kunst und Architektur ist ein großer ägyptischer Einfluß festzustellen. Auch die ägyptische Religion zeigt in Meroë ihre bedeutende Stellung. Es gibt zahlreiche Tempel für Apis, Amun und Isis. Die Form der Tempel ist eindeutig ägyptisch – mit massiven, keilförmigen Mauerarbeiten und zweidimensionalen Bildhauerkunstwerken. Die Könige und Königinnen von Meroë wurden unter Pyramiden bestattet, die aus verkleidetem Sandstein oder Ziegeln erbaut wurden. Gelegentlich findet man an ein und demselben Gebäude sowohl ägyptische als auch römische Stilelemente und auch welche aus dem Mittleren Osten. Eines der Gebäude sieht so aus, als ob es die Kopie einer römischen Bäderanlage sei. Die Bewohner von Meroë entlehnten vieles aus anderen Kulturen, und für sie bedeutete das Ende der ägyptischen Oberherrschaft nicht die Verdammung alles ägyptischen. Ihre Kunstwerke lassen vermuten, daß Löwen und Elefanten sehr wichtig für sie waren. Ihr Reichtum ist zum Teil auf heimisches Eisenvorkommen zurückzuführen. Sie importierten auch Bronze, Glas und Silberwaren. Obwohl sie von Königen regiert wurden, waren auch ihre Königinnen wichtige Autoritätspersonen. Da ihre Schrift bis heute nicht entschlüsselt werden konnte, gibt es über den Lebensstil der Bewohner won Meroë nur Vermutungen.

Der Löwengott

Die Äthiopier verehrten zwar eine Reihe von ägyptischen Göttern, ihr einheimischer Gott aber war der Kriegsgott Apedemek. Er erscheint auf Tempelreliefs immer in Begleitung von Löwen. Eine ägyptische Inschrift schildert ihn als Beschützer von Frauen und Männern. Apedemek wurde in einem Tempel von Meroë und auch in Naqa verehrt. Diese Stadt war ebenso groß wie Meroë. Im Tempel von Naqa sind Mitglieder einer Herrscherfamilie abgebildet, die diesem Gott huldigen.

Ein Bronzekopf wurde entdeckt

Eine Verbindung zwischen dem Sonnentempel in Meroë und Herodots *Tisch der Sonne* scheint zwar unwahrscheinlich, aber es gibt eine andere Entdeckung in Meroë, die beschrieben wurde. Der Geograph Strabo berichtet, daß die ansonsten friedfertigen Äthiopier im Jahre 23. v. Chr. die Grenzen der römischen Provinz Ägypten überschritten. Sie nutzten die Abwesenheit des römischen Heeres und griffen drei Städte an. Als sie wieder abzogen, warfen sie die Statuen von Kaiser Augustus um. In Meroë wurde ein Bronzekopf von Augustus gefunden. Er war offensichtlich mit Sorgfalt bestattet worden und soll von einer jener Statuen stammten, die Strabo erwähnte.

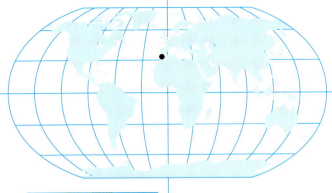

Ab dem 9. Jahrhundert n. Chr., Marokko

FES MEDINA

Eine mittelalterliche Stadt lebt und gedeiht noch immer mitten im 20. Jahrhundert.

Fes besitzt einen eigenen Flughafen. Es gibt auch in Tanger, Casablanca, Marrakesch und Agadir Flughäfen. Mit dem Schiff gelangt man von Südfrankreich und Spanien aus nach Tanger. Züge nach Fes fahren von Tanger und Casablanca. Von diesen Städten und von Marrakesch aus gibt es auch Busse. Die Medina liegt im östlichen Teil der Stadt, sie ist mit Bussen und Taxis gut zu erreichen.

Volubilis

Fes wurde im Jahre 791 von Mulay-Idriss gegründet. Er war ein Nachfahre Mohammeds und beschloß, lieber eine eigene neue Stadt zu gründen als die alte Hauptstadt von Marokko, Volubilis, zu erweitern. Volubilis war ursprünglich eine römische Stadt. Ihre Ruinen geben einen guten Eindruck von römischer Zivilisation in Afrika während des 3. Jahrhunderts n. Chr. Im Zentrum der Ruinenstadt liegen die Überreste einer Basilika, eines Jupiter, Juno und Minerva geweihten Tempels und eines Forums. Es gibt auch einen Triumphbogen, Reste öffentlicher Badeanstalten und eine Reihe von Häusern. Die Hauptattraktion sind die vielen verschiedenen Mosaike. Das Haus des Orpheus – so benannt nach einem Mosaik, das sich im Speisezimmer befindet – zeigt den Gott mit seiner Leier, wie er gerade Vögel und Tiere durch seine Musik bezaubert. In anderen Häusern befinden sich Mosaike, die den Weingott Bacchus oder Aktaion darstellen; dieser wurde zur Strafe, weil er Diana im Bad beobachtet hatte, in einen Hirsch verwandelt.

Fes ist heute eine große, moderne Stadt mit über einer halben Million Einwohner. Hier ist es aber auch möglich, die Autos, die breiten Straßen und Hochhäuser des 20. Jahrhunderts hinter sich zu lassen und in eine mittelalterliche Stadt vorzudringen. Medina ist jene Stadt, in die Mohammed floh, als er in Mekka bedroht wurde. Seit dieser Zeit wird das alte Viertel jeder islamischen Stadt so genannt. Die Medina in Fes *(Fes-el-Bali)* entwickelte sich im 9. Jahrhundert. Hier verbinden sich enge, gewundene Straßen, Brunnen in eleganten Innenhöfen, der Lärm und das Getriebe des Bazars zu einem Bild, das einen Blick in eine andere Welt eröffnet. Viele der Waren, die hier verkauft werden, mögen aus der heutigen Zeit stammen, und viele werden auch nur für Touristen angeboten, aber die Atmosphäre der alten Stadt ist nach wie vor lebendig.

Fes-el-Bali war in unzählige Bezirke eingeteilt. Jeder stellte eine Gemeinschaft für sich dar und hatte eine eigene Moschee, eigene Wasserversorgung, ein *Hamman* (türkisches Bad) und eine Bäckerei. Die Stadt besitzt eine der ältesten Universitäten der Welt und wurde im Mittelalter zu einem Zentrum islamischen Geisteslebens. Mit nahezu 800 Moscheen (denen gewöhnlich Schulen angeschlossen waren), vielen tausend Geschäften, und genug Häusern, um 125.000 Menschen zu beherbergen, wurde Fes im 13. Jahrhundert eine der bedeutendsten Städte der Welt.

Die Hauptmoschee (Karaouine-Moschee) wurde im 9. Jahrhundert gegründet und im 13. Jahrhundert umgebaut. Sie bietet 22.000 Menschen Platz und ist die größte Moschee in Nordafrika. Zu ihr gehören die alte Universität und eine hervorragende Bibliothek. Wie so oft in der islamischen Architektur ist auf ihre äußere Erscheinungsform kein besonderer Wert gelegt worden, und das Gewirr der sie umgebenden Häuser verdunkelt ihre Gestalt noch mehr. In der Moschee überrascht aber der Überfluß an sorgfältig gestalteten Schriftbändern und Fliesenornamenten.

Fes besitzt neben der Universität noch eine Reihe von Koranschulen *(Medresen)*. Sie bestehen gewöhnlich aus drei Räumen: Schule, Gebetssaal und Bibliothek, die um einen zentralen Hof angeordnet sind. Im Zentrum befindet sich ein Brunnen. Besonders eindrucksvoll ist die Bou-Inania-Medressah. Sie besitzt üppige Dekorationen. Die Ähnlichkeiten mit der spanisch-maurischen Architektur sind nicht zu übersehen. Eine

seltsame Anordnung von Fenstern, Holzblöcken und Messingschüsseln soll eine aus dem 13. Jahrhundert stammende Wasseruhr darstellen, aber niemand konnte bis jetzt herausfinden, wie sie funktioniert. Die Schüsseln wurden wahrscheinlich von den Vorfahren jener Männer geformt, die heute noch am Platz der Seffarine stehen und verschiedene Metalle zu unterschiedlichsten Formen verarbeiten. Färber und Gerber sind zwei weitere Berufe, die sich unverändert durch alle Zeiten in Fes erhalten haben. Auf dem Färber-*Souk* (Marktplatz) am Fluß ist noch immer eine Wassermühle in Betrieb, die Samen zerquetscht, aus deren Saft Naturfarben hergestellt werden. Weiter flußabwärts findet man die Gerber bei ihrer harten Arbeit. Man kann ihnen zusehen, wenn man den Geruch aushält.

Rechts: Der große Triumphbogen in Volubilis wurde 217 n. Chr. zu Ehren des Kaisers Caracalla errichtet.

138

Oben: Der zentrale Innenhof der Es-Sahrij-Studentenherberge. Durch eine optische Täuschung entsteht der Eindruck, daß – an welcher Ecke man auch immer steht – das eine Ende des Teiches tiefer liegt als das andere. Das Gebäude stammt aus dem frühen 14. Jahrhundert.

Gegenüberliegende Seite: Ein Blick auf die mittelalterliche Stadt.

Museen

Einige der Schätze, die in Volubilis gefunden wurden, sind in Rabat im Museum der Antike ausgestellt. Unter den Ausstellungsstücken befindet sich auch die Büste des Königs Juba aus dem ersten Jahrhundert v. Chr. und die lebensechte Bronzestatue eines Hundes.

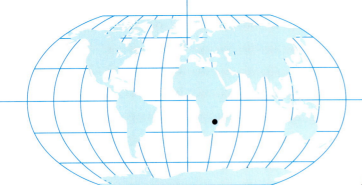

Ab dem 12. Jahrhundert, Simbabwe

DIE STEINBAUTEN VON SIMBABWE

Die wunder- und geheimnisvollen Steinmuster, die manche mit der Königin von Saba in Verbindung gebracht haben, sind rein afrikanische Arbeiten.

Die Steinbauten von Simbabwe liegen 294 Kilometer von Harare entfernt. Von dort aus bestehen Flugverbindungen nach Masvingo. Die Ausgrabungsstätte liegt 28 Kilometer von Masvingo entfernt und kann über die Beit-Brücke und die Morgenster-Straße erreicht werden. Von Harare nach Masvingo und von Masvingo zu den Steinbauten verkehren auch Busse.

Rechts: Ein Eingang zu dem eliptisch angelegten Tempelbezirk, der mit einer großen, ohne Mörtel erbauten Steinmauer umgeben ist. Die Steinbauten von Simbabwe wurden von Menschen errichtet, die die Shona-Sprache sprachen. Ihr Reichtum kam wahrscheinlich von den großen Viehherden, die sie besaßen.

Das Wort Simbabwe scheint von einer Redewendung aus der Shona-Sprache abgeleitet zu sein. Es bedeutet soviel wie *aus Stein*. Die Steinbauten von Simbabwe sind eine Ansammlung von Steingebäuden, die ohne Mörtel und ohne Verwendung von Bogen und Kuppeln errichtet wurden.

Im Jahre 1871 entdeckte sie der deutsche Afrika-Forscher Carl Mauch wieder. Vieles über diesen Ort liegt im dunkeln, da die archäologische Arbeit durch Schatzjäger (einer Gesellschaft aus dem 19. Jahrhundert, die sich *Rhodesian Ancient Ruins Ltd.* nannte) behindert wurde, was im Grunde genommen einer genehmigten Plünderung historischer Stätten gleich kam.

Es gibt in den Steinbauten von Simbabwe drei Gebäudekomplexe: eine frühe Akropolis oder Bergfestung, eine elliptische Umfriedung, die als Tempel bezeichnet wird und von einer riesigen Steinwand umgeben ist, und die in einem Flußtal zwischen diesen beiden Fundorten liegenden Ruinen. Die Lebensbedingungen waren hier günstig: die Gegend ist niederschlagsreich und fruchtbar, die Savanne bietet für Wild einen idealen Lebensraum und das Gebiet war frei von Tsetsefliegen.

Die frühen Erforscher der Steinbauten von Simbabwe glaubten, daß die Bauten nicht von Afrikanern stammen. Beim Versuch, Schichten zu entdecken, die auf frühe nichtafrikanische Eroberer hinwiesen, wurde viel wertvolles Material weggeräumt. Heute weiß man, daß die Steinbauten eine eigenständige afrikanische Schöpfung sind. Die frühesten Kulturen haben Keramik produziert und Kunstwerke, die denen der heutigen Bantu-Neger ähnlich waren. Die Akropolis ist wahrscheinlich während des 12. oder 13. Jahrhunderts n. Chr. entstanden. Etwas später, vielleicht als Folge des anwachsenden Reichtums und dem zunehmenden Sicherheitsbedürfnis, wurde die elliptische Umfriedung gebaut. Warum die Steinbauten so eine Bedeutung gewannen, ist unbekannt. Der Ort war bis 1500 religiöser Mittelpunkt und Handelszentrum des Karanga-Reichs. Gold, Kupfer und Elfenbein wurden bis nach Arabien gehandelt.

Das Bemerkenswerteste an den Steinbauten von Simbabwe ist die Qualität der Steinbauarbeiten, insbesondere des nordöstlichen Teils der elliptischen Tempelmauer. Diese ist stellenweise über 9 Meter hoch und an der Basis 4,90 Meter

140

AFRIKA

breit. Am oberen Ende befindet sich ein verschlungenes Zickzackmuster, das ein Viertel der 244 Meter langen Mauer bedeckt. Geschickte Steinmetze haben die Granitblöcke behauen und sie in regelmäßigen Reihen um einen Gesteinskern angeordnet. Diese Mauer und auch andere, die sich in der Umfriedung befinden, ist etwas gewölbt. Die Funktion der inneren Mauern und Gänge konnte noch nicht geklärt werden. Die Anlage sieht aber nicht so aus, als ob sie ein Dach gehabt hätte. Ebenso ungeklärt ist die Rolle eines konischen Turmes, an dem das Zickzacksteinmuster ebenfalls auftaucht.

Die Akropolis steht an einem 27 Meter hohen Abhang und konnte über Treppen erreicht werden. Die Stufen waren in den Felsen eingemeißelt und so breit, daß gerade eine Person hinaufsteigen konnte. Auch dieser Ort war mit einer Mauer geschützt. Auf dem vier Meter breiten Spazierweg am oberen Ende waren in bestimmten Abständen Monolithe aufgestellt. Theodore Bent, ein früher Erforscher der Steinbauten, fand insbesondere die Durchgänge und die Festungswerke bemerkenswert. Jahre später sagte er, daß dies der geheimnisvollste und komplexeste Ort gewesen sei, den sein Schicksal ihn je sehen ließ. Die Steinbauten von Simbabwe sind auch wirklich sehr beeindruckend und geheimnisvoll. Die große Stadt mit ihren Ehrfurcht gebietenden Mauern – dem größten Steinmonument Afrikas nach den Pyramiden – sind ein Dokument früher afrikanischer Kulturen.

Oben: Teil des Zickzackmusters, das am oberen Ende der Tempelwand verläuft.

Größe und Macht

Im Jahre 1891 verließen Theodore Bent, seine Frau und Robert Swan England, um an einer archäologischen Expidition teilzunehmen. Sie wurde von der *Royal Geographical Society,* der *British Chartered Company of South Africa* und von der *British Association for the Advancement of Science* gefördert. Sie verbrachten zwei Monate in den Steinbauten von Simbabwe und beschäftigten 30 einheimische Arbeiter um den Monatslohn einer Decke. Bents Expeditionsbericht vermittelt einen guten Einblick in die damalige archäologische Arbeit.
Bent berichtet, daß „am Anfang ernste Zweifel geäußert wurden, ob es ratsam sei, eine Frau auf eine solche Reise mitzunehmen". Die Zweifler wurden eines Besseren belehrt. Frau Bent, die bereits Reiseerfahrungen in anderen Ländern gesammelt hatte, war die einzige, die kein Fieber bekam. Ihr Gatte berichtet stolz, daß sie während des ganzen Jahres in Afrika keinen einzigen Tag krank war, und daß sie eine Reihe von Fotografien unter außerordentlich schwierigen Umständen gemacht hat.
Es stellte sich heraus, daß die Anstrengungen seines Kartographen und Feldmessers Swan, eine astronomische Bedeutung in die Steinbauten von Simbabwe hineinzuinterpretieren, auf ungenauen Messungen beruhten. Die nachfolgenden Arbeiten wurden viel wissenschaftlicher betrieben, aber sie haben nicht Bents Bewunderung für die „Macht und Größe dieser alten Rasse, ihre geniale Konstruktionsbegabung und ihr strategisches Geschick" abgeschwächt.

141

Nach 1200, Äthiopien

DIE FELSENKIRCHEN VON LALIBELA

„Sie zählen zu den wenigen berühmten Wundern der Welt, welche mir einen Freudenschock eingejagt haben, als ich sie schließlich gesehen habe."
DERVLA MURPHY, *unterwegs in Äthiopien mit einem Maultier.*

Von Addis Abeba und Asmara gibt es Flüge zum Behelfsflughafen Lalibela. Die Straßen zur Stadt sind nur mit geländegängigen Fahrzeugen befahrbar.

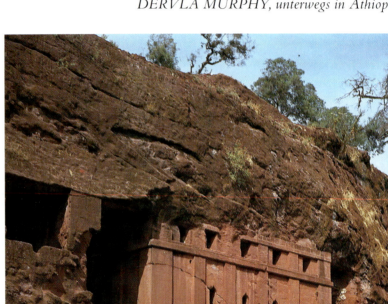

Rechts: Die Kirchen wurden unter schwierigsten Arbeitsbedingungen aus dem Felsen herausgeschlagen, um eine heilige Stadt zu erschaffen.

Gegenüberliegende Seite, links: Die Kirche des heiligen Georg wurde zuerst als Block aus dem Felsen herausgehauen, dann zu einem griechischen Kreuz bearbeitet, und schließlich höhlte man das Innere aus. Die Spitze der Kirche liegt in einer Ebene mit der Erdoberfläche.

Gegenüberliegende Seite, rechts: Das Innere von Beit Mariam. Die Kirche der Jungfrau Maria ist wunderschön verziert.

Die elf Felsenkirchen von Lalibela, die aus dem Granit herausgemeißelt wurden, erregten seit dem 16. Jahrhundert das Interesse der Welt. Damals gab der portugiesische Mönch Francisco Alvarez eine Beschreibung von ihnen. Er beendete sie mit den Worten, daß er daran zweifelt, daß man ihm glauben wird. Die Kirchen entstanden vermutlich, indem man zunächst tiefe Gräben um einen großen Steinblock herum in den Fels schlug, bis dieser vollständig vom Berg isoliert war. Danach begannen die Steinmetze mit der eigentlichen Gestaltung. Einer anderen Theorie zufolge wurde von oben nach unten gearbeitet, wobei auf jedem Grabungsniveau die Feinarbeiten unmittelbar nach dem Grobaushub durchgeführt werden mußten. So kam man ohne aufwendige Gerüste aus. Aus dem verhältnismäßig weichen Gestein wurden sorgfältig Kuppeln, Fenster, Verandas und Türen herausziseliert. Das Innere höhlte man auf die gleiche Weise aus, wobei man Säulen und Bogen, die vom Boden zur Decke reichten, stehen ließ.

Jahrhunderte hindurch war Lalibela religiöses Zentrum und Pilgerstätte, aber es gibt auch Hinweise auf militärische Anlagen und eine palastähnliche königliche Residenz.

AFRIKA

Salomon und die Königin von Saba

Durch die hohen Berge von der übrigen Außenwelt abgeschnitten, hielten die Äthiopier viele Jahrhunderte an dem Glauben an ihre Einzigartigkeit und Überlegenheit fest. Für sie war die orthodoxe äthiopische Kirche auf dieser Erde der einzige Weg zu Gott. Grundlage ihrer nationalen Identität war der Glaube, daß ihre Könige von Salomon und der Königin von Saba abstammten.
Der äthiopischen Version dieser Geschichte zufolge, hörte die schöne Königin Makeda von der unvergleichlichen Weisheit Salomons und beschloß, ihn zu besuchen. Beladen mit Geschenken, die auf 797 Kamelen und zahllosen Maultieren transportiert wurden, zog sie mit ihrem Gefolge von Äthiopien nach Jerusalem. Dort erwies Salomon ihr seine Gastfreundschaft und überredete sie zum Beischlaf. Ihren gemeinsamen Sohn nannten sie Menelik. Er wurde der Begründer der äthiopischen Herrscherdynastie und hatte seinen Sitz in Axum. Man erzählt, daß Menelik von Jerusalem die Bundeslade mitnahm. Sie soll seitdem geheim in der Kirche der Jungfrau Maria in Axum aufbewahrt sein. Eine Geschichte berichtet, daß zwei Italiener zu ihr vordrangen und daraufhin von Mönchen getötet wurden.
Es gab in früheren Zeiten tatsächlich einen starken jüdischen Einfluß auf Äthiopien. Die alte Kirchensprache des Landes war eine semitische Sprache, die mit dem Hebräischen und Arabischen verwandt war. Die äthiopisch-orthodoxe Kirche geht zurück auf ägyptische Missionare aus dem 4. Jahrhundert und verehrt neben dem Neuen Testament auch besonders das Alte Testament.

Die Stadt liegt im Amharenhochland in Zentraläthiopien. Sie hieß ursprünglich Roha, später wurde sie nach dem bedeutendsten König aus der Zagwe-Dynastie Lalibela genannt. Diesem König spricht die Legende die Konstruktion der im 12. und 13. Jahrhundert entstandenen Kirchen zu. Vermutlich muß man aber mehr als ein Menschenalter für den Aushub von 100.000 Kubikmetern Fels ansetzen. Nach einer Erzählung wurde der König bei seiner Geburt von einem Bienenvolk umschwärmt. Seine Mutter nannte ihn daraufhin *Lalibela:* „Die Bienen anerkennen seine Hoheit."

Lalibela wurde ein enthusiastischer Christ. Er hatte Visionen und sah sich nach Jerusalem reisen. Der Legende nach beschloß er, in der Abgeschiedenheit der Berge eine eigene heilige Stadt zu erbauen. Zehn Kirchen wurden an den Ufern eines Flusses errichtet, dem man den Namen Jordan gab. Von Jerusalem und Alexandria holte man geschickte Steinmetze, die durch einheimische Arbeitskräfte unterstützt wurden und durch von Gott gesandte Engel, die nachts arbeiteten. Angeblich baute nach Lalibelas Tod im Jahre 1212 seine Witwe zu seinem Angedenken die elfte Kirche. Wenn man die schwierigen Entstehungsbedingungen bedenkt, ist es erstaunlich, wie groß manche dieser Kirchen sind. Die größte von ihnen, die Kirche des Erlösers *(Beit Medhane Alem)* ist 33,70 Meter lang, 23,70 Meter breit und 11,60 Meter hoch. Die ehrwürdigste unter ihnen ist die Kirche der Jungfrau Maria *(Beit Mariam),* deren untere Fenster die Form von lateinischen und griechischen Kreuzen, Hakenkreuzen und verschlungenen Kreuzen haben. Die zentrale Säule im Inneren ist mit Stoff bezogen. In einer von Lalibelas Visionen erschien Jesus und hat diese Säule berührt und Zukunft und Vergangenheit in sie eingeschrieben. Deshalb mußte sie verschleiert werden, da Sterbliche nicht stark genug sind, die Wahrheit zu ertragen.

Die Kirche steht in einem großen Hof, der ebenfalls mit ungeheuerem Kraftaufwand aus dem Felsen herausgehauen wurde. Später wurde die Kirche des Kreuzes *(Beit Maskal)* in die Nordmauer des Innenhofes geschlagen. Auf der gegenüberliegenden Seite des Hofes befindet sich die Kirche der Jungfrau *(Beit Danaghel),* die dem Martyrium Marias gewidmet ist. Durch einen Tunnel-Irrgarten gelangt man zu anderen Felsenkirchen, die mit dem Hof in Verbindung stehen. Die Kirche des heiligen Georg *(Beit Giorgis),* dem Schutzherrn der Äthiopier und der Engländer, wurde in Form eines gleicharmigen Kreuzes gemeißelt. Sie steht in einer großen Grube und kann nur durch einen Tunnel erreicht werden.

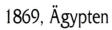

1869, Ägypten

DER SUEZKANAL

Im 19. Jahrhundert wurde eine alte Idee wieder zum Leben erweckt.

Die beste Art, den Kanal zu besichtigen, ist eine Schiffsreise. Wenn das nicht möglich ist, kann man mit dem Zug oder Taxi eine Kurzreise von Kairo nach Ismailia unternehmen. Es gibt auch Touristenausflüge von Port Said aus.

Im November 1869 wurde der Suezkanal mit großen Festlichkeiten eröffnet. Die Idee einer Verbindung zwischen dem Mittelmeer und dem Roten Meer war aber nicht neu. Bereits im 6. Jahrhundert v. Chr. hatte der ägyptische König Necho diesen Plan gefaßt. Er gab schließlich sein Vorhaben, diesen Wasserweg zu bauen, auf. Zuvor ließen aber 120.000 Sklaven bei diesem

Rechts: Große und kleine Schiffe auf dem Kanal, der schnurgerade durch die Wüste verläuft. Viele Menschen mußten beim Bau ihr Leben lassen. Die britische Regierung stand dem Unternehmen am Anfang ablehnend gegenüber. Später kaufte sie jedoch vom Pascha von Ägypten den Löwenanteil der Aktien.

AFRIKA

Versuch ihr Leben. Um 500 v. Chr., nachdem die Perser Ägypten erobert hatten, belebte König Darius dieses Projekt von neuem und kündigte in einer Inschrift an, daß er den Kanal fertiggestellt habe. Der griechische Historiker Herodot aus dem 5. Jahrhundert v. Chr. berichtet, daß dieser Kanal nicht der direkten Route zwischen den beiden Meeren folgte und daß ein Schiff vier Tage brauchte, um ihn zu durchfahren. Er soll so breit gewesen sein, daß zwei Boote mit je drei Rudern nebeneinander fahren konnten. Wahrscheinlich ist der Kanal des Darius östlich des Nils verlaufen und hat einen See an der Route der heutigen Wasserstraße durchquert. In römischer Zeit wurde der Kanal verbessert, ist aber danach wieder versandet. Spätere Generationen waren den Unternehmungen ihrer Vorfahren nicht gewachsen. Pläne aus Zeiten des venezianischen Reiches, von Ludwig XIV. und Napoleon wurden nie ausgeführt.

Napoleons Ingenieure planten mehrere Schleusen ein, da ihre Berechnungen eine Differenz von zehn Metern zwischen dem Meeresspiegel des Mittelmeers und des Roten Meeres ergaben. Auch als sich dies als falsch herausgestellt hatte, dauerte es noch einige Zeit, bis der Kanalbau verwirklicht werden konnte.

Ferdinand de Lesseps, 1831 bis 1838 französischer Konsul in Kairo, überzeugte nach langen vergeblichen Bemühungen 1854 den Vizepräsidenten Mohammed Sais Pascha (Ägypten war zu dieser Zeit Teil des osmanischen Reiches) und erhielt das Recht, mit den Bauarbeiten zu beginnen. Der Kanal sollte nördlich von Suez seinen Ausgangspunkt nehmen und dann in direkter Linie, den Timsah-See und die Bitterseen durchkreuzend, zum Mittelmeer führen. Lesseps gewann nicht nur die Unterstützung des Vizepräsidenten, sondern auch eine Reihe französischer Aktionäre, die in seine Suezkanal-Gesellschaft investierten. Nur die Briten, die an einer schnelleren Verbindung nach Indien am meisten zu gewinnen hatten, kauften keine Aktien. Obwohl der Kanal die Entfernung zwischen London und Bombay um 7.343 Kilometer verkürzt hätte, tat die britische Regierung alles, um dieses Projekt zu verhindern. Sie verdammte es als physikalisch undurchführbar, viel zu teuer und unrentabel.

Zwischen der Feier zu Baubeginn und der zehn Jahre späteren Eröffnungszeremonie stand Lesseps dem Bau vor. Es gab viele Schwierigkeiten zu überwinden. Am Anfang arbeiteten Zwangsarbeiter für ihn. Später wurde die Arbeit mechanisiert und die Arbeitsbedingungen so verbessert, daß sie auch für europäische Arbeitskräfte attraktiv wurden. Um Trinkwasser für die 25.000 Arbeitskräfte zur Verfügung zu stellen, baute man eine eigene Frischwasserleitung. Am Mittelmeer, wo der Kanal endete, wurde Port Said buchstäblich aus dem Nichts gegründet. Von dort aus fuhr man zu den Arbeitsplätzen in den Süden, bis die Fertigstellung der Frischwasserleitung im Jahre 1863 es ermöglichte, eigene Arbeitslager entlang der Kanalroute anzulegen. Der Kanal war bei seiner Fertigstellung 161 Kilometer lang, acht Meter tief und an der Wasseroberfläche 22 Meter breit. Alle zehn Kilometer wurde eine Ausweichbucht angelegt. Heute beträgt seine Breite 200 Meter und seine Tiefe ist nirgends geringer als 15 Meter. Vollbeladene Öltanker mit einem Tiefgang von zwölf Metern können ihn passieren.

Oben: Am nördlichen Ende des Kanals liegt die blühende Stadt Port Said.

Die Eröffnungszeremonie

De Lesseps war ein guter Journalist und Manager. Nach zehn Jahren angestrengter Arbeit am Kanal, der fünf Jahre Planungs- und Konstruktionsarbeit vorausgingen, organisierte er eine prächtige Eröffnungszeremonie. Es wurden 500 Köche und 1.000 Diener für 6.000 Gäste beschäftigt. Der Komponist Giuseppe Verdi wurde eingeladen, eine Oper zu schreiben, um den Kanal und das neue italienische Theater von Kairo einzuweihen. Es entstand seine Oper *Aida,* die jedoch erst 1871 in Kairo uraufgeführt werden konnte. 48 mit Flaggen dekorierte Schiffe legten in Port Said an, und dann segelte diese große Flotte durch den Kanal. Kaiserin Eugénie von Frankreich fuhr als Ehrengast auf dem ersten Schiff mit. Viele gekrönte Häupter aus Europa und anderen Kontinenten nahmen ebenfalls an diesem Spektakel teil, und der Reiseagent Thomas Cook organisierte sogar eine Reise für Touristen. Der Kanal wurde so mit Feuerwerk, Tanz und Musik – und mit kleineren und größeren Pannen – dem öffentlichen Verkehr übergeben.

1971, Ägypten

DER ASSUAN-STAUDAMM

Der Damm hat zum erstenmal in der Geschichte Ägyptens die Nilüberflutungen vollständig unter Kontrolle gebracht.

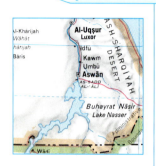

Assuan, am Ostufer des Nils, liegt 966 Kilometer südlich von Kairo. Es gibt Flüge und Züge von Kairo aus, und man kann per Schiff auf dem Nil nach Assuan gelangen. Der Staudamm befindet sich 13 Kilometer stromaufwärts südlich von Assuan.

Rechts: Der Staudamm mit dem hydroelektrischen Kraftwerk. Im Hintergrund sieht man das lotusförmige Monument. Der Damm brachte zwar einerseits den erwünschten Nutzen, andererseits schuf er ernsthafte Schwierigkeiten. Es gab Klimaveränderungen in Südägypten, der Regen nahm beträchtlich zu.

Gegenüberliegende Seite: Die Kolossalfiguren von Ramses II. in Abu Simbel mußten vor dem sich aufstauenden Wasser des Nasser-Sees in Sicherheit gebracht werden.

Am 15. Januar 1971 wurde der neue Damm über den Nil südlich von Assuan formell durch den ägyptischen Präsidenten Anwar as-Sadat eröffnet. Elf Jahre früher, noch in der Zeit des Präsidenten Abd el Nasser wurde mit der Arbeit begonnen. Der Damm ist 111 Meter hoch und 3,8 Kilometer lang. An der Basis ist er etwa 975 Meter breit und verengt sich bis zum oberen Ende auf 40 Meter. Er enthält so viele Steine, Sand, Ton und Beton, daß man aus seinem Baumaterial problemlos 17 Cheops-Pyramiden errichten könnte.

Über den Damm führt eine vierspurige Straße. Es gibt einen Triumphbogen, und am westlichen Dammende befindet sich ein Monument aus vier großen, spitzen weißen Monolithen, die in einem Kreis aufgestellt sind und die Form einer Lotusblume symbolisieren. Ein Kanal an der Ostseite des Damms betreibt die Turbinen des elektrohydraulischen Kraftwerkes. Der Damm hat ein gigantisches Wasserreservoir geschaffen, das den Namen Nasser-See erhielt. Er ist einer der größten künstlichen Seen der Welt, bedeckt eine Fläche von 5.244 Quadratkilometer und erstreckt sich mit einer Länge von 510 Kilometer in den Süden über Nubien bis in den Sudan. Der Assuan-Staudamm *(Sadd el-Ali)* brachte das alljährliche Hochwasser des Nils zum erstenmal voll unter Kontrolle. Von den Überschwemmungen hängen seit erdenklichen Zeiten Leben und Reichtum der Ägypter ab, jedoch waren sie in manchen Jahren zu gering, in anderen vernichteten die Fluten die Ernten. Durch den Dammbau konnte mehr Land bestellt werden. Allerdings tauchten nach seiner Fertigstellung auch Probleme auf, wie etwa ökologische Veränderungen rund um das Nildelta durch den höheren Salzgehalt des Wassers und Klimaveränderungen in der Region.

Der Damm wurde in Deutschland geplant und mit Hilfe der Sowjetunion gebaut. Sein Bau forderte 451 Menschenleben.

Etwa sechs Kilometer stromabwärts im Norden liegt der alte Assuan-Damm, der im Jahre 1902 fertiggestellt wurde. Zu seiner Zeit war er der größte Damm der Welt und wurde von den Arabern *El-Sadd* (der Damm) genannt.

Der Bau des neuen Staudammes zerstörte die Heimstätten von 60.000 Nubiern und Sudanesen. Sie mußten an anderen Orten angesiedelt werden. Zahlreiche antike Monumente versanken in den Fluten des Stausees. Nur die wichtigsten wurden durch eine beispielhafte Aktion der UNESCO gerettet. Die schöne Insel von Philae beispielsweise ist für immer verschwunden, ihre Tempel wurden aber in numerierte Stücke zersägt und wie ein Puzzle auf einer höher gelegenen Insel wieder zusammengesetzt. Der Haupt-

AFRIKA

tempel ist der Isis geweiht und seine verschiedenen Bauteile stammen aus den späten Jahrhunderten v. Chr. und den frühen Jahrhunderten n. Chr.

Drei weitere Tempel sind nach Kalabscha in der Nähe des westlichen Endes des Staudamms verlegt worden. Der spektakulärste Teil der Hilfsaktion war aber die Rettung der berühmten Felsentempel von Abu Simbel, die 282 Kilometer südlich von Assuan liegen.

Assuan selbst ist ein Winterkurort, das Klima ist zu dieser Jahreszeit mit Temperaturen um 20 Grad Celsius ideal. Im Sommer können 50 Grad Celsius erreicht werden. Kenner berichten, daß die Palmen Assuans die schmackhaftesten Datteln von Ägypten tragen. Interessante Ausflugspunkte sind das Mausoleum des 1957 verstorbenen Schah Aga Khan, die Ruinen eines koptischen Klosters, Felsengräber in einem alten moslemischen Friedhof, antike Ruinen auf der Nilinsel Elephantine und die Granitsteinbrüche, aus denen vor Jahrhunderten die Steine für den Bau der Pyramiden, Pharaonenpaläste und Tempel gewonnen wurden.

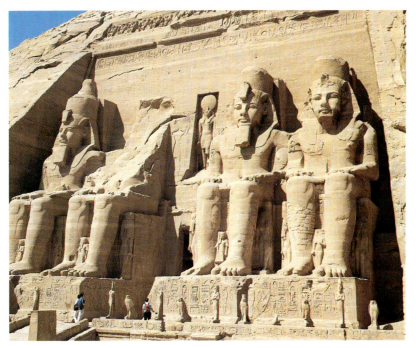

Götter im Felsen gerettet!

Die Felsentempel von Abu Simbel in der Nähe der Grenze zwischen Ägypten und dem Sudan wären unter dem Wasser des Nasser-Sees verschwunden, wenn dies nicht eine spektakuläre UNESCO-Aktion verhindert hätte. Diese beiden für Pharao Ramses II. um 1260 v. Chr. errichteten Tempel wurden aus einem Felsen herausgehauen. Die Fassade des größeren Tempels bewachen vier 20 Meter hohe Riesenstatuen des Pharao. Ursprünglich wollte man um die Statuen zum Schutz vor dem auflaufenden Wasser ein riesiges Glashaus bauen, und Besucher sollten in gläsernen Behältern nach unten gebracht werden. Schließlich wurden die Tempel und Statuen aber aus dem Berg herausgeschnitten, in transportable Blöcke zersägt und an einem neuen Standort in der Nähe wieder zusammengesetzt.

Der größere Tempel war Amun-Re sowie anderen Göttern von Theben und Ramses selbst geweiht. Der Bau war so ausgerichtet, daß die Strahlen der aufgehenden Sonne an zwei Tagen des Jahres tief in den Tempel drangen und die Götterstatuen in seinem Inneren beschienen. Die Fassaden hinter den sitzenden Ramsesfiguren sind 33 Meter hoch. Diese Riesenstatuen sind realistische Porträts des Pharao. Einer Statue fehlt allerdings der Kopf. Er wurde von einem Erdbeben zerstört. Kleinere Figuren stellen die Kinder des Pharao sowie seine Schwestergattin Nefertari dar.

147

Unten: Figur aus Tula in Mexiko, eines der großen religiösen Zentren Mittelamerikas. Hierher zog es einst die Menschen, um näher an der heiligen Macht dieses Ortes zu leben.

NORD- UND MITTEL- AMERIKA

Nordamerika ist der drittgrößte Kontinent. Er bedeckt mit 24 Millionen Quadratkilometern etwa ein Achtel der Landoberfläche der Erde. Die ersten Einwohner kamen vor 20.000 oder mehr Jahren aus Sibirien und wanderten zu Fuß über die Bering-Straße, die zu dieser Zeit Festland war. Von dort aus strömten sie nach Alaska und weiter nach Süden. Mit der Zeit entdeckten sie die Landwirtschaft und errichteten feste Siedlungen. In Mexiko entwickelten sich kleine Dörfer zu Städten und Stadtstaaten, zu Königreichen und Großmächten.

NORD- UND MITTELAMERIKA

Das komplizierte Puzzle ihrer Geschichte und Zusammenhänge ist noch lange nicht komplett und die meisten Daten sind noch unsicher.

Die frühen Einwohner Amerikas, ohne jeden Kontakt zur *Alten Welt*, entdeckten, wie man Getreide anbaut, Keramiken erzeugt, wie man Kupfer und Gold bearbeitet und große Pyramiden erbaut. Sie hatten kein Eisen, kannten keinen Pflug, kein Glas und kein Schießpulver.

Gier nach Blut
Im Osten Mexikos, in Guatemala auf der Halbinsel Yucatán, erreichte die Maya-Kultur im 4. Jahrhundert n. Chr. ihren Höhepunkt. Die Mayas kannten keine Metalle und betrieben Landwirtschaft in einfachster Form. Sie hatten jedoch ausgezeichnete Astronomen, Mathematiker und Künstler. Sie waren in der Lage, Mond- und Sonnenfinsternisse vorauszusagen, und besaßen bereits ein eigenes Zahlensystem, das die Null einschloß. Tikal, in den Dschungeln des heutigen Guatemala gelegen, war wahrscheinlich die größte Stadt der Mayas. Dorthin zogen die Menschen, um bei einem religiösen Zentrum zu leben.

Weiter westlich befindet sich die Stadt Teotihuacán mit der großen Sonnenpyramide sowie der Mondpyramide; hier lebten etwa 200.000 Menschen. Im 11. und 12. Jahrhundert dominierten in Mexiko die Tolteken mit ihrer Hauptstadt Tula. Heilige Ballspielplätze wurden entdeckt, an denen mit einem Gummiball um das Leben gespielt wurde – man enthauptete die Verlierer. Wahrscheinlich wurden sie den Göttern geopfert. Damals waren in Mittelamerika Menschenopfer üblich, was auch in Chichén Itzá sichtbar wird: In Trockenzeiten warf man lebendige Kinder in eine Quelle, um die Götter zu versöhnen und sie dazu zu bringen, es regnen zu lassen.

Bei den Azteken ging diese Blutgier bis zur Raserei. Sie glaubten, daß Sonne und Erde durch Menschenblut genährt werden müßten. Um 1450 hatten sie ein riesiges Imperium errichtet. Sie beherrschten von ihrer Hauptstadt Tenochtitlàn (heute Mexico-Stadt) aus fast das gesamte moderne Mexiko. Um die Zeit der spanischen Eroberung töteten aztekische Priester pro Jahr bis zu 50.000 Opfer, indem sie ihnen bei lebendigem Leib das Herz herausrissen. Die Azteken führten Kriege, nur um Gefangene für ihre Opferungen zu machen. Sie versklavten aber auch die Bauern und forderten von ihnen hohe Tribute.

Der Unmut gegen die aztekische Unterdrückung brachte Hernán Cortés Verbündete in Mexiko. Sie halfen ihm, das Aztekenreich in kurzer Zeit zu erobern. Andere Gründe für ihren raschen Untergang war die militärtechnische Überlegenheit der Eroberer, insbesondere ihre Metallwaffen und Pferde. 1521 beherrschte Hernán Cortés Mexiko, und in den nächsten 300 Jahren regierte Spanien ganz Mittelamerika. Die einheimischen Kulturen wurden zerstört und die Bevölkerung zum Christentum bekehrt. In ihre christlichen Bräuche flossen aber vorchristliche ein. Als sich in Mexiko eine neue nationale Identität entwickelte und sich ein Aufstand gegen Spanien formierte, trugen die Rebellen auf ihren Fahnen das Bild Marias in Gestalt der Jungfrau von Guadalupe, Mexikos Schutzpatronin.

Oben: Nachdem sie sich die Erde unterworfen hatten, zogen die Menschen aus, das Weltall zu erobern: das Kennedy Space Center in Florida.

Hochfliegende Pläne
Nördlich von Mexiko übten die einheimischen Kulturen keinen solchen Einfluß auf die europäischen Einwanderer aus. Im 18. Jahrhundert kämpften die Franzosen mit den Briten um die Vorherrschaft – die letzteren gewannen. Obwohl die 13 Kolonien das Joch der englischen Herrschaft abwarfen, blieb der Einfluß der englischen Sprache, des englischen Rechtswesens und der englischen Tradition vorherrschend.

Im 19. Jahrhundert begann man den Westen zu besiedeln – dies wird heute durch den großen Torbogen *(The Gateway Arch)* in St. Louis symbolisiert. Man startete zwei der größten technischen Unternehmungen aller Zeiten, den Panamakanal und die Canadian Pacific Railroad. Der Panamakanal ist 82,4 Kilometer lang und die Bahnlinie hat eine Länge von 4.633 Kilometern. Beide verbanden die Ost- mit der Westküste.

Emigranten strömten in die Länder der unbegrenzten Möglichkeiten: Amerika und Kanada. Millionen wurden bei ihrer Ankunft von der Freiheitsstatue begrüßt. Sie steht an der Einfahrt im New Yorker Hafen und hält die Fackel der Freiheit hoch. Nordamerikanische Architekten und Ingenieure konstruierten die ersten Wolkenkratzer, erbauten das Empire State Building in New York und den C. N. Tower in Toronto. Dies sind nur zwei Beispiele unter vielen, die die ehrgeizigen Projekte der *Neuen Welt* symbolisieren. Der Reichtum des industrialisierten Nordamerika ermöglichte den Bau der großartigen Golden Gate Bridge über die Bucht von San Francisco und den Hoover-Damm über den Colorado-Fluß. Es entstanden aber auch Vergnügungsviertel wie das Disney-Land und die glitzernden Spielhallen und Hotels in Las Vegas. Vom Kennedy-Weltraumzentrum in Florida wurden gigantische Raketen ins Weltall geschossen.

149

Ab dem 4. Jahrhundert n. Chr., Guatemala

TIKAL

Majestätische Maya-Ruinen in einer Dschungellandschaft.

Guatemala-Stadt hat einen internationalen Flughafen. Von dort aus gibt es Inlandflüge nach Flores. Tikal liegt ungefähr eine Autostunde von Flores entfernt. Es bestehen Busverbindungen, und der Ort kann auch vom Nachbarstaat Belize aus per Auto erreicht werden.

Die Eroberung von Yucatán

Tikal liegt auf der Halbinsel Yucatán in einem Gebiet, das im Jahre 1517 von dem Spanier Francisco Hernandez de Cordoba entdeckt wurde. In den folgenden 30 Jahren wurde es allmählich von den Spaniern erobert. Diese glaubten, daß sie damit eine heilige Pflicht erfüllten. Wenn der Papst als Vertreter Gottes auf Erden bestimmte, daß die Einwohner von Yucatán Untertanen des Königs sein sollten, dann konnte jeder Widerstand der Einwohner als Rebellion oder Verrat aufgefaßt werden. Im Jahre 1526 wurde Francisco de Montejo mit einer Expedition nach Yucatán beauftragt. Richtlinien für diese Expedition waren in einem Dokument festgelegt, das als *Requerimiento* bekannt wurde. Darin stand, daß der König beabsichtige, die Eingeborenen der Neuen Welt mit Hilfe von Verständnis und guter Behandlung zum wahren Glauben zu verpflichten. Wenn sie sich aber widersetzten, würden die Spanier gegen das Land Krieg führen und es der Krone und der Kirche unterwerfen. Es folgten Jahre des Guerillakrieges, und der Widerstand gegen die *Conquistadores* (Eroberer) hielt noch lange an.

Die Mayas, Vorfahren der heutigen Maya-Indianer, gehörten zu einer Zivilisation, die sich über weite Teile des mittelamerikanischen Hoch- und Tieflandes erstreckte. Ihre Kultur wurde von religiösen Zeremonien bestimmt und Priester regierten das Land. Der hochentwickelte Maya-Kalender war auf verschiedene Zyklen mit Längen von 260 Tagen bis hin zu 52 Jahren aufgebaut. Versuche, ihn mit dem europäischen Kalendersystem zu verbinden, haben einander widersprechende Resultate geliefert. Die Forscher nehmen an, daß der Höhepunkt ihrer Kultur zwischen dem 4. und 10. Jahrhundert n. Chr. lag.

Tikal im nördlichen Tiefland des Maya-Gebietes war vielleicht das größte Zentrum der klassischen Maya-Kultur. Im Zentrum von Tikal befand sich ein großer Platz, der an der West- und Ostseite von Pyramidentempeln und im Norden von einer Akropolis begrenzt war. Um diesen Bezirk standen auf einer Fläche von 16 Quadratkilometern etwa 3.000 Gebäude. Die Einwohnerzahl wird auf 10.000 bis 45.000 Menschen geschätzt. Die Akropolis ist wahrscheinlich elf Jahrhunderte lang ohne Unterbrechung bewohnt gewesen. Heute kann man noch die 16 Tempel besichtigen. Sie stehen auf den Überresten von

150

zahllosen früheren Gebäuden, unter denen sich auch wunderbar bemalte Grabmäler befinden.

Das Kultzentrum bedeckte eine Fläche von 2,5 Quadratkilometern. Fußwege verbanden Plätze und Gebäude miteinander. Es wimmelte hier von sogenannten *Palästen* – einstöckigen Häusern mit Zimmern, die verputzt und ausgeschmückt waren. Wie nahezu jedes Maya-Gebäude waren sie auf einer Plattform erbaut. Die zentralen religiösen Gebäude standen erhöht. Das vergrößerte die Ehrfurcht und hatte auch den praktischen Zweck, daß viele Menschen die dort stattfindenden Zeremonien verfolgen konnten. Aber sogar relativ einfache Häuser außerhalb des Zentrums wurden auf einer Lehm-Plattform erbaut, möglicherweise als Schutz gegen Überschwemmungen in der Regenzeit.

Steinskulpturen und Schnitzereien aus Sapodilla-Holz stellen Maya-Herrscher und religiöse Zeremonien dar. Diese Holzschnitzereien sieht man in einigen Palästen auf Zierbalken und über Türeingängen der Pyramidentempel. Tikal besitzt sechs steile Pyramiden mit Kammern am oberen Ende der Stufen. Gekrönt sind die Pyramiden mit Dachkämmen. Die größte, die einfach Pyramide IV genannt wird, ist 70 Meter hoch.

Gegenüberliegende Seite: Der Große Platz in Tikal ist von Tempeln und einer Akropolis umgeben. Die Stadt ist das Werk klassischer Maya-Kultur, und die Überreste repräsentieren 500 Jahre Baugeschichte.

Die Pyramiden waren Gräber von reichen und angesehenen Leuten, die man dort mit zahlreichen Grabbeigaben beerdigte. Darunter befanden sich auch Nahrungsmittel, die Verstorbene auf ihrer Reise in die andere Welt laben sollten. Vor Tempeln und Palästen befinden sich Steinstelen (aufrecht stehende Steinplatten), auf denen sehr häufig Herrscher oder Krieger dargestellt sind, wie sie ihren Fuß auf den besiegten Feind setzen.

Der Begriff „Stadt" ist nur begrenzt auf Tikal anwendbar. Tikal war eher ein wichtiges religiöses Zentrum, an dessen Peripherie sich eine große Anzahl von Menschen ansiedelte. Die Mehrzahl der Mayas lebte zwar nicht im Überfluß, aber sie statteten trotzdem ihre Gräber und Tempel reich aus. Aus Ehrfurcht vor ihren Göttern, ihren Adeligen und ihren Toten erschufen sie Monumente, die auch heute noch überwältigend und ehrfurchtgebietend sind.

Oben: Die Pyramide I in Tikal. Pyramiden dieser Art hatten eine doppelte Funktion: Sie waren Tempel der Götter und Grabmäler der Herrscher.

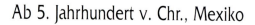

Ab 5. Jahrhundert v. Chr., Mexiko

TEOTIHUACÁN

Eine alte und mysteriöse Stadt, deren Entstehung noch immer ungeklärt ist.

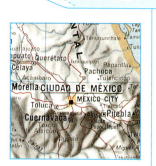

Mexico-Stadt hat einen internationalen Flughafen. Nach Teotihuacán gibt es regelmäßige Busverbindungen von Central de Autobuses del Norte, Fahrzeit ca. eine Stunde. Es werden auch organisierte Touren angeboten.

Die Esperanza-Kultur

Esperanza-Kultur ist jener Begriff, der eine Mischung von Teotihuacán- und Maya-Kultur bezeichnet. Diese findet man in Kaminaljuyú in der Nähe des Zentrums des heutigen Guatemala-Stadt. Kaminaljuyú war einst ein wichtiger Ort der Mayas und wurde dann offensichtlich am Beginn des 5. Jahrhunderts von Siedlern aus Teotihuacán erobert. Die Sieger erbauten aus Lehm (in dem Gebiet gab es keine Steine) eine genau geplante Stadt. Diese Stadt ähnelte Teotihuacán. Die neuen Bewohner haben die Maya-Kultur aber nicht vernichtet, sondern einige wesentliche Merkmale übernommen. Beispielsweise schmückten sie ihre Gräber mit Maya-Keramiken. Teotihuacán hat auf die Kunst und Architektur des ganzen Maya-Gebietes eingewirkt und seine Spuren hinterlassen. Es gibt auch Beispiele, wo Götter aus der Maya- und der Teotihuacán-Kultur auf ein und derselben Keramik zu finden sind. Die Gräber von Kaminaljuyú enthielten viele wertvolle Grabbeigaben, vor allem Arbeiten aus Jade. Auch hier wurden zahlreiche Ballspielplätze gefunden.

Teotihuacán ist ein Nahuatt-Name und bedeutet *der Ort der Götter*. Der Ursprung dieser eindrucksvollen Stätte geht auf eine Zivilisation zurück, die weitaus älter ist als die der Azteken. Die erste Ansiedlung muß etwa im 5. Jahrhundert v. Chr. stattgefunden haben. 500 n. Chr. war Teotihuacán die größte Stadt von Mittelamerika. Auf einer Fläche von 21 Quadratkilometern lebten schätzungsweise 100.000 Einwohner, manche meinen sogar 200.000.

Die Stadt hatte breite Straßen, riesige Kultgebäude, Handwerkerviertel und zahlreiche Privathäuser. Die Archäologen konnten aber nur sehr wenig über das tägliche Leben und die Bräuche der Einwohner herausfinden. Auf jeden Fall schufen sie eine sehr charakteristische Stadt, die ein großes Reich beherrschte und die Entwicklung der angrenzenden Maya-Kultur stark beeinflußte. Um die Stadtanlage strikt rasterartig anlegen zu können, wurde sogar ein Fluß in einen Kanal umgeleitet, um das Netzwerk von Parallelstraßen nicht zu unterbrechen. Auf der nord-südlich verlaufenden Hauptachse liegt die 40 Meter breite und 2,3 Kilometer lange Hauptstraße. Sie trägt den Namen *Straße der Toten,* ist mit Tempeln und Heiligtümern gesäumt und wird von zwei Pyramiden dominiert. Am Nordende befindet sich die Mondpyramide – sie besteht aus einigen ineinandergeschachtelten Pyramiden mit einer Gesamthöhe von 46 Metern – und weiter südlich steht die Sonnenpyramide. (Die Sonne und der Mond wurden einer Legende nach in Teotihuacán geboren.)

Im Zentrum der Stadt befindet sich ein riesiger öffentlicher Versammlungsplatz: die Zitadelle. Sie ist eine quadratische Plattform mit fast 400 Metern Seitenlänge und mit einem großen Treppenaufgang. Auf dieser Plattform steht der Pyramidentempel des Quetzalcoatl (die *gefiederte Schlange,* eine der Hauptgottheiten). Er ist in Terrassen angelegt, war ursprünglich über 21 Meter hoch und ist auch heute noch reich mit Skulpturen dekoriert. Überall recken Schlangen aus Stein ihre drohenden Köpfe heraus und wirken noch immer beunruhigend auf die Besucher. Wie stark muß erst ihr Eindruck gewesen sein, als sie noch leuchtende Obsidian-Augen besaßen und das gesamte Gebäude mit Stuck und Farbe versehen war. Im Norden, Westen und Süden wird die Zitadelle von vier, im Osten von drei pyramidenförmigen Bauten gesäumt.

Vieles ist in Teotihuacán noch unerforscht. Einiges litt unter der Arbeit der ersten Archäologen, insbesondere die Sonnenpyramide. Sie wurde zu Beginn des 20. Jahrhunderts nicht fachgerecht ausgegraben und ungenau rekonstruiert. Man nimmt heute an, daß sie 65 Meter hoch war und daß sie aus etwa 765.000 Kubikmetern Baumaterial (Steine über einem Erd- und Geröll-

NORD- UND MITTELAMERIKA

kern) erbaut wurde. Vermutlich hat sie ein flaches Dach gehabt, auf dem sich ein Tempel befand.

Die Menschen dieser Kultur beteten den Regengott Thaloc an und verehrten den Jaguar. Sie lebten vornehmlich von Ackerbau. Wirtschaftlich wichtig waren lokale Obsidianvorkommen und die berühmte orangefarbene Keramik – beides wurde weithin exportiert. Es gibt hochwertige Wandmalereien, die sehr viel künstlerisches Geschick zeigen. Eine weniger anziehende Seite der Kultur war der Brauch, Menschen zu opfern, was besonders in der Verfallsperiode praktiziert wurde. Man weiß nicht genau, wie Teotihuacán geendet hat. Es ist aber sicher, daß es ein gewaltsames Ende war und daß die Stadt im 8. Jahrhundert geplündert und niedergebrannt wurde, möglicherweise von den Tolteken.

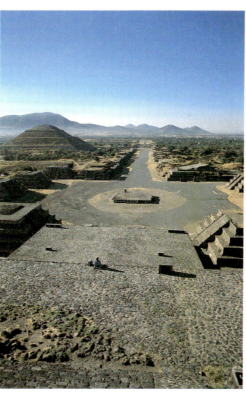

Rechts: Die Stadt wurde nach einem genauen Rastersystem angelegt und an der Nord-Süd-Achse ausgerichtet.

Unten: Die Sonnenpyramide ist der größte Pyramidentempel der Stadt.

Die Macht der Pyramiden

Es ist oft behauptet worden, daß die Pyramiden eine mystische Kraft besitzen. So erzählt man zum Beispiel, daß organische Stoffe, die unter die Spitze der Pyramide gelegt werden, konserviert werden können, daß Rasierklingen geschärft werden und der Geist eines Menschen stimuliert wird.

Einige glauben, daß antike Kulturen ein Verständnis für kosmische Energien hatten, das uns heute abgeht, und daß die Orientierung der Gebäude nach Sonne, Mond und Sternen spezielle Bedeutung hat. Sicherlich unterstützt die äußerst präzise Stadtplanung von Teotihuacán diese Vermutungen. Eine Theorie besagt, daß die *Straße der Toten* eine Landebahn für außerirdische Besucher war. Solche Erklärungen finden aber wenig Anhänger.

10. Jahrhundert, Mexiko

TULA

Heimstätte der kriegerischen Tolteken und ihres Gottes, der gefiederten Schlange.

Tula liegt etwa 100 Kilometer nördlich von Mexico-Stadt und besitzt einen internationalen Flughafen. Busse verkehren vom Central de Autobuses del Norte in Mexico-Stadt. Die Fahrt dauert etwa 90 Minuten. Einige Züge zwischen Mexico-Stadt und Querétaro halten in der Nähe der Ausgrabungsstätte, die ein ganzes Stück vom Stadtzentrum entfernt liegt.

Die Tolteken waren Nomaden. Möglicherweise haben sie im 8. Jahrhundert Teotihuacán zerstört. Ihre Hauptstadt Tula wurde ebenfalls von Feinden zerstört. Lange Zeit wußte man nicht, wo sie lag. Die Tolteken herrschten nur 200 Jahre über Mexiko – von der Mitte des 10. bis Mitte des 12. Jahrhunderts – ihre legendäre Geschicklichkeit und ihre Errungenschaften haben aber über-

Quetzalcoatl und Cortés

Einer Erzählung nach, die teilweise Historie und teilweise Legende ist, verschwand Quetzalcoatl eines Tages. Er hatte einige Schüler um sich geschart und ihnen gesagt, daß er aus der Richtung des Sonnenaufgangs zu einem ganz bestimmten Zeitpunkt wiederkehren werde. Das vorausgesagte Datum stand kurz bevor, als Hernán Cortés, der spanische Eroberer, von Osten nach Mexiko kam. Der aztekische Herrscher Moctezuma II. zögerte aus Angst, damit einen Gott anzugreifen, die Spanier zu bekämpfen. Auch die aztekischen Einheimischen wußten nicht, ob sie den Neuankömmlingen Widerstand entgegensetzen oder sie wie Götter verehren sollten.

154

NORD- UND MITTELAMERIKA

lebt. Es ist allerdings sehr schwierig, Mythen von Fakten zu trennen.

Quetzalcoatl, der gefiederte Schlangengott, scheint in Tula höchst bedeutend gewesen zu sein. Sein Bild erscheint in der Kunst und Architektur der Stadt immer wieder, er windet sich an Säulen empor und blickt von den Pyramidenwänden herab. Eine besonders beeindruckende Ansicht in Tula ist die 40 Meter lange Schlangenwand. Die darauf dargestellten Schlangen verschlingen Skelette. Im Zentrum der Stätte wurde vieles restauriert, aber es gibt noch viel Ausgrabungsarbeit zu tun. Auf einer Pyramide steht dort der Tempel des Gottes Quetzalcoatl. Manchmal haben sich die Herrscher der Tolteken mit Quetzalcoatl identifiziert.

Wer die zehn Meter hohe Stufenpyramide erklimmt, sieht eine Reihe von Säulen, die als *Atlanten* bekannt geworden sind (Atlas ist in der griechischen Mythologie der *Träger des Himmels*). Die 4,60 Meter hohen Atlanten in Tula zeigen Quetzalcoatl in Gestalt des Morgensterns. Sie tragen eine gefiederte Haartracht und Speere. Ursprünglich stützten sie Teile des nicht mehr erhaltenen Tempeldaches. Viele Tempelskulpturen sind verschwunden, aber einige Hauptmotive wie der Jaguar können noch immer besichtigt werden. Vor dem Tempel befand sich einst ein großer, überdachter Versammlungsplatz. Einige der Säulen, die das Dach getragen haben, stehen noch immer. Solche Säulenhallen sind sehr charakteristisch für die toltekische Architektur und eines der toltekischen Kennzeichen, die in Chichén Itzá im mexikanischen Staat Yucatán immer wiederkehren.

Ballspielplätze sind ein weiterer Hinweis auf die toltekische Kultur. Diese Spielplätze waren rechteckig und von hohen Wänden umgeben. Die Tolteken spielten mit einem Gummiball, und es wird eine religiöse Bedeutung hinter diesen Spielen vermutet. In Tula können die Überreste von zwei Ballspielplätzen besichtigt werden. Einer besitzt eine verblüffende Ähnlichkeit mit einem Ballspielplatz in Chichén Itzá.

Die Überreste der toltekischen Kultur zeigen, daß sie ein kriegerisches Volk waren. Sie glaubten, ihre Götter mit Menschenopfern versöhnen zu können. Der Priesterfürst Topiltzin-Quetzalcoatl hatte gegen Ende des 10. Jahrhunderts versucht, friedlicheren Elementen mehr Gewicht zu verleihen. Daraus resultierten Machtkämpfe in seinem Reich, denen er unterlag, und schließlich mußte Topiltzin-Quetzalcoatl Tula verlassen. Das Prinzip der Gewalt bestimmte von da an die Tolteken. Tula muß plötzlich zerstört worden sein. Die Schlangenmauer wurde dabei niedergerissen, und ein großes Gebäude im Zentrum brannte ab. Vieles ist heute noch unter Schutt begraben und wartet darauf, ausgegraben zu werden. Dies könnte weitere Aufschlüsse über die Stadt, die Menschen und ihr Schicksal bringen.

Oben und oben links: Nähere Ansichten der Atlanten. Sie sind grimmige Kriegerfiguren mit Federschmuck und symbolisieren den Gott Quetzalcoatl.

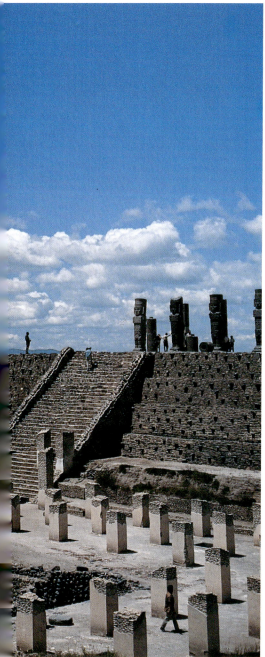

Links: Überreste der Pyramide des Schlangengottes Quetzalcoatl, der hier als Morgenstern verehrt wurde. Am oberen Ende der Pyramide befinden sich die sogenannten Atlanten, die ursprünglich einen Teil des Daches stützten.

Die toltekische Kunst und ihr Einfluß

Die toltekische Kunst erscheint manchem als grausam. Sie ist voll von Kriegsdarstellungen. Diese Krieger haben offensichtlich ein großes Reich erkämpft, zu dem mindestens 20 Städte bis hin zu Chichén Itzá auf der Halbinsel Yucatán gehörten. Neben Kriegern stellte man auch oft Menschenherzen-fressende Adler dar sowie große katzenartige Tiere, die Glocken an Halsbändern tragen, und Kreaturen, die teils Schlange, teils Vogel und teils Jaguar sind. Runde Tempel stehen mit dem Gott des Windes Ehécatl Quetzalcoatl in Zusammenhang. Seltsame liegende Steinfiguren, die Chac-Mool genannt werden, sind ein weiteres eigenständiges Motiv. Jede Figur hält einen Teller in Bauchhöhe vor sich – offensichtlich, um Opfergaben aufzunehmen.

10. Jahrhundert, Mexiko

CHICHÉN ITZÁ

Einer der unheilvollsten Orte der Neuen Welt, an dem sich die Kulturen der Mayas und Tolteken begegneten.

Die Stätte liegt etwa 120 Kilometer östlich von Mérida, und die Straße (Route 180) führt ganz in der Nähe der Ruinen vorbei. Mérida, die Hauptstadt von Yucatán, hat einen Flughafen mit Verbindungen zu einigen amerikanischen Städten. Züge verkehren von Mérida nach Valladolid, das 40 Kilometer von Chichén Itzá entfernt ist. Auch die Busse von Mérida nach Valladolid fahren in der Nähe der Ruinenstätte vorbei.

Menschenopfer

Es gibt viele Ausgrabungen in Chichén Itzá, die auf Menschenopfer hinweisen. Um den großen Ballspielplatz mit Darstellungen von Enthauptungen an den Mauern gibt es drei Plattformen: die Plattform der Venus (des Morgensterns, der mit Quetzalcoatl in Zusammenhang steht) mit dem Grabmal des Chac-Mool, auch Venus-Tempel genannt, die Plattform des Adlers und des Jaguars mit dem Jaguar-Tempel sowie die Schädel-Plattform. Letztere ist mit Skulpturen bedeckt, die menschliche Schädel auf Pfählen zeigen. Wahrscheinlich wurden hier die Schädel der Opfer ausgestellt. Aber auch die ersten beiden Plattformen dürften bei Ritualen, in denen Menschenopfer dargebracht wurden, eine Rolle gespielt haben. Der *Heilige Cenote* oder die *Quelle der Opfer* liegt 300 Meter nördlich des Venus-Tempels. Diese natürliche, 23 Meter tiefe Quelle spendet frisches Wasser. Sie war auch ein Pilgerort. In Trockenzeiten wurden lebende Opfer in diese Quelle geworfen. Damit wollte man den Regengott günstig stimmen.

Chichén Itzá war bis zum 10. Jahrhundert n. Chr. ein wichtiges Zentrum der Mayas. Dann, als die Maya-Kultur verfiel, haben wahrscheinlich toltekische Krieger die Herrschaft über die Stadt erlangt und Chichén Itzá in eine größere und bessere Version ihrer Hauptstadt Tula umgewandelt. Die reichen Ausgrabungen, die man heute in Chichén Itzá besichtigen kann, sind weder ausschließlich der Maya-Kultur zuzurechnen noch den Tolteken. Sie bilden vielmehr eine interessante Mischung von Ideen und Motiven beider Kulturen.

Chichén Itzá könnte die neue Hauptstadt des aus Tula vertriebenen göttlichen Herrschers Topiltzin-Quetzalcoatl gewesen sein. Bei den Mayas ist er unter dem Namen *Kukulkán* bekannt, und das Gebäude, das den Ort dominiert, ist ein ihm geweihter Pyramidentempel mit dem Namen *El Castillo* (Schloß). Die neunstufige Pyramide hat 91 Treppen auf jeder der vier Seiten und wurde auf den Resten einer früheren Pyramide errichtet.

Oben: Eine Chac-Mool-Figur. Jede dieser seltsamen toltekischen Figuren hielt einen Teller vor sich, offensichtlich um die Opfergaben in Empfang zu nehmen.

Die Dimensionen und die Form von El Castillo sind faszinierend. Die Tage und Monate des Jahres sind durch die Anzahl der Treppen und Terrassen symbolisiert. Die Treppenaufgänge sind genau nach Norden, Süden, Osten und Westen ausgerichtet. Zur Frühlings- und Herbst-Tagundnachtgleiche entsteht ein außerordentlicher Effekt: Die Schatten der einfallenden Sonnenstrahlen erwecken den Eindruck, daß der Schlangengott, dessen Kopf und Schwanz am oberen und unteren Ende der Pyramide eingemeißelt sind, lebendig wird und schlängelnd aus dem Tempel herauskriecht.

Chichén Itzá besitzt vielleicht den beeindruckendsten Ballspielplatz von ganz Mittelamerika. Er ist sehr groß und von zwei 83 Meter langen, 8,20 Meter hohen Wänden umgeben, die 27 Meter auseinanderliegen. An jedem Platzende stehen

NORD- UND MITTELAMERIKA

Tempel. Die religiöse Bedeutung des Ballspiels ist bis heute unbekannt. Die Relieftafeln an den Seitenwänden zeigen enthauptete Spieler, daher wird vermutet, daß um das Leben gekämpft wurde. Eine Interpretation der Spielregeln aus einer späteren aztekischen Zeit besagt, daß die Spieler den Ball durch einen der Steinringe am oberen Ende der Mauer schießen mußten.

Den Kriegertempel in Chichén Itzá kann man durch eine Säulenhalle betreten. Die zahllosen Säulen stellen toltekische Krieger dar und haben einst das Dach getragen. Solche Säulenhallen kann man auch in Tula finden; sie scheinen eine Erfindung der Tolteken gewesen zu sein. Der Tempel ist mit Skulpturen und Fresken geschmückt. Die bekannten Motive der Toltekenkunst, der Jaguar und der Adler, tauchen hier wieder auf. In Chichén Itzá befindet sich auch der von einem steinernen Jaguar bewachte Jaguartempel.

Das als Alt-Chichén bekannte Gebiet ist von Pflanzen überwuchert und findet kaum Beachttung. Es beherbergt aber etliche interessante Gebäude, die einen geringeren toltekischen Einfluß aufweisen. Hier stehen ein Observatorium – ein Turm auf einer doppelten Plattform – und eine Pyramide, in der man eine Anzahl von Gräbern fand. Das sogenannte *Nonnenkloster* besteht aus einem großen Komplex mit Räumen, in denen einige gut erhaltene Skulpturen aufbewahrt sind. Die sogenannte *Kirche,* die nicht mit dem Christentum in Zusammenhang steht, hat eine mit Maya-Masken und verschiedenen mythologischen Wesen bedeckte Fassade.

Die Blütezeit von Chichén Itzá war kurz, die Stadt wurde um 1200 verlassen. Dies geschah wahrscheinlich nach einem vernichtenden Angriff der Herrscher von Mayapan, die Bewohner einer anderen mächtigen Stadt auf der Halbinsel Yucatán.

Oben: Der große Tempel, der das Jahr symbolisiert.

Ab 1074, USA

CLIFF PALACE (FELSENPALAST)

Amerikas erste „Apartementhochhäuser" wurden von den „Alten" erbaut.

Der Mesa-Verde-Nationalpark im Südwesten von Colorado liegt 30 Kilometer südlich der Straße Nr. 160 zwischen Cortez und Durango, die Abzweigung befindet sich 16 Kilometer östlich von Cortez. Durango besitzt einen Flughafen. Busse fahren von allen wichtigen Städten in der Umgebung. Es gibt ein Besucherzentrum und Führungen.

Frauen dominieren

Die Pueblo-Indianer – die Hopi, Zuni, Keres, Tiwi und Tewa – leben heute in einigen wenigen Dörfern in New Mexico und Arizona. Sie sind Nachfahren der *Alten,* die Cliff Palace erbaut hatten. Zu der Zeit, als die Spanier im 16. Jahrhundert kamen, hatten sie eine beeindruckende Kultur im heutigen Südwesten der Vereinigten Staaten entwikkelt. Sie übten einen starken Einfluß auf andere indianische Stämme im Südwesten aus, insbesondere auf die Navajos. In der Pueblo-Gesellschaft dominiert die Frau, auch wenn es um Fragen der Abstammung geht. Die Männer arbeiten auf den Feldern. Jung verheiratete Paare ziehen eher mit der Mutter der Frau als mit der des Mannes zusammen – Frauen haben eine wichtigere Position als in den meisten anderen Gesellschaften. Das Leben in den Dörfern ist sehr eng mit religiösem Glauben und Zeremonien verbunden. Eine Geschichte erzählt, daß ein Pueblo-Indianer einmal von einem Besucher gefragt wurde, was seine Religion sei. Er antwortete einfach: „Leben." Die traditionelle Pueblo-Religion ist eine faszinierende Mischung von Einfachem und Anspruchsvollem.

NORD- UND MITTELAMERIKA

Am 18. Dezember 1888 kamen zwei Cowboys aus Colorado, Richard Wetherill und Charles Mason, zum Rand einer Bergschlucht und blickten erstaunt und bewundernd auf verfallene steinerne Burgen und Türme an der Frontseite einer massiven Felswand. Es sah aus, als ob ein Heer von Kreuzrittern oder ein moslemischer Kriegsherr eine von Mauern umgebene Stadt inmitten von Nordamerika errichtet und sie dann verlassen hätte.

Diese und ähnliche Entdeckungen in dieser Gegend ließen vermuten, daß hier vor langer Zeit ein geheimnisvolles Volk seine Städte und Zitadellen gebaut hat und dann plötzlich wie vom Erdboden verschwunden war. Langsam kam man dahinter, daß das verschwundene Volk keiner geheimnisvollen Rasse angehörte, sondern die Vorfahren der Pueblo-Indianer im Südwesten der Vereinigten Staaten hier gelebt haben. Der Name *Pueblo* (Dorf) wurde diesen amerikanischen Ureinwohnern von den Spaniern gegeben, als sie im 16. Jahrhundert von Mexiko aus weiter nach Norden drangen.

Wie sich diese prähistorischen Indianer selbst bezeichneten, weiß niemand. Sie kannten keine Schriftzeichen und hinterließen deshalb auch keine schriftlichen Aufzeichnungen. Ihre bemerkenswerten Bauwerke errichteten sie ohne Metallwerkzeuge und Maschinen. Heute bezeichnet man sie als die *Anasazi* (die Alten), den Namen erhielten sie von den modernen Navajo-Indianern. Ihre Bauwerke wurden als die ersten Apartementhochhäuser von Amerika beschrieben. Cliff Palace, den Wetherill und Mason an jenem Tag im Jahre 1888 sahen, ist der größte und bekannteste Felsenpalast im Mesa-Verde-Nationalpark, der 1906 auf Initiative Präsident Roosevelts eingerichtet wurde.

Mitte des 13. Jahrhunderts lebten hier wahrscheinlich dichtgedrängt 400 Menschen in einem Dorf, das mehr vertikal als horizontal angelegt war. Der Palast besaß mehr als 200 Wohnräume, dazu noch Lagerräume und *Kivas* (speziell seitlich gelegene Zeremonienräume). Die Räume waren mit Wandmalereien geschmückt, die geometrische Muster hatten. Auf der Vorderseite der Anlage befand sich eine offene Terrasse, auf der sich das tägliche Leben der Bewohner abspielte. Dort wurde getöpfert und Korn gemahlen.

In der Nähe des Cliff Palace entlang der Chapin Mesa, dem etwa 1.000 Quadratkilometer großen Hochplateau, befinden sich zwei weitere ähnliche Anlagen – *Spruce Tree House* unter dem Vorsprung einer wuchtigen Felswand und das *Balcony House*. Das Spruce Tree House hat drei Stockwerke, ist 66 Meter lang und 27 Meter breit. Es besitzt mehr als 100 Räume, die rechteckig, dreieckig oder auch rund sind, um bestmöglich den Platz unter dem Überhang auszunutzen.

Wahrscheinlich wurden diese unzugänglichen Wehrdörfer aus Verteidigungsgründen angelegt. Die Bewohner waren Bauern. Sie lebten von Getreide, Brei und Bohnen und erzeugten Körbe, Tücher und Töpferwaren. Sie zähmten den wilden Truthahn wegen seines Fleisches und seiner

Links: Als Cliff Palace im 19. Jahrhundert wiederentdeckt wurde, wirkte er wie eine vergessene mittelalterliche Stadt aus der Alten Welt.

Oben: Ein Blick aus einem anderen Winkel zeigt die im Felsen versteckte Niederlassung. Hier war man vor Angriffen geschützt.

Links: Eine andere tief in den Felsen gehauene Behausung in Colorado.

Federn und bauten kleine Dämme, um das Regenwasser für ihre Felder aufzufangen. Vorher lebten sie in Grubenhäusern, die in den Boden gegraben waren; nachdem sie ihre Felsenhäuser gebaut hatten, benutzten sie die alten Häuser nur noch für religiöse Zeremonien. Um 1276, vielleicht war eine lange Trockenperiode der Grund, verließen sie ihre Heimstätten. In einem Museum des Parks wird das Leben der Anasazi anschaulich dargestellt. Dort sind Halsbänder, Armbänder aus Hundehaar und verzierte Muscheln zu sehen, die von der Pazifikküste stammen.

159

Ab 1531, Mexiko

DIE KIRCHE UNSERER LIEBEN FRAU VON GUADALUPE

Das am meisten verehrte Heiligtum Mexikos steht an einem Ort, wo einst einem armen Bauern die Jungfrau erschienen sein soll.

Die Kirche liegt im Bezirk La Villa de Guadalupe in den nordöstlichen Vororten von Mexico-Stadt, etwa vier Kilometer vom Stadtzentrum entfernt. Von dort aus ist sie über den Paseo de la Reforma zu erreichen. Er wurde 1866 für Kaiser Maximilian erbaut. Es gibt Busse und eine Metro nach La Villa. Besucher verbinden diesen Ausflug oft mit einem Besuch von Teotihuacán.

Rechts: Die alte Kirche der Jungfrau von Guadalupe mit ihren vier Türmen und der goldenen Kuppel. Da das Heiligtum immer mehr an Bedeutung gewann, wurde die Kirche im Lauf der Jahrhunderte mehrere Male neu gebaut. Jüngst wurde sie durch eine neue und viel größere Kirche ersetzt.

Gegenüberliegende Seite, oben und unten: Die neue Kirche ist für den Geschmack vieler Leute zu modern gestaltet. Sie hat einen großen, mit Blumenmustern verzierten Eingang. Nach der Legende ließ die Jungfrau hier auf einem unfruchtbaren Hügel Rosen wachsen.

Am 11. und 12. Dezember jeden Jahres, am Vorabend und am Tag des Festes der Jungfrau von Guadalupe, finden in Mexiko feierliche Prozessionen und Volkstänze statt. Der Wirbel ist besonders groß in dem Vorort von Mexico-Stadt, wo sich das Heiligtum befindet. Tausende Pilger kommen, um sie zu verehren. Die letzte Etappe ihrer Reise legen sie auf den Knien zurück.

Das Heiligtum befindet sich an dem Ort, wo die Jungfrau 1531 dem indianischen Bauern Juan Diego erschienen sein soll. Die erste hier errichtete Kirche, ein bescheidener Lehmziegelbau, übte eine magische Anziehungskraft auf Pilger aus. Sie wurde in den folgenden Jahrhunderten immer wieder erneuert und vergrößert, das letzte Mal im Jahre 1895. Die Kirche hat vier Türme und eine 40 Meter hohe Kuppel. Im Inneren befinden sich korinthische Säulen, die das Dach stützen. Das Gewicht des Altargitters, der Kandelaber, der Gefäße und der anderen Kultgegenstände aus Silber soll 62 Tonnen betragen. Bis in die 70er Jahre dieses Jahrhunderts gab es ein goldenes Reliquienkästchen. Es stand auf dem aus Bronze und Marmor bestehenden Hochaltar und enthielt den Mantel von Juan Diego, in den das Bild der Jungfrau auf wunderbare Weise einge-

NORD- UND MITTELAMERIKA

Oben: Der Hochaltar der prächtigen alten Kirche.

La Indita

Es ist bezeichnend, daß der Hügel, auf dem die Jungfrau Juan Diego erschienen ist, ursprünglich der aztekischen Muttergöttin *Tonantzin* geweiht war. Spanische Priester haben sich später beklagt, daß indianische Pilger, die die Muttergottes hier verehrten, sie hartnäckig Tonantzin nannten.

Nach Juan Diego hat die Jungfrau sich selbst als „eine liebende Mutter" beschrieben, „die alle Menschen liebt, so sind wie du". Was auch immer an diesem Ereignis wahr ist, die Geschichte wurde vor allem von jenen geglaubt, die wie Juan Diego waren: von den Indios, die über die Zerstörung ihrer Lebensformen und von der neuen Religion, die ihnen aufgezwungen wurde, verwirrt waren. Ihnen gefiel dieses Ereignis, weil es die fremde Religion mit der aztekisch-religiösen Tradition vereinigte. Die christliche Gottesmutter konnten sie mit ihrer aztekischen Muttergöttin vergleichen.

Die hier erbaute Kirche wurde in kurzer Zeit zum Hauptwallfahrtsort ganz Mexikos. Man schrieb der Jungfrau von Guadalupe zahlreiche Wunder zu. Sie wurde oft *La Indita* (die kleine Indianerin) genannt. In Mexiko haben sich viele einheimische, vorchristliche Elemente im Christentum erhalten, und Maria wurde bald mit dem mexikanischen Nationalgefühl identifiziert und mit den Unabhängigkeitsbestrebungen von Spanien in Verbindung gebracht.

prägt war. Dahinter befand sich eine Statue, die Diego in demütig kniender Haltung darstellte. An Festtagen wurde eine juwelenbesetzte Krone über dem Marienbildnis angebracht.

Die Verehrung Unserer Lieben Frau von Guadalupe ist mit den Jahrhunderten nicht geringer geworden. Sie ist noch angestiegen, und heute stellt die Jungfrau ein Nationalheiligtum Mexikos dar. Der Andrang der Pilger und die Einsturzgefahr der auf weichem Seeboden errichteten alten Kirche führten dazu, daß man im Jahre 1976 beschloß, eine neue und noch viel größere Kirche zu errichten. Der Architekt, Pedro Ramirez Vasquez, entwarf auch das widersprüchlich aufgenommene Museum für Anthropologie in Mexico-Stadt. Die neue Kirche aus Stahl, Holz und Plastik fand bei Traditionalisten keinen Anklang. Für den Mantel mit dem wundersamen Bild der Jungfrau errichtete man einen eigenen Altar in der neuen Kirche, und die Pilger werden auf einem Laufband an ihm vorbeitransportiert.

Die alte Kirche dient heute als Museum, in dem religiöse Bilder, Statuen und Geschenke ausgestellt sind, die Pilger und Heilungsuchende aus Dankbarkeit der Jungfrau dargebracht haben. Eine kleine Kapelle steht in der Nähe der Quelle, die entsprungen sein soll, als die Jungfrau dem Bauer erschien. Dort pflückte Juan Diego auf Aufforderung der Muttergottes Rosen, die sie auf wunderbare Weise hatte wachsen lassen.

Die Marienerscheinung fand zehn Jahre nach der Eroberung Mexikos durch die Spanier statt. Diego war ein bekehrter aztekischer Bauer, dessen aztekischer Name *Adler, der spricht* bedeutete. Als ihm die Jungfrau auf dem Hügel erschien, bat sie ihn, dem Erzbischof zu sagen, daß er ihr an diesem Ort eine Kirche erbauen sollte. Juan Diego erwiderte höflich, daß sie lieber einen Spanier schicken sollte. Die Jungfrau entgegnete, daß sie aus Liebe und Mitleid für Juan und seine besiegten indianischen Brüder so handeln würde. Der Bischof zweifelte zuerst und bat um ein Zeichen. Darauf ließ die Jungfrau auf der unfruchtbaren Spitze des Hügels Rosen sprießen. Juan Diego trug sie in seinem Mantel zum Bischof. Als er ihn öffnete, war das berühmte Bildnis der Jungfrau eingeprägt. Der Bischof war überzeugt und ließ sofort die Kirche bauen.

161

DIE NEUE WELT

Amerika wurde von Seekapitänen entdeckt, die auf der ernsthaften Suche nach den Reichtümern des sagenhaften Orient waren.

Oben: Der Goldene Mann von Calima befindet sich nun im Gold-Museum in Bogotá, Kolumbien.

Die Entdeckungsfahrten von Christoph Kolumbus waren Teil einer Weltexpansion, die europäische Siedler und den europäischen Lebensstil schließlich über den ganzen Erdball trug. Er und andere frühe europäische Entdecker versuchten, Asien zu erreichen, und träumten vom Reichtum von Cathay, als sie nach Westen segelten. Sie hatten sich verschätzt, als sie triumphierend annahmen, das nach der Atlantiküberquerung gefundene Land sei Asien. Es brauchte seine Zeit, bis die Wahrheit ans Tageslicht kam.

Kolumbus segelte mit seinen drei kleinen Schiffen im Sommer 1492 von Spanien aus los und machte Zwischenaufenthalte auf den Bahamas, in Kuba und auf der Insel Hispaniola, die heute in die Dominikanische Republik und Haiti aufgeteilt ist. Hier ließ er einige seiner Leute zurück. Sie sollten sich ansiedeln und Handelsbeziehungen zu China knüpfen, das ja offenbar nicht mehr weit entfernt lag. Auf drei weiteren Reisen durchforschte Kolumbus Kuba dann näher, immer noch im Glauben, daß China nicht weit sei. Er berührte die südamerikanische Festlandküste und glaubte, das Paradies auf Erden gefunden zu haben. Schließlich erforschte er noch einen Teil der mittelamerikanischen Küste.

Als er 1506 starb, war er noch immer fest davon überzeugt, daß er Asien erreicht habe. Er hatte die Neue Welt entdeckt, ohne daß es ihm bewußt war.

Das entdeckte Amerika

Zur gleichen Zeit hatte ein anderer Seebär, John Cabot, in den Diensten von König Heinrich VII. von England, den Atlantik überquert und 1497 Neufundland erreicht. Er nahm an, daß er damit zum nordöstlichen Teil Asiens vorgestoßen sei. 1499 unternahm dann der Florentiner Amerigo Vespucci eine Seereise, die ihn an die Amazonasmündung führte. Zuerst dachte auch er, in Asien gelandet zu sein. Einige Jahre später revidierte er aber seine Meinung und behauptete, daß er eine neue Welt entdeckt habe. Der deutsche Kosmograph Matthias Ringmann nannte in einer 1507 erschienenen Flugschrift erstmals den Namen Amerika für die neuentdeckten Gebiete, Vespucci zu Ehren. Bis 1540 hatte sich die Bezeichnung dann eingebürgert.

Es war aber alles noch sehr undurchsichtig. Das neue Land am anderen Ufer des Meeres begann Forscher anzuziehen. Sie hofften dort große Reichtümer zu finden und unglaubliche Wunder zu erleben. Im Jahre 1509 eroberte der spanische Abenteurer Juan Ponce de Léon Puerto Rico. Dann zog er mit einer Expedition aus, um den sagenumwobenen Brunnen der ewigen Jugend zu suchen. In Wirklichkeit entdeckte er Florida.

Im Jahre 1511 eroberte eine spanische Streitmacht unter Diego Velasquez Kuba. Unter ihnen befand sich der erst 26-jährige Glücksritter und Frauenheld Hernán Cortés. Velasquez sandte Hernandez de Cordoba aus, um Yucatán zu erforschen. Inzwischen gelangte die Kunde von den großen Maya-Kulturen nach Europa. 1519 leitete Cortés eine 600 Mann starke Expedition nach Mexiko. Ihre 16 Pferde

NORD- UND MITTELAMERIKA

erweckten bei der einheimischen Bevölkerung Bewunderung, da sie solche Tiere noch nie zuvor gesehen hatten. Cortés hatte das Glück, eine indianische Prinzessin als Geliebte, Dolmetscherin und Beraterin zu gewinnen. Er fand auch Verbündete unter jenen, die sich gegen die aztekische Unterdrückung auflehnten. In weniger als drei Jahren eroberte er das Reich der Azteken und regierte für Spanien ein Land von der Karibik bis zum Pazifik.

Gold und Amazonen

Europäische Expeditionen starteten, um einen Weg nach Asien zu finden, der Spaniens Gebiete umgehen sollte. Der Florentiner Giovanni de Verrazano segelte im Dienst der französischen Regierung im Jahre 1524 entlang der nordamerikanischen Ostküste. Er war der erste Europäer, dessen Auge die New Yorker Bucht erblickte. In den 30er Jahren des 16. Jahrhunderts entdeckte der französische Forschungsreisende Jacques Cartier eine Bucht und taufte sie St. Lawrence. Einheimische Huron-Indianer sagten ihm, daß er Kanada entdeckt habe. In ihrer Sprache bedeutete das einfach *ein Dorf,* aber er mißverstand das und glaubte, daß das ganze Land so hieße.

In der Zwischenzeit waren Emigranten nach Neu-Spanien geströmt (später wurde es nach einem aztekischen Gott Mexiko genannt). Die Regierung sandte Truppen, um den Norden zu erforschen und Schätze ausfindig zu machen. Im Jahre 1540 zog Francisco Vásques de Coronado aus, um den angeblichen Reichtum der sieben Städte von Cibola, irgendwo im Norden Mexikos, zu finden und sich ihrer zu bemächtigen. Die Städte fand er zwar nicht, aber dafür entdeckte er den Grand Canyon. Zwei Jahre nach Coronado segelte eine Expedition unter Joao Rodriguez Cabrilho entlang der Pazifikküste in den Norden. Die Insel Kalifornien sollte irgendwo in dieser Richtung liegen, von schwarzen Amazonen bevölkert und von einer Königin regiert. Ihre Waffen sollten aus purem Gold sein ebenso wie die Panzer ihrer Schlachtrösser. Cabrilho erforschte den Großteil der kalifornischen Küste. Er fand aber weder Amazonen noch Gold (groteskerweise gab es im Landesinneren bei Sutter's Mill aber genug davon, was später dann auch den kalifornischen Goldrausch von 1849 auslöste). Seine Schiffe haben wahrscheinlich in der Bucht von San Francisco angelegt. 1579 segelte Sir Francis Drake in diesen riesigen Hafen ein. Er beanspruchte das Gebiet für Königin Elisabeth I. und nannte es New Albion.

Diese ersten tastenden Versuche, Gold zu finden und Wundersames zu entdecken, öffneten den Weg zur Entdeckung und Inbesitznahme eines neuen Kontinents.

Oben: Sagenhafte Goldgeschenke zu Ehren der Götter wurden in den Guatavita-See in Kolumbien geworfen.

Mitte: Diese Goldmaske besitzt bewegliche silberne Augäpfel, die an winzigen Drähten befestigt sind. Der Reiz des Goldes trieb viele Abenteurer von Europa auf den neuen Kontinent.

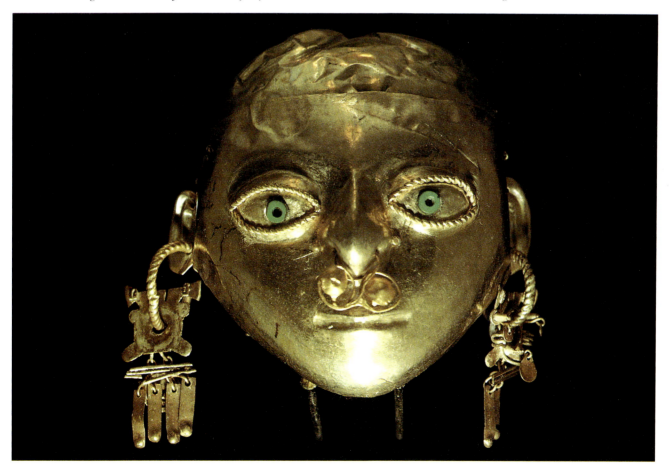

Unten: Eine faszinierende Goldmaske mit grünen Edelsteinaugen.

Ab 1793, USA

MONTICELLO

Das Haus eines Architekten, Gärtners, Schriftstellers und Amateurwissenschaftlers, der der dritte Präsident der Vereinigten Staaten wurde.

Monticello liegt an der Route 53, etwa fünf Kilometer südöstlich von Charlottesville, Virginia. Der internationale Flughafen von Richmond ist einer von vielen, von denen Inlandflüge nach Charlottesville stattfinden. Charlottesville hat auch einen Bahnhof, allerdings mit unregelmäßigen Verbindungen.

Die Unabhängigkeitserklärung

Jeffersons erster Entwurf der Erklärung lautete: „Wir halten diese Wahrheiten für heilig und unbestreitbar; daß alle Menschen gleich und unabhängig geboren sind, daß sich von dieser Gleichheit angeborene und unveräußerliche Rechte ableiten, unter denen sich die Erhaltung des Lebens, der Freiheit und das Recht auf Zufriedenheit befinden." Die endgültige Fassung lautet folgendermaßen: „Wir halten diese Wahrheiten als selbstverständlich, daß alle Menschen gleich geboren sind, daß sie von ihrem Schöpfer mit gewissen unveräußerlichen Rechten ausgestattet sind und daß sich unter diesen Freiheit, Leben und das Streben nach Zufriedenheit befinden."

Rechts: Das Haus im gefälligen, klassischen Stil ist zum größten Teil Jeffersons eigene Schöpfung. Es erscheint kleiner, als es in Wirklichkeit ist. Die drei Stockwerke sind so raffiniert gebaut, daß das Ganze wie ein einstöckiges Gebäude aussieht.

Thomas Jefferson (1743 bis 1826) war der dritte Präsident der Vereinigten Staaten und eine der Schlüsselfiguren bei der Unabhängigkeitserklärung. Er war ein vorzüglicher Rechtsanwalt und Sohn eines erfolgreichen Farmers, von dem er einen großen Besitz erbte. Jefferson liebte Musik und Pflanzen und hatte viel Freude an wissenschaftlichen Experimenten. Er hatte sich einen Ruf als Philosoph, Theologe und Erfinder gemacht. Sein Haus in Monticello in seinem Hei-

164

NORD- UND MITTELAMERIKA

matstaat Virginia ist eine Gedenkstätte an einen Menschen von großer Vielseitigkeit. Das Haus und die Gartenanlagen entwarf er selber und installierte Vorrichtungen wie stumme Diener oder eine drehbare Serviceluke. Großes Interesse zeigte er aber auch bei allen Fragen der Möblierung und Dekoration.

Monticello steht hoch auf einem Hügel und bietet einen wunderbaren Ausblick in die Umgebung bis hin zu Jeffersons Geburtsort in Shadwell und zur Universität von Virginia. Diese hat er gegründet und auch bei der Planung mitgearbeitet. Das Haus ist Ergebnis von Jeffersons freier Bearbeitung des palladischen Architekturstils und besitzt eine Säulenhalle mit einem Giebel, einundzwanzig Räume und eine abgeflachte Kuppel – die erste, die auf einem amerikanischen Haus gebaut wurde. Es stammt aus den Jahren 1793 bis 1808 und stellt die komplette Umgestaltung eines früheren Hauses dar, das an dieser Stelle gestanden hatte. Jefferson hatte 1784 bis 1789 auch dieses erste Haus entworfen, aber nach fünf Jahren, die er als Diplomat am französischen

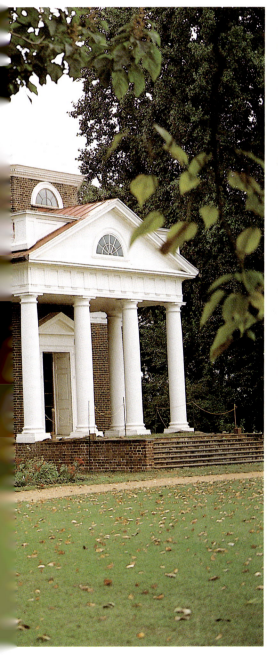

Hof verbrachte, kehrte er voll neuer Ideen zurück. Er sagte, „Aufrichten und Niederreißen" sei eine seiner „liebsten Beschäftigungen".

Monticello ist Eigentum der Thomas Jefferson Memorial Foundation. Sie wurde 1923 ins Leben gerufen, um das Haus zu erwerben, zu erhalten und zu pflegen. Es ist ein Ort mit ausgeprägtem Charakter und viel Atmosphäre. Die Gewohnheit der Museumswärter, immer wieder auf „Mr. Jefferson" zu verweisen, erweckt den Eindruck, daß der Eigentümer in einem der Räume auf den Besucher wartet.

Man versuchte, das Innere so wiederherzustellen, wie es zu Jeffersons Zeiten war, und die meisten dort befindlichen Objekte und Möbel gehörten auch der Familie Jefferson. Ein besonders beeindruckender Raum ist Jeffersons Studierzimmer, das mit einem Drehsessel, einem Tisch mit einer drehbaren Platte, einem Teleskop in einem der Fenster und am Türeingang mit zwei Globen – Erd- und Himmelsglobus – ausgestattet ist. Die Bibliothek beherbergte an die 7.000 Bücher, eine wertvolle Sammlung, die Jefferson 1815 der Regierung verkaufte. Sie war der Grundstock der Kongreßbibliothek.

Jefferson führte viele Forschungen über das Wachstum der Pflanzen durch und verwendete große Sorgfalt auf die Pflege seiner Gartenanlagen in Monticello. Diesen Aspekt seines Lebens dokumentierte er durch ein ausführliches Gartenbuch. Es wurde von den Mitgliedern des Gartenklubs von Virginia benutzt, die 1939 mit der Wiederinstandsetzung der Anlagen von Monticello begannen. Der Wald mit einem schattenspendenden Spazierweg, der Gemüsegarten mit über 250 Gemüsearten und Kräutern und der Blumengarten – all das trägt heute zur Schönheit von Monticello bei. Das vor kurzem gegründete *Thomas Jefferson Center for Historic Plants* (Thomas-Jefferson-Zentrum für historische Pflanzen) ist eine angemessene Erinnerung an einen Mann, der schrieb: „Keine Beschäftigung ist für mich so angenehm wie die Kultivierung der Erde, und keine ist vergleichbar mit der Gartenkultur."

Oben: Jefferson starb 1826 in diesem Haus, und er wurde auch auf seinem Grundstück begraben.

Jefferson als Architekt

Jeffersons Arbeit als Architekt war nicht nur auf den Entwurf seines eigenen Hauses beschränkt. Zusammen mit Benjamin Latrobe (er ist für die Säulenhalle des Weißen Hauses verantwortlich) und William Thornton (ein englischer Architekt, der die ersten Pläne für das Kapitol der Vereinigten Staaten in Washington entwarf, die später aber von Latrobe modifiziert wurden) erbaute er die wunderschönen Gebäude der Universität von Virginia in Charlottesville. Der Universitätsbezirk *(Campus)* wurde von anderen Universitäten in Amerika nachgeahmt. Er zeigt Jeffersons Vorliebe für Pflanzen und Gärten. Die Universitätsbibliothek wurde nach dem Vorbild des Pantheon in Rom gestaltet. Viele der anderen Gebäude sind von römischer und griechischer Architektur inspiriert. Ein Gebäude aus römischer Zeit, die Maison Carrée in Nîmes hat – so sagt man – Jeffersons State Capitol in Richmond (Virginia) beeinflußt. Es wurde zwischen 1785 und 1792 erbaut und gilt als erstes klassizistisches Bauwerk der Vereinigten Staaten.

165

1853–1893, USA

DER MORMONEN-TEMPEL

„Jauchzen sollen Wüste und Öde, frohlocken soll die Steppe und erblühen." – JESAJA, 35. Kapitel, Vers 1.

Salt Lake City liegt an der Kreuzung der Straßen Nr. 15 und Nr. 80 und besitzt einen eigenen Flughafen. Zugverbindungen nach Chicago, Las Vegas, Los Angeles und Seattle. Es gibt zahlreiche Überlandbusverbindungen.

Die Stadt Zions

Im Jahre 1830 wurde die *Kirche Jesu Christi der Heiligen der letzten Tage* von Joseph Smith gegründet. Im Zentrum ihrer Lehre steht das Buch Mormon. Jahre der Verfolgung hatten ihren letzten Höhepunkt in der Ermordung Joseph Smiths in Illinois im Jahre 1844. Sein Nachfolger Brigham Young sah sich deshalb im Westen nach einem Gebiet um, das niemand haben wollte. 1847 führte er eine Gruppe von Pionieren nach Utah. Ihnen folgten Tausende von mormonischen Familien. Viele gingen über 2.000 Kilometer durch die Prärien. Salt Lake City wurde in einem quadratischen Raster angelegt, den Plan entwarf Joseph Smith für die Stadt Zion. Brigham Young nannte das mormonische Königreich *Deseret*. Er entlehnte den Namen aus dem Buch Mormon. Dort bedeutet er *Land der Honigbienen*. Der Kongreß anerkannte im Jahre 1896 Utah als eigenen Staat und Brigham Young als dessen Gouverneur. Das *Beehive House* (Bienenstockhaus), in dem Brigham Young mit seiner Hauptfrau Mary Ann Angell lebte, kann heute in Salt Lake City besichtigt werden, ebenso das *Lion House* (Löwenhaus), das er für einige seiner 16 Frauen und 44 Kinder erbaute.

Vom ersten Spatenstich im Jahre 1853 an dauerte es auf den Tag genau 40 Jahre – eine Zahl mit biblischen Parallelen – um den Tempel der *Kirche Jesu Christi der Heiligen der letzten Tage* zu erbauen. In kargem gotischem Stil mit wenig Schmuck und sechs großen Spitztürmen wurde er aus Granitsteinen errichtet, die man aus 32 Kilometern Entfernung mühselig auf Ochsenkarren herbeischaffte. Der Architekt Truman O. Angell war der Schwager von Brigham Young, dem ehrfurchtgebietenden Mormonenführer.

Der Tempel ist 57 Meter lang und 36 Meter breit, und seine Basismauern sind 4,90 Meter dick. Der höchste Punkt ist mit 64 Metern der Ostturm. Auf ihm befindet sich der Engel Mormon. Dieser soll Joseph Smith, dem Gründer der Mormonensekte, die goldenen Tafeln geoffenbart haben, auf denen das Buch Mormon eingeprägt war. Der Engel wurde aus Kupfer gegossen und mit Blattgold überzogen. Er ist 3,80 Meter groß und hält eine goldene Trompete an seine Lippen, um die zweite Ankunft Jesu Christi zu verkünden.

Der Tempel ist nur Mormonen zugänglich. Es gibt im Tempelbezirk und in seiner Umgebung für Besucher aber viel Interessantes zu sehen, insbesondere das *Tabernacle* (Tabernakel) mit seinem großen schildkrötenförmigen Dach. Es bedeckt ein 76 Meter langes und 46 Meter breites Auditorium und hat keine sichtbaren Stützen. Man sagt, daß Brigham Young dieses Gebäude selbst entworfen hat. Er wollte eine Versammlungshalle für 8.000 Menschen errichten, in der niemandem durch Säulen die Sicht versperrt werden sollte. Über der Halle wurde ein kuppelförmiges Holzgitter errichtet, das seitlich von

NORD- UND MITTELAMERIKA

Steinsäulen gestützt und durch hölzerne Pflöcke und von einer elastischen Spangenkonstruktion zusammengehalten wird. Die Orgelflöten sehen so aus, als ob sie aus Metall wären, der Balkon scheint aus Marmor zu sein und die Kirchenbänke aus Eiche. Tatsächlich ist alles aus Kiefernholz gebaut und so geschickt bemalt, daß es den echten Materialien täuschend ähnlich sieht. Das Tabernakel hat eine außerordentliche Akustik (man kann im wahrsten Sinn des Wortes eine Stecknadel fallen hören), und die Orgel – sie hat heute 10.746 Pfeifen und sechs Klaviaturen – ist eine der schönsten der Welt. In der Halle ertönen jeden Tag Orgelkonzerte, und jeden Sonntagmorgen singt der mehr als 300 Personen umfassende berühmte *Mormon Tabernacle Choir*.

Auf demselben Platz befindet sich die *Assembly Hall* (Versammlungshalle), ein kleineres Gebäude aus Granit, das für Gottesdienste benützt wird. Davor steht das *Seagull Monument* (Seemöwen-Denkmal). Diese Vögel sind nach einer Legende gerade im rechten Augenblick erschienen und retteten das lebenswichtige Getreide der ersten mormonischen Siedler vor Schwärmen gefräßiger Grillen. In diesem Ereignis sahen die Siedler die Hand Gottes walten. Das Denkmal stammt aus dem Jahre 1913 und wurde von dem Bildhauer Mahonri Young, einem Enkel von Brigham Young, geschaffen.

Das nahe gelegene, seit 1984 geöffnete *Museum of Church History and Art* (Museum der Kirchengeschichte und der Kunst) beherbergt über 60.000 Ausstellungsstücke, die mit dem Leben und der Geschichte der Mormonen in Beziehung stehen. Darunter befinden sich auch Arbeiten von mormonischen Künstlern. Die *Family History Library* (Genealogische Bibliothek), die größte ihrer Art auf der Welt, enthält einen sorgfältig erfaßten Stammbaum aller der Mormonenkirche angehörenden Bürger und ist auch Andersgläubigen zugänglich. Vom Brigham-Young-Denkmal aus, einer 7,60 Meter hohen Statue von Cyrus Dallin, betrachtet der große Führer die Früchte seines Lebenswerkes.

Oben: An einer Kirchturmspitze befindet sich die goldene Figur des Engels Moroni. Er wurde von Cyrus Dallin, einem Bildhauer aus Utah, geschaffen.

Gegenüberliegende Seite: Der Tempel wurde von dem mormonischen Architekten Truman O. Angell entworfen. Er war ein Bruder von Brigham Youngs Hauptfrau Mary Ann.

167

1885, Kanada

DIE CANADIAN PACIFIC RAILROAD

Während die Lokomotive durch die Rocky Mountains fauchte, standen früher die Passagiere gerne auf dem Vorbau der Lokomotive.

Die Züge verkehrten zwischen Montreal in der Provinz Quebec und Vancouver in Britisch-Kolumbien. Die Verbindung wurde aber 1990 eingestellt. Das Eisenbahnmuseum (Canadian Railway Museum) in St. Constant, einem südlichen Vorort von Montreal, besitzt eine außergewöhnliche Sammlung, unter anderem Lokomotiven und die private Draisine, die Sir William Van Horne benutzte, als die Strecke erbaut wurde.

Alles einsteigen – auf zum Pazifik

Am 7. November 1885 wurde der letzte Nagel der *Canadian Pacific Railroad* eingeschlagen. Mitten in den Bergen am Eagle-Paß fand eine einfache Feier statt. William van Horne nannte diesen Punkt Craigellachie. In seinem Buch *The Impossible Railway* (Die unmögliche Eisenbahn) beschreibt Pierre Berton, wie die Direktoren der Eisenbahnlinie dort eintrafen. Sie kamen mit der Lokomotive Nr. 148. Diese hatte einen rautenförmigen Schornstein, und als sie ankam, glühte ihr Kessel. Es war ein trüber Tag. Der älteste der Direktoren, Donald A. Smith, schlug den letzten Nagel ein. Es herrschte absolute Stille. Dann folgte ein gewaltiger Jubel, und das schrille Pfeifen der Lokomotive ertönte. Alles rannte zu Van Horne und forderte eine Ansprache. Aber der große Mann war kein Redner. Er sagte einfach: „Alles, was ich sagen kann, ist, daß ihr sehr gut gearbeitet habt." Dann schrillte der Pfiff der Lokomotive erneut, und einer schrie: „Alles einsteigen – auf zum Pazifik!"

Die eingleisige Strecke zwischen Montreal und Vancouver ist 4.633 Kilometer lang. Ihr Bau war eine der mutigsten Taten der Eisenbahngeschichte – zu ihrer Entstehungszeit als Akt sinnloser Verwegenheit bezeichnet – und bildete einen der wichtigsten Faktoren in der Entwicklung des modernen Kanada. Ihre Geschichte begann 1867, als die östlichen Provinzen des Landes eine Konföderation gründeten. Westlich von ihnen lagen weite Prärien und unerforschte Berge. Dahinter, an der Pazifikküste, lag Britisch-Kolumbien, das sich nicht sicher war, ob es sich den Vereinigten Staaten anschließen oder Kanada beitreten sollte. 1872 hat sich Britisch-Kolumbien der Konföderation angeschlossen, unter der Bedingung, daß innerhalb von zehn Jahren eine transkontinentale Eisenbahn gebaut würde.

Die Bauarbeiten begannen dann 1881. Ein Amerikaner holländischer Herkunft, William Van Horne, wurde mit der Durchführung der Arbeiten betraut. Er hatte seine Karriere als kleiner Telegraphist bei der *Illinois Central Railroad* (Zentralbahn von Illinois) begonnen.

Die Strecke durch die Prärie konnte sehr schnell verlegt werden. Nur 15 Monate dauerten die Bauarbeiten. Von der Versorgungsbasis in Winnipeg aus bewegten sich die Bauzüge westwärts. Jeder führte genau das Material mit sich, das man für eine Meile (1,6 Kilometer) Gleise brauchte. Man benötigte Schienen und Schwellen, ferner Telegraphenmasten und Material für Brücken. Indianer kamen und beobachteten die Arbeiten. Sie kauerten am Rande der Schienen und bewunderten die *Feuerwagen* – jene Maschinen, die das Ende ihres ruhigen Lebens ankündigten.

Die Gleise dann durch die Rocky Mountains zu legen war allerdings schwieriger. Hinter der kleinen Ansiedlung Calgary bewegte sich die Linie den Bow-Fluß entlang, und die Arbeiten gingen zunächst rasch voran – auf einer Strecke wurden 600 Fuß bzw. 183 Meter Gleise sogar in einer Rekordzeit von fast fünf Minuten gelegt. Dann allerdings wurden 12.000 Mann benötigt, um die Bahnlinie über den Kicking-Horse-Paß (1.628 Meter) weiterzubauen. Außerdem mußte immer wieder der Kicking-Horse-Fluß überbrückt werden.

Der ursprüngliche Plan war, dem Columbia-Fluß zu folgen. Aber ein Landvermesser namens A. B. Rogers entdeckte einen Paß in den Selkirk Mountains (er ist nun nach ihm benannt). Das ersparte eine Strecke von 240 Kilometern. Wegen Lawinengefahr mußte die Linie über weite Strecken mit Schneedächern geschützt werden, und später wurde durch den gefährlichsten Abschnitt ein Tunnel gebaut.

Über den Stony Creek errichtete man auf hölzernen, 61 Meter hohen Pfeilern die damals höchste Brücke Nordamerikas.

Hinter dem Shuswap-See schlängelten sich die Gleise dann über die Coast Mountains durch den wilden und fast unpassierbaren Fraser Canyon. Es war vorgesehen, die Bahnlinie in Port Moody am Burrard Inlet enden zu lassen. Van Horne drang jedoch darauf, daß man sie bis zu jenem Ort weiterbaute, wo heute Vancouver liegt. Diesen Namen hat Van Horne gewählt. Vancouver

verdankt seine Existenz also der Eisenbahn und entwickelte sich zum führenden Hafen an der Westküste Nordamerikas.

Die Eisenbahn öffnete Mittel- und Westkanada für neue Siedler, die nun zu Tausenden herbeiströmten. Winnepeg wuchs und wurde reich durch die Eisenbahn und die Menschenmassen, die nun in die Prärie vordrangen. Auch die Stadt Regina hat ihre heutige Größe der Eisenbahn zu verdanken. Als 1882 der erste Zug eintraf, taufte man sie zu Ehren der Königin Victoria auf den Namen Regina (lateinisch *Königin*). Banff, das erste größere Touristenzentrum in den Rocky Mountains, erhielt durch den Präsidenten der Canadian Pacific Railroad, einen Schotten aus Banffshire, seinen Namen. Im Jahre 1990 wurde die Eisenbahnlinie nach mehr als hundert Jahren eingestellt.

Oben: Die Bahn verläuft neben dem Bow-Fluß durch eine der bautechnisch schwierigsten, aber schönsten Landschaften Nordamerikas.

Gegenüberliegende Seite: Ein Zug verläßt Banff, im Hintergrund die Berggipfel der Rocky Mountains.

1886, USA

DIE FREIHEITSSTATUE

„Gib mir deine müden, armen, zusammengekauerten Massen, die sich danach sehnen, frei zu atmen…"
– EMMA LAZARUS, *„Der neue Koloß"*.

Zur Freiheitsstatue gehen fahrplanmäßige Schiffe von Battery aus, das an der südlichen Spitze der Insel Manhattan gelegen ist. Der Ausflug bietet einen außergewöhnlichen Blick auf den Hafen, New York und die Statue.

Rechts: Die Freiheitsstatue erhebt beim Golden Door (Goldenen Tor) ihre Fackel. Die Einfahrt zum New Yorker Hafen war aber auch das Tor zu einem neuen Leben, frei von den Beschränkungen und der Armut der Alten Welt.

Am 28. Oktober 1886 wurde die bekannteste Statue Nordamerikas unter dem Donner von 21 Kanonenschüssen von Präsident Grover Cleveland eingeweiht. Nebelhörner heulten, und es wurde ein riesiges Feuerwerk veranstaltet.

Seitdem erblicken alle Schiffspassagiere, die in den New Yorker Hafen einfahren, die riesige Figur, die die Fackel der Freiheit gegen den Himmel hält. Für viele tausend Emigranten war die Statue das Sinnbild für die Befreiung von Unterdrückung und Armut, die sie in der Alten Welt erleiden mußten. Sie ist zum Symbol für die Vereinigten Staaten von Amerika geworden.

Die Freiheitsstatue wurde in Paris konstruiert und dort am 4. Juli 1884 offiziell dem amerikanischen Botschafter als Geschenk des französischen Volkes an die Amerikaner übergeben. Man zerlegte sie in Stücke und transportierte sie per Schiff nach New York. Hier stellte man sie auf einen schweren Sockel, den die Amerikaner auf *Bedloe's Island* (jetzt *Liberty Island*) konstruiert hatten.

Der Sockel wurde von dem amerikanischen Architekten Richard Morris Hunt entworfen und ist 47 Meter hoch. Die Statue selbst ist 46 Meter hoch, die Fackelspitze befindet sich also 93 Meter über dem Boden. Sie wiegt 205 Tonnen, hat einen Taillenumfang von 10,60 Metern und einen 91 Zentimeter breiten Mund. Der rechte Arm, der die Fackel hält, ist 12,80 Meter lang – allein der Zeigefinger hat schon eine Länge von 2,40 Metern. Zu ihren Füßen sind die gesprengten Fesseln der Tyrannei zu sehen. In ihrer linken Hand hält sie eine Tafel, die die Unabhängigkeitserklärung repräsentiert.

Auch ihre siebenstrahlige Krone ist ein Sym-

NORD- UND MITTELAMERIKA

Das Goldene Tor

Im Sockel der Freiheitsstatue befindet sich ein Museum über die Geschichte der Einwanderung nach Amerika, das 1972 eröffnet wurde. Aufgezeigt wird die Geschichte der Vorfahren der Indianer, die von Asien aus in den unerforschten Kontinent vordrangen, bis hin zur Masseneinwanderung in diesem Jahrhundert. Jede Einwanderergruppe wird mit audiovisuellen Medien, in Modellen, Fotografien, Zeichnungen und Kostümen und durch Kunstwerke charakterisiert. Darunter befinden sich auch Darstellungen der Westafrikaner, die als Sklaven in dieses Land verschleppt wurden, und der großen irischen, italienischen und jüdischen Einwandererströme des 19. Jahrhunderts.
Die Freiheitsstatue inspirierte Emma Lazarus zu dem bekannten Gedicht *The New Collossus* (Der neue Koloß). Dort heißt es, daß „zusammengekauerte Massen" und „armselige Ausgestoßene" aus der Alten Welt kamen und von der Freiheitsfackel begrüßt wurden, die „neben dem Goldenen Tor" hochgehalten wurde. Ab 1892 kamen die „zusammengekauerten" Massen auf *Ellis Island* in der Nähe von *Liberty Island* an. Dort wurden Auswandererschiffe mit Deutschen und Iren, Italienern, Slawen und Juden abgefertigt. Im Durchschnitt passierten im ersten Jahrzehnt des 20. Jahrhunderts 2.000 Menschen pro Tag die große Halle, im Spitzenjahr von 1907 wurden auf *Ellis Island* mehr als eine Million Menschen abgefertigt.

bol der Freiheit, die über die sieben Meere zu den sieben Kontinenten ausstrahlen soll. Eine Wendeltreppe im Inneren der Statue ermöglicht Besuchern, bis zur Krone zu gelangen.

Die Idee der Freiheitsstatue wurde von einer Gruppe französischer Demokraten geboren. 1865, unter der Herrschaft von Kaiser Napoleon III., formierte sich um den Akademiker Edouard de Laboulaye ein Kreis, der auf das Ende des Kaiserreiches und auf die Entstehung einer neuen französischen Republik hoffte. Die Franzosen wollten mit der Freiheitsstatue ihre Bewunderung für die große Republik jenseits des Atlantiks ausdrücken und die Sympathie der Völker Frankreichs und Amerikas füreinander entfachen. Ein junger Bildhauer aus dem Elsaß, Frédéric-Auguste Bartholdi, wurde von Laboulaye ermutigt, dieses Projekt in Angriff zu nehmen.

Bartholdi hatte gehofft, einen Leuchtturm für den Suezkanal bauen zu dürfen. Dieser sollte die Form einer großen weiblichen Statue haben, eine Fackel hochhalten und symbolisieren, daß das Licht des Fortschritts nun auch nach Asien

Oben links und rechts: Der Aussichtsplatz in der Krone der Statue bietet einen außerordentlichen Ausblick. Die Figur wurde in Teile zerlegt, in Kisten verpackt, von Frankreich aus über den Atlantik transportiert und auf Liberty Island wieder zusammengesetzt.

kommt. Daher nahm er das Angebot mit Begeisterung auf. Seine Freiheitsstatue war von dem berühmten Bild des Malers Delacroix inspiriert: *Die Freiheit führt das Volk auf die Barrikaden*.

Die Größe der Statue und die Tatsache, daß sie Wind und Wetter ausgesetzt sein würde, stellten Bartholdi und seinen Ingenieur, den Erbauer des Eiffelturms, Alexandre-Gustave Eiffel, vor einige Probleme. Eiffel baute eine geniale Eisenrahmenkonstruktion, die von einem zentralen Mast gestützt wurde. Um dieses flexible Skelett wurde die äußere, nur 2,40 Millimeter dicke sichtbare Kupferschicht der Statue befestigt. Bartholdi begann mit einem kleinen 1,20 Meter großen Modell und fertigte dann noch drei weitere, immer größere Modelle an, bis er an den Bau der heutigen Statue ging.

171

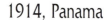

1914, Panama

DER PANAMAKANAL

Beim Bau des Kanals mußten viele tausend Arbeiter ihr Leben lassen.

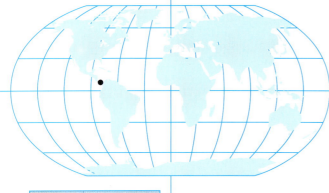

Panama-Stadt hat einen internationalen Flughafen. Der Pazifikhafen des Kanals kann mit dem Bus erreicht werden.

Am 15. August 1914 durchquerte der erste Ozeandampfer den Panamakanal. Damit endete der schwierige Kanalbau, der einen Verbindungsweg vom Atlantik zum Pazifik durch den Isthmus von Panama geschaffen hat. Die Länge des Kanals beträgt 82,40 Kilometer. Er verläuft nicht in Ost-West-Richtung, vielmehr läßt die Geographie des Isthmus von Panama ihn den Weg von Colón am Atlantik nach Panama-Stadt am Pazifik in südöstlicher Richtung nehmen.

Beim Kanalbau mußte nicht nur der Wasserweg konstruiert werden, sondern es waren auch an jedem Ende Hafenanlagen notwendig, ebenso wie Wellenbrecher, Dämme, Schleusen und künstliche Seen. Auch die Eisenbahnlinie zwischen Colón und Panama-Stadt mußte zum größten Teil neu gebaut werden.

Von den riesigen Wellenbrechern am Atlantikende in der Limón-Bucht fahren die Schiffe nach Süden zu den drei Gatún-Schleusen, in denen sie 26 Meter zum künstlich angelegten Gatún-See angehoben werden. Ein 150 Meter breiter Kanal führt aus dem See heraus zu weiteren Schleusen. Dort werden die Schiffe zuerst 9,50 Meter und dann 16,50 Meter zum Meeresspiegel gesenkt, bevor sie den Pazifikhafen beim Golf von Panama erreichen, der wiederum durch einen riesigen Wellenbrecher gesichert ist.

Alle Schleusen wurden in doppelter Ausführung gebaut. Sie sind 305 Meter lang und 34 Meter breit und so angelegt, daß aus entgegengesetzten Richtungen kommende Schiffe aneinander vorbeifahren können. Die riesigen Schleusentore aus Stahl sind 2,10 Meter dick und bis zu 25 Meter hoch. Die Schiffe werden von kleinen Lokomotiven langsam durch die Schleusen gelotst. Normalerweise benötigt man sechs Maschinen, die an den Schleusenwänden entlangfahren.

Der erste Versuch, den Kanal zu bauen, nahm ein betrübliches Ende. Der Initiator war kein geringerer als Ferdinand de Lesseps, der bereits den Suezkanal erbaut hatte. Er gründete eine Gesellschaft, die im Jahre 1881 die Arbeiten aufnahm. Man begann einen 9,10 Meter tiefen und 22 Meter breiten Wasserweg auszuheben, von Ozean zu Ozean auf Seehöhe. Die Schwierigkeiten waren jedoch unüberwindlich. Zum harten Felsboden kam noch, daß die Arbeiter massenweise am Gelbfieber und an der Malaria starben. Das Projekt wurde zu einer berüchtigten Todesfalle –

und manche Arbeitergruppen aus Frankreich brachten gleich ihre eigenen Särge mit. Man sagt, daß es an die 20.000 Todesfälle gab, ehe die Gesellschaft bankrott ging und im Jahre 1889 ihre Tätigkeit einstellte.

Im Jahre 1904 unterzeichneten Panama und

Rechts: Ein Tanker fährt durch den Kanal und durchquert die enge Landbarriere zwischen dem Atlantischen und dem Pazifischen Ozean.

NORD- UND MITTELAMERIKA

Amerika dann einen Vertrag, der Amerika das Recht des Kanalbaus zugestand. Man berücksichtigte aber die Gefahr von Erkrankungen gleich von Anfang an und schickte den amerikanischen Armeearzt William Crawford Gorgas in diese Gegend. Er bezwang innerhalb von zwei Jahren das Gelbfieber und konnte auch die Malaria in den Griff bekommen. Im Jahre 1907 wurden die Bauarbeiten, jetzt mit dem endgültigen Plan für einen Kanal oberhalb der Meereshöhe, wieder aufgenommen. Der Leiter war Oberst George W. Goethals von der US-Armee. Mit dem Bau des Kanals waren nicht nur große Hoffnungen für einen wirtschaftlichen Aufschwung verbunden, sondern er sollte auch ein Beitrag zur friedlichen Verständigung der Völker sein. Makabererweise fiel seine Eröffnung mit dem Ausbruch eines der schlimmsten Kriege der Weltgeschichte zusammen.

Rechts: Ein Schiff fährt in eine der Gatún-Schleusen ein, in denen Schiffe vom Atlantikende des Kanals auf die Höhe des Gatún-Sees gehoben werden. Beim Bau dieser großen Schleusen wurden Millionen Kubikmeter Beton verwendet.

Ein Wasserweg durch Darien

Der erste Entdecker, der seinen Fuß auf Panamas Boden setzte, war der Spanier Rodrigo de Bastidas. Er landete dort im Jahre 1501. Auf dem Schiff befand sich auch Vasco Nunéz de Balboa. Er blieb mit einer Siedlergruppe in Panama. Am 25. September 1513 blickte er als erster Europäer „still von einem Hügel in Darien" über den Pazifik.

Die Möglichkeit, einen Kanal durch Mittelamerika zu bauen, wurde bereits 1550 in einem Buch des portugiesischen Seefahrers Antonio Galvao erwogen. Er sah in dem Isthmus von Darien, dem nur 48 Kilometer schmalen Streifen zwischen Mittelamerika und Südamerika, eine mögliche Stelle für den Kanalbau.

Die spanische Regierung wollte diesem Plan aber nicht zustimmen, weil er ihre Monopolstellung in Mittelamerika gefährdet hätte. Sie transportierte spanisches Silber und Gold von Peru die Pazifikküste hinauf zur Stadt Panama. Dort wurde alles auf Maultiere verladen und über den Isthmus nach Colón gebracht. Um 1770 stellte die spanische Regierung Forschungen über einen möglichen Kanalbau an. Nachdem 1849 in Kalifornien Gold entdeckt worden war und alles in den Westen strömte, wurde eine Bahnverbindung zwischen Colón und Panama erbaut. Als sie 1855 eröffnet wurde, verlagerte sich der Überseehandel der mittelamerikanischen Länder von den Häfen in der Karibik zum Atlantik.

173

Ab 1919, USA

HEARST CASTLE

Die Alte Welt lieferte ihre Schätze, um William Randolph Hearsts Palast über dem Pazifik Glanz zu geben.

Das Hearst-San Simeon State Historical Monument, wie es offiziell genannt wird, liegt nördlich von Morro Bay am berühmten Highway Nr. 1, ungefähr in der Mitte zwischen Los Angeles und San Francisco. Es gibt Führungen durch das Haus und die Parkanlagen.

Big Sur

Die nördliche, am Pazifik entlangführende Küstenstraße bietet einen faszinierenden Ausblick auf Klippen, Strände, kleine felsige Buchten und donnernde Meeresbrandung. Schriftsteller, Künstler und viele Anhänger des *New Age* haben sich besonders vom Gebiet um Big Sur angezogen gefühlt. Die Spanier nannten diese Gegend *El Gran País del Sur* (das große Land im Süden), als sie sich in Monterey niederließen. Die in der Nähe gelegene Stadt Carmel erregte weltweites Interesse, als ihre Einwohner den Schauspieler und Regisseur Clint Eastwood zum Bürgermeister wählten. Sie besitzt zahlreiche Galerien und Kunstgewerbegeschäfte und den Charme der Alten Welt. Die 1770 gegründete Mission *San Carlos Borromeo del Rio Carmelo* ist eine der schönsten Kaliforniens.

Rechts: Der schöne Swimmingpool im Freien, das sogenannte Neptun-Bad.

Gegenüberliegende Seite, oben: Der riesige Speisesaal.

Gegenüberliegende Seite, Mitte: Eine Klippe an der kalifornischen Küste.

Hearst Castle, bei dem kleinen Ort San Simeon gelegen, ist ein außerordentliches, in manchen Einzelheiten auch schönes Herrenhaus von erdruckender Pracht, das der Erbauer mit unvorstellbaren Kosten errichten ließ. Er plünderte ganz Europa, um es auszustatten, und was er nicht kaufen konnte, hat er kopiert. Er selbst nannte das Anwesen *La Cuesta Encantada* (bezaubernde Anhöhe). Wenn man aber bedenkt, wieviel Geld er ausgegeben und mit welcher Liebe er es ausgestattet hat, muß man es als Schloß bezeichnen. Wer das Schloß nicht kennt, kann sich wahrscheinlich auch kein richtiges Bild machen. Wer sich aber an Orson Welles' Film *Citizen Cane* erinnert, dessen Hauptfigur ja bekanntlich auf William Randolph Hearsts Persönlichkeit ba-

174

siert, wird vielleicht einen Eindruck von diesem Mann bekommen.

Man rühmt an Hearst Castle immer wieder die beiden riesigen Swimming-pools. Der im Haus ist ein römisches Bad, der Pool im Garten faßt 1,3 Millionen Liter Wasser. Am Rande steht ein mit klassischen Statuen und Säulen geschmückter griechischer Tempel. Von hier aus hat man einen wunderbaren Blick über die Hügel.

Das Haus liegt hoch über der kalifornischen Küste und blickt über den Pazifik und zu dem kleinen Hafen, in dem auf Hearsts Anordnung Kisten mit Kunstwerken, Möbeln, komplette Einrichtungen und Gebäudeteile ankamen. Er erbte Land und Glück von seinem Vater, dem im Jahre 1891 verstorbenen Bergbauindustriellen George Hearst. Oftmals in seinem Leben konnte er dieses Glück noch vermehren. Er war im Zeitungsgeschäft tätig und ist als einer der „Erfinder" der *Yellow Press* (Sensations-Journalismus) in die Geschichte eingegangen. Die Bauarbeiten in San Simeon begannen nach dem Tod seiner Mutter im Jahre 1919. Er engagierte die Architektin Julia Morgan, die seine Träume in die Wirklichkeit umsetzen sollte.

Hearsts Helfer in aller Welt durchstöberten die Länder nach Antiquitäten, mittelalterlichen Wandteppichen, Fliesen, chinesischem Jadeschmuck und Porzellan. Man erzählt, daß er ein komplettes Kloster zerlegen ließ und von Spanien nach Kalifornien brachte. Er ließ es einige Jahre in Kisten verpackt liegen, weil er sich nicht entscheiden konnte, was er damit anfangen sollte. Die Bibliothek des Hauses beherbergt eine umfangreiche Sammlung von griechischen Vasen. Manchmal ließ er komplette Räume passend zu einem Gegenstand gestalten, den er besonders liebte. Andere Räumlichkeiten wurden gebaut, dann wieder abgerissen und nach seinen geänderten Ideen neu errichtet.

Das Resultat ist außerordentlich beeindruckend. Italienische, französische, spanische und maurische Stilelemente sind zusammengewürfelt, und Gegenstände aus vollkommen verschiedenen Perioden und Stilen wurden nach Hearsts eigenem Geschmack komponiert. Der riesige Speisesaal ist zum Beispiel einem mittelalterlichen Rittersaal nachgebildet. Er hat gigantische Ausmaße und enthält ein Sammelsurium verschiedenster Gegenstände aus unterschiedlichsten Epochen: flämische Gobelins, „antike" Kirchenstühle, eine Holzdecke mit Heiligendarstellungen, Banner mit Familienwappen aus Siena. Der Eßtisch ist so lang, daß man ein Opernglas benötigt, um das andere Ende deutlich zu sehen. Auf ihm sind in Abständen Kerzenleuchter und Warmhalteschüsseln aufgestellt.

Hearst und seine Geliebte, die Filmschauspielerin Marion Davies, residierten hier in einem Stil, der ebenso verschwenderisch wie das Schloß war. Viele bedeutende Hollywoodstars waren hier zu Gast: von Charlie Chaplin, Mary Pickford und Rudolf Valentino bis zu Gary Cooper, Clark Gable und Cary Grant. Zur Bestürzung mancher nervöser Gäste war die Anlage mit Hearsts Privatzoo bevölkert: mit Yaks, Bären, Affen und Känguruhs. Als Hearst im Jahre 1951 starb, war das Haus noch immer nicht fertig.

Die Missionen

Pater Junipero Serra, ein in Mallorca geborener Franziskanermönch, liegt in der Missionskirche von Carmel begraben. Er war ein kleiner Mann, aber außerordentlich vital und die führende Persönlichkeit in der Missionsarbeit, die ab 1769 in Kalifornien durchgeführt wurde. Nach der Gründung der ersten Mission in San Diego gründeten er und seine Nachfolger weitere im Norden. Schließlich gab es in Kalifornien eine Kette von 21 Missionsniederlassungen. Mit ihrer kühlen spanischen Architektur in Beige und Terrakotta sind sie beeindruckende Erinnerungen an eine vergangene Zeit, als die Mönche ihren Zöglingen neben dem Christentum auch noch Ackerbau und Viehzucht beibrachten. Unglücklicherweise übertrugen die Missionare europäische Krankheiten auf die einheimische Bevölkerung und haben sie dadurch stark dezimiert.

1922, USA

DAS LINCOLN-DENKMAL

„Ohne gegen jemanden Groll zu hegen, mit Nachsicht für alle, . . . laßt uns dafür kämpfen, die Arbeit zu beenden, die wir begonnen haben, und die Wunden der Nation heilen."
– ABRAHAM LINCOLN, *Antrittsrede zur zweiten Amtsperiode, 4. März 1865.*

Das Lincoln-Denkmal, einer der am häufigsten besuchten Orte in Washington D. C., steht im Potomac Park an der 23. Straße. Es kann zu Fuß vom Weißen Haus und vom Kapitol aus erreicht werden. Die nächstgelegene Metro-Station ist Foggy Bottom.

Der letzte Akt

Am 14. April 1865, fünf Tage nach der Kapitulation der Südstaatenarmee unter General Robert E. Lee im Appomattox Court House, besuchten Abraham Lincoln und seine Frau *Ford's Theater* in Washington, um sich die Komödie *Our American Cousin* (Unser amerikanischer Cousin) anzusehen. Um 22.15 Uhr feuerte ein verwirrter Schauspieler die tödlichen Pistolenschüsse auf Lincoln ab. Um 7.22 Uhr am nächsten Morgen erlag Lincoln seiner Verletzung. Er war nur 56 Jahre alt geworden. Ford's Theater wurde nach dem Attentat geschlossen, später aber wiedereröffnet und so restauriert, wie es an jenem verhängnisvollen Abend ausgesehen hatte. Heute beherbergt es ein Museum mit Gedenkstücken und Privatgegenständen Lincolns, darunter Briefe und Bücher, Porzellan aus dem Weißen Haus, die Kleider, die der Präsident an seinem letzten Abend getragen hat, die Pistole, mit der er ermordet wurde, und das Tagebuch von John Wilkes Booth. Das Haus auf der gegenüberliegenden Straßenseite, in dem Lincoln starb, wurde auch restauriert und ist für die Öffentlichkeit zugänglich.

Unter allen Präsidenten der Vereinigten Staaten von Amerika gibt es wahrscheinlich keinen zweiten, dem weltweit mit solcher Liebe und Bewunderung gedacht wird wie Abraham Lincoln. Das Denkmal in Washington D. C. – *das Lincoln Memorial* – ist ein würdiger und bewegender Tribut an den Menschen Abraham Lincoln und seine Tugenden der Toleranz, Ehrenhaftigkeit und Beständigkeit.

Zwei Jahre nach seinem Tod im Jahre 1865 gab es bereits Bestrebungen, ihm in Washington ein Denkmal zu errichten. Der Grundstein wurde aber erst im Jahre 1915 gelegt. Die Einweihung fand dann am 30. Mai 1922 statt. Der Bau wurde von dem Architekten Henry Bacon entworfen. Er war in gewissem Sinne ein Spezialist für Denkmäler und hat auch Lincolns Gedenkstätte in der Stadt Lincoln in Nebraska gestaltet.

Das Lincoln-Denkmal ist in Form eines klassischen griechischen Tempels konzipiert, der dem Parthenon nachempfunden ist. Das rechteckige Gebäude wird von 38 mächtigen dorischen Säulen aus weißem Colorado-Marmor getragen. Sie sind 13,40 Meter hoch und haben am Fuß einen Durchmesser von 2,26 Metern. Zwei Säulen markieren den Eingang, die weiteren 36 Säulen sind Symbole der 36 Staaten, die bei Lincolns Tod Mitglied in der Union waren. Oben am Gesims sind Girlanden angebracht. Sie symbolisieren die 48 Staaten, die zum Zeitpunkt der Einweihung des Denkmals in der Union der Vereinigten Staaten waren. Das Gebäude ist 57 Meter lang und 36 Meter breit.

In einem 28 Meter hohen Raum befindet sich die von Daniel Chester French geschaffene Riesenstatue des Präsidenten. Sie ist 5,80 Meter hoch und zeigt ihn in nachdenklicher Haltung in einem wuchtigen Stuhl sitzend. Die Statue sieht so aus, als ob sie aus einem einzigen Marmorblock gemeißelt wäre. In Wirklichkeit besteht sie aber

aus vielen Teilen, die so sorgfältig zusammengesetzt wurden, daß die Verbindungsstellen nicht sichtbar sind.

French war einer der bekanntesten und erfolgreichsten Bildhauer seiner Zeit. Er begann seine Karriere bereits als Knabe. Schon damals war seine Stiefmutter von seiner Begabung fasziniert, aus Rüben kleine Figuren zu schnitzen. In seiner Heimatstadt Concord (Massachusetts) machte er sich mit 24 Jahren dann einen Namen mit der Statue *The Minute Man,* und für die Ausstellung zur Feier des 400sten Jahrestages der Entdeckung Amerikas durch Kolumbus *(World's Columbian Exposition)* in Chicago im Jahre 1893 schuf er die Kolossalstatue *The Republic.*

Über dem Kopf des Präsidenten befindet sich folgende Inschrift: „In diesem Tempel wie in den Herzen jener Leute, für die der Präsident die Union bewahrt hat, ist das Gedächtnis an Abraham Lincoln für immer bewahrt." Zwei weitere Inschriften befinden sich in zwei Seitenräumen an der Mauer. Es sind Auszüge aus der berühmten Rede von 1863 in Gettysburg und aus der Antrittsrede von 1865. Im Inneren befinden sich auch Wandgemälde von Jules Guerin zum Thema Vereinigung der Nord- und Südstaaten und zur Befreiung der Sklaven.

Die Gedächtnisstätte wird bei Nacht mit Flutlicht angestrahlt, und jedes Jahr am 12. Februar zu Lincolns Geburtstag wird ein Kranz niedergelegt. Das Lincoln-Denkmal befindet sich in der Nähe des Potomac-Flusses und liegt auf einer Linie mit dem Kapitol und dem Washington-Monument, vor dem sich der wunderschöne *Reflecting Pool* erstreckt. Im Westen überquert die Arlington-Memorial-Brücke den Potomac. Auch sie ist ein Symbol der Versöhnung der Südstaaten mit den Nordstaaten, für die Präsident Abraham Lincoln sich vehement und mit ganzer Kraft einsetzte.

Oben: Die Statue des sitzenden Lincoln. Sie wurde von dem berühmten amerikanischen Bildhauer Daniel French geschaffen. Dieser war 72 Jahre alt, als das Denkmal enthüllt wurde.

Gegenüberliegende Seite: Die Gedächtnisstätte gleicht einem klassischen griechischen Tempel und steht in symbolischer Beziehung zu der Zahl der Unionsstaaten sowohl zu Lincolns Zeit als auch zu der der Denkmalentstehung.

Ab 1927, USA

MOUNT RUSHMORE

Gutzon Borglum schuf in den Black Hills mit Dynamit, Hammer und Meißel ein beachtliches „Heiligtum der Demokratie".

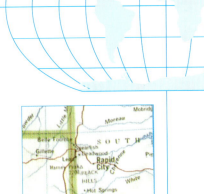

Mount Rushmore liegt an der Route 244, südlich von Keystone in Süd-Dakota. Den besten Ausblick auf dieses Monument bieten Hubschrauberflüge. Die nächste größere Stadt ist Rapid City. Diese Stadt besitzt einen Flughafen mit Verbindungen nach New York und nach London. Es gibt Busverbindungen nach Minneapolis, Cheyenne und Omaha.

Rechts: Das Mount-Rushmore-Projekt wurde nie endgültig fertiggestellt; alle vier Köpfe jedoch sind vollendet. Der letzte, und zwar der von Roosevelt, wurde 1939 enthüllt. Der Hauptanteil der Kosten stammt aus der amerikanischen Steuerkasse.

Gegenüberliegende Seite: Die riesigen Köpfe ragen aus den Felsen der Black Hills.

Im Granit des Mount Rushmore in den Black Hills sind die 18 Meter hohen Gesichter von vier amerikanischen Präsidenten eingemeißelt: George Washington, Thomas Jefferson, Theodore Roosevelt und Abraham Lincoln. Der Bildhauer Gutzon Borglum soll Theodore Roosevelt vornehmlich deshalb ausgewählt haben, weil er die Gestaltung seiner Brille als besondere künstlerische Herausforderung ansah.

Jene, die Alfred Hitchcocks 1959 entstandenen Film *North by Northwest* gesehen haben, werden sich noch an die Szene erinnern, in der Cary Grant und Eva Marie Saint mit größten Mühen über diese Gesichter und deren gigantischen Ohren und Nasen geklettert sind. Die Idee zu diesem Monument kam ursprünglich von einem gewissen Doane Robinson. Er war Historiker und Publizist aus dieser Gegend und wollte dieses spektakuläre Projekt realisieren, um eine Touristenattraktion für die Black Hills zu schaffen. 1924 gelang es ihm dann, Gutzon Borglum für dieses Projekt zu interessieren, und man beschloß, ein „Heiligtum der Demokratie" mit kolossalen Präsidentenstatuen zu errichten. Borglum wollte sie ursprünglich bis zur Taille herausmeißeln. Da das Projekt aber nie fertiggestellt wurde, hat es sich als richtig erwiesen, daß er bei ihren Köpfen mit der Arbeit begonnen hatte.

Im Jahre 1927, als Borglum mit der Arbeit begann, war er 56 Jahre alt, und sie nahm ihn für den Rest seines Lebens in Anspruch. Er war ein kleiner, kahlköpfiger Mann, außerordentlich vital und patriotisch, und es war extrem schwierig, mit ihm zu arbeiten. Er stand im Mittelpunkt des Medieninteresses und erntete mehr öffentliche Aufmerksamkeit als viele andere Künstler. Er entwarf das Denkmal und delegierte die Durchführung an Arbeiter und Bergarbeiter aus der Gegend. Sie sprengten die großen Köpfe mit Dynamit aus dem Felsen und formten sie mit Meißel und Hammer, während sie auf schwankenden, unsicheren Gerüsten standen.

Borglum hatte Ideen, die ebenso außergewöhnlich wie sein Name waren. Sein voller Name lautete John Gutzon de la Mothe Borglum (sein jüngerer Bruder, der auch Bildhauer war, wurde auf den Namen Solon Hannibal Borglum getauft). Er wurde 1871 in der Nähe von Bear Lake (Idaho) als Sohn dänischer Emigranten geboren. Die Eltern waren Mormonen, und sein Vater arbeitete als Holzschnitzer. Man schickte Borglum in ein römisch-katholisches Internat in Xavier (Kansas), das von Jesuiten geleitet wurde. Bereits dort fiel seine zeichnerische Begabung

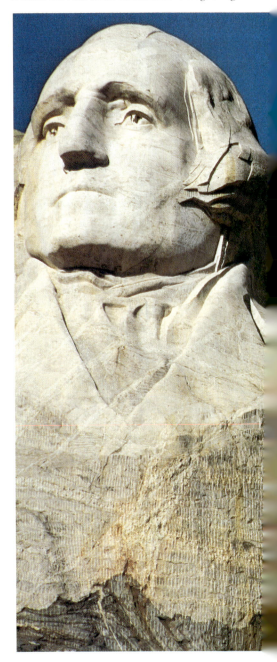

auf. Ab 1890 studierte er in Paris und begegnete dort dem großen Bildhauer Auguste Rodin, den er sehr verehrte. Im Jahre 1915 wurde er eingeladen, in Stone Mountain in der Nähe von Atlanta (Georgia) einen Riesenkopf von Robert E. Lee zu gestalten. Er legte das Projekt zunächst noch größer an. Er wollte eine Truppenparade konföderierter Infanterie und Kavallerie von einem halben Kilometer Länge in den Felsen meißeln lassen; darunter sollten sich Lee, Stonewell Jackson und Jefferson Davis zu Pferd befinden. Borglum und das Komitee konnten sich letztlich doch nicht einigen, und so kam das Projekt nicht zustande.

In Mount Rushmore hatte Borglum heftige Konflikte mit der Nationalparkverwaltung, und die Arbeit wurde immer wieder durch Geldmangel und Schlechtwetter unterbrochen. Trotzdem konnte Washingtons Kopf im Jahre 1930 enthüllt werden. 1936 folgte Jefferson, 1937 Lincoln und 1939 war schließlich Roosevelts Kopf fertiggestellt. Borglum starb im Alter von 70 Jahren, ohne daß er seine große Arbeit fertiggestellt hatte. Sein Sohn, Lincoln Borglum, arbeitete noch eine Zeit lang daran weiter, bis die Finanzierung endgültig eingestellt wurde. Das Monument hat fast eine Million Dollar gekostet.

Ein indianisches Heiligtum

Unweit von Mount Rushmore fand man eine andere, in den Fels gehauene Riesenfigur. Sie wurde von Korczak Ziolkowski entworfen und stellt den großen amerikanischen Indianerhäuptling Crazy Horse dar. Mit nacktem Oberkörper sitzt er auf einem Pferd. Die Figur ist 172 Meter hoch und 195 Meter breit. Der Bildhauer wurde 1939 von Siouxhäuptlingen beauftragt, das Monument zu errichten. Sie wollten demonstrieren, daß auch „der rote Mann große Helden hat". Ziolkowski arbeitete bis zu seinem Tod im Jahre 1982 an diesem Werk und hinterließ detaillierte Pläne für die Fertigstellung. Die Black Hills waren für die Sioux ein geheiligtes Gebiet, und die Regierung der Vereinigten Staaten bestätigte dies 1868 in einem Vertrag, der so lange gelten sollte, „wie Flüsse fließen und Gras wächst und Bäume Blätter tragen". So lange hielt der Vertrag nicht. Als 1874 in den Bergen bei French Creek Gold entdeckt wurde, drangen die Goldsucher in das Land vor, und die Indianer verteidigten das ihnen zugesprochene Land mit Gewalt. Sie errangen einen großen Sieg in der Schlacht von Little Bighorn, in der General George Armstrong Custer und seine Kavallerie bis zum letzten Mann vernichtet wurden. Letzten Endes aber verloren die Indianer unter der Führung von Sitting Bull, Crazy Horse und anderer Häuptlinge den Krieg, und weiße Siedler kamen in die Black Hills. Es ist in gewissem Sinne eine Ironie des Schicksals, daß das Denkmal von Crazy Horse ausgerechnet einige Kilometer nördlich der Stadt Custer liegt.

1931, USA

DAS EMPIRE STATE BUILDING

Beim alljährlich stattfindenden Wettlauf braucht der Sieger im Durchschnitt 20 Minuten, um die 1.860 Stufen hinaufzulaufen.

Das Empire State Buildung, Fifth Avenue Nr. 350, New York, liegt zwischen der 33. und 34. Straße. Die Fifth Avenue ist eine von New Yorks Hauptstraßen und verläuft in nord-südlicher Richtung. Sie ist berühmt für ihre eleganten Geschäfte und Hotels.

Das Empire State Building gehört neben der Cheops-Pyramide und dem Tadsch Mahal zu den bekanntesten Gebäuden der Welt. Es ist noch immer ein Symbol für den Glanz und die Faszination von New York. 40 Jahre lang kannten die Menschen es als das höchste Gebäude der Welt. Obwohl es heute von jüngeren Rivalen übertroffen wurde, ist es immer noch für viele der Wolkenkratzer aller Wolkenkratzer.

Die Ausmaße des Gebäudes sind tatsächlich bewundernswert. Es besitzt 102 Stockwerke und hat eine Höhe von 381 Metern. Mit dem Fernsehturm aus den 50er Jahren erreicht es eine Gesamthöhe von 449 Metern. Das Gebäude an der Fifth Avenue wiegt 331.000 Tonnen, ist auf einem Fundament von zwei Stockwerken gebaut und wird durch eine 54.400 Tonnen schwere Stahlkonstruktion gestützt. Bei seinem Bau wurden zehn Millionen Ziegelsteine verwendet, und man verlegte knapp 700 Kilometer Kabel. Die Fensterfläche beträgt zwei Hektar. Das Treppenhaus hat 1.860 Stufen, die einmal im Jahr für ein Wettrennen benutzt werden. Es gibt Büroräume für 15.000 Beschäftigte, und die Aufzüge können 10.000 Menschen pro Stunde befördern.

Da es von vielen anderen hohen Bürohäusern umgeben ist, hat man von ebener Erde aus keine gute Sicht auf den Gesamtkomplex, der in einem einfachen, aber eleganten Art-Deco-Stil ausgeführt ist. An der grauen Steinfassade laufen Bänder von rostfreiem Stahl hinauf, und die oberen Stockwerke sind dreimal abgestuft. Die Halle im Inneren ist 30 Meter lang und drei Stockwerke hoch. Sie ist mit Wandtafeln geschmückt, die die antiken sieben Weltwunder darstellen – und auch noch ein achtes wird gezeigt: das Empire State Building selbst. Die Guinness-Halle der Weltrekorde zeigt Informationen über ungewöhnliche Rekorde und Rekordhalter. Im 86. und 102. Stockwerk gibt es Aussichtsterrassen, die man rasch mit den Aufzügen erreichen kann. Von dort aus bietet sich ein wunderbarer Ausblick auf die Stadt, der insbesondere bei Nacht einen nachhaltigen Eindruck hinterläßt.

Das Empire State Building ist nach dem Staat New York benannt (er besitzt den Spitznamen *Empire State*) und wurde von Shreve, Lamb und Harrison entworfen. Das Gebäude wurde mit unvorstellbarer Geschwindigkeit errichtet. In einer Woche entstanden im Durchschnitt viereinhalb Stockwerke, und in einer besonders intensiven Bauphase wurden innerhalb von zehn Tagen 14 Stockwerke dazugebaut. Als das Empire State Building am 1. Mai 1931 offiziell eröffnet wurde, war in den Vereinigten Staaten die Zeit wirtschaftlicher Depression. Deshalb konnten längst nicht alle Räume vermietet werden. So erhielt das Gebäude bald den Namen *Empty State Building* (das „leere" State Building). Die komplette Vermietung dauerte zehn Jahre.

Anfänglich erreichte das Empire State Building traurige Berühmtheit, weil es viele Selbstmörder anzog, der erste sprang 1933 in den Tod. Im gleichen Jahr entstand auch der Film *King Kong*. Er prägte das Gebäude ins Gedächtnis von Millionen Zuschauern ein und zeigte das Monster, wie es die Wände hinaufkletterte und oben von zahlreichen Flugzeugen angegriffen wurde.

Im Jahre 1945 prallte ein Flugzeug bei schlechter Sicht gegen das 79. Stockwerk. Es gab 14 Tote und einen Sachschaden von einer Million Dollar.

Oben: An der Wand der großen marmorverzierten Eingangshalle wird das Gebäude als das achte Weltwunder dargestellt.

Beide Fotos rechts: Die Proportionen des Empire State Building sind einfach und elegant. Die oberen Stockwerke sind etwas zurückgesetzt gebaut.

NORD- UND MITTELAMERIKA

Die High Society

Der Platz an der Fifth Avenue, an dem das Empire State Building steht, war ab 1860 ein Zentrum der oberen Zehntausend. Damals standen dort zwei vornehme Häuser, die Mitgliedern der reichen Astor-Familie gehörten. John Jacob Astor III. und William Backhouse Astor junior hatten ihre Häuser nebeneinander gebaut. Die berühmte Frau William Backhouse Astor regierte hier als die Königin von New Yorks gesellschaftlicher Elite. Später bekam sie Streit mit ihrem Neffen William Waldorf Astor. Im Verlauf des Streits riß er sein Haus nieder und erbaute an der Stelle das Waldorf-Hotel. Frau William Backhouse Astor zog daraufhin in einen anderen Bezirk. Ihr Sohn Jacob Astor IV. riß dann das Haus seiner Mutter nieder und erbaute das Astoria-Hotel. Die beiden Hotels fusionierten in den 90er Jahren des 19. Jahrhunderts und wurden als das Waldorf-Astoria-Hotel bekannt. Es war das erlesenste Hotel der Stadt, bis es 1929 abgerissen wurde, um dem Empire State Building Platz zu machen.

DIE AMERIKANISCHEN WOLKENKRATZER

Das Wort Skycraper (Wolkenkratzer) und die Bauten selbst sind amerikanische Erfindungen aus den 80er Jahren des 19. Jahrhunderts.

Oben: Gigantische Zentren der Weltwirtschaft: das World Trade Center sowie andere Konzerngebäude in New York.

Keine andere Stadt der Welt besitzt eine ähnliche Vielzahl an stilistisch unterschiedlichen Wolkenkratzern als New York. Die Hauptstraßen wirken wie lichtlose Schluchten, die tief zwischen die turmhohen Gebäude eingeschnitten sind. Diese Hochhäuser verdecken den Himmel bis auf einen kleinen Streifen, der ganz oben zu sehen ist. Der Geburtsort des Wolkenkratzers war aber nicht New York, sondern Chicago vor ungefähr 100 Jahren.

Der Bau von Büro- und Appartementhochhäusern wurde erst mit der Erfindung des Aufzuges machbar. Bis dahin war es nicht sinnvoll, ein sechs Stockwerke hohes Haus zu planen, da man die Bewohner nicht schnell und bequem genug nach oben und unten transportieren konnte. Es waren zwar bereits Güteraufzüge in Betrieb, die ersten Aufzugskonstruktionen boten aber nicht genügend Sicherheit, weil die Seile manchmal rissen. Diese Schwierigkeit wurde von Elisha Gates Otis gelöst, der eine Methode entwickelte, den Aufzug sicher im Aufzugsschacht zu halten, auch wenn ein Seil riß. Er demonstrierte seine Erfindung im Jahre 1854 in New York.

Der Drang nach Höherem
Die Möglichkeit, hohe Gebäude zu bauen und sie durch Stahlkonstruktionen zu unterstützen, wurde erstmals in Europa demonstriert. In London erbaute man für die große Weltausstellung von 1851 den Kristallpalast *(Crystal Palace)*, ein hohes, prachtvolles Gebäude, das aus vorgefertigten Eisen- und Glasteilen konstruiert wurde. Die wachsende Nachfrage nach Büroräumen in den größeren amerikanischen Städten führte schließlich dazu, noch höhere Bauten dieser Art zu konstruieren.

In den 80er Jahren des 19. Jahrhunderts, in einer Zeit der wirtschaftlichen Hochkonjunktur, entwarf der führende Architekt William Le Baron Jenney das zehn Stockwerke hohe *Home Insurance Company Building*. Zum erstenmal wurden nicht nur die Decken eines Stockwerkes, sondern auch die Außenwände von einem Stahlgerüst getragen. Damit war der Weg für noch höhere Gebäude geebnet, und in den nächsten 20 Jahren entstanden in Chicago über 20 Hochhäuser, die zwölf und mehr Stockwerke hatten.

Louis Sullivan, der kurz im Büro von Jenney gearbeitet hatte, bevor er sich selbständig machte, wurde dann der Star der ersten Wolkenkratzergeneration. Er stammte von irischen Emigranten ab und war der Sohn eines Tanzlehrers aus Boston. 1873 zog er nach Chicago, und 1890 stellte er mit seinem Partner Dankmar Adler das *Auditorium Building* fertig. Sie richteten sich im 16. Stockwerk ein Büro ein, das damals das am höchsten gelegene von Chicago war. (Hier arbeitete übrigens auch Frank Lloyd Wright als Lehrling.) Sullivan gestaltete im Jahre 1891 dann das imposante, zehn Stockwerke hohe *Wainwright Building* in St. Louis. Er betonte dabei die vertikalen Linien des Gebäudes und gestaltete es an seiner Spitze mit einem Fries aus, der unterhalb eines vorstehenden Gesimses angebracht war. Er entwarf auch das 16 Stockwerke hohe *Guaranty Building* in Buffalo. Sullivan war ein schwieriger Mensch und er starb nach wirtschaftlichem Mißerfolg 1924 in Armut.

Am Anfang des 20. Jahrhunderts wuchs die Bevölkerung New Yorks rapide an. Das und die Steigerung der Grundstückspreise war schließlich ausschlaggebend dafür, daß man Hochhäuser in größerem Ausmaß baute. Die Gebäude wurden immer höher, und die Architekten entlehnten Bauformen aus den verschiedensten Stilrichtungen der Vergangenheit. Einer der ersten Wolkenkratzer von New York aus dem Jahre 1902, das 21 Stockwerke hohe *Flatiron Building*, ist dem Renaissance-Stil nachempfunden. Das 213 Meter hohe *Metropolitan Life Insurance Building* aus dem Jahre 1909 greift auf venezianische Stilelemente zurück. Das *Woolworth Building* aus dem Jahre 1913 – zu seiner Zeit mit 52 Stockwerken das höchste der Welt – sieht einer gotischen Kathedrale ähnlich und ist mit Zinnen und einem Spitzturm verziert.

Die Faszination der Höhe

Hohe und höchste Gebäude zu errichten, strahlte einen gewissen Zauber aus und führte zu einem Konkurrenzkampf zwischen den Architekten. Im Jahre 1930 erbaute William van Alen das *Chrysler Buil-

Oben: Das sechsthöchste Gebäude der Welt: das John Hancock Center in Chicago.

ding* im Art-Deco-Stil. Im selben Jahr wurde sein früherer Partner H. Craig Severance von der Bank von Manhattan in der Wall Street beauftragt, das höchste Gebäude der Welt zu errichten. Er tat das auch und baute einen 308 Meter hohen Wolkenkratzer. Aber der Rekord hielt nur kurze Zeit. Der raffinierte van Alen hatte nämlich die elegante Turmspitze seines

Unten: Die Skyline von Dallas besitzt interessante Wolkenkratzer mit einer Vielfalt an Formen und Stilen.

NORD- UND MITTELAMERIKA

Wolkenkratzers im Gebäude versteckt. Sobald Severances Bau fertig war, schob van Alen sie triumphierend heraus und montierte sie auf dem Dach. Damit erreichte sein Gebäude eine Höhe von 319 Metern. Van Alens Wolkenkratzer wurde aber bald vom *Empire State Building* übertroffen.

Nach 1945 entwarfen berühmte Architekten der Moderne in New York weitere Wolkenkratzer. Am bekanntesten ist wahrscheinlich das im Jahre 1958 fertiggestellte und 38 Stockwerke hohe *Seagram Building* in der Park Avenue, das von Mies van der Rohe und Philip Johnson erbaut wurde. 1973 errichtete man schließlich in Chicago den *Sears Tower*. Er war mit 110 Stockwerken und mit einer Höhe von 443 Metern das damals höchste Gebäude der Welt. Die Fernsehantennen mitgerechnet, hat es eine Gesamthöhe von 520 Metern. Es besitzt 16.000 Fenster und bietet Platz für 16.700 Menschen.

Es gab jedoch eine Gegenreaktion auf diese Türme, die alle Städte der Welt zu verschandeln begannen. In den 80er Jahren des 20. Jahrhunderts kehrten die Architekten zu weniger monumentalen und zu anmutigeren Bauformen zurück. Ein Beispiel dafür ist der Hochhauskomplex in der Innenstadt von Los Angeles, und 1983 erbauten Philip Johnson und John Burgee in New York das 40 Stockwerke hohe *AT & T Building* in der Madison Avenue. Mit seinen Giebeln am Dach wirkt es wie ein Bücherschrank aus dem 18. Jahrhundert.

1936, USA

DER HOOVER-DAMM

Ein gigantischer Betondamm zähmte den wilden Colorado-Fluß.

Der Hoover-Damm liegt an der Straße Nr. 93, 16 Kilometer von Boulder-Stadt in Nevada entfernt und etwa 50 Kilometer südöstlich von Las Vegas. Vom Besucherzentrum aus gibt es Führungen. Zahlreiche Ausflugsmöglichkeiten bestehen von Las Vegas aus, das auch einen internationalen Flughafen besitzt.

NORD- UND MITTELAMERIKA

Oben links und rechts: Ansichten des Damms mit dem Mead-See. Der See versorgt Los Angeles und San Diego mit Wasser und trägt auch zur Energieversorgung der Staaten bei.

Gegenüberliegende Seite: Der Hoover-Damm hat etwa die Höhe eines 70-stöckigen Hauses. Als er erbaut wurde, war er der größte Damm, der je errichtet wurde. Er ist eine gigantische Konstruktion aus Beton und Stahl und eine der großen bautechnischen Leistungen des 20. Jahrhunderts.

Der mächtige Colorado-Fluß ist 2.300 Kilometer lang und bewässert eine Fläche von 640.000 Quadratkilometern – etwa ein Fünfzehntel der Vereinigten Staaten. Von seinem Oberlauf in den Rocky Mountains aus fließt er in südwestlicher Richtung durch die Staaten Colorado und Utah und durch den Grand Canyon. Dann ist er Grenzfluß zwischen den Staaten Arizona und Nevada, später zwischen Arizona und Kalifornien. Schließlich durchquert er einen Teil von Nordmexiko und mündet in den Golf von Kalifornien.

Der Colorado war immer unberechenbar und hat weite Landgebiete überschwemmt. Im Jahre 1905 änderte er noch dazu plötzlich seinen Flußlauf und schuf den 750 Quadratkilometer großen Salton-See, der das ganze Imperial-Tal in Kalifornien zu überfluten drohte. Um den Flußlauf unter Kontrolle zu bringen und die Wasserversorgung zu regeln – aber auch um Elektrizität zu gewinnen –, beschloß man, an der Grenze zwischen Arizona und Nevada einen großen Damm zu errichten. Im Jahre 1928 bewilligte der Kongreß das Geld für die Baukosten, und 1931 wurde mit der Arbeit begonnen. Da Herbert Hoover zu dieser Zeit Präsident der Vereinigten Staaten war und lebhaftes Interesse an diesem Projekt bekundete, wurde der Damm nach ihm benannt. Er wurde 1936 fertiggestellt. Präsident Roosevelt nannte ihn bei der Einweihung jedoch Boulder-Damm, und diesen Namen trug er auch bis in das Jahr 1947, als der Kongreß seinen ursprünglichen Namen wieder einführte.

Der Damm – zur damaligen Zeit der größte, der je gebaut worden ist – wurde aus dreieinhalb Millionen Kubikmetern Beton gebaut. Man mußte acht Millionen Tonnen Fels entfernen, um ihn errichten zu können. Er ist an der Basis 201 Meter dick und hat eine Höhe von 221 Metern. Das entspricht etwa der Höhe eines 70 Stockwerke hohen Wolkenkratzers. Oben ist er 379 Meter lang und 14 Meter dick.

Unmittelbar nördlich davon entstand durch den Dammbau der *Lake Mead* (Mead-See), einer der größten künstlichen Seen dieser Welt. Er hat eine unregelmäßige, ausgezackte Form, ist 185 Kilometer lang und hat eine Uferlänge von 900 Kilometern. Er wird durch die Nationalparkverwaltung betreut und ist ein beliebtes Ausflugsziel für Segler, Bootfahrer und andere Wassersportler.

Nördlich des Mead-Sees liegt der berühmte *Valley of Fire National Parc*. Er ist nach dem roten Sandstein seiner Berge benannt, der in Orange- und Lavendeltönen schimmert. Wind und Wetter haben diesen Felsen eigenartig faszinierende Formen gegeben, und einer dieser Felsen sieht wie Kopf und Rüssel eines Elefanten aus. An manchen Felsen finden sich geheimnisvolle Eingravierungen und Malereien, die von den Anasazi, den Vorfahren der Pueblo-Indianer, stammen, die ja auch für ihre Felswohnungen bekannt sind. Man weiß nicht, ob diese Zeichen Schriftzeichen oder eine Art von Landkarten darstellen sollen.

Die meisten der etwa 4.000 am Bau beschäftigten Arbeiter lebten in dem kleinen Städtchen Boulder-Stadt.

Der Grand Canyon

Der Hoover-Damm ist ein Triumph der Technik über die Natur. Bevor aber der Colorado den Hoover-Damm erreicht, passiert er eines der größten Naturwunder der Welt: Der Grand Canyon ist eine über 1,6 Kilometer tiefe und 350 Kilometer lange gigantische Schlucht. Seinen beeindruckendsten Teil bilden die 90 Kilometer zwischen dem Powell-See und dem Mead-See im Grand-Canyon-Nationalpark. Der Grand Canyon ist berühmt für seine bizarren Felsformationen, in die der Colorado grandiose Schluchten eingeschnitten hat, und ebenso für seine Farben, die ihn je nach Tageszeit manchmal in matten Rot- und Rosarottönen erscheinen lassen, dann aber wieder schimmert er in einem Grün, das in Violett, Grau und Braun übergeht.

Die Europäer haben den Grand Canyon erst 1540 entdeckt. Damals führten Indianer einige Männer aus der Expeditionsgruppe von Francisco Coronado hierher. Richtig erforscht wurde er aber erst zwischen 1860 und 1870. Goldsucher schürften hier nach Edelmetallen. Ab 1901, als eine Bahnlinie nach Grand Canyon Village gebaut wurde, kamen immer mehr Touristen.

185

1937, USA

DIE GOLDEN GATE BRIDGE

San Franciscos anmutiges, orangerotes Wahrzeichen ist eine der längsten Hängebrücken der Welt.

San Francisco in Kalifornien hat einen internationalen Flughafen und kann auch leicht vom Flughafen Oakland aus erreicht werden. In Oakland halten auch Züge aus Chicago, Denver, San Diego und Seattle. Es gibt von dort Busverbindungen nach San Francisco. Die Golden Gate Bridge liegt nördlich von San Francisco und ist Teil des Highway 101.

Als die Golden Gate Bridge am 27. Mai 1937 dem Verkehr übergeben wurde, und somit eine Verbindung zwischen San Francisco und Marin County geschaffen war, schwiegen auch jene still, die immer wieder gesagt hatten, daß es unmöglich sei, diese Brücke zu bauen. Natürlich war ihr Bau äußerst schwierig, und es gab auch sehr viele Unglücksfälle unter den Arbeitern, die

Rechts: Die Brücke überspannt das Golden Gate. Es ist das Tor zu einem der größten und sichersten natürlichen Häfen der Welt, der San Francisco zu einer der wichtigsten Hafenstädte machte. Die San Francisco Bay ist mit einer großen Lagune vergleichbar.

NORD- UND MITTELAMERIKA

vier Jahre lang gegen Flut, heftige Strömungen und gegen starken Nebel ankämpfen mußten, um die 2.730 Meter lange Brücke fertigzustellen.

Die Brücke wurde von dem Ingenieur Joseph Strauss konstruiert. Berater war der Architekt Irving Morrow, der dem Design Art-Deco-Stil-Elemente hinzufügte. 20 Jahre lang war die Brücke mit der größten Spannweite der Welt – 1.280 Meter zwischen den beiden Brückenpfeilern, die bei Flut 227 Meter aus dem Wasser ragen. Am schwierigsten war der Bau der Fundamente für den südlichen Brückenpfeiler. Die Arbeiter mußten auf Schleppkähnen ihre Tätigkeit verrichten und wurden dabei immer wieder durch riesige Flutwellen auf und ab geschleudert, als sie einen Eisenbetonschacht erbauten, in den man den Brückenpfeiler senken konnte.

Als die beiden Brückenpfeiler standen, mußten ebenso mutige Arbeiter auf Laufstegen balancieren und die Drahtseile montieren. Jedes Seil hat einen Durchmesser von 91 Zentimetern und setzt sich aus 27.572 einzelnen Drahtlitzen zusammen. Jeder Pfeiler muß eine Vertikallast von

Oben: Die rot-orangen Brückenpfeiler und die Drahtseile heben sich gegen das Sonnenlicht ab.

95 Millionen Kilogramm pro Seil tragen, und die Verankerungsblöcke müssen auf jeder Küstenseite einem Zug von 28,5 Millionen Kilogramm standhalten.

Von Anfang an war die Brücke orangefarben angestrichen. Rot oder Orange sind immer wieder verwendete Farben für Stahlkonstruktionen, da die Farbe eine rote Bleiverbindung enthält, die den Stahl vor Rost schützt. Die Farbe der Golden Gate Bridge hat auch den Vorteil, daß ihre Konturen bei dem hier häufig auftretenden Nebel besser sichtbar sind. Bei Nebelwetter zersetzt sich die Farbe in umweltschädliche Bestandteile, das fand man später heraus. Es laufen etliche Forschungsprojekte, um eine unschädliche Farbzusammenstellung herzustellen. Da man bisher noch erfolglos ist, mußten Teile der Brücke vorübergehend mit grauer Farbe gestrichen werden. Diese Abweichung von der Tradition findet jedoch wenig Anklang.

Die Brücke, die durch Anleihen in Höhe von 35 Millionen Dollar finanziert wurde, ist zum Wahrzeichen San Franciscos geworden. Trotz des Lärms und der Luftverschmutzung durch die 120.500 Autos, die die Brücke täglich befahren, ist der Fußweg auf der Brücke ein sehr beliebter Spazierweg. Häufig bildet sie auch die Hintergrundkulisse in verschiedenen Filmen.

Im Jahre 1987, zum 50. Geburtstag der Brücke, gab es ein großes Fest. Man wollte zu diesem Anlaß die Brücke für den Verkehr sperren, damit alle mitfeiernden Menschen auf ihr spazierengehen könnten. Es stellte sich aber heraus, daß es bei den zu erwartenden Menschenmassen zu gefährlich sein würde, und so hat man das Projekt als undurchführbar wieder aufgegeben.

Der Golden-Gate-Park

Südlich der Golden Gate Bridge liegt ein etwa 400 Hektar großer Park, der viele Attraktionen bietet. Die Arbeit an dem Park begann 1870. Der erste Gartenarchitekt war William Hammond Hall. Ihm folgte der Schotte John McLaren nach, der diesen Park 56 Jahre seines Lebens hegte und pflegte. McLaren pflanzte in diesem Gebiet an die zwei Millionen Bäume. Dadurch verwandelte er eine unfruchtbare, sandige Dünenlandschaft in einen blühenden Garten. Er stellte eine Reihe von Regeln für die Parkbenutzung auf. So verbot er beispielsweise den Arbeitern, während ihrer Arbeitszeit Handschuhe zu tragen und zu rauchen. McLaren legte keinen besonderen Wert auf Gartenskulpturen, und wenn sie aufgestellt wurden, dann verbarg man sie hinter buschigen Stauden. 1984 war der Park Schauplatz einer sehr erfolgreichen Messe *(Midwinter International Fair),* die zweieinhalb Millionen Besucher anzog. Im Park befinden sich mehrere Museen, ein Musikpavillon, kleine Teiche, zahlreiche Bäume, Sträucher und Blumen. Ein Bereich heißt *Shakespeare-Garten:* hier blühen Pflanzen, die in seinen Werken erwähnt werden.

Ab 1946, USA

LAS VEGAS STRIP

„Das wird einer der größten Spielplätze der Welt werden."
– BUGSY SIEGEL (1946)

Der internationale Flughafen McCarron liegt acht Kilometer von Las Vegas in Nevada entfernt. Zug- und Busverbindungen bestehen zu allen größeren Städten Amerikas. Am Las Vegas Strip befindet sich ein Besucherzentrum. Es werden zahlreiche Stadtrundfahrten und Kurzausflüge angeboten.

Die Wiesen des Profits

Der Name Las Vegas bedeutet *die Wiesen*. Um 1850 beschrieb ein mormonischer Siedler diesen Ort als einen „netten, grasbewachsenen Platz" auf der Straße zwischen Santa Fe und Los Angeles. Dieser kleine, grasbewachsene Platz in der Mitte der Wüste von Nevada entwickelte sich dann zum berühmtesten Spielerparadies der Welt. Indianerangriffe und Hitze hielten die Mormonen davon ab, sich hier als Farmer niederzulassen. Zu Beginn unseres Jahrhunderts war Las Vegas eine kleine Stadt mit einer Eisenbahnstation, wenigen Häusern, einigen Saloons und einem Bordell. Als im Jahre 1931 der Staat Nevada das Glücksspiel legalisierte, begann der Aufstieg. Die Bevölkerung nahm zu, und es entstanden die ersten Spielhallen. Das Las Vegas von heute geht aber auf das Jahr 1946 zurück. Am 26. Dezember dieses Jahres eröffnete der Unterweltboß Bugsy Siegel am Las Vegas Strip das *Flamingo Casino*. Im folgenden Jahr wurde er in Los Angeles ermordet, aber sein visionäres Konzept, Spiel und Unterhaltung zu kombinieren, wurde ein großer Erfolg.

Amerikas glitzernde Spielermetropole ist ein bunter Tummelplatz für Erwachsene und ein markantes Beispiel für amerikanische kommerzielle Architektur. Am Las Vegas Strip, der berühmtesten Straße der Stadt, stehen Hotels und Kasinos mit phantastischen Türmen und Kuppeln, Einkaufszentren, Schnellimbißläden und kleine Heiratskapellen, die *Wedding Chapels*. Gespielt wird rund um die Uhr. Man kann an den Spielautomaten eine Million Dollar gewinnen und beim Roulette oder Würfelspiel reich werden. Es gibt natürlich nicht viele, denen das gelingt. Eine Tankstelle am Strip macht ein sehr humanes Angebot: „Kostenloses Aspirin und Mitgefühl." Die Weltmetropole der Spieler ist aber auch für ihre Shows berühmt, in der bekannte Sänger und Schauspieler sowie Glamourgirls auftreten.

Las Vegas besitzt die zahlreichsten und größten Neonlichtreklamen der Welt. Sie gleißen und glänzen in Gelb, Blau, Rot und Grün an den Häuserfronten. Als das *Sands Hotel* im Jahre 1958 eröffnet wurde, war die Fassade mit Lichtkaskaden aus Pink und Blau geschmückt, die sich immer wieder in weithin sichtbare Sternmuster verwandelten. *Circus Circus* kündigt seine Präsenz mit einem 38 Meter hohen Reklameschild an, das ein Showgirl und einen Clown mit einem Lollipop darstellt. Im Inneren des zeltförmigen Gebäudes werden den ganzen Tag über bis Mitternacht kostenlose Zirkusvorstellungen geboten. Natürlich gibt es auch ein Kasino.

Der Las Vegas Strip ist ein sechs Kilometer langer Teil des Boulevard South und verläuft vom Stadtzentrum zur Hacienda Avenue. Viele Kasinos haben sich ihre phantastische Ausstattung vom erfolgreichen Stil des Disneylands abgeschaut.

Das berühmteste unter ihnen ist wahrscheinlich der 1966 eröffnete *Caesars Palace*. An seiner Fassade befindet sich ein Triumphbogen. Korinthische Säulen tragen einen dreieckigen Giebel, der mit zahlreichen Statuen geschmückt ist. Im Inneren finden sich neben den Kasinos weitere Attraktionen, darunter römische Gartenanlagen und ein Einkaufsviertel, in dessen Zentrum eine Kopie des berühmten *David* von Michelangelo steht. Auf einer rollenden Straße kann man durch das alte Rom fahren, das durch Hologramme und Lasereffekte auf ungewöhnliche Weise zu neuem Leben erweckt wird. Es gibt einen Tanzbereich, der den Namen *Cleopatra's Barge* (Kleopatras Vergnügungsboot) trägt. In *Caesars Palace* sind die männlichen Angestellten ausnahmslos wie römische Legionäre gekleidet und die Kellnerinnen in römische Togen gehüllt.

NORD- UND MITTELAMERIKA

Ein weiteres bekanntes Hotel ist das *Excalibur*. Es wurde 1990 eröffnet und ist mit 4.000 Zimmern, gleichvielen Angestellten, sieben Restaurants und einer Glücksspielfläche von 9.300 Quadratmetern das größte Hotel der Welt. Das *Excalibur* sieht aus wie ein mittelalterliches Schloß, hat ein mittelalterlich anmutendes Geschäftsviertel und ein „Vergnügungs-Burgverlies". Im Jahre 1989 wurde das berühmte *Mirage* eröffnet, dessen Bau über 600 Millionen Dollar kostete. Es ist mit unzähligen Palmen und tropischen Bäumen ausgestattet, mit Lagunen und einem künstlichen Wasserfall, und hinter Glasscheiben lauern weiße Tiger. Das *Aladdin*, mit der Wunderlampe an der Spitze des Gebäudes, variiert Motive aus Tausendundeinernacht und ist im maurischen Stil ausgestattet. Im *Tropicana* kann man schließlich schwimmen gehen und dabei weiter sein Glück im Spiel versuchen. Man spielt im Swimmingpool liegend Blackjack, und für naß gewordene Geldscheine steht sogar eine Trockenmaschine zur Verfügung.

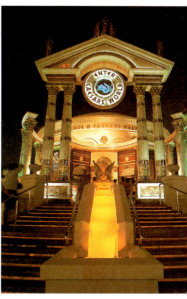

Links und oben: Die größte Leuchtreklame-Landschaft der Welt.

Mitte: Der Eingang zu dem extravaganten Hotel Caesars Palace.

Ab 1949, USA

KENNEDY SPACE CENTER

Der Ort, von dem aus die Astronauten zum Mond starteten, wurde nach dem Präsidenten benannt, der dieses Weltraumprogramm beschloß.

Orlando in Florida besitzt einen großen Flughafen, einen Greyhound-Busbahnhof und eine Amtrak-Train-Station (Zugbahnhof). Der Spaceport USA und das Kennedy Space Center befinden sich eine Fahrstunde östlich von Orlando in Richtung Küste.

Am 25. Mai 1961 gab Präsident John F. Kennedy dem Kongreß bekannt, daß die USA noch vor dem Ende dieses Jahrzehnts einen Mann auf den Mond schicken würden. Diese Ankündigung erfolgte ungefähr einen Monat nach dem ersten bemannten Weltraumflug, den der sowjetische Kosmonaut Juri Gagarin am 12. April durchgeführt hatte. *Cape Canaveral* in Florida sollte in

Das Space Shuttle

In den 60er Jahren unseres Jahrhunderts war es der größte Menschheitstraum, auf dem Mond zu landen. Dieser Traum wurde am 20. Juli 1969 Wirklichkeit. Nach der anfänglichen Begeisterung war es jedoch unausbleiblich, daß man begann, die enormen Kosten dieses Unternehmens zu überdenken. Es wurden Forderungen nach einem neuen Weltraumprogramm laut, und daraus resultierend nahm man die Entwicklung des Space Shuttle in Angriff. Das erste Space Shuttle, das am 12. April 1981 ins All startete, ähnelte eher einem Verkehrsflugzeug als einer Weltraumrakete. Am 28. Januar 1986 kam es beim 25. Start eines Space Shuttle zu einer Katastrophe. Die Rakete explodierte, und alle sieben Astronauten kamen ums Leben. Millionen Menschen vor den Fernsehapparaten wurden Zeugen dieser Tragödie. Anschließende Untersuchungen führten zu Veränderungen der Sicherheitsvorschriften, und das Shuttle-Programm wurde fortgesetzt.

Rechts: Das sind keine Türme einer längst vergessenen Kultur, sondern Raketen im Kennedy Space Center.

190

NORD- UND MITTELAMERIKA

den folgenden Jahren die Aufmerksamkeit von Millionen Menschen immer dann in Atem halten, wenn eine Rakete zum Mond abgeschossen wurde.

Nach der Ermordung von Präsident Kennedy am 22. November 1963 wurde die Erfüllung dieses Programms eine Sache der nationalen Ehre, und der Ort, von dem aus diese Raummissionen erfolgten, wurde in *Cape Kennedy* umbenannt. Seit den 70er Jahren heißt er auf Wunsch der örtlichen Bevölkerung wieder Cape Canaveral, das *Kennedy Space Center* (Kennedy-Weltraumzentrum) ist aber noch immer dem Angedenken jenes Präsidenten gewidmet, der die bemannten amerikanischen Mondflüge beschloß.

Das Gebiet von Cape Canaveral in Florida ist ein militärischer Luftwaffenstützpunkt und wurde im Mai 1949 als Testgelände für Militärraketen ausgesucht. Es liegt in einem unbewohnten Sumpfgebiet, nicht weit vom Meer entfernt. 1962, als das Mondforschungsprogramm aktuell wurde, übernahm die NASA auf *Merritt-Island* ein 55.600 Hektar großes Gebiet und errichtete

Oben: Der Riesentransporter bringt eine Rakete und ihre Fracht zur Abschußrampe.

Rechts: Ein Space Shuttle mit Raketen in Warteposition.

dort das Kennedy Space Center. Das Apollo-Mondprogramm dauerte elf Jahre – von Oktober 1961 bis Oktober 1972 –, und alle Raketen starteten von *Merritt-Island* aus. Während dieser Zeit gab es sechs erfolgreiche Mondlandungen. Später hat die Entwicklung des *Space Shuttle* nochmals die Aufmerksamkeit der Welt auf das Gelände gezogen.

Das Kennedy Space Center, oft auch *Spaceport USA* genannt, ist für Touristen zugänglich. Der größte Teil der Besichtigungen erfolgt zwar nur vom Bus aus, doch es ist überhaupt erstaunlich, daß es für die Öffentlichkeit geöffnet wurde. Besonders interessant ist das Raketen-Museum, in dem Raketen, die Tausende von Kilometern über der Erdoberfläche gekreist und dann wieder zurückgekehrt sind, zu bestaunen sind. Die Geschichte der Weltraumforschung ist gut dokumentiert und illustriert, und Besucher können die verschiedenen Abschußbasen besichtigen. Darunter auch die, die für das *Space Shuttle* gebaut wurde. Einer der interessantesten Punkte der Anlage ist das *Vehicle Assembly Building*, in dem die Vorbereitungen für die Apollo-Mission erfolgten. Als diese abgeschlossen waren, wurde die Rakete von einem Transporter, der sich mit einer Geschwindigkeit von 1,6 Kilometer pro Stunde fortbewegte, zur Abschußrampe gebracht. Das Vehicle Assembly Building ist auch heute noch in Betrieb. Es nimmt eine Fläche von fast drei Hektar ein und ist 160 Meter hoch.

Wenn Raketen starten, ist das Zentrum natürlich geschlossen. Vieles von der Atmosphäre und der Anspannung bei Raketenstarts wird jedoch anhand von Filmen vermittelt. Sie zeigen das Training von Astronauten und einen tatsächlichen Raketenstart, projiziert auf eine riesige Leinwand, um den Zuschauern einen möglichst authentischen Eindruck zu vermitteln.

Die Wahl des richtigen Breitengrades

Abschußbasen müssen in einsamen Gebieten errichtet werden, wo die Gefahr für die Bevölkerung bei einem Unfall minimal ist. Es gibt wissenschaftlich gesehen gute Gründe, einen Platz in der Nähe des Äquators zu wählen, da die Drehgeschwindigkeit der Erde um ihre eigene Achse an diesem Breitengrad am höchsten ist. Sie nimmt zu den Polen hin ab und ist an den Polen gleich Null. Eine Rakete, die am Äquator in die Erddrehrichtung (östlich) gestartet wird, beginnt ihre Reise mit dem zusätzlichen Schub der Erddrehung an diesem Punkt. Das ist eine Geschwindigkeit von 1.656 Kilometer pro Stunde. Dieser Vorteil wird bei der Berechnung der Antriebskraft der Rakete berücksichtigt.

1964, Mexiko
DAS NATIONALMUSEUM FÜR ANTHROPOLOGIE

Eines der Ausstellungsstücke ist ein Opferstein, auf dem Tausende von Menschen geopfert wurden.

Das Museum liegt im Chapultepec-Park in Mexico-Stadt und ist erreichbar über den Paseo de la Reforma. Diese Prachtstraße von Mexico-Stadt kann man mit der Fifth Avenue von New York vergleichen. Sie wurde unter Kaiser Maximilian angelegt. Die nächsten Metro-Stationen sind Chapultepec und Auditorio und es verkehren Busse vom Paseo de la Reforma.

Rechts: Der Innenhof ist mit einem Betonbaldachin überdacht, der nur von einer Säule getragen wird.

Gegenüberliegende Seite, rechts: Skulptur des aztekischen Regengottes Tlaloc, dem Menschenopfer in dem Glauben dargebracht wurden, daß die Tränen der Opfer auf magische Weise Regen herbeiführen könnten.

Unter den Ländern Lateinamerikas waren es besonders Mexiko und Brasilien, wo die Begeisterung für moderne Architekturstile deutlich erkennbar wurde. Vor allem die mexikanische Architektur gilt als sehr gewagt. Dort übte insbesondere Le Corbusier in den 30er Jahren des 20. Jahrhunderts einen starken Einfluß auf die jungen Architekten aus. So entwarf zum Beispiel der vor dem spanischen Faschismus geflüchtete Architekt und Ingenieur Felix Candela, der sich 1939 in Mexiko niederließ, avantgardistische und wagemutige Betonbauten.

Einer der seit dem Zweiten Weltkrieg in Mexiko führenden Architekten, der auch die neukonstruierte Kirche *Unserer Lieben Frau von Guadalupe* erbaut hat, ist Pedro Ramirez Vasquez. Er entwarf das *Museo Nacional de Antropología* (Nationalmuseum für Anthropologie). Es liegt im Chapultepec-Park und wurde 1964 eröffnet. Das moderne Gebäude aus grauem Granit ist zweistöckig, und seine Galerien sind um einen rechteckigen Innenhof angeordnet. Der Hof wird zu etwa zwei Dritteln durch eine Art Baldachin vor Sonne und Regen geschützt. Da das Dach nur von einer einzigen Betonsäule in der Mitte gestützt wird, wirkt die gesamte Konstruktion wie ein riesiger Pilz. Es stellt die größte Betonfläche der Welt dar, die von nur einer Säule getragen wird.

Viele halten dieses Museum für das schönste Mexikos und für eines der schönsten der Welt. Es beherbergt auf einer Fläche von etwa 10.000 Quadratmetern eine konkurrenzlose Sammlung von Kunstschätzen, die aus der Zeit vor der spanischen Eroberung stammen. Die Ausstellungsstücke sind außerordentlich wirkungsvoll arrangiert, so daß sie auch ohne deutsche Erklärungen faszinieren. Außerdem gibt es mehrsprachige zweistündige Führungen zu den interessantesten Objekten.

Der Opferstein, auf dem die Aztekenpriester ihre Opfer grausam töteten, ist wahrscheinlich das spektakulärste Ausstellungsstück. Das Opfer wurde mit dem Gesicht nach oben auf den Stein gelegt und von fünf Priestern am Kopf und an den Armen und Beinen festgehalten. Ein sechster Priester in einem blutroten Gewand öffnete mit einem scharfen Messer den Brustkorb des Opfers. Dann riß er mit den Händen das pulsierende Herz aus der Wunde und hielt es gegen die Sonne. Tausende Menschen fanden auf diesem Stein den Tod.

Ein anderes interessantes Ausstellungsstück ist der berühmte Kalender- oder Sonnenstein, der heute als Wahrzeichen der aztekischen Kultur gilt. Er ist ein großer, über 24 Tonnen schwerer Basaltblock, und niemand weiß, wie er vom nahe gelegenen Steinbruch nach Tenochtitlán ge-

NORD- UND MITTELAMERIKA

Im Park

Neben dem Museum für Anthropologie befinden sich im Chapultepec-Park noch weitere Sehenswürdigkeiten. Er besitzt einen großen Zoo, in dem Pandabären gezüchtet werden, attraktive Gartenanlagen und Teiche, einen Vergnügungspark und noch andere Museen. Auf der anderen Seite des Paseo de la Reforma befindet sich das Nationalmuseum für Geschichte. Hier wird die Vergangenheit des Landes seit der spanischen Eroberung dargestellt. Das Museum befindet sich im Schloß Chapultepec, das ab 1785 erbaut wurde. Während der kurzen Regierungsperiode in Mexiko lebten hier Kaiser Maximilian und seine Gemahlin Charlotte. Maximilian wurde auf Betreiben Frankreichs im Jahre 1863 Kaiser des neu gegründeten Kaiserreiches Mexiko. Nach dem Abzug der französischen Truppen richtete man ihn im Jahre 1867 hin. Im Museum kann der kaiserliche Wohntrakt besichtigt werden. Es beherbergt ferner eine interessante Sammlung von Uhren, Klavieren, Kutschen, Vasen und religiöser Kunst. Im Museum der Modernen Kunst, das ebenfalls im Park steht, befinden sich Arbeiten von Diego Rivera und anderen führenden mexikanischen Künstlern. Im *Museo Tamayo* ist die Privatsammlung des Malers Rufino Tamayo zu sehen.

Im Jahre 1325 erbauten die Azteken aufgrund eines Orakels hier Tenochtitlán. Dieses Orakel soll ihnen verkündet haben, ihre Hauptstadt an jenem Ort zu errichten, wo sie einen auf einem Kaktus sitzenden Adler finden, der gerade eine Schlange verzehrt. Im Jahre 1521 zerstörten Cortés und seine Männer Tenochtitlán und erbauten hier ihre eigene Hauptstadt.

schleppt wurde. Dort wurden dann heute noch deutlich erkennbare Zeichnungen eingemeißelt. Er ist von konzentrischen Kreisen umgeben, auf denen Symbole für die Tage eines Monats und die Himmelsrichtungen dargestellt sind. Im Museum befinden sich auch viele Götterstatuen des alten Mexiko, darunter der gefiederte Schlangengott *Quetzalcoatl*. Ferner gibt es zahlreiche Gegenstände zu sehen, die in Teotihuacán und in der heiligen Quelle von Chichén Itzá gefunden wurden sowie riesige, von den Olmeken stammende Steinköpfe, Federhaarschmuck und die Kopie eines der Tempel von Bonampak mit dazugehörigen Keramiken, Waffen und Schmuck. Im ersten Stock befindet sich auch eine Ausstel-

Oben: Eine Figur des Gottes Quetzalcoatl aus Tula. Das Museum besitzt die größte Sammlung präkolumbischer Kultur der Welt.

lung über das heutige Leben der direkten Nachfahren der Ureinwohner Mexikos.

In den 70er Jahren hat man eine Befragungsaktion durchgeführt. Diese ergab, daß sehr wenige Arbeiter das Museum besuchten. Daraufhin wurde in den Arbeiterviertel eine interessante „Museums-Mission" veranstaltet. In den Slums von Tacubaya stellte man in einer anschaulichen und lockeren Atmosphäre Museumsstücke aus. Damit konnte das Interesse der Menschen auch tatsächlich erhöht werden.

1967, USA

GATEWAY ARCH, ST. LOUIS

Der schwebende Bogen symbolisiert den Aufbruch in den Westen.

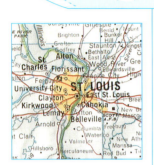

Der internationale Flughafen von St. Louis (Missouri) liegt 21 Kilometer nordwestlich der Stadt. Es bestehen Zug- und Bahnverbindungen nach New York, Chicago, Dallas, Los Angeles usw. sowie Schiffe nach Memphis, New Orleans, Cincinnati und Pittsburgh.

Am Flußufer

In der Nähe des Gateway Arch befindet sich die Eads-Brücke, die 1867 bis 1874 von dem Architekten James R. Eads entworfen und gebaut wurde und als weiteres Wahrzeichen amerikanischer Geschichte gilt. Sie ist eine Konstruktion aus Stahl und Eisen und überspannt den Mississippi mit drei großen Bogen. Ganz in der Nähe, im Fluß vertäut, liegt ein Minenräumboot aus dem Zweiten Weltkrieg, die *U.S.S. Inaugural*. Eines der wenigen Gebäude dieser Gegend, die für den Bau des *Jefferson National Expansion Monument* nicht Platz machen mußten, ist die Basilika von St. Louis. Sie wurde 1831 bis 1834 erbaut und ist die älteste Kathedrale westlich des Mississippi.

Rechts: Von der gegenüberliegenden Seite des Flusses aus wirkt der elegante Torbogen wie ein Regenbogen. Er symbolisiert die Hoffnung auf eine bessere Zukunft. Die Raddampfer auf dem Mississippi sind Überreste aus der Zeit, in der St. Louis eine Schlüsselstellung als Verkehrs-, Handels- und Entwicklungszentrum hatte.

Gateway Arch in St. Louis ist ein großes symbolisches Eingangstor aus rostfreiem Stahl und erinnert an die Rolle, die St. Louis in der Pionierzeit gespielt hat. Damals wurde die Stadt als das *Tor zum Westen* bezeichnet. Der Torbogen ist 192 Meter hoch und hat die Form eines Regenbogens, Symbol der Hoffnung und der Versöhnung von Mensch und Gott. In der Bibel (Genesis 9) wird berichtet, daß Gott einen Regenbogen entstehen ließ, als die Sintflut zurückging und Noah, seine Familie und die Tiere ihr Boot verließen, um die menschenleere Erde wieder zu bevölkern.

Der Regenbogen ist Zeichen dafür, daß Gott nie wieder eine Sintflut über die Erde senden wird. So scheint der Regenbogen ein angemessenes Denkmal für alle jene Männer, Frauen und Kinder zu sein, die mit großen Hoffnungen aus der bekannten, sicheren Welt auszogen, um die Weiten des Westens zu bevölkern.

NORD- UND MITTELAMERIKA

Er steht auch als Wahrzeichen für die mit der Eroberung des Westens verbundenen Abenteuer. Der Bogen wurde von dem amerikanischen Architekten Eero Saarinen entworfen und im Jahre 1967 fertiggestellt. In seinem Inneren gibt es Aufzüge, die die Touristen zu Aussichtsfenstern bringen, aus denen sich ein beeindruckender Blick auf die Stadt St. Louis und den Mississippi bietet. Der Torbogen ist Teil des *Jefferson National Expansion Memorial,* das sich an der Stelle befindet, wo St. Louis im Jahre 1764 von einem französischen Pelzhändler aus New Orleans gegründet worden war, benannt nach zwei französischen Königen: Louis IX., dem Heiligen, und Louis XV. 1803 wurde die Stadt den Vereinigten Staaten eingegliedert und zum Brennpunkt für jene Menschen, die den Westen erforschen und erobern wollten. Im Jahre 1804 sandte Präsident Jefferson Meriwether Lewis und William Clark auf Erkundungsreise in den Westen. Sie entdeckten den Columbia-Fluß. Anschließend erforschte Zebulon Pike von St. Louis aus das Quellgebiet des Mississippi und zog durch die Rocky Mountains. Später, im Zeitalter der Dampfschiffe und der Eisenbahn, wurde St. Louis zum Ausgangspunkt für die einsetzende Völkerwanderung Richtung Westen. In St. Louis konnten sich die hoffnungsvollen Pioniere mit allem versorgen, was sie brauchten, von Wagen und Ochsen angefangen bis zu Gewehren, Werkzeugen, Töpfen und Pfannen.

Ihre Geschichte wird in einem Museum dokumentiert *(The Museum of Westward Expansion)* und anhand von Fotografien, Landkarten, Zeichnungen und Gegenständen aus dem Leben der Indianer und Pioniere anschaulich dargestellt. Es gibt dort auch Filmvorführungen über den Bau des großen Torbogens.

Sehenswert ist auch das alte Gerichtsgebäude *(Old Courthouse)* mit seiner dorischen Säulenhalle aus dem Jahre 1839. Das Gebäude wurde erst 1862 fertiggestellt. Es besitzt eine Renaissance-Kuppel, die aber erst nach langen Diskussionen errichtet wurde, weil man befürchtete, daß sie den Bau zum Einsturz bringen könnte. Das Gerichtsgebäude wurde durch den Dread-Scott-Sklavenprozß bekannt. Im Jahre 1857 wurde hier ein Urteil gefällt, das den Sklaven das Recht aberkannte, vor Gericht zu gehen. Die Entscheidung trug dann auch mit zum Ausbruch des Bürgerkrieges im Jahre 1861 bei.

Rechts: Der Bogen aus rostfreiem Stahl glitzert in der Sonne.

Verwirrung bei der Preisverleihung

Der Wettbewerb für die Gestaltung des Denkmals von St. Louis im Jahre 1948 wurde von dem 1910 in Finnland geborenen Eero Saarinen gewonnen. Sein Vater, der Architekt Eliel Saarinen, emigrierte 1923 mit seiner Familie in die Vereinigten Staaten. Der Sohn studierte Architektur in Yale und trat nachher in das Büro seines Vaters ein. Beide nahmen am Architektenwettbewerb von St. Louis teil. Es kam zu großer Verwirrung, als das Komitee an Eliel telegrafierte, daß er den Wettbewerb gewonnen hatte. Später, als sich herausstellte, daß der Sohn den Preis erhalten hatte, mußte das Komitee diesen peinlichen Fehler richtigstellen.
Eero Saarinen hat sich nicht nur als Architekt einen Namen gemacht, sondern auch als Designer von modernen Möbeln. Er war sehr begabt und akzeptierte nicht die Beschränkungen des internationalen modernen Baustils. Zu seinen bekannten Bauwerken gehören das *Kresge Auditorium* im Massachussetts Institute of Technology und der TWA-Terminal am Kennedy-Airport bei New York City. Er erlebte die Fertigstellung seines Torbogens in St. Louis aber nicht mehr. Im Alter von 51 Jahren starb er an einem Gehirntumor.

195

1971, USA

WALT DISNEY WORLD

Diese Traumwelt wurde für Kinder aller Altersstufen errichtet.

Die Walt Disney World befindet sich 24 Kilometer südwestlich von Orlando in Florida, am Interstate-Highway Nr. 4. Die Kissimmee-Bahnstation hat Verbindungen nach Miami und New York. Es bestehen Busverbindungen mit allen größeren Städten. Orlando hat auch einen internationalen Flughafen.

Nicht nur für Kinder

Nachdem die Walt Disney World den Weg gewiesen hatte, entstanden um Orlando zahlreiche Touristenattraktionen. Hier eröffnete auch *Sea World*, der größte Meeres-Erlebnispark der Welt, in dem man einen 2.000 Kilogramm schweren Orca (Killerwal) bewundern kann und das erste Orca-Baby, das in Gefangenschaft geboren wurde. Eine besondere Attraktion nennt sich *Shark Encounter*. Die Zuschauer werden in einen Tunnel gebracht, der sich innerhalb eines Riesenaquariums befindet. Hier können sie Haie von ungeheurer Größe sehen. Es gibt auch ein *Penguin Encounter*, eine künstliche Polarlandschaft, in der sich 200 Pinguine und viele Seevögel aufhalten. Ganz in der Nähe, im *Central Florida Zoological Park*, in *Reptile World* und im *Gaterland Zoo*, werden Alligatoren gehalten. Im *Xanadu* kann man einen Blick in das 21. Jahrhundert werfen und ein computergesteuertes Haus samt Roboter-Butler betrachten. *Circus World* bietet dem Besucher Tiervorführungen, Trapeznummern und Clowneinlagen sowie eine der größten Berg- und Talbahnen der Welt. Ferner gibt es ein Planetarium, ein Elvis-Presley-Museum und eine große Muschelsammlung.

NORD- UND MITTELAMERIKA

Das Original-*Disneyland* wurde 1955 in Anaheim (Kalifornien) im Süden von Los Angeles eröffnet. Es war ein Unterhaltungspark von ganz neuer Art und vereinigte vier Charakteristika in sich. Das erste war das Hauptthema, nämlich das *magische Königreich* von Walt Disneys Zeichentrickfiguren. Dazu kamen zahlreiche neue technische Tricks, die den Zuschauern vortäuschten, daß sie in einem Boot durch den Dschungel fahren, Geister sehen oder sich in einem U-Boot auf dem Meeresgrund befinden. Zum dritten wurden spannende Rundfahrten durch das Gelände angeboten – nach thematischen Gesichtspunkten sorgfältig zusammengestellt. Viertens schließlich sollte der Vergnügungspark ein Platz für die gesamte Familie sein, und es sollte größter Wert auf Sicherheit, Höflichkeit und Sauberkeit gelegt werden.

Die Kinder und alle, die jung geblieben sind, haben diese Idee mit großer Begeisterung aufgenommen, und das Disneyland in Kalifornien konnte im Jahre 1989 seinen dreihundertmillionsten Gast begrüßen.

Die *Walt Disney World* in Florida wurde am 1. Oktober 1971 auf einer Fläche von 11.300 Hektar eröffnet, und ist damit der größte Vergnügungspark der Welt. Er kostete 400 Millionen Dollar und ist größer als sein kalifornisches Vorbild. Viele Sehenswürdigkeiten sind die gleichen, es gibt aber auch neue Attraktionen. Wie in Kalifornien ist der Park in verschiedene Bereiche eingeteilt. In einem ist beispielsweise die Welt des Wilden Westens dargestellt, mit einem Geisterhaus und einem Schaufelraddampfer, der an Szenen des Pionierlebens vorbeifährt. Auf einer Floßfahrt kommt man an Tom Sawyers Insel vorbei und an einem Fort, das mit lebensechten Figuren ausgestattet ist, auf die man mit Spielzeuggewehren schießen kann. Es gibt auch eine Varieté-Revue aus der guten alten Zeit, die *Diamond Horseshoe Revue,* und die *Hall of Presidents,* in der berühmte Männer aus der Vergangenheit zu den Zuschauern sprechen, so echt, als ob sie noch leben würden.

Die Attraktionen werden immer wieder auf den neuesten Stand gebracht, und es kommen auch neue dazu. Es gibt viele Geschenkboutiquen und Souvenirläden, Musikshows und nette Restaurants, wo man alles mögliche essen kann, vom Eis angefangen bis zu vollen Mahlzeiten. Häufig begegnet man Mickymaus oder Donald Duck in Lebensgröße oder einer der anderen Trickfilmfiguren. Sie spazieren in regelmäßigen Abständen mit einem Begleitorchester durch den Vergnügungspark. Einschienenbahnen, Züge mit einer Dampflokomotive, Pferdekarren oder Seilbahnen, die einen Überblick über das gesamte Gelände vermitteln, fahren durch die Parkanlagen. Der Park ist außerordentlich gepflegt und sauber.

Im Zentrum des Parks steht Aschenputtels romatisch wirkendes Schloß. Es ist mit Zinnen und Türmen ausgestattet. Unterirdisch, für das Publikum nicht sichtbar, befinden sich Gänge, die Mickymaus und ihre Freunde benützen, um plötzlich irgendwo unter den Menschen aufzutauchen.

Das EPCOT-Zentrum (eine Abkürzung für *Experimental Prototype Community of Tomorrow*) wurde im Jahre 1982 eröffnet und präsentiert sowohl bedeutende Momente der Vergangenheit als auch Ausblicke in die Zukunft. Es gibt auch noch die Entdeckungsinsel *(Discovery Island)* mit einem See, in dem sich riesige Galapagos-Schildkröten befinden, und das Flußland *(River Country)* mit einem großen Teich, Wasserkanälen und einem Naturpfad. Im Park wurden auch ein Einkaufszentrum und zahlreiche Hotels errichtet. Wenn man alle Attraktionen in Ruhe besichtigen und genießen will, braucht man mindestens vier bis fünf Tage, besser sollte man sich eine ganze Woche Zeit nehmen.

Gegenüberliegende Seite, links: Das Herzstück der Walt Disney World ist das Schloß von Aschenputtel, eine märchenhafte Burg, die dem Traumschloß des Bayernkönigs Ludwig II. ähnelt.

Oben links: Das Raumschiff Erde im EPCOT-Center, das sich der Zukunft der Menschheit widmet.

Oben rechts: Eine Flußkreuzfahrt mit einem Schaufelraddampfer.

Oben Mitte: Ein Orca bei einer Vorstellung im großen Aquarium von Sea World.

197

1975, USA

DER SUPERDOME VON LOUISIANA

In einer Stadt, in der der Charme der Alten Welt noch existiert, wurde der modernste Mehrzweckbau der Neuen Welt gebaut.

Der Superdome von Louisiana befindet sich an der Poydras Street in New Orleans. Der internationale Flughafen Moisant liegt 20 Kilometer westlich von New Orleans und besitzt Verbindungen zu allen größeren Städten der Vereinigten Staaten. Ebenso gibt es Zug- und Busverbindungen nach New York, Washington D. C., Chicago und Los Angeles.

Der Superdome wurde am 3. August 1975 in New Orleans eröffnet. Er hat über 180 Millionen Dollar gekostet und ist der größte Bau dieser Art auf der Welt. Kritiker haben ihn mit einer riesigen Suppenschüssel verglichen oder mit einem riesigen Türknopf, niemand hat aber je daran gezweifelt, daß dies ein außerordentlich funktionaler Bau ist. In erster Linie dient er als *American-Football*-Stadion für die Heimspiele der *New Orleans Saints* und viele Spiele von nationaler Bedeutung.

Andererseits dient er aber auch als „öffentliches Versammlungszentrum". Es gibt zahlreiche Säle, in denen Konzerte, Bälle, Boxkämpfe, Basketballspiele, Wirtschaftsmessen und andere Veranstaltungen stattfinden. Hier werden Zirkusvorstellungen, Eisrevuen und sogar Parteitage abgehalten.

Rechts: Wie ein Science-Fiction-Monster erhebt sich die Superkuppel über dem Parkareal. Das Gebäude besitzt eine computergesteuerte Klimaanlage.

NORD- UND MITTELAMERIKA

Innerhalb von vier Jahren stellte man den Superdome fertig und hat dabei eine Fläche von 21 Hektar verbaut. Die Kuppel besitzt einen Durchmesser von 212 Metern, ist 27 Stockwerke hoch und hat eine Dachfläche von 3,6 Hektar. Im Inneren befindet sich ein Spielfeld mit gigantischen Ausmaßen. Es bedeckt eine Fläche von 14.900 Quadratmetern, der Betonuntergrund ist mit einem Belag versehen, der *Mardi Grass* genannt wird. Das Stadion faßt bis zu 95.000 Zuschauer und besitzt Parkplätze für 5.000 Autos und 250 Busse.

Der Superdome hat keine Fenster und verfügt deshalb über eine computergesteuerte Klimaanlage. Auf riesigen Videowänden können laufend Spielwiederholungen, Informationen und Unterhaltungsprogramme eingespielt werden. Beim Bau wurden ungefähr 6.500 Kilometer elektrische Kabel verlegt. Es gibt mehr als 15.000 Beleuchtungskörper und 32 Rolltreppen, des weiteren vier Ballsäle, zwei Restaurants, ein Clubhaus, zahlreiche Versammlungsräume und eine Reihe von Bars.

Viele kritisierten während der Bauzeit dieses gigantische Projekt. Es hat der Stadt aber den großen Aufschwung gebracht, den sie so nötig hatte. Ursprünglich war New Orleans die größte Stadt im Süden, aber 1950 fiel sie an die zweite Stelle hinter Houston zurück. Die Einwohnerzahl nahm stetig ab, und um 1970 lag New Orleans dann auf dem fünften Platz. Es stellte sich heraus, daß der Bau des Superdome für die Stadt einen neuen wirtschaftlichen Aufschwung bedeutete. Zahlreiche Bürohochhäuser und Luxushotels entstanden, und New Orleans wurde wieder ein wichtiges Zentrum für zahlreiche Wirtschaftsmessen.

In New Orleans hat sich die Kombination von südlichem Charme und modernster Technik als höchst erfolgreich erwiesen. Die Stadt ist bekannt für ihr französisches Viertel *(French Quarter)* mit den engen Straßen und alten Häusern. Sie hat als Geburtsstätte des Jazz und durch die spektakulären *Mardi-Gras-Feste,* die jedes Frühjahr stattfinden, Weltruhm erlangt.

Rechts oben: Es ist kein größerer Gegensatz denkbar als dieses charmante Haus mit seinen schmiedeeisernen Balkongittern im alten französischen Viertel von New Orleans.

French Quarter

Die Geschichte von New Orleans begann im Jahre 1718. Damals gründete der Franzose Sieur de Bienville am Ufer des Mississippi eine kleine Ansiedlung. Wie viele andere europäische Abenteurer dieser Zeit war er auf der Suche nach Goldschätzen, und es gab ein Gerücht, daß es in dieser Gegend Unmengen Gold geben sollte. Er fand zwar kein Gold, aber die Stadt wuchs und gedieh. Sie wurde um einen Hauptplatz angelegt und mit Schutzwällen umgeben. Der Platz existiert noch immer und nennt sich *Jackson Square*. Dahinter befindet sich das alte französische Viertel *(French Quarter)* mit der Bourbon Street. Die engen Gassen sind von Häusern umsäumt, die schmiedeeiserne Balkone und abgeschlossene Innenhöfe haben. Hier gibt es sehr gute Restaurants, viele Jazzkeller und ein lebhaftes Nachtleben.

Karneval in New Orleans

In der Faschingszeit feiert man in New Orleans mit Prozessionen und Bällen das berühmte *Mardi-Gras-Fest*. Dieses Fastnachtsfest beginnt aber nicht erst am Faschingsdienstag, sondern schon einige Tage früher. Mehr als 50 Faschingsgilden beteiligen sich an den Prozessionen. Alle sind phantastisch kostümiert und ziehen auf bunt geschmückten Wagen durch die Straßen der Stadt. Die größeren Gilden, wie zum Beispiel die Königsgilde oder Bacchusgilde, führen bis zu 20 Wagen mit sich, die sie jedes Jahr nach einem anderen Motto ausstatten. Der Brauch, durch die Straßen zu ziehen, stammt aus dem 18. Jahrhundert, die Gilden stammen aus dem 19. Jahrhundert. Die älteste und berühmteste Gilde, die *Mistick Krewe of Comus,* wurde im Jahre 1857 gegründet.

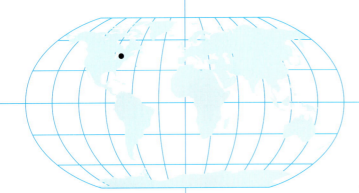

1975, Kanada
C. N. TOWER

Er ist nach dem Eiffelturm und dem Empire State Building das höchste Bauwerk der Welt.

Toronto besitzt einen internationalen Flughafen. Der C. N. Tower ist meilenweit sichtbar. Er steht am Ufer des Ontario-Sees und kann mit der U-Bahn, mit dem Bus oder dem Auto erreicht werden.

Der höchste Bau der Welt, der *Canadian National Tower* oder abgekürzt *C. N. Tower* hat bis zur Antennenspitze eine Höhe von 553,5 Meter und wurde in 40 Monaten erbaut. Man wollte eine Sendestation errichten, die Signale empfangen und weiterleiten kann, ohne von den zahlreichen Wolkenkratzern Torontos gestört zu werden. Neben diesem praktischen Zweck ist er aber auch ein weltberühmtes Wahrzeichen, ein Unterhaltungszentrum und eine Touristenattraktion geworden.

Bevor das Projekt im Februar 1973 in Angriff genommen wurde, ging ein Expertenteam auf Reisen und besichtigte verschiedene Türme. Es setzte sich nicht nur zum Ziel, den höchsten Turm zu bauen, sondern es wollte ihn auch möglichst attraktiv für Besucher gestalten. Er sollte außer einer entsprechenden Optik auch einer möglichst großen Anzahl von Besuchern Platz bieten (der Durchschnitt liegt bei etwa 1,7 Millionen jährlich) und gleichzeitig als Aussichtsturm dienen.

Nachdem die Experten alle Informationen zusammengetragen hatten, konstruierte man einen schmalen Turm mit einer *Skypod* (einer runden Kapsel), die sich in einer Höhe von 351 Metern befindet. Sie ist innen und außen mit Aussichtsgalerien ausgestattet und beherbergt einen Nachtklub und ein Restaurant. Besonders Mutige können auch noch zur höchsten Aussichtsstelle der Welt in eine Höhe von 447 Metern hinauffahren, die das *Space Deck* genannt wird. In dieser Höhe spürt man manchmal, daß der Turm etwas schwankt – den Besuchern wird dann aber immer wieder versichert, daß das so sein muß und daß alle hohen Gebäude so konstruiert sind, daß sie bei Turbulenzen leicht ausschwingen können –, es wäre viel gefährlicher, wenn sie diese Möglichkeit nicht hätten.

Der Bau des höchsten Turms der Welt erforderte sorgfältige Sicherheitsüberlegungen. Die Konstruktionsprobleme waren zwar denen ähnlich, die man vom Bau von Hochhäusern kannte, dennoch war dieses Projekt ein Vorstoß in Neuland, und alle Gutachten mußten vollkommen verläßlich sein. Es wurden deshalb auch mehrere Architekten beschäftigt. Der Bau ist das Ergebnis einer jahrelangen Teamarbeit, in der verschiedene Entwürfe erwogen wurden, bis man sich dann für eine endgültige Version entschied (das ursprüngliche Projekt sollte aus drei mit Brücken verbundenen Türmen bestehen).

Die Entstehung des Turmes ist in einer Fotoausstellung im Skypod dokumentiert. Es ist eine fast unglaubliche Geschichte. Es wurden 40.522 Kubikmeter Beton, 129 Kubikmeter Spannbetonstahl und 5.080 Tonnen Stahl verarbeitet. Das Gesamtgewicht des Gebäudes wird auf 132.080 Tonnen geschätzt. Bei den Bauarbeiten waren 1.537 Arbeiter beschäftigt, die zuerst eine 15 Meter tiefe Baugrube ausheben und 63.000 Tonnen Erde und Schieferton entfernen mußten.

Der C. N. Tower ist eine beeindruckende und elegante Konstruktion, die beweist, daß ausgereifte Technik und sorgfältige Planung harmonische Gebäude schaffen können.

Die höchsten Türme

Zwischen 1889 und 1931 hielt der Eiffelturm den Rekord, das höchste Bauwerk der Welt zu sein. Ab 1931 führte dann das Empire State Building diesen Titel. 40 Jahre später, im Jahre 1971, lief ihm der Ostankino-Turm in Moskau mit einer Höhe von 537 Metern den Rang ab. 1975 wurde er aber vom C. N. Tower übertroffen. Vor hundert Jahren wurde ein Turm mit 300 Meter Höhe bereits als Sensation angesehen. Heute erscheint uns ein Gebäude von 600 Metern Höhe durchaus im Bereich des Möglichen. Eines Tages wird wahrscheinlich auch der C. N. Tower auf den zweiten Platz verwiesen werden.

Oben: Von den Aussichtsgalerien des „Skypod" hat man bei klarer Sicht einen weiten Ausblick. Der Turm wurde als Touristenattraktion und Sendestation konzipiert.

Gegenüberliegende Seite, links: Vom Ontario-See aus gesehen ragt der Turm weit über die Hochhäuser der Stadt hinaus.

Gegenüberliegende Seite, rechts: Blick von unten auf die schwindelerregende Höhe des Turms.

Aufzüge und Psychologie

Im Turm befinden sich vier Aufzüge, die mit einer Geschwindigkeit von sechs Metern pro Sekunde emporsausen. Sie können in einer Stunde 1.200 Menschen in eine Richtung transportieren. Die Fahrt zum *Skypod* dauert 58 Sekunden und hat Ähnlichkeiten mit einem Flugzeugstart. Da die Erbauer befürchteten, daß die Geschwindigkeit, die Höhe und die Enge bei Menschen unter Umständen Panik auslösen könnten, haben sie Psychologen zu Rate gezogen. Das Ergebnis sind Aufzugskabinen, deren Form und Ausstattung Sicherheit vermitteln. Bei starkem Wind kann die Geschwindigkeit der Aufzüge verringert werden. Jeder Aufzug besitzt eine Glaswand. Sie bietet eine wunderbare Aussicht und trägt offensichtlich auch dazu bei, das Gefühl des Eingeschlossenseins beim Benützer zu überwinden.

SÜD-AMERIKA

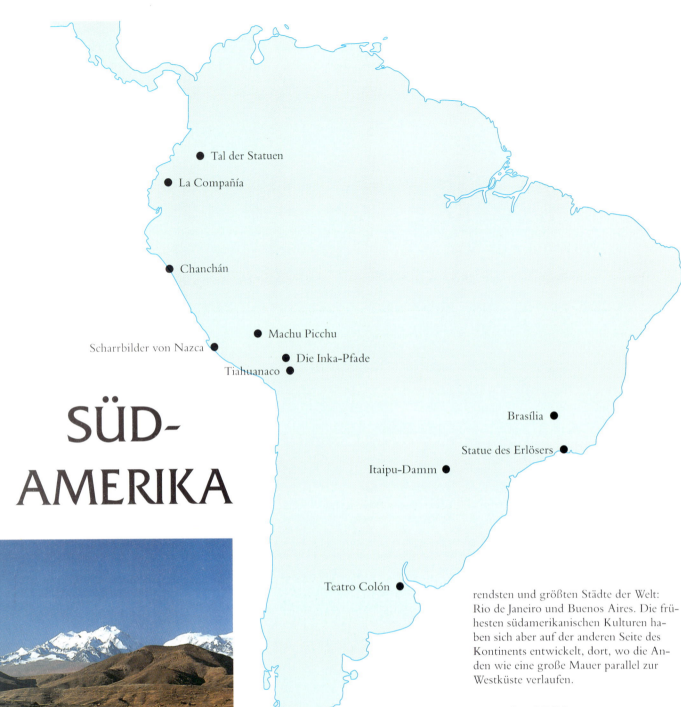

Ein Schilfrohrboot am Titicacasee. Im Hintergrund die schneebedeckten Andengipfel.

Der viertgrößte Kontinent der Welt, Südamerika, erstreckt sich über eine Länge von rund 7.500 Kilometern. Er besitzt eine Vielfalt von Klimazonen und sehr unterschiedliche Landschaften. Im nördlichen, am Äquator liegenden Teil des Kontinents sind im Amazonasgebiet viele Quadratkilometer mit dichtem Dschungel bewachsen. Die *Tierra del Fuego* (Feuerland) im Süden hingegen liegt in der Nähe der antarktischen Eisberge. Dazwischen türmen sich in unmittelbarer Nähe zum Äquator die Anden mit ihren schneebedeckten Berggipfeln auf.

Südamerika wurde jahrhundertelang von den Spaniern und Portugiesen beherrscht. Heute sind die Länder unabhängige Republiken mit spanischer oder portugiesischer Landessprache. An der Ostküste befinden sich zwei der pulsierendsten und größten Städte der Welt: Rio de Janeiro und Buenos Aires. Die frühesten südamerikanischen Kulturen haben sich aber auf der anderen Seite des Kontinents entwickelt, dort, wo die Anden wie eine große Mauer parallel zur Westküste verlaufen.

Tempel und Bilder

Die Anden haben eine durchschnittliche Höhe von 3.500 Metern, zahlreiche Gipfel erreichen jedoch Höhen über 6.000 Meter. In Peru und Bolivien bilden die Anden eine Doppelkette, und dazwischen befindet sich der *Altiplano*, ein Hochplateau mit Ebenen, Hügeln und Tälern. Hier zwischen den Bergen und am Meer entwickelten sich die ersten Stadtstaaten. Keine dieser Kulturen hat schriftliche Aufzeichnungen hinterlassen. Deshalb kann ihre Geschichte nur sehr schwer rekonstruiert werden, und die Datierungen sind sehr ungenau.

Die Menschen von Nazca an der Südküste von Peru schufen in einer dürren Schotter-Ebene die größten Scharrbilder der Welt. Sie haben in mühseliger Arbeit die Steine vom Wüstenboden entfernt und den darunterliegenden hellen Sand-

SÜDAMERIKA

boden freigelegt. Mit dieser Technik erzeugten sie Linien und Muster auf der Erdoberfläche. Einige der Linien sind mehr als acht Kilometer lang und mit bemerkenswerter Genauigkeit gezogen. Sie stellen geometrische Formen dar, aber auch Tierfiguren wie Vögel, Fische, Spinnen und Affen. Es hat wahrscheinlich Jahre gedauert, um diese Bilder fertigzustellen – niemand weiß aber, warum sie gemacht wurden.

Im Altiplano in der Nähe des Titicacasees, des höchstgelegenen Sees der Welt, befinden sich die Ruinen von Tiahuanaco. Riesige Tempelanlagen aus Stein, Tore, versunkene Höfe und Steinskulpturen zeugen von einer Kultur, die im ganzen ersten Jahrtausend lebendig war.

In Chanchán in Peru befinden sich Überreste der Hauptstadt des Chimú-Reiches. Diese aus Adobe gebaute Palast- und Tempelstadt mit ihren Gärten und Grabmälern war, als die Spanier sie entdeckten und plünderten, die größte bekannte Stadt dieser Art auf der Erde. Noch vor dieser Zeit, im 15. Jahrhundert, wurden die Chimú von den Inka erobert. Die Inka errichteten von ihrer Hauptstadt Cuzco aus das größte Imperium des amerikanischen Kulturkreises. Dabei wurden sie von einer Berufsarmee, von einem gut organisierten Verwaltungsapparat und von einem Straßennetz unterstützt, das heute noch Bewunderung hervorruft. Über die Inka ist wesentlich mehr bekannt als über ihre Vorgänger, da ihre Kultur, als die Spanier auftauchten, noch lebendig war.

Der Einfluß Europas
Im Jahre 1498 legte Christoph Kolumbus auf seiner dritten Entdeckungsreise an der Küste von Venezuela an. Später folgten ihm andere Entdecker. Im Jahre 1531 segelte Francisco Pizarro mit 180 Männern und 27 Pferden an Bord von Panama aus in den Süden, um das sagenhafte Gold von El Dorado zu suchen. Er landete in Äquatornähe an der peruanischen Küste gerade in dem Augenblick, als unter den Inka ein Bürgerkrieg herrschte. Diese Situation verstand er auch geschickt für sich auszunützen, und so war es ihm möglich, innerhalb weniger Monate das gesamte Reich zu erobern. Einer seiner Untergebenen, Pedro de Valdivia, drang weiter in den Süden nach Chile vor. Zwischen 1540 und 1550 übernahm Spanien dann die Herrschaft über die gesamte Westküste von Kolumbien bis Santiago.

Auf der anderen Seite des Kontinents bemächtigten sich die Portugiesen Brasiliens. Diese Einnahme erfolgte etwas friedlicher, aber dort gab es auch keine großen Königreiche zu plündern und zu unterwerfen. Die Portugiesen gründeten Zuckerrohrplantagen und schleppten westafrikanische Sklaven hierher, die deren Felder bearbeiten mußten.

Gleich nach den Eroberern kamen die katholischen Priester in die neu gewonnenen Gebiete, um die Einheimischen zum christlichen Glauben zu bekehren. Große Kirchen, wie *La Compañía* in Quito in Ecuador, zeugen vom Reichtum und der Macht, die die römisch-katholische Kirche auf diesem Kontinent hatte. Aber auch das Teatro Colón in Buenos Aires, eines der größten Opernhäuser der Welt, demonstriert den Einfluß europäischer Kultur in Südamerika.

Während des 19. Jahrhunderts erkämpften die südamerikanischen Länder dann ihre Unabhängigkeit. Seitdem besteht ihre Geschichte aus einer unglückseligen Kette von Putschversuchen, Revolutionen und Diktaturen. Insbesondere seit dem Zweiten Weltkrieg haben diese Länder mit schweren wirtschaftlichen Krisen zu kämpfen. Trotzdem haben sie einige außergewöhnliche technische und architektonische Leistungen vollbracht. Innerhalb von drei Jahren wurde die Stadt Brasília erbaut. Sie steht an einem Ort, an dem sich vorher nichts als Bäume, Erde und Jaguare befanden. Mit dem Itaipu-Damm wurde schließlich das größte Kraftwerk der Welt geschaffen.

Unten: Die neue Hauptstadt Brasília wurde innerhalb von drei Jahren in der Wildnis errichtet.

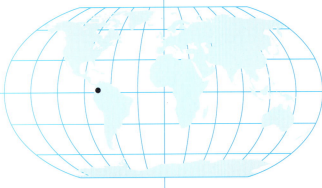

6. Jahrhundert v. Chr., Kolumbien

DAS TAL DER STATUEN

Grabstatuen bewachen eine verlorene Kultur.

Das Tal der Statuen befindet sich in der Nähe von San Agustín in Kolumbien. Der nächste internationale Flughafen liegt 522 Kilometer nordöstlich in Bogotá. Von dort aus gibt es Inlandflüge mit Propellermaschinen nach Popayán und nach Pitalito (umsteigen in Neiva). San Agustín ist 27 Kilometer von Pitalito entfernt und in einer dreiviertel Stunde mit dem Bus erreichbar. Von Popayán nach San Agustín dauert eine Busreise neun Stunden.

Der Puracé-Nationalpark

Der Puracé-Nationalpark bedeckt eine Fläche von 830 Quadratkilometern und befindet sich 60 Kilometer östlich von Popayán in einer der schönsten Berglandschaften Kolumbiens. Die Gipfel der Berge sind 2.500 bis 4.800 Meter hoch. In diesem Gebiet entspringen auch die drei Hauptflüsse Kolumbiens, der Magdalena-Strom, der Cauca und der Caquetá. Im Norden befinden sich einige Vulkane, der höchste, heute noch aktive ist der Puracé (4.780 Meter). Es gibt zahlreiche Wasserfälle (*Cascada San Nicolas* und die *Cascada de Bedon*) und Schwefelquellen (*Termales de San Juan*).

Oben: Figur mit menschlichem Gesicht und Jaguarzähnen.

Rechts: Von der Kultur, die diese Steinstatuen, Friedhöfe und Plattformen hoch in den Anden Kolumbiens hinterlassen hat, ist nur wenig bekannt.

Einer der wichtigsten Funde Südamerikas befindet sich in den nördlichen Anden in einer Höhe von 1.800 Metern. Im Tal der Statuen wurden bis jetzt 500 riesige Steinfiguren von Menschen, Tieren und Göttern entdeckt. Sie sind auf über 20 Orte in einem dichtbewaldeten, üppig mit Orchideen bewachsenen Tal um den Magdalena-Strom verstreut. Die roh behauenen Steinfiguren wirken in dieser Landschaft düster und abweisend. Sie sind die Hinterbliebenen einer verlorenen Kultur, über die fast nichts bekannt ist.

Seit 1794 der spanische Mönch Fray Juan de Santa Gertrudis von ihnen berichtete, rätseln die Archäologen über ihre Herkunft und über ihre Entstehungszeit. Einige nehmen an, daß sie aus dem 6. Jahrhundert v. Chr. stammen, andere aber glauben, daß sie später entstanden und möglicherweise von einer Kultur geschaffen wurden, die unmittelbar vor der spanischen Eroberung von den Inka zerstört wurde. Sie besitzen Ähnlichkeiten mit den Steinfiguren auf der Osterinsel. Die meisten Forscher sind sich aber darüber einig, daß sie dem präkolumbianischen andinischen Kulturkreis angehören.

Wahrscheinlich war der Ort, an dem die Statuen stehen, eine Totenstadt. Die vielen umliegenden Gräber weisen darauf hin, daß man hier Totenkulte gefeiert hat. Einige Statuen sind Darstellungen heiliger Tiere, die weitgehend Symbolcharakter haben: der Adler als Sinnbild der

SÜDAMERIKA

Macht, der Frosch als Sühnetier, der Affe als Gott der Fruchtbarkeit. Andere Statuen stellen Wesen dar, die halb Mensch und halb Tier sind. Die Figuren sind stilisiert, weisen aber auch realistische Züge auf und sind unterschiedlich groß – die höchste Statue ist sieben Meter hoch.

Sie stehen im *Parque Arqueológico* (Archäologischer Park), der ungefähr 2,5 Kilometer von der Stadt San Agustín entfernt liegt. An diesem Ort wurden sie auch gefunden, und die meisten stehen noch an ihren ursprünglichen Plätzen. Im *Bosque de las Estatuas* (Wald der Statuen) hat man 35 Statuen aufgestellt und einen bequemen Kiesweg angelegt. Der wichtigste zeremonielle Ort in diesem Park ist *Fuente de Lavapatas*. An dieser Quelle fanden wahrscheinlich rituelle Waschungen und Riten zu Ehren von Wassergöttern statt. Das felsige Flußtal ist von Kanälen und Teichen durchzogen. Auch hier findet man wieder diese seltsamen Figuren – Schlangen, Eidechsen und Menschengestalten. Der Park beherbergt auch ein Museum, in dem Keramiken und Kunstgegenstände ausgestellt sind, die man in dieser Gegend gefunden hat.

Oben: Eine Grabplatte, gestützt von weiteren mysteriösen Figuren.

Nicht weit vom Park entfernt, nördlich vom Magdalena-Strom und zehn Kilometer von San Agustín entfernt, befindet sich der *El Alto de los Idolos* (Anhöhe der Götzen). Hier stehen die sogenannten Wächter, die eine Reihe von Gräbern bewachen. Einige dieser Gräber wurden geöffnet. Sie enthalten mit Marmorplatten bedeckte Steinsärge, auf denen Abbilder der Toten eingemeißelt sind. In Alto de Lavapatas kann man weitere Steinsärge besichtigen, die rote, schwarze und gelbe Bemalungen zeigen. Dort befindet sich auch die berühmte Statue *El Doble Yo* (Das doppelte Ich). Sie besteht aus zwei übereinander sitzenden Gestalten, die aus einem einzigen Stein geschnitten wurden. In La Pelota befindet sich die einzige bemalte Statue, und in La Cháquira schließlich kann man in eine Felswand gemeißelte Götterstatuen besichtigen.

Der Tierradentro-Park

Im Tierradentro-Park, der 210 Kilometer von San Agustín entfernt liegt, befinden sich Überreste eines weiteren unbekannten Kulturkreises. Hier entdeckte man über hundert unterirdische Grabkammern. Manche von ihnen sind zehn Meter tief. Sie haben gewölbte Decken, die von Säulen gestützt werden. Die Decken, Wände und Säulen sind mit geometrischen Mustern in Schwarz und Rot verziert. In einigen Grabkammern befinden sich an den Säulen und Wänden auch Reliefs mit Figuren.

205

1. Jahrhundert n. Chr., Peru

DIE SCHARRBILDER VON NAZCA

Im Wüstenboden ist ein Netzwerk von Linien eingezeichnet, riesige Tiere darstellend.

Der nächste internationale Flughafen befindet sich in Lima. Nazca liegt 450 Kilometer südlich von Lima, das sind etwa sechs Stunden Busfahrt. Von Nazca aus gibt es regelmäßig Dreiviertelstunden-Flüge über die Scharrbilder. Auch von Lima, Pisco oder Ica aus kann man Rundflüge buchen.

Oben: Warum man Bilder wie diesen riesigen Kolibri in die Wüste eingeritzt hat, wenn man sie nur von der Luft aus richtig wahrnehmen kann, weiß niemand. Es wurden alle möglichen Theorien darüber aufgestellt, aber keine konnte bis jetzt bestätigt werden. Die Scharrbilder von Nazca bleiben geheimnisvoll.

Die Scharrbilder von Nazca stellen geometrische Formen und Figuren dar, die in den Wüstenboden der Pampa Ingenio geritzt wurden. In der Ebene wirken sie wie ein unübersichtliches Gewirr von gelben, sich überkreuzenden Linien, die in den roten Wüstenboden gezogen wurden. Erst aus der Luft kann man ihre wahren Formen erkennen. Dann sieht man z. B. eine 50 Meter große Spinne, einen Kondor mit einer Flügelspannweite von 120 Metern, eine 180 Meter lange Eidechse oder einen 100 Meter großen Affen.

Die Figuren, die auf einem Gebiet von 500 Quadratkilometern in der Wüste verstreut liegen, entstanden durch das Wegräumen des dunklen Gesteinsschuttes, wodurch die helle, gelbliche Sandfläche zum Vorschein kam. Der Zweck dieser Linien ist unbekannt. Seit sie im Jahre 1926 entdeckt wurden, hat man allerdings verschiedene Theorien entwickelt. Alfred Kroeber und Toribio Mejía, die diese Linien als erste entdeckten, nahmen an, daß es sich um eine Bewässerungsanlage handelte. Mejía hat aber später seine Theorie geändert und vermutet, daß diese Linien in Zusammenhang mit den *Ceques* (heiligen Pfaden) der Inka stehen könnten. Verschiedene Anzeichen (zum Beispiel die Steinhügel an den Kreuzungspunkten) sprechen dafür, daß diese Bilder eine kultische Funktion hatten.

Paul Kosok, der 1941 dieses Gebiet besuchte, hat beobachtet, daß einige Linien mit dem Sonnenuntergang zur Zeit der Sommersonnenwende in Beziehung stehen, und hat sie als „das größte Astronomiebuch der Welt" bezeichnet. Das ist auch die Theorie, die die deutsche Wissenschaftlerin Maria Reiche vertreten hat. Nach ihr repräsentieren die Geraden und Spiralen die Bewegung der Gestirne, und die Tiere bedeuten die Planetenkonstellationen. Das Studium der Astronomie hatte in alten Kulturen natürlich auch praktische Zwecke. Es diente unter anderem dazu, den für Ackerbau und Ernte so wichtigen Zusammenhang zwischen Gestirnsbewegungen und Wasserversorgung, vor allem das Einsetzen der Regenzeit, zu bestimmen.

Die am weitesten hergeholte, aber wahrscheinlich bekannteste Theorie ist die von Erich von Däniken. Er nimmt an, daß die Linien Markierungen für Besucher aus dem Weltall waren. Ähnlich unwahrscheinlich ist aber auch die Annahme, daß die Nazca-Kultur bereits Heißluftballons gekannt hätte. Diese Vorstellung stützt sich auf die Tatsache, daß die Linien am besten

SÜDAMERIKA

Die Pyramiden von Cahuachi

Die Pyramiden befinden sich in einer großen archäologischen Ausgrabungsstätte im Tal von Nazca. Dort gibt es neben Wohnbauten aus Adobe und *Quincha* (zusammengebundenes Schilf, das mit Lehm überzogen wurde) auch öffentliche und religiöse Gebäude. Am bekanntesten ist der *Große Tempel* – eine 20 Meter hohe Stufenpyramide. Sie steht auf einem Hügel, der oben abgeflacht und mit Adobemauern umgeben ist. Rund um den Hügel gibt es mit Mauern umgebene Räume und Plätze. Der größte Platz hat eine Fläche von 45 mal 75 Metern. In der Frühzeit der Nazca-Kultur (sie dauerte von 200 v. Chr. bis 800 n. Chr.) scheint die Priesterkaste eine wichtige Rolle gespielt zu haben. Über die religiösen Kulte ist wenig bekannt. Aus Tierfiguren, die auf Keramiken und Textilien dargestellt sind, kann man aber schließen, daß bestimmte Tiere (zum Beispiel Katzen) heilig waren. In der Ausgrabungsstätte befinden sich auch Grabstellen aus verschiedenen Perioden, einige wurden freigelegt.

von der Luft aus erkennbar sind, und auf andere Hinweise im Wüstenboden, die als Brandstellen eines startenden Heißluftballons gedeutet werden könnten. Georg A. von Breunig vertrat die Auffassung, daß es sich bei diesen Anlagen um kultische Rennbahnen gehandelt hat, und der Archäologe Josué Lancho hat behauptet, daß es einfach Landkarten sind, die den Weg zu wichtigen Plätzen wie beispielsweise zu unterirdischen Wasserstellen anzeigten. Das Alter der Linien und Figuren läßt sich nicht exakt bestimmen. Archäologische Forschungen haben ergeben, daß sie zu verschiedenen Zeiten entstanden sind. Die jüngsten datieren aus den Jahrhunderten v. Chr., die geraden Linien stammen wahrscheinlich aus späterer Zeit (um 600 v. Chr.).

Oben: Dieses riesige Scharrbild stellt gut erkennbar einen Affen dar.

Rechts: Eine bunt bemalte Keramik aus der Nazca-Kultur.

Unbestritten ist aber die Faszination, die diese Scharrbilder bei Wissenschaftlern und Laien auslösen. Um sie für die Zukunft zu erhalten, wurde Besuchern das Betreten der Linien verboten. Von einem Aussichtsturm, der 20 Kilometer nördlich der Scharrbilder steht, hat man einen guten Überblick über drei dieser Figuren. Man kann den Aussichtsturm besonders jenen empfehlen, die nicht fliegen wollen. Die Linien und Zeichnungen verlieren nämlich ihre Faszination, wenn man sie nur vom Boden aus betrachtet.

Die Nazca-Keramik

In vielen Museen von Peru sind Nazca-Keramiken ausgestellt. Eine der wichtigsten Sammlungen befindet sich im *Museo Nacionale de Arqueología y Antropología* in Lima. Die frühen Werke sind durch eine realistische Darstellung von Tieren (Kondor, Jaguar, Lama und Kolibri) und Pflanzen (Mais, Cayennepfeffer, Bohnen) gekennzeichnet. Spätere Arbeiten zeigen abstraktere Motive, und ihre Formen werden auch eckiger.

Ab dem 3. Jahrhundert n. Chr., Bolivien

TIAHUANACO

Ein wichtiges religiöses und kulturelles Zentrum, das auch andere Kulturen beeinflußte.

Tiahuanaco liegt in einem abgelegenen Gebiet in der Nähe des Titicacasees. Der internationale Flughafen von Bolivien befindet sich in La Paz. Am empfehlenswertesten ist eine Reise mit dem Auto oder noch besser mit dem Jeep; gute Landkarten sind erforderlich.

Der Titicacasee

Der Titicacasee liegt in einer Höhe von 3.810 Metern. Seine Fläche beträgt 8.287 Quadratkilometer, und damit ist er der höchste schiffbare See der Welt. Sein Wasser ist salzhaltig. Er liegt an der Grenze zwischen Peru und Bolivien. Eines der wichtigsten Baumaterialien dieser Gegend ist das Schilfrohr. Es wächst hier im Überfluß und wurde Jahrhunderte hindurch nicht nur zum Bauen von am Land gelegenen Hütten, sondern auch zum Bau schwimmender Hüttendörfer benutzt. Die ersten dieser schwimmenden Inseln wurden von den Uru-Indios gebaut, und einige sind noch heute bewohnt.

Das Schilfrohr wird von den Einheimischen auch zum Bau von Booten benutzt. Als der norwegische Entdecker und Schriftsteller Thor Heyerdahl beweisen wollte, daß es in der frühen Geschichte der Menschheit möglich war, mit Schilfbooten Tausende von Meilen über den Ozean zu fahren, studierte er bei den Indios vom Titicacasee die Techniken ihres Bootsbaues. Heyerdahls Nachweis, daß die Bewohner der Osterinsel – 4.200 Kilometer von der Küste Chiles entfernt – Kenntnisse des Schilfbootsbaues besaßen, unterstützt die Theorie, daß es zwischen der Osterinsel und Südamerika eine Verbindung gab.

Eine der phantasievollsten Interpretationen über diese Ruinenstadt behauptet, daß sie vor etwa 12.000 Jahren außerirdischen Wesen als Landeplatz diente, für andere lag hier der Garten Eden. Die konventionelleren Theorien sehen diesen in der Nähe des Titicacasees gelegenen Ort als eine Kultstätte einer mächtigen religiösen Gemeinschaft an, die auf weite Teile von Zentral- und Südamerika – möglicherweise auch auf die Osterinsel – einen starken Einfluß ausgeübt hat.

Die Periode, in der diese Kultur ihren Höhepunkt erreicht hat, ist ungewiß. Häufig wird jedoch angenommen, daß sie zwischen dem 2. und 8. Jahrhundert n. Chr. anzusetzen ist. Es gibt aber auch Belege dafür, daß hier schon viel früher eine Kultur beheimatet war und daß die Ursprünge von Tiahuanaco bis in das 1. vorchristliche Jahrtausend zurückgehen. Der Ort hat sehr unter den Verwüstungen späterer Zeiten gelitten. Vor einigen Jahrzehnten erst wurden etliche Riesenstatuen fortgeschafft und als Baumaterial für einen Bahndamm verwendet. Glücklicherweise ist aber trotzdem noch genug von Tiahuanaco übriggeblieben, so daß man die Kunstfertigkeit jener Menschen auch heute noch ausgiebig bewundern kann.

Tiahuanaco liegt in einer Höhe von 3.900 Metern in einem sehr kargen Gebiet, in dem sich Menschen kaum ernähren können. Diese Tatsache und auch die Art der Anlage legen die Vermutung nahe, daß Tiahuanaco keine Wohnstadt, sondern mehr ein Kultzentrum und ein Wallfahrtsort war.

Wie häufig in den Kulturkreisen von Süd- und Zentralamerika, wurde auch hier größte Sorgfalt auf die Ausrichtung der Gebäude nach den Himmelsrichtungen gelegt. Einige Zeichen deuten auch darauf hin, daß hier regelmäßige Beobachtungen des Sonnenlaufes sowie Sonnenkulte stattgefunden haben. Eines der eindrucksvollsten Denkmäler ist das *Sonnentor*. Es wurde aus einem einzigen monolithischen Steinblock gemeißelt und hat die Form zweier aufrecht stehender Steinblöcke, die durch einen darüberliegenden Block miteinander verbunden sind. Über dem Eingang befindet sich ein Götterbild, das wahrscheinlich den Schöpfergott *Viracocha* darstellt. Er ist von Reliefs umgeben, auf denen kleine, auf diesen Gott zuströmende Figuren eingemeißelt sind. Der Stil dieses Tores ist charakteristisch für ähnliche Bauten in ganz Südamerika. Er hat wahrscheinlich von hier aus seinen Ausgang genommen.

Das Zentrum des Heiligtums bildet die *Kalasasaya*. Sie besteht aus einer riesigen erhöhten Plattform, die durch einen tiefer liegenden Hof erreicht werden kann. Dieser Hof war offensichtlich der Mittelpunkt einer Reihe breiter, sich kreuzender Straßen. Die Plattform ist von Mauern mit Steinpfeilern umgeben, und die Oberfläche einiger dieser Pfeiler ist in einem Stil geschaffen, der möglicherweise die Erbauer von Teotihuacán in Mexiko beeinflußt hat. Auf der Plattform stehen Steinfiguren mit großen, starren Augen. Sie haben Ähnlichkeiten mit den Steinkriegern, die in Tula in Mexiko entdeckt wurden.

Auf dem Ruinenfeld befinden sich noch zwei Pyramiden und ein unterirdischer Tempel. Es gibt aber auch Stellen, die noch nicht freigelegt sind. Diese Kultur hat sehr charakteristische Keramik- und Textildekorationen entwickelt. Sie stellen Tiere dar, aber auch abstrakte Muster, die von hier aus offensichtlich auch in andere Kulturen eingedrungen sind.

SÜDAMERIKA

Gegenüberliegende Seite: Still, einsam und rätselhaft – so stehen die schwerfälligen Steinfiguren in Tiahuanaco.

Oben: Das Sonnentor wurde aus einem einzigen Steinblock gemeißelt. Über dem Toreingang befindet sich das Relief eines Gottes, der ein Halsband aus Pumaköpfen trägt; in jeder Hand hält er einen mit einem Adlerkopf geschmückten Stab.

Links: Ein aus Schilf gebautes Inseldorf am See.

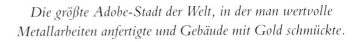

Ab dem 12. Jahrhundert, Peru

CHANCHÁN

Die größte Adobe-Stadt der Welt, in der man wertvolle Metallarbeiten anfertigte und Gebäude mit Gold schmückte.

In diesem Gebiet gibt es viele archäologische Ausgrabungen. Einige Stätten sind beliebte Touristenzentren, andere sind aber weniger bekannt. Die am nächsten gelegene Stadt ist Trujillo. Dort gibt es auch einen Flughafen mit Inlandflügen nach Lima. Eine Busreise von Lima nach Trujillo dauert neun Stunden. Chanchán liegt nördlich von Trujillo. Der Sonnentempel und der Mondtempel befinden sich südlich der Stadt. Beide können bequem mit dem Taxi oder mit dem Bus erreicht werden.

Rechts: Überreste eines Tempels von Chanchán. Die Stadt hat in ihrer Blütezeit um 1500 n. Chr. schätzungsweise 100.000 Einwohner gezählt. Die Gebäude wurden aus getrockneten Lehmziegeln erbaut.

Gegenüberliegende Seite: Vogel- und Fischmotive an einer Mauer von Chanchán.

In der Küstenregion von Peru zwischen der Pazifikküste und den Anden gibt es keine großen Steinbrüche. Das Baumaterial ist hier *Adobe*, ein luftgetrockneter Lehmziegel. In Chanchán können die Überreste einer alten Stadt besichtigt werden, die aus diesem Material erbaut wurde. Chanchán war einst die Hauptstadt des wohlhabenden, mächtigen und dicht besiedelten Chimú-Reiches.

Die Stadt dehnte sich auf einer Fläche von 18 Quadratkilometern aus. Von hier haben die Chimús ein Reich regiert, das sich rund 1.000 Kilometer an der Küste entlang erstreckte. Man nimmt an, daß sie ihre Blütezeit im 12. Jahrhundert nach dem Untergang der mächtigen Tiahuanaco-Kultur hatten. Die Chimús waren geschickte Architekten und Techniker (sie konnten nur überleben, weil sie ein ausgeklügeltes Wasserversorgungssystem besaßen) und verfügten über ein hochkultiviertes Metallhandwerk. Ihr Baumaterial, der Adobe, der in einer Vielfalt von Formen Verwendung fand, ist zwar bescheiden, es gibt aber Anhaltspunkte dafür, daß die wichtigeren Gebäude einst mit goldenen Wandtafeln geschmückt waren. Heute kann man noch Ornamente besichtigen, die in die Ziegel eingraviert wurden; aber all die anderen wertvollen Gegenstände sind aus Chanchán schon lange verschwunden.

Eine Geschichte über die Gründung von Chanchán erzählt von einem Mann namens *Naymlap*, der von der See kam, die Stadt gründete und dann wieder im Westen verschwand. Eine andere Sage berichtet, daß in der Stadt ein Drache lebte, der die Sonne und den Mond erschuf. Die verschiedenen Mythen geben aber keinen Aufschluß, wie die Stadt wirklich entstand. Sicher ist, daß die Chimús eine straff organisierte Gemeinschaft waren. Der rechteckige Grundriß der Stadt und ihre Unterteilung in verschiedene Bezirke lassen darauf schließen, daß Logik und Ordnung geschätzt wurden. Wahrscheinlich lebte in jedem dieser in sich abgeschlossenen Stadtviertel eine Ansammlung von mehreren tausend Menschen. Das Zentrum der Stadt bildete die Tempelburg *Tschudi*. Besonders gut erhalten ist die *Halle der 24 Nischen*. Sie besteht aus einem rechteckigen, von Mauern umgebenen Hof. In diese Mauern waren 24 Sitze eingearbeitet. Man nimmt an, daß dieser Ort ein Diskussionszentrum war. Ein ungewöhnlicher Akustikeffekt ermöglicht es, sich über größere Entfernungen hinweg im Flüsterton zu unterhalten (dieser Effekt kann auch heute noch überprüft werden). Nach einer anderen Theorie haben in den Nischen Götterfiguren gestanden. Über die Funktion der einzelnen Bauwerke kann man nur Spe-

210

SÜDAMERIKA

kulationen anstellen. Die *Halle der 24 Nischen* gehört zu einem Gebäudekomplex, der von einer hohen Schutzmauer umgeben war. Hier können außerdem noch Hütten, ein Wasserspeicher, Regierungsräume und Plattformen, auf denen diverse religiöse Zeremonien stattfanden, besichtigt werden.

Der Tempelbezirk Tschudi war einer von zehn Bezirken, aus denen sich Chanchán zusammensetzte. Einige dieser Bezirke waren von neun Meter hohen Mauern umgeben. Der *Huaca Esmeralda* (Smaragd-Tempel) und der *Templo del Arco Iris* oder *Huaca del Dragón* (Regenbogen-Tempel) sind weitere Sehenswürdigkeiten der Stadt. Der Smaragd-Tempel wurde im Jahre 1923 freigelegt und zwei Jahre später durch heftige Regenfälle stark beschädigt. Er ist ein Pyramidenbau mit zwei Terrassen und zeigt ungewöhnlich reiche Reliefdekorationen mit See- und Fischmotiven. Auch der Regenbogen-Tempel ist eine Pyramide, die von einer hohen Mauer umgeben ist. Die Lehmwände sind mit zahlreichen Verzierungen bedeckt, in denen man je nach Phantasie Drachen, Tausendfüßler oder Regenbogen erkennen kann.

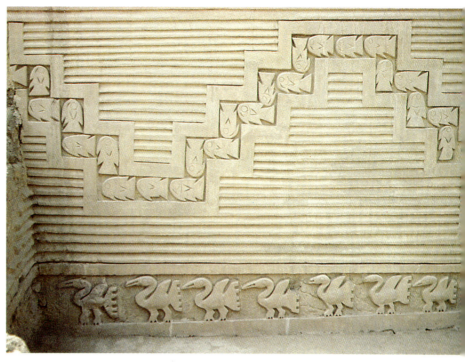

Der Tempel von Sonne und Mond

Eine Legende berichtet, daß Chanchán vom Schöpfer der Sonne und des Mondes gegründet wurde. Nicht weit von Trujillo entfernt, in der Nähe des Moche-Flusses, befinden sich ein Sonnen- und ein Mondtempel. Man nimmt an, daß der Sonnentempel schon vor den Chimús existierte. Er wird den Mochica-Indianern zugeschrieben, die im 6. Jahrhundert n. Chr. ihre Blütezeit hatten. Manche Wissenschaftler nehmen aber an, daß er zwei oder drei Jahrhunderte später entstanden ist. Der Sonnentempel steht auf einer 18 Meter hohen Plattform und ist ein riesiges Bauwerk aus Adobeziegeln. Sein Grundriß bedeckt eine Fläche von 228 mal 136 Meter und seine Höhe beträgt 23 Meter. Der ganz in der Nähe gelegene Mondtempel ist wahrscheinlich zur selben Zeit entstanden. Archäologen nehmen an, daß beide Tempel zu einem Kultzentrum gehört haben, das mit einem Totenkult in Verbindung stand. Es wurden Überreste eines großen Friedhofes gefunden. Neben den beiden Tempeln gab es noch andere Sakralbauten. Der Mondtempel ist für seine schönen Fresken berühmt, auf denen Waffen dargestellt sind, die menschliche Züge tragen und Menschen angreifen. Dieses Motiv kann auch bei den Keramiken der Mochicas entdeckt werden – ein weiterer Hinweis darauf, daß die Tempel aus dem 6. Jahrhundert stammen müssen.

15. Jahrhundert, Bolivien

DIE INKA-PFADE

Geschickt angelegte und gepflasterte Inka-Pfade bieten den Touristen heute bequeme Spazierwege.

Die Inka-Pfade in der Cordillera Real können am besten von La Paz aus erreicht werden. La Paz besitzt den am höchsten gelegenen internationalen Flughafen der Welt (über 4.000 Meter). Es fahren Busse von La Paz nach Ventilla, dem Ausgangsort des Takesi-Weges. Der längere Inka-Weg beginnt in La Cumbre. Reisemöglichkeiten gibt es auch mit Lastautos.

Der Inka-Pfad von Cuzco, Peru

Der am meisten begangene Weg führt von Cuzco in Peru zum Machu Picchu. Im Sommer sind der Weg und die Ausgrabungsstätten sehr frequentiert. Neben dem Massentourismus stören aber auch die Abfälle, die die Touristen hier hinterlassen. Im Jahre 1980 hat man zum erstenmal eine Aktion organisiert, in der 400 Kilogramm unbrennbare Abfälle gesammelt wurden. Der Pfad, der zum historischen Bezirk des Machu Picchu gehört, wurde von der UNESCO unter Denkmalschutz gestellt und der Bau von Abfallbehältern und Toilettenanlagen wurde verboten.

Rechts: Dieser gepflasterte Weg führt durch die Berge zum Machu Picchu. Die Inka-Herrscher hatten ein ausgeklügeltes Nachrichtennetz aufgebaut.

212

SÜDAMERIKA

Links: Wanderer auf einem Inka-Pfad in den bolivischen Anden. Die Inka-Pfade sind durch Steinschläge gefährdet, aber auch Abfälle, die der jüngste Touristenboom zurückließ, haben diese Pfade beeinträchtigt.

Das Verkehrssystem der Inka

Um das Inka-Reich zu verwalten, war ein gut funktionierendes Nachrichtensystem notwendig. Die Inka erbauten ein Straßennetz von schätzungsweise 16.000 Kilometern. Die Breite der Straßen lag zwischen einem halben Meter in den bergigen Gebieten und sechs Meter in der Ebene. Das Straßennetz erstreckte sich vom Amazonas im Osten bis zu den Küstenebenen im Westen und vom Norden (heute Kolumbien) bis nach Argentinien im Süden.

Alle Straßen führten nach Cuzco, der Hauptstadt des Inka-Reiches. Von hier aus sandte der Sonnenkönig seine Botschafter über das Land. Diese Schnelläufer, *Chasquis* genannt, liefen nach einem Staffel-System. Für jeden Abschnitt standen zwei ausgeruhte Läufer zur Verfügung. Sie übergaben die Botschaften in Rasthäusern (*Tambos*), die in Abständen entlang der Pfade errichtet waren. Auf diese Weise konnten Botschaften und wertvolle Waren täglich bis zu 400 Kilometer weit transportiert werden. Die Nachrichten waren auf sogenannten *Quipus* verschlüsselt. Das sind aus Lamawolle geknotete Fäden, die auf linealangen Stäben oder Querschnüren befestigt waren. Die Farben, die Stärke der Wolle und die Anzahl der Knoten entsprachen verschiedenen Botschaften. Mit diesem System verbreitete man Informationen über Getreideernten, über Gold- und Silberlieferungen, über die Größe der Lamaherden oder über die Anzahl der in einer Schlacht getöteten Feinde – all das konnte aber nur von dem verstanden werden, der den Code kannte. Die Inka hatten keine Schrift, keine Pferde, und sie kannten auch das Rad als Transportmittel nicht. Sie benützten das Lama oder gingen zu Fuß.

Die Inka waren – ähnlich wie die Römer – ausgezeichnete Straßenbauer, und wie die Römer wählten sie immer die direkteste Verbindung zwischen zwei Orten. Anders als die Römer hatten sie aber das Hindernis der Anden zu überwinden. Sie mußten Techniken entwickeln, die dem oft extrem steilen Berggebiet entsprachen: Dort, wo sie jähe Steigungen zu überwinden hatten, bauten sie Treppen, wo ihnen unwegsame Felsen den direkten Weg versperrten, bauten sie Tunnels, und über Abgründe legten sie Hängebrücken. In den Höhenregionen schützten sie ihre Wege durch Steinwände vor Schnee, und in der Wüste bauten sie Adobewände um ihre Straßen, um sie vor dem Sand zu bewahren.

Strenggenommen ist es aber nicht ganz richtig, wenn man behauptet, daß alle Wege von den Inka angelegt wurden. Einige existierten bereits vor ihnen und stammen von Menschen, die vor der Inka-Zeit in diesem Gebiet ansässig waren. Wer auch immer der Urheber dieser Wege war, viele Pfade können auch heute noch begangen werden und bieten den Wanderern die Möglichkeit, ihre geschickte Bauweise zu bewundern. Der am besten erhaltene Weg, der *Takesi-* oder *Inka-Pfad*, befindet sich in Bolivien. Die Hälfte der Wege ist mit kunstvoll zusammengefügten Steinen gepflastert und führt durch eine faszinierende, durch Extreme charakterisierte Landschaft: Er beginnt in einer durch schwarze Granitfelsen zerklüfteten Berglandschaft und endet im feuchten Dschungel des Yungas-Tales.

Von Ventilla aus steigt er steil zu einem 4.650 Meter hoch gelegenen Paß an. Diese Strecke ist zwar – trotz der leicht begehbaren, flachen Stufen – mühsam, auf der Paßhöhe hat man aber einen großartigen Ausblick auf die schneebedeckten Gipfel bis hinunter zu den tiefen, leuchtend grünen Tälern. Der Weg führt dann zum Dorf Takesi hinunter. Auf dieser Höhe zeigt sich der erste spärliche Pflanzenwuchs auf moosbewachsenen Felsen. Dann folgt der Pfad dem Takesi-Fluß, schlängelt sich um den Palli-Palli-Berg herum

Oben: Fäden aus Lamawolle wurden zur Nachrichtenübertragung benutzt. Sie wurden von Stafettenläufern von einer Raststätte zur anderen gebracht.

um nach Kakapi und hinunter zum Rio Quimasa Chata. Er überquert wieder den Takesi und endet schließlich in einer Höhe von 2.100 Metern in Chojilla.

Eine etwa vier Tage dauernde, weniger mühsame Wanderung kann man vom 4.725 Meter hohen La-Cumbre-Paß nach Coroico unternehmen. Auch dieser Weg ist zum großen Teil gut gepflastert und bietet ein abwechslungsreiches Landschaftspanorama. Am Beginn steht eine Jesusstatue, die mit ihrem Arm hilfreich in die Richtung des höchsten Punktes (4.850 Meter) weist, der durch einen Steinhügel markiert ist. Von da an führt der Weg immer abwärts zum Dorf Achura. Zwischen Achura und Choro ist er besonders gut begehbar, er besitzt flache Stufen, die oftmals fächerförmig um die Hügel führen. Der Weg verengt sich nach der Baumgrenze und ist zunehmend bewachsen, je näher man sich der tropischen Vegetation nähert. Nachdem man die Hängebrücke bei Choro passiert hat, folgt der Weg dem Rio Huaranilla nach Chairo und endet bei den Zitronen- und Bananenplantagen von Coroico.

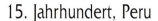

15. Jahrhundert, Peru

MACHU PICCHU

Ein Ort der Sonnenverehrung und geheimnisvoller Rituale, bei dem die Männer in der Minderheit waren.

Der Machu Picchu liegt 112 Kilometer von Cuzco entfernt. Es gibt Inlandflüge von Lima nach Cuzco. Von Cuzco aus bestehen Zugverbindungen ins Urubamba-Tal (Station Puente Ruinas), von dort aus geht es mit dem Bus weiter zum Machu Picchu. Zu Fuß dauert der Aufstieg von der Bahnstation zur Ruinenstätte eineinhalb Stunden.

Etwa 400 Meter über dem Urubamba-Fluß in den Anden von Peru liegt auf einem Bergsattel eine Kultstätte, die lange versunken war. Man nennt diesen Platz *Machu Picchu* (der alte Gipfel). Der Name ist aber von einem Berg in der Nähe entlehnt, denn wie dieser Ort wirklich geheißen hat, weiß man nicht.

Als Hiram Bingham, ein Archäologe von der Universität Yale, diesen Ort im Jahre 1911 entdeckte, glaubte er, daß er die sagenhafte Stadt *Vilcabamba* gefunden hatte. Dorthin zogen sich aufständische Inka zurück, und dort überlebten sie auch 36 Jahre lang, nachdem die Spanier ihren letzten König aus Cuzco vertrieben hatten. Bingham war über den Anblick, der sich ihm bot, begeistert und hielt seine ersten Eindrücke folgendermaßen fest: „Ich begann zu begreifen, daß diese Mauer mit ihrem angrenzenden halbrunden Tempel ... zu den schönsten Steinbauten gehört, die die Welt je gesehen hat, und es verschlug mir den Atem."

Die Schönheit dieses Ortes steht außer Frage. Als in der Nähe die Ruinen einer zweiten Stadt gefunden wurden, stellte sich jedoch heraus, daß es sich nicht um Vilcabamba handelte. Der richtige Name von Machu Picchu und vieles andere ist bis heute unbekannt.

Es scheint, daß Machu Picchu in erster Linie ein religiöser Kultort war. Wann er entstanden ist, weiß man bis heute nicht genau. Man nimmt aber an, daß er Mitte des 15. Jahrhunderts erbaut wurde, in jener Periode, als das Inka-Reich expandierte und umliegende Indiovölker unterwarf. Einer Schätzung nach sollen hier nur rund tausend Menschen gelebt haben, und die Skelette, die man entdeckt hat, legen die Vermutung nahe, daß der Anteil der weiblichen Bevölkerung zehnmal höher war als der der männlichen. Diese Tatsache unterstützt die Theorie, daß Machu Picchu ein Zentrum der Sonnenverehrung war, in dem vornehmlich *Sonnenjungfrauen* gelebt haben.

Auf die große Bedeutung, die die Sonne in diesem Heiligtum hatte, deutet auch der *Intihuatana* (Quecha-Wort für *Ort an dem die Sonne angebunden wird*) hin. Diese seltsam geformte Steinskulptur hat möglicherweise als astronomisches Observatorium gedient. Nirgends auf der Welt gibt es eine vergleichbare Anlage, aber man nimmt an, daß hier wichtige Berechnungen der Sonnenstände durchgeführt wurden. Er scheint auch mit einem Kult zur Zeit der Wintersonnenwende in Zusammenhang zu stehen, bei dem die Rückkehr der Sonne beschworen wurde. Astronomische Beobachtungen sind wahrscheinlich

Rechts: Die unheimlichen Ruinen liegen hoch oben in den Anden, auf einem fast unerreichbaren Bergsattel. Der Ort war dem Sonnenkult gewidmet. Die Inka-Herrscher leiteten ihre Abstammung von einem Sonnengott her.

SÜDAMERIKA

auch vom *Sonnenturm* aus gemacht worden. Er ist ein hufeisenförmiges Gebäude und besitzt ein Fenster, in das zur Wintersonnenwende die Sonnenstrahlen einfallen. Auch der *Tempel der drei Fenster,* in dessen Mitte sich ein aufrechter Stein befindet, der mit der Anordnung der Fenster in Beziehung steht, deutet auf den Sonnenkult hin. Man weiß auch, daß es ein Inka-Sonnenfest gegeben hat. Es wurde *Inti Raymi* genannt und hat zur Sommer- und Wintersonnenwende stattgefunden.

Machu Picchu war eine großartige Anlage mit Gärten, Terrassen, Kultgebäuden und Palästen. Es gab Wasserkanäle, Brunnen und Bäder, und man hat Mais, Kartoffeln und Gemüse angebaut. Die auf verschiedenen Ebenen angelegten Terrassen waren durch ein Treppensystem miteinander verbunden.

Der Ort, der den spanischen Eroberern unbekannt blieb, wurde irgendwann aus unbekannten Gründen verlassen. Möglicherweise war ein Bürgerkrieg der Grund oder eine Schändung des Heiligtums, man kann jedoch nur Vermutungen darüber anstellen.

Oben: Der Sonnenstein. Hier fand jedes Jahr zur Wintersonnenwende ein Sonnenritual statt.

Die geheimnisvollen Steinmauern

Hiram Bingham schrieb Abhandlungen über die großartigen Steinmetzarbeiten von Machu Picchu. Das Geschick, mit dem die weißen Granitblöcke verlegt wurden, ohne daß Mörtel dabei zur Verwendung kam, ist wirklich beeindruckend. Die sorgfältig behauenen Steine schließen mit perfekter Präzision nahtlos aneinander und bilden einheitliche, sehr stabile Wände, bei denen die Fugstellen kaum wahrnehmbar sind. Als Bingham Machu Picchu entdeckte, war der Ort bereits Jahrhunderte verlassen und vom Dschungel überwuchert. Er mußte erst die Stätte säubern, der Verfall hielt sich aber überraschenderweise in Grenzen. Es wird manchmal behauptet, daß dieses Bauwerk nicht von den Inka stammen könne. Sie hätten zwar eine hohe Kulturstufe erreicht, sie hätten aber keine Techniken entwickelt, schwere Materialien von einem Ort zum anderen zu transportieren. Manche Theorien nehmen an, daß außerirdische Wesen ihre Hand im Spiel gehabt haben. Eine einfachere Erklärung wäre, dieses Bauwerk einer noch früheren Kultur zuzusprechen. Der Ort gibt Rätsel auf und hinterläßt Fragen. Sicher ist nur, daß niemand weiß, wie Machu Picchu tatsächlich entstanden ist.

215

DAS INKA-REICH

Die Zeit der Inka-Herrschaft wird als Goldenes Zeitalter gepriesen.

Oben: Goldmaske aus der Inka-Periode. Der Goldreichtum der Inka übte auf die Spanier eine große Anziehungskraft aus.

Als Francisco Pizarro und seine Männer im Jahre 1532 an der Küste von Peru landeten, drangen sie in ein hochkultiviertes, wohlhabendes Reich ein, das den westlichen Teil Südamerikas beherrschte. Die Autorität der Inka reichte von Süd-Kolumbien über Ecuador nach Peru und Bolivien bis nach Chile hinein.

Dieses Reich, das von der Hauptstadt Cuzco aus regiert wurde, haben starke und kriegerische Herrscher in jahrhundertelanger Arbeit aufgebaut. Es wurde durch ein Berufsheer und durch eine sorgfältig organisierte Bürokratie, die praktisch alle Angelegenheiten des Zusammenlebens regelte, aufrechterhalten. Die Inka kannten zwar keine Schrift, und auch das Rad war ihnen unbekannt, sie entwickelten aber Kanalsysteme und errichteten Bergwerke. Und sie bauten auch eindrucksvolle Paläste, Tempel und Festungen. Die Qualität der Inka-Architektur zeigte sich bei den Erdbeben von 1950 und 1986. Damals wurden viele Gebäude aus der Kolonialzeit und aus späteren Bauperioden stark beschädigt, die Inka-Gebäude blieben jedoch praktisch unversehrt.

Der Sohn der Sonne
An der Spitze des Reiches stand ein oberster Herrscher, der *Sapa Inca* (Sohn der Sonne), der geheiligte Vertreter des Sonnengottes auf der Erde. Um diese Abstammungslinie zu erhalten, war seine erste Frau (wie dies auch bei den Pharaonen des alten Ägypten der Fall war) seine eigene Schwester. Er wurde von einem Hofstaat umgeben, dem die anderen Familienmitglieder angehörten, die wichtige Verwaltungaufgaben durchführten. Die Bauern waren tributpflichtig und führten auch die von den Herrschern angeordneten Zwangsarbeiten durch. Sie errichteten Tempel, Paläste und Straßen.

Gleichzeitig führten die Herrscher für ihre Untertanen aber auch ein Fürsorgesystem ein. Sie lagerten Ernteüberschüsse, die in schlechten Zeiten an die Bewohner verteilt wurden. Man nimmt an, daß die Lebensmittelproduktion der Inka besser war, als sie es heute in diesen Gebieten ist. Ein Drittel des Ernteertrags konnten die Bauern behalten.

Ein wesentlicher Faktor für das Funktionieren der Ordnung war das sorgfältig angelegte Straßensystem, das an die 16.000 Kilometer Wegstrecken hatte. Allein die Küstenstraße war 3.600 Kilometer lang. Die Straßen wurden durch Zwangsarbeit errichtet. Sie führten in Gebirgen durch Tunnels, in sumpfigen Gebieten über Dämme, und sie überquerten Täler durch Hängebrücken. Dadurch konnten die Inka-Armeen schnell an kritische Stellen des Reiches gelangen, aber auch die spanischen Eindringlinge bedienten sich dieses praktischen Systems.

SÜDAMERIKA

Da die Inka kein Schriftsystem kannten, entwickelte die Bürokratie ein Kommunikationssystem durch *Quipu-Schnüre*. Das waren farbige Schnüre mit Knoten, die für Zahlen im Dezimalsystem standen. Sie wurden auch für offizielle Statistiken benutzt, in denen die Errungenschaften der Inka aufgezeichnet wurden.

Die Inka verehrten den Sonnengott. Eines seiner Kultzentren befand sich am Machu Picchu hoch in den Anden. Dort fungierten Sonnenjungfrauen als Tempelhüterinnen.

Die Stadt des Puma

Der Aufstieg des Inka-Reiches begann im 13. Jahrhundert von ihrer Hauptstadt Cuzco aus. Einer Sage nach hat ihnen der Sonnengott *Inti* befohlen, sich hier anzusiedeln, da dieser Platz das Zentrum der Welt sei. Bald begannen sie die Nachbarstämme anzugreifen und forderten von ihnen Tribute ein. Im Jahre 1438 kam dann der erste große Inka-Herrscher *Pachacutec* an die Macht. Er und sein Nachfolger *Tupac Yupanqui* dehnten das Reich durch Eroberungskriege aus und errichteten einen streng organisierten Staat. Sie bauten Cuzco um und gaben der Stadt die Umrisse eines riesigen Puma, dessen Kopf die große Burg *Sacsayhuamán* bildete.

Als Pizarro eintraf, fand gerade ein Bürgerkrieg statt. Pizarro nützte diese Situation aus, nahm den regierenden Sapa Inca *Atahualpa* gefangen, erpreßte von ihm ein Vermögen an Gold, bezichtigte ihn des Hochverrates, des Inzests und der Götzenverehrung und ließ ihn hinrichten. Dann setzte er einen neuen Herrscher ein. In der Folgezeit bekämpften sich die Spanier zwar untereinander, dadurch war aber ihre Macht nicht gefährdet, und den letzten Sapa Inca, *Tupac Amaru*, ließen sie schließlich im Jahre 1572 hinrichten. Die spanische Propaganda verbreitete bewußt Gerüchte, daß die Inka-Herrscher ihre Macht illegal erworben und daß die Spanier lediglich die alte Ordnung wiederhergestellt hätten.

Die Inka rebellierten jedoch im 18. Jahrhundert gegen die spanischen Eroberer. *Tupac Amaru II.*, der indianisches und spanisches Blut hatte, erklärte sich zum Nachfolger der Inka-Herrscher, und Tausende von Indios sammelten sich um ihn und unterstützten ihn in seinem Kampf. Viele von ihnen kamen in den Kämpfen und in der nachfolgenden brutalen Unterdrückung ums Leben. Er selbst wurde im Jahre 1782 am Hauptplatz von Cuzco geviertelt (seine Gliedmaßen wurden an vier Pferde angebunden, die dann mit Peitschenhieben auseinandergetrieben wurden.) Heute wird er als Vorläufer der Unabhängigkeitsbewegung gefeiert. Viele Südamerikaner betrachten die Inka-Periode als ein Goldenes Zeitalter, das mit den fremden Eroberern endete.

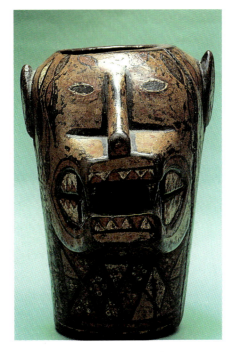

Oben: Gefäß in Form eines Pumakopfes.

Unten: Cuzco wurde von der Festung Sacsahuamán überragt und ist in Form eines riesigen Pumakörpers angelegt. Die Zickzackwände symbolisieren die Zähne des Raubtiers.

1605, Ecuador

DIE JESUITENKIRCHE LA COMPAÑÍA

Man sagt, La Compañía sei Quitos Antwort auf die Sixtinische Kapelle.

Die Kirche La Compañía liegt am Calle Garcia Moreno in der Nähe der Plaza de la Independencia im alten Stadtviertel von Quito. Der Flughafen von Quito – Mariscal Sucre – hat Flugverbindungen nach Miami, New York, Los Angeles und zu europäischen Städten. Eine andere Möglichkeit ist, nach Lima zu fliegen und die Reise mit dem Bus fortzusetzen.

Oben: Die üppig geschmückte Außenfassade der Kirche demonstriert die Macht und den Reichtum der europäischen Eroberer.

Gegenüberliegende Seite, oben: Das Innere der Kirche ist reich mit Gold ausgestattet. Noch heute wird darüber diskutiert, ob es richtig war, die südamerikanische Bevölkerung zum Christentum zu bekehren.

Auf die militärische Eroberung des Inka-Reiches folgte unmittelbar die geistige Unterwerfung. Die katholische Kirche hat den alten Glauben der Inka zerstört und sie gezwungen, sich zum Christentum zu bekehren. Diese Missionierung wurde von Franziskanern, Dominikanern, Augustinern – und von den Jesuiten – durchgeführt. Die ersten Kirchen waren einfache, kleine Bauten – für größere Gemeinschaften wurden die Messen im Freien abgehalten. Ab 1550 wurden die Bauten aufwendiger, Indios mußten sie unter der Aufsicht der Priester errichten.

Die Kirchen wurden im spanischen Stil mit starken Mauern erbaut und sahen wie Glaubensburgen aus, die das Heiligtum im Inneren vor der Besudelung durch die Indios beschützen sollten. Zur selben Zeit wurden die Gold- und Silberschätze der Indios ausgebeutet (1545 wurde ein mit großen Silberadern durchzogener Berg in Potosí in Bolivien entdeckt), und die Kirchen wurden zur Ehre Gottes reichlich damit geschmückt.

Die barocke Kirche *La Compañía* (Gesellschaft Jesu Christi) gilt als das großartigste Gotteshaus Lateinamerikas. Der Bau begann im Jahre 1605, wurde aber erst im 18. Jahrhundert vollendet.

Die Fassade, die von grünen und goldenen Kuppeln gekrönt ist, ist üppig mit gewundenen Säulen und Statuen ausgestattet. Der Innenraum ist in Rot und Gold gehalten. Angeblich verwendete man zur Verzierung der Altäre, Wände und Balkone 6,4 Tonnen Gold. Der Hauptaltar, der sich unter einem sehr schönen Kuppelgewölbe befindet, und die zehn Seitenaltäre sind reich mit Blattgold ausgelegt. Die Kanzel und die Beichtstühle zeigen erlesene Holzschnitzarbeiten. Jeder Zentimeter des Innenraums ist mit leuchtenden Farben bemalt. Die Innenausstattung erinnert manchmal an maurische Stilelemente.

Die Kirche wirkt wie eine Galerie der Kunstschule Quitos, die heute noch sehr bewundert wird. Diese Kunstschule wurde von den Franziskanern im Jahre 1535 gegründet. Hier lernten Indios und Mestizen, religiöse Malereien und Skulpturen im europäischen Stil anzufertigen. Dabei flossen jedoch auch indianische Elemente ein und gaben der Kunstrichtung ihren besonderen Effekt. Die Deckenfresken der La Compañía wurden als Quitos Antwort auf die Fresken der Sixtinischen Kapelle beschrieben.

Die Muttergottes der Schmerzen, ein wertvolles Bild aus Gold und Smaragden, befindet sich al-

SÜDAMERIKA

Links und oben: Die Kuppel leuchtet überwiegend in Blau (links). Über dem Hochaltar befindet sich eine Statue der Jungfrau Maria (rechts).

Gefährliche Vulkane

Quito war die Hauptstadt des nördlichen Inka-Reiches. Die Stadt wurde im Jahre 1534 von den Spaniern erobert, und Pizarros Bruder Gonzalo wurde zum Gouverneur ernannt. 1541 startete Francisco de Orellana von hier aus eine Expedition nach El Dorado. Sie fanden den *Goldenen Mann* zwar nicht, aber sie entdeckten den Amazonas. Abenteuerlustig und voller Mut folgten sie ihm bis zum Atlantik. Das heutige Quito ist eine charmante Stadt mit Häusern, Plätzen und Brunnen im spanischen Stil. Sie liegt in der Nähe des Äquators und ist von schneebedeckten Vulkanen umgeben. Über der Stadt erhebt sich der 4.790 Meter hohe *Pichincha* (kochender Berg). 64 Kilometer weiter findet ein anderes großes Naturschauspiel statt. In einem Nationalpark befindet sich der höchste aktive Vulkan der Welt, der *Cotopaxi* (5.897 Meter). Er ist der faszinierendste und gefährlichste Gipfel Ecuadors. Seine Kuppe ist schneebedeckt, und aus dem 800 Meter breiten Krater steigt ein gelblicher Dampf empor. An seinen Hängen leben Lamas und Wildpferde, und eine beschwerliche Straße führt in 4.500 Meter Höhe hinauf.

lerdings in der Zentralbank und wird nur bei wichtigen Prozessionen der Öffentlichkeit gezeigt. Die Kirche beherbergt auch die sterblichen Überreste von *Santa Marianita de Jesús,* der Heiligen von Quito. Sie stammte aus einer spanischen Familie, nahm sich der armen Indio-Bevölkerung an und unterwarf sich strengen und grausamen Sühneopfern. Als einmal eine Seuche in der Stadt ausbrach, bot sie Gott ihr Leben an, um für die Sünden anderer Menschen zu büßen – und, bald darauf, im Jahre 1645, starb sie auch. Im Jahre 1950 wurde sie heiliggesprochen.

Die Franziskaner erbauten auch noch andere Kirchen in Quito. Ganz in der Nähe der La Compañía befindet sich die barocke *Kirche des heiligen Franziskus,* die auch im Stil der Quito-Schule ausgestattet ist. Eine weitere sehenswerte Kirche ist *Santo Domingo.* Über ihrem Hauptaltar befindet sich ein berühmtes Bild der barmherzigen Muttergottes. Die ehemalige Kirche *San Agustín* beherbergt heute ein Museum. Daneben gibt es aber noch eine große Zahl von Kirchen und Klöstern in der Altstadt von Quito. Sie alle machen diese Stadt zu einem Zentrum katholischen Glaubens in Südamerika. Dies ist auch regelmäßig hörbar, wenn die vielen Glocken gemeinsam läuten.

219

1908, Argentinien

DAS TEATRO COLÓN

Große Sänger von Enrico Caruso bis Luciano Pavarotti haben dieses Haus mit ihren herrlichen Stimmen erfüllt.

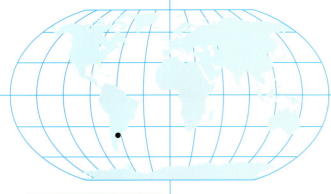

Der Haupteingang des Theaters befindet sich an der Plaza Lavalle in Buenos Aires. Buenos Aires hat zwei Flughäfen mit Verbindungen zu allen größeren amerikanischen und europäischen Großstädten. Es bestehen Bus- und Zugverbindungen mit vielen südamerikanischen Hauptstädten und ein regelmäßiger Schiffsverkehr zwischen Montevideo (Uruguay) und Buenos Aires.

SÜDAMERIKA

Eines der schönsten Opernhäuser der Welt mit einer außerordentlichen Akustik, das Teatro Colón, prunkt mit seiner großartigen Renaissance-Fassade auf der Avenida Nueves de Julio in Buenos Aires. Es wurde 1890 begonnen und nach politischen Interventionen und bürokratischen Verzögerungen erst 18 Jahre später fertiggestellt. Das Opernhaus sollte das neue Buenos Aires re-

Rechts: Der große Obelisk an der Avenida Nueves de Julio ist ein Denkmal der ersten Stadtgründung im Jahre 1536.

Unten: Die Architektur des Opernhauses schließt verschiedene europäische Stilelemente zu einer neuen Einheit zusammen. Sie ist ein Vermächtnis des kulturellen Imperialismus, den die Alte Welt in die Neue Welt gebracht hat.

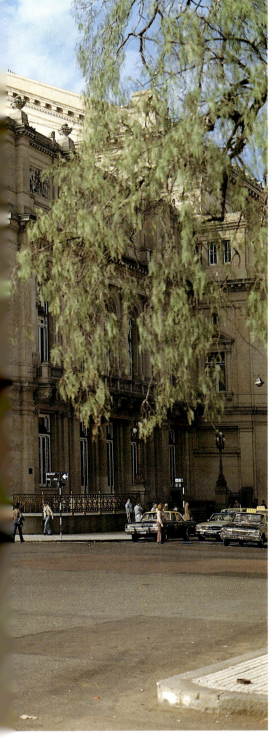

präsentieren, das rapide wuchs, seit es 1880 zur Hauptstadt erklärt worden war. Damals stieg die Bevölkerungszahl der Stadt durch Einwandererströme aus Italien und Spanien von 40.000 Einwohnern im Jahre 1800 auf 1,3 Millionen im Jahre 1910 an.

Die Oper hat in Buenos Aires eine lange Tradition, die bereits mit der ersten Produktion von Rossinis *Barbier von Sevilla* im Jahre 1825 begann. Als die Stadt immer größer und wohlhabender wurde, entstanden weitere Theater. Die Idee einer Oper, die alle anderen Theater in den Schatten stellen sollte, kam ursprünglich von einem Ingenieur namens Francisco Tamburini. Er starb aber bald nach Beginn der Bauarbeiten im Jahre 1892. Am 25. Mai 1908 wurde die Oper schließlich mit Verdis *Aida* eröffnet. Das Gebäude ist eine Mischung aus italienischem Renaissance-Stil und anmutigen französischen Stilelementen, die sich mit der deutschen Liebe zum Detail verbinden.

Die eindrucksvolle Außenfassade wird aber noch durch die atemberaubende Innenausstattung mit ihren Marmoraufgängen, klassischen Säulen, Statuengruppen und den mit Blattgold verzierten Bögen übertroffen. Der großartigste Saal ist wohl der *Salon de Oro* (Goldener Salon). Er erstrahlt in Gold und ist mit Kristall-Lüstern geschmückt. Im mit Gold und rotem Samt ausgestatteten Zuschauerraum befinden sich 2.500 Sitzplätze und 1.000 Stehplätze. Allein das Parkett hat 632 Sitzplätze, die räumlich so großzügig angeordnet sind, daß Damen in weiten Abendroben bequem zwischen ihnen hindurchgehen können, ohne daß die bereits sitzenden Gäste aufstehen müssen. Die Logen und Balkone sind in sieben Rängen angeordnet, und der oberste Rang wird *El Paraíso* (das Paradies) genannt. Darüber erhebt sich eine vom argentinischen Maler Raul Soldi ausgestaltete Kuppel, in der ein riesiger Kristall-Lüster hängt.

Die Größe des Zuschauerraumes wird aber noch durch die Bühnendimensionen übertroffen. Die Bühne wurde vor kurzem renoviert und ist so groß, daß ein Orchester und ein Ballettensemble parallel auf ihr proben können. Sie kann durch eine schalldichte Metallwand geteilt werden, so daß sich die Gruppen gegenseitig nicht stören. Neben Opernaufführungen finden noch Theater- und Ballettvorstellungen statt. Darüber hinaus ist die Oper auch der Sitz des Philharmonie-Orchesters von Buenos Aires, des Balletts, des Opernorchesters und des Opernchores. Das Theater hat eigene Bühnenwerkstätten, und man entwirft dort eigene Bühnenbilder, Kostüme, Perücken und Requisiten. Unter der Bühne befinden sich in drei Stockwerken Probenräume, Arbeitsräume für Tischler und Schneider und ein Kostümfundus, in dem mehr als 16.000 Kostüme und 30.000 Paar Schuhe aufbewahrt werden.

Die Liste der Dirigenten enthält Namen wie Toscanini, Richard Strauss, Beecham, Klemperer, Karajan und Bernstein. Ebenso berühmte Namen enthält aber auch die Liste der Sänger, die hier in ebenso berühmten Produktionen aufgetreten sind: Lily Pons, Schaljapin, Gigli, Lotte Lehmann, Lauritz Melchior, Maria Callas, Joan Sutherland, Elisabeth Schwarzkopf, Eva Marton und noch viele andere.

Buenos Aires

Der große Obelisk ist nur ein paar Häuserblocks vom Teatro Colón entfernt. Er wurde im Jahre 1936 auf der Plaza de la República an jener Stelle errichtet, wo die Flagge der unabhängigen Republik Argentinien zum erstenmal gehißt wurde. Durch diesen Platz führt die 130 Meter breite Avenida Nueves de Julio. Man sagt, daß sie die breiteste Straße der Welt sei. Sie ist nach dem 9. Juli 1816 benannt. Das ist jener Tag, an dem Argentinien seine Unabhängigkeit von Spanien erklärte.
Der Obelisk wurde zum 400. Geburtstag der ersten Stadtgründung erbaut. Das war im Jahre 1536, als eine Gruppe von Spaniern sich hier niederließ. Sie wurden jedoch 1541 von feindlichen Indianern vertrieben. Eine zweite Gruppe von spanischen Siedlern, die im Jahre 1580 hierher kamen, war dann erfolgreicher. Das heutige Buenos Aires ist eine der lebenslustigsten Städte Südamerikas. Es wird oft mit Paris verglichen. Und tatsächlich erinnern die breiten Boulevards, die kleinen Cafés, die vornehmen Restaurants und eleganten Geschäfte, die ausgezeichneten Theater und Kunstgalerien und die vielen Kirchen und Museen an die europäische Metropole. Aber auch das lebhafte Nachtleben erinnert an Paris. Die Stadt wurde als ein Paradies für Menschen ohne Schlaf beschrieben. Eine besonders interessante Sehenswürdigkeit ist der Recoleta-Friedhof, auf dem Evita Perón begraben ist, die Frau des Staatspräsidenten Perón, die sich in den 50er Jahren für die Slumbewohner von Buenos Aires einsetzte.

221

1931, Brasilien

DIE STATUE DES ERLÖSERS

Eine riesige Christus-Statue blickt auf eine lebenslustige Stadt.

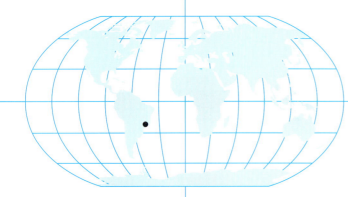

Rio de Janeiros internationaler Flughafen liegt auf der Governador-Insel 16 Kilometer außerhalb der Stadt. Auf dem zentraler gelegenen Santos-Dumont-Flughafen kommen Flüge aus Sao Paulo an. Zur Statue am Corcovado gelangt man per Bahn von der Station Rua Cosme Velho aus. Man kann aber auch mit dem Auto von Laranjeiras aus hinfahren. Zum Sockel der Statue führt ein Weg mit 220 Stufen hinauf.

Pico da Tijuca

Ein anderer Platz, von dem aus man eine herrliche Aussicht über die Stadt hat, ist der *Pico da Tijuca*, ein Berggipfel, der sich im tropischen Tijuca-Wald befindet. Auf dem drei bis vier Stunden langen Weg zu seiner 1.021 Meter hohen Bergspitze kommt man beim *Mesa do Imperador* (Tisch des Kaisers) vorbei. Das ist ein riesiger Tisch, an dem der Kaiser und sein Hof speisten. Hier hat man einen guten Ausblick auf die Südseite der Stadt.

Rechts: Die Statue am Berggipfel breitet weit ihre Arme aus, um die Stadt zu umarmen und zu beschützen. Diese Geste ist aber auch ein Ausdruck der Freude über die hundertjährige Unabhängigkeit von Brasilien.

"Gott erschuf die Welt in sechs Tagen. Am siebenten Tag hat er Rio de Janeiro erschaffen." So erklären die Brasilianer die wunderbare Lage und Schönheit ihrer Stadt, die bis 1960, als Brasília erbaut wurde, auch ihre Hauptstadt war. Diese Stadt ist mit allen Eigenschaften eines Paradieses ausgestattet. Sie ist von Bergen umgeben, die aus einem azurblauen Meer aufsteigen, und wird von einer palmenbewachsenen weißen Sandküste begrenzt. Das Wahrzeichen dieser Stadt ist aber die Statue des Erlösers *(Cristo Redentor)*. Sie befindet sich auf dem 704 Meter hohen *Corcovado* (Buckel, wie er wegen seiner Form genannt wird). Die Statue ist 30 Meter hoch und steht auf einem sieben Meter hohen Sockel.

Die Idee zu dieser Statue wurde im Jahre 1922 zum hundertsten Geburtstag von Brasiliens Unabhängigkeit geboren. Damals schlug eine bekannte Wochenzeitschrift einen Wettbewerb für eine nationale Gedenkstätte vor. Der Gewinner, Hector da Silva Costa, hatte die Idee zu einer Christusstatue, die ihre Arme ausbreitet, um die Stadt zu umarmen. Diese Geste sollte Mitgefühl und Freude über die Unabhängigkeit ausdrükken. Da Silvas Idee wurde im Gegensatz zum früheren Plan, auf dem Zuckerhut eine Statue von Christoph Kolumbus zu errichten, mit Begeisterung aufgenommen. Die Kirche veranstaltete nun in ganz Brasilien Privatsammlungen, um dieses Projekt verwirklichen zu können. Und zehn Jahre später stand die Figur auf ihrem Platz.

Vor Baubeginn trafen Architekten, Ingenieure und Bildhauer in Paris zusammen, um die technischen Schwierigkeiten bei der Aufstellung einer Statue zu beraten, die auf einem Berggipfel Wind und Wetter ausgesetzt sein würde. Dann begann der französische Bildhauer Paul Landowski Kopf und Hände zu modellieren, während sich die Architekten und Ingenieure mit der Konstruktion des Körpers und der Arme beschäftigten. Die Größe der Aufgabe, die sie zu bewältigen hatten, wird aus folgender Statistik ersichtlich: der Kopf der Statue wiegt 35,6 Tonnen, jede Hand ist 9,1 Tonnen schwer, und die Entfernung von einer ausgestreckten Hand zur anderen beträgt 23 Meter.

Die Statue wurde dann von Paris nach Rio de Janeiro gebracht und auf dem Corcovado aufgestellt. Am 12. Oktober 1931 fand die erste Einweihung statt, zu der eine Beleuchtungsanlage installiert wurde. Im Jahre 1965 wurde die Einweihungszeremonie von Papst Paul VI. wiederholt und dazu die Beleuchtungsanlage erneuert. Eine weitere große Feier erfolgte dann in Anwesenheit Papst Johannes Pauls II. am 12. Oktober

SÜDAMERIKA

1981, als der 50. Geburtstag der Statue gefeiert wurde.

Eine im Jahre 1885 erbaute Bahn führt auf den Berggipfel und endet 40 Meter unterhalb der Spitze. Von der Endstation aus führt ein Weg mit 220 Stufen zum Sockel der Statue, auf dem sich eine Aussichtsterrasse befindet. Man hat zur Rechten einen Ausblick auf die Copacabana und den Ipanema-Strand, zur Linken sieht man das Maracana-Stadion (das größte Stadion der Welt) und den internationalen Flughafen; direkt gegenüber befindet sich die markante Silhouette des Zuckerhuts.

Rechts: Die Statue wurde in Paris erbaut.

Rechts Mitte: Der hohe Gipfel des Zuckerhutes erhebt sich über der Bucht.

Der Zuckerhut

Einen weiteren Ausblick auf Rio de Janeiro hat man vom Zuckerhut *(Pao de Açúgar)* aus, der am Eingang zur Guanabara-Bucht liegt. Sehr oft wird angenommen, daß der Name von seiner Form, die wie ein Kegel aus Rohzucker aussieht, abgeleitet ist. Es ist aber wahrscheinlicher, daß er sich vom indianischen Wort *paunh-acuqua* herleitet. Das bedeutet in der Spache der Tupi-Indianer *hoher Hügel*. (Die erste Besteigung, die überliefert ist, führte die britische Kinderschwester Henrietta Carstairs durch. Sie brachte im Jahre 1817 den *Union Jack* auf dem Gipfel an.) Im Jahre 1913 wurde dann eine Seilbahn gebaut, die Praia Vermelha mit Morro da Urca und dem Gipfel verband und 112 Menschen transportieren konnte. 1972 wurde ein moderneres italienisches Modell eingesetzt, das 1.360 Passagiere pro Stunde auf den Gipfel befördern konnte. Mit einer Höhe von 396 Metern bietet der Zuckerhut einen weniger interessanten Ausblick als der Corcovado, er besitzt aber andere Attraktionen. In Morro da Urca befinden sich ein Restaurant, ein Kinderspielplatz und ein Amphitheater, in dem jede Nacht Samba-Shows vorgeführt werden.

1960, Brasilien

BRASÍLIA

Die neue Hauptstadt wurde innerhalb von drei Jahren in der unberührten Wildnis errichtet.

Brasília besitzt einen eigenen internationalen Flughafen. Inlandflüge von Rio de Janeiro dauern zweieinhalb Stunden. Es gibt auch Züge von Sao Paulo aus (24 Stunden Fahrtdauer). Busverbindungen bestehen zu vielen Städten Brasiliens.

Kein Verkehrsstau

Der Schweizer Architekt Le Corbusier entwickelte in den 20er Jahren dieses Jahrhunderts neue Theorien zur Stadtplanung, die besonders das immer größer werdende Verkehrsproblem berücksichtigten. Er empfahl, daß Fußgängerwege und Autostraßen in großen Städten getrennt angelegt werden sollten, um die Lebensqualität zu verbessern. Diese Ideen wurden in Brasília in die Praxis umgesetzt. Es wurden getrennte Straßensysteme für Fußgänger, Privatautos und öffentliche Verkehrsmittel geschaffen. Es soll daher in Brasília keine Verkehrsstaus geben.

Oben: Das Innere der Kathedrale. Die Form soll eine Dornenkrone symbolisieren. Sie wurde von dem brasilianischen Architekten Oscar Niemeyer entworfen.

Rechts: Moderne Kunst in einer modernen Stadt. Im Hintergrund der Kriegerstatuen befindet sich der Palácio de Planalto.

Gegenüberliegende Seite: Das große Kongreßgebäude mit dem 28 Stockwerke hohen Zwillingsturm.

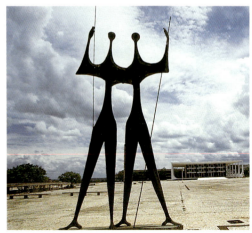

Die Idee einer neuen Hauptstadt Brasiliens stammt aus dem 19. Jahrhundert und wurde auch in die Verfassung aufgenommen, als Brasilien im Jahre 1889 Republik wurde. Da sich die Mehrheit der Bevölkerung und auch der Reichtum des Landes auf einen kleinen Küstenstreifen in der Nähe von Rio de Janeiro konzentrierte, wollte man mit der Gründung einer neuen Hauptstadt im Landesinneren eine Erschließung dieser Regionen herbeiführen. Bis zum Jahre 1956 machte man keinerlei Anstalten, diese Aufgabe zu verwirklichen. Da wurde Juscelino Kubitschek zum Präsidenten gewählt, dessen zentrales Wahlkampfthema die Errichtung der neuen Hauptstadt war.

Kubitschek nahm unmittelbar nach der Wahl diese Aufgabe in Angriff und kündigte an, daß Brasilien innerhalb von fünf Jahren einen Fortschritt von 50 Jahren erleben werde. Brasília ist in nur drei Jahren dann buchstäblich aus dem Nichts in einer unberührten Wildnis entstanden. Am 21. April 1960 wurde die Stadt offiziell eingeweiht. Heute wird sie oftmals als eine der schönsten Städte der Welt bezeichnet, als ein Ort mit weiten, großzügigen Plätzen und Gärten und mit einem modernen Straßensystem. Man sagt, daß die Gebäude wie Kunstwerke in die Anlage komponiert wurden. Andere behaupten wieder, daß Brasília einer der uninteressantesten Orte sei, weil ihm menschliche Ausstrahlung fehle. Wahrscheinlich ist es noch zu früh, um das beurteilen zu können. Eine nur 30 Jahre alte, geplante Stadt kann kaum verglichen werden mit einer, die jahrhundertelang gewachsen ist und durch verschiedene Baustile geformt wurde.

SÜDAMERIKA

Das Gesamtkonzept, das öfter mit der Form eines Flugzeuges oder mit Pfeil und Bogen verglichen wurde, stammt von Lúcio Costa. Er war der Gewinner eines internationalen Wettbewerbs und hat die Stadt um zwei Hauptdurchfahrtsstraßen herum angelegt. Durch das Regierungs- und Wirtschaftsviertel verläuft eine bogenförmige Autostraße. Diese wird von einer geraden Hauptstraße gekreuzt, an der die wichtigsten, von Oscar Niemeyer entworfenen offiziellen Gebäude liegen.

Die Bauarbeiten gestalteten sich äußerst schwierig, da in dieser Gegend weder Zufahrtsstraßen noch Baumaterial existierten. Alles mußte mühsam herbeigeschafft werden, und Tausende Arbeiter waren rund um die Uhr beschäftigt, zusätzlich mußten sie auch noch ihre eigene Barackensiedlung erbauen. Bald hatte die Stadtbaustelle eine Einwohnerzahl von 100.000 Menschen und nannte sich *Cidade livre* (Freie Stadt). Sie sollte nach der Fertigstellung Brasílias abgerissen werden – bildete aber statt dessen die erste von mehreren slumartigen Satelliten-Städten, die die Hauptstadt heute umgeben.

Die Arbeiten begannen mit der Ausbaggerung des 80 Kilometer langen und fünf Kilometer breiten Sees Paranoá, der ein allgemeines Erholungs- und Wassersportzentrum in der Nähe der Stadt werden sollte. Besondere Sorgfalt wurde auf den Bau der offiziellen Gebäude gelegt. Der *Platz der drei Gewalten* sollte das Regierungszentrum werden, mit dem Präsidentenpalast, dem Kongreßgebäude und dem Obersten Gerichtshof. Das Kongreßgebäude besitzt zwei 28 Stockwerke hohe Türme, die von zwei niedrigen Gebäudekomplexen – dem Senat und dem Abgeordnetenhaus – flankiert sind. Das Senatsgebäude ist mit einer flachen Kuppel versehen; die gleiche Form – aber kontrastierend auf den Kopf gestellt – krönt das Abgeordnetenhaus. Vor dem Gerichtsgebäude befindet sich eine moderne Skulptur der Justitia. In der Mitte des Platzes steht eine Bildhauerarbeit von Bruno Giorgi: die zwei *Candangos* (Krieger). Sie ist den Männern und Frauen gewidmet, die diese Stadt erbaut haben.

Die Regierung mußte beträchtliche Anstrengungen machen, um die Beamten hier anzusiedeln. Die Stadt, die ursprünglich für 800.000 Menschen konzipiert wurde, hat heute eine Einwohnerzahl von 1,5 Millionen Menschen erreicht. Die Existenz von Brasília hat bereits sehr stark dazu beigetragen, eine fruchtbare Entwicklung im Landesinneren zu fördern. Es ist sicherlich eine Stadt, die starke positive und negative Emotionen hervorruft – und das wird auch noch viele Jahre andauern.

Architektur und Symbolik

Die künstlerischen Qualitäten der modernen Architektur in Brasilien sind bemerkenswert. Viele Bauwerke wurden bewußt so entworfen, daß sie sich in markanten Formen gegen den Himmel abheben und auch bei Nacht, wenn sie beleuchtet sind, eine interessante Silhouette haben. Manchmal kann die ihnen zugesprochene Symbolik nur schwer erfaßt werden. Die Kathedrale beispielsweise wurde als Dornenkrone, als Blume, aber auch als ein Paar betender Hände, die sich gegen den Himmel strecken, interpretiert. Wie viele andere Gebäude ist sie ein Werk von Oscar Niemeyer, der sehr stark von Le Corbusier beeinflußt war. Trotz dieser Bewunderung für Le Corbusier entwickelte Niemeyer aber seinen eigenen Stil, der sehr gut in dem von ihm erbauten Außenministerium, dem *Itamaraty-Palast,* zum Ausdruck kommt.

1982, Brasilien

DER ITAIPÚ-DAMM

Das mächtigste hydroelektrische Kraftwerk der Welt hat das Wasser der „Mutter des Meeres" gezähmt.

Ausgangspunkt für einen Ausflug zum Itaipú-Damm und zu den Iguaçu-Fällen ist die Stadt Foz do Iguaçu. Sie besitzt einen Flughafen. Flüge gibt es von Rio, Asunción und Sao Paulo aus, Busse von Rio und Sao Paulo. Foz do Iguaçu befindet sich 1.500 Kilometer von Rio bzw. 1.050 Kilometer von Sao Paulo entfernt.

Am 13. Oktober 1982 wurde zum erstenmal auf der Welt an einem Fluß der Größe des Paraná eine spektakuläre Operation durchgeführt: Zwölf große, durch Hydraulik bewegte Tore wurden auf den Grund des Flusses gesenkt. Diese Operation dauerte genau acht Minuten. 14 Tage lang staute sich dann das Wasser des Flusses hinter der riesigen Betonmauer bis zu der geplanten Höhe von 100 Metern. Bei dieser Höhe begann es dann durch einen speziell konstruierten Kanal abzufließen, wobei pro Stunde 60.000 Kubikmeter Wasser abgegeben wurden.

Oben: Das Wasser des Paraná schäumt und sprudelt im Abflußkanal des riesigen Dammes.

Rechts: Der Damm in der Bauphase. Er dokumentiert einen großen Abschnitt in der hydroelektrischen Entwicklung, die in Brasilien und Paraguay stattgefunden hat. Der Damm besitzt die größten Generatoren der Welt.

SÜDAMERIKA

Der Paraná-Fluß (sein Name bedeutet *Mutter des Meeres*) entspringt in Brasilien und hat eine Länge von 4.880 Kilometern. Er fließt nach Südwesten zur Stadt Guaíra und bildet 180 Kilometer lang die Grenze zwischen Brasilien und Paraguay. Auf dieser Strecke befinden sich auch die bekannten Iguaçu-Fälle, direkt an der Stelle, an der die Grenzen von Brasilien, Paraguay und Argentinien zusammentreffen. Weiter südlich bildet der Paraná dann die Grenze zwischen Paraguay und Argentinien, dann fließt er südlich durch Argentinien in Richtung Buenos Aires zum Rio de la Plata.

Gegenwärtig bestehen in Brasilien große Bauvorhaben, die die Wasserkraft des Paraná und seiner Nebenflüsse systematisch ausnützen sollen. Es gibt mehr als 30 Projekte, die sich im Planungsstadium oder bereits im Bau befinden und eine Gesamtmenge von 25 Millionen Kilowatt Strom produzieren sollen. Diese Zahl berücksichtigt aber noch nicht das große Itaipú-Kraftwerk, dessen Kapazität – als die größte der Welt – auf 12,6 Millionen Kilowatt geschätzt wird. Das Itaipú-Projekt wurde noch vor der Ölkrise im Jahre 1973 geplant. Diese hat die brasilianische Regierung dann nur noch darin bestärkt, die heimische Wasserkraft voll auszunützen.

Das Wasserkraftwerk wird von der Itaipú-Binacional betrieben. Diese Gesellschaft wurde 1973 gegründet und gehört sowohl Brasilien als

Oben: Blick über die Iguaçu-Fälle, die südlich des Dammes liegen.

auch Paraguay, die sich die Nutzung teilen. Der Name *Itaipú* bedeutet *singender Stein* und bezieht sich poetisch auf das Geräusch, das entsteht, wenn der Fluß über die Felsen strömt. Der riesige Betondamm (er ist fünfmal so groß wie der Assuan-Staudamm) liegt 20 Kilometer nördlich von der Stadt Foz do Iguaçu. Er ist fast acht Kilometer lang, hat eine Höhe von 196 Metern (das entspricht etwa einem 75 Stockwerke hohen Haus) und ist 400 Meter breit. Um den Damm bauen zu können, wurde der Fluß in einen zwei Kilometer langen und 150 Meter breiten Kanal abgeleitet, der aus einem Felsen gesprengt wurde. Dieser Kanal war 1978 fertiggestellt. Nachdem der Fluß umgeleitet war, trocknete das Flußbett aus, und der Bau des Dammes konnte im Jahre 1979 begonnen werden. Die Generatoren des Kraftwerkes sind die größten der Welt, jeder einzelne produziert 700.000 Kilowatt.

Durch den Damm entstand ein See, der eine Fläche von 1.340 Quadratkilometern bedeckt. Vor der Überflutung wurden archäologisch interessante Ausgrabungsobjekte, die sich an etwa 300 Fundstätten dieses Gebiets befanden (und manchmal sogar über 8.000 Jahre alt waren), in Sicherheit gebracht. Man setzte auch viele Tierarten nach der Überflutung wieder in der Umgebung des Sees aus, die bei der Überflutung vertrieben worden waren oder umkamen. Am Seeufer wurden anschließend 20 Millionen Bäume gepflanzt. Der Damm und der See ziehen jährlich bereits an die 700.000 Touristen an.

Kehle des Teufels

Die Iguaçu-Fälle sind eines der eindrucksvollsten Naturwunder der Welt. In einem hufeisenförmigen Gebiet befinden sich 275 Wasserfälle, die bis zu 80 Meter tief in einen Abgrund hinuntertosen. Dabei erzeugen sie Wolken von in allen Regenbogenfarben schillerndem Wasserstaub. Das donnernde Geräusch des herunterstürzenden Wassers kann kilometerweit gehört werden. Unmittelbar vor den Wasserfällen erreicht der Iguaçu-Fluß eine Breite von vier Kilometern. Der Name *Iguaça* bedeutet in der Indianersprache *große Wasser*. Nach einer Sage hat der Flußgott die Iguaçu-Fälle in einem Wutanfall geschaffen. Er soll in einer besonders gefährlichen Region der Wasserfälle leben, in der *Garganta do Diabolo* (Kehle des Teufels). Diese Stelle kann man bei einem wagemutigen Bootsausflug näher besichtigen, es gibt aber auch Hubschrauberflüge. Die Fälle befinden sich in der Nähe jener Stelle, wo der Iguaçu-Fluß in den Paraná mündet. Dort treffen auch die Grenzen von Brasilien, Argentinien und Paraguay zusammen. Die Länder sind durch zwei Brücken miteinander verbunden. Die *Amizada-Brücke* (Freundschaftsbrücke) verbindet Brasilien mit Paraguay und die *Tancredo-Neves-Brücke* Brasilien mit Argentinien.

227

AUSTRALIEN UND OZEANIEN

Der Pazifische Ozean bedeckt ein Gebiet von 166 Millionen Quadratkilometern und ist damit größer als die gesamte Landoberfläche der Erde. Auf ihm verstreut liegen mehr als 10.000 vulkanische Inseln und Koralleninseln. Diese waren die letzten, die von den Europäern entdeckt und besiedelt wurden. Die Bewohner der Pazifischen Inseln gehören zu den größten Seefahrern aller Zeiten. Sie segelten mit ihren Auslegerbooten über enorme Entfernungen des weiten Ozeans. Dabei orientierten sie sich an der Sonne, den Sternen, den Meeresströmungen und am Flug der Vögel. Sie verstanden es, ihre Fahrt den herrschenden Winden und der Strömung anzupassen, und brachten es zustande, im Laufe der Jahrhunderte alle bewohnbaren Inseln Ozeaniens zu erreichen.

Die weiten Reisen der Seefahrer
Die ersten Menschen kamen vor etwa

Oben: Man weiß nicht, ob die Figuren Götter oder Vorfahren darstellen. Auch die Bewohner der Osterinsel wußten das nicht mehr, als die ersten Europäer kamen.

40.000 Jahren vom Südosten Asiens nach Australien, als der Wasserspiegel um 100 Meter niedriger lag und die beiden Kontinente nur durch Wasserstraßen getrennt waren. Sie sind die Vorfahren der australischen Ureinwohner, die etwa 300.000 Menschen zählten, als die europäischen Kolonisten das Land erreichten.

Die ersten Menschen, die vor etwa 5.000 Jahren Ozeanien besiedelten, kamen vermutlich auch aus Südostasien. Im 1. Jahrhundert n. Chr. waren die meisten Inseln des westlichen Pazifiks von diesen Menschen besiedelt. Zwischen dem 5. und 10. Jahrhundert breiteten sie sich dann in den östlichen Pazifik aus. Sie segelten in aneinandergebundenen Kanus und hatten Schweine, Bananen und Früchte von Brotfruchtbäumen bei sich, um Tiere und Pflanzen in ihrer neuen Heimat züchten zu können.

In dieser Periode wurden Neuseeland und Hawaii in Besitz genommen und möglicherweise auch die Osterinsel. Zwischen 1000 und 1600 n. Chr. schufen die Bewohner der Osterinsel jene geheimnisvollen Figuren, die uns heute noch Rätsel aufgeben. Sie sind zwischen 4 und 10 Meter groß. Manche sind sogar noch größer. Man hat sie auf Plattformen in der Nähe des Meeres aufgestellt, wo sie mit dem Blick ins Landesinnere und dem Rücken gegen das Meer gekehrt den Dörfern Schutz geben. Man weiß nicht, welche Riten sich mit diesen Statuen verbanden, und man weiß auch nicht, warum die Menschen plötzlich aufhörten, diese Statuen fertigzustellen und unvollendete Steinblöcke zurückließen. Als die Euro-

AUSTRALIEN UND OZEANIEN

päer auf die Insel kamen, haben die Bewohner es nicht mehr gewußt oder wollten es den Europäern nicht sagen.

Ein Geheimnis umgibt aber auch das sogenannte Venedig des Pazifiks in Nan Madol auf den Karolineninseln. Dort erbaute eine Herrscher-Dynastie über hundert künstliche Inseln. Sie haben neun Meter hohe Befestigungsmauern und sind durch Kanäle miteinander verbunden. Der Ort sieht so aus, als ob er in erster Linie eine religiöse Funktion gehabt hätte, denn er ist mit Tempelbauten und Gräberanlagen ausgestattet. Ähnliche Bauwerke finden sich aber auch auf der Insel Lelue bei Kosrae.

Das verlorene Paradies

Ferdinand Magellan und seine Mannschaft umsegelten als erste Weiße das Kap Horn und wagten sich in den offenen Pazifik. Andere europäische Abenteurer folgten. Sie hofften, eine Route in den Fernen Osten zu finden und dort unermeßliche Schätze zu entdecken. Wenn sie kein Gold fanden, versuchten sie das durch phantastische Namen wettzumachen. So nannte Alvaro de Mendana die von ihm entdeckten Inseln Salomonen, um Assoziationen an den Reichtum König Salomos zu wecken.

Im 17. Jahrhundert entdeckten die Holländer dann Australien und nannten es Neu-Holland. Abel Tasman entdeckte die Fidschi-Inseln und legte in Neuseeland an, wo er feindlich von den Maori empfangen wurde. Kapitän James Cook unternahm zwischen 1768 und 1779 drei ausgedehnte Reisen. Er erforschte dieses Gebiet gründlich und beanspruchte Australien und Neuseeland als Hoheitsgebiet Großbritanniens.

Im Jahre 1788 gründeten Engländer dann eine kleine Ansiedlung in der Nähe von Sydney in Australien. Die Siedler waren 750 Sträflinge, die sich des Mordes, des Schafdiebstahls oder der Prostitution schuldig gemacht hatten. Bis weit ins 19. Jahrhundert hinein wurden ganze Schiffsladungen von englischen Gefangenen nach Australien deportiert. Sie und ihre Nachfahren haben eine der erfolgreichsten Demokratien dieser Welt errichtet. Mit der Oper von Sydney haben sie aber auch eines der schönsten Gebäude der modernen Architektur geschaffen.

Die Eingeborenen von Australien und Ozeanien befanden sich noch im Steinzeitalter, als die Europäer kamen. Viele Reisende schrieben nach Europa idyllische Berichte über die paradiesischen Inseln im Pazifik und schwärmten von den blauen Lagunen, den Korallenriffen und Palmen, von weißen sandigen Buchten und anmutigen, liebenswürdigen Mädchen. Dieses Paradies wurde aber durch europäische Ausbeutung und Eroberung, durch europäische Religion und Krankheiten bald zerstört.

Oben: Die Maske ist der Kopf des „lebendigen" Andachtshauses der Maori.

Unten: Die Oper von Sydney im roten dämmrig-romantischen Abendlicht.

11.–16. Jahrhundert

DIE OSTERINSEL

Still und rätselhaft, so blicken die Statuen über den Pazifik.

Die Osterinsel liegt 3.220 Kilometer südwestlich von den Galapagos-Inseln und 3.600 Kilometer westlich von Valparaiso in Chile, das Land, das die Osterinsel im Jahre 1888 annektierte. Man kann von Chile aus auf die Insel fliegen.

Die Vorfahren

Der norwegische Archäologe und Anthropologe Thor Heyerdahl hat die geheimnisvollen Statuen auf der Osterinsel ausführlich erforscht. Seine Segelexperimente mit dem hölzernen Floß *Kon-Tiki* und mit dem Schilfrohrboot *Ra II* haben gezeigt, daß die Überbrückung von weiten Distanzen auch für primitive Zivilisationen möglich waren. Es konnte nachgewiesen werden, daß die in der Nähe von Tihuanaco am Titicacasee lebenden Völker mit den Einwohnern der Osterinsel in Zusammenhang stehen. Es scheint aber auch Verbindungen zu den Einwohnern von Peru zu geben, denn die Spanier entdeckten in Peru Sagen, die von einer fernen Insel im Westen berichten. Die ersten Besucher der Osterinsel fanden bei den Einwohnern Schilfrohr, süße Kartoffeln und Yuccapflanzen, die in Südamerika beheimatet sind. Die Überlieferung auf der Osterinsel erzählt auch von zwei Menschenrassen, den *Langohren,* die aus dem Osten kamen, und den *Kurzohren,* die später dann vom Westen einwanderten. Das läßt darauf schließen, daß die ursprünglichen Siedler aus Lateinamerika waren. Dann sind wahrscheinlich Polynesier gekommen und haben die *Langohren* unterworfen.

Die Osterinsel gibt einen überzeugenden Beweis dafür, daß die Wahrheit seltsamer sein kann als Erdachtes. Sie ist eine dreieckige vulkanische Insel mit Seitenlängen von 16, 18 und 24 Kilometern und liegt Tausende Kilometer abseits von jeglicher Zivilisation. Als die ersten Europäer zu Ostern im Jahre 1722 dort ankamen, sahen sie zuallererst an der Küste aufgestellte Steinstatuen, die ins Landesinnere blickten. Die Bewohner nahmen sehr unterschiedliche Haltungen ein. Einige winkten die Neuankömmlinge freundlich heran und entzündeten Feuer, andere verhielten sich mißtrauisch und sammelten Steine auf, um sich notfalls verteidigen zu können. Als Kapitän Roggeveen und seine holländische Mannschaft an Land gingen, entdeckten sie, daß hier drei verschiedene Rassen in Eintracht lebten. Einige Menschen waren dunkelhäutig, einige rothäutig und andere hatten eine überraschend weiße Hautfarbe. Manche hatten vergrößerte Ohrläppchen, die mit seltsamen Scheiben geschmückt waren, und diese Menschen waren es auch, die den Statuen besondere Ehre erwiesen. Abgesehen von der Neigung, daß sie alles, was sie sahen, stahlen, waren sie sehr freundlich. Die Diebstähle führten zu einem Konflikt zwischen Holländern und Eingeborenen, bei dem die Soldaten einige Bewohner erschossen. Die Entdecker hatten nur wenige Frauen gesehen, ein Großteil der Bevölkerung wagte sich nicht hervor und versteckte sich in unterirdischen Höhlen. Nach einem Tag verließen die Holländer die Insel.

Im Jahre 1770 machte eine spanische Expedition aus Peru ähnliche Beobachtungen. Die Menschen auf der Osterinsel waren noch immer freundlich, und das Land war noch immer kultiviert. Vier Jahre später, als Kapitän Cook die Insel anlief, zeigte sich ihm jedoch ein ganz anderes Bild. Das Land war vernachlässigt und verödet, die Menschen waren unfreundlich und demoralisiert, und sie trugen jetzt – im Gegensatz zu früher – Waffen bei sich, hölzerne Knüppel und Speere. Die großen Statuen waren umgestoßen, und niemand schien sie mehr anzubeten. Im 19. Jahrhundert war die Insel ein Ziel für Sklavenjäger, und im Jahre 1862 wurde die Bevölkerung durch einen Sklavenstreifzug der Peruaner besonders stark dezimiert.

Nachdem diese Kultur beinahe schon zerstört war, kamen die Europäer, um sie näher zu studieren. Die christlichen Missionare versuchten die Inselbewohner zum christlichen Glauben zu bekehren und sie von der Verehrung eines Gottes abzubringen, den sie *Make-Make* nannten. Bei diesem Versuch entdeckten sie auch kleine Götterstatuen, die die Leute in ihren Wohnungen aufbewahrten.

Später fand man dann auch hölzerne Tafeln, in die Schriftzeichen geschnitzt waren. Sie wurden von den Europäern zerstört, weil man sie als heidnische Kultgegenstände betrachtete, einige wenige sind aber erhalten geblieben. Diese *Rongo-Rongo*-Tafeln wurden von links nach rechts beschriftet und dann in umgekehrter Richtung

von rechts nach links. Man konnte die Bedeutung der Zeichen allerdings bis heute nicht entziffern.

Die faszinierendste Entdeckung auf der Osterinsel sind jedoch die riesigen Statuen, die die Einheimischen *Moai* nennen. Viele von ihnen sind 4 bis 10 Meter hoch. Sie haben ein Gewicht von bis zu 20 Tonnen. Manche sind auch noch höher und wiegen über 90 Tonnen. Sie besitzen außergewöhnlich große Köpfe, haben vorspringende Kinnpartien und verlängerte Ohren, besitzen aber keine Beine. Einige tragen „Hüte" aus rotem Fels auf ihrem Kopf. In einem Steinbruch wurden auch unfertige Statuen entdeckt.

Es gibt viele Spekulationen, wie die Bewohner der Osterinsel diese schweren Figuren transportiert haben (die Einwohner behaupten, daß die Statuen sich selbst auf ihre Plätze bewegt haben). Anhand von Untersuchungen hat man herausgefunden, daß die Statuen einen sehr tief liegenden Schwerpunkt haben und sie wahrscheinlich mit langen Seilen von etwa 15 Menschen verhältnismäßig rasch hochgezogen werden konnten. Interessanterweise existiert in der Sprache der Osterinsel ein Wort, das eine Fortbewegungsart bezeichnet, bei der man langsam weiterkommt, ohne die Beine zu benützen.

Es gibt also offensichtlich kein Geheimnis mehr, wie diese Statuen entstanden und wie sie fortbewegt wurden. Unbeantwortete Fragen gibt es jedoch genug. Warum und wozu wurden sie geschaffen? Stellen sie Götter oder Ahnen dar? Warum blicken sie ins Landesinnere und nicht in Richtung Küste? Die Statuen aber schweigen.

Oben: Man nimmt an, daß der Krieg zwischen den „Langohren" und den „Kurzohren" dazu führte, daß keine Statuen mehr entstanden.

Gegenüberliegende Seite: Eine Reihe majestätischer Statuen blickt über das Land. Wahrscheinlich wurden sie mit Schlitten aus dem Steinbruch gezogen und dann mit Seilen oder hölzernen Hebeln aufgestellt.

Ab dem 13. Jahrhundert, Karolineninsel

NAN MADOL

Das Venedig des Pazifiks – eine alte Steinstadt auf künstlichen Inseln, durchzogen von Kanälen.

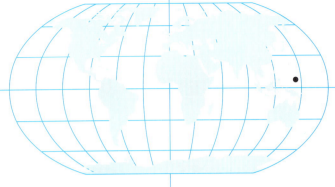

Ein guter Ausgangspunkt, um die Mikronesischen Inseln zu besuchen, ist Honolulu. Man hat dort Anschluß an die Continental Airlines, die viele Inseln anfliegt und auch in Ponape auf den Karolineninseln landet. Von Japan, Indonesien und Hongkong aus kann man auch auf die Insel Guam fliegen und von dort weiter nach Ponape. Nan Madol befindet sich im Osten der Insel und kann bei Flut mit dem Boot erreicht werden. Bei Ebbe lassen sich die flachen Kanäle zu Fuß durchwaten. Die Continental Airlines fliegen auch die Insel Kosrae an.

Die Insel Lele

Die Insel Lele ist durch einen Damm mit Kosrae verbunden. Von hier aus sind wahrscheinlich die Eroberer von Nan Madol gekommen. Die Hypothese, daß zwischen Ponape und Kosrae ein Zusammenhang besteht, wird noch überzeugender, wenn man die Ruinen von Lele betrachtet. Auch hier verstanden sich die Menschen auf die Errichtung künstlicher Inseln. Man kann heute noch eine große, mit Mauern umgebene Ruinenstadt besichtigen, in der sich heilige Bezirke, Grabmäler, Kanalanlagen und Regierungsbezirke befanden. Das Baumaterial ist Basalt wie in Ponape. Auch Korallen fanden teilweise als Baumaterial Verwendung; es gibt noch einige sechs Meter hohe unversehrte Wände. Im Ort befindet sich auch ein kleines Museum, das interessante Aufschlüsse über die Geschichte dieser Ansiedlung gibt.

Ponape ist eine wunderschöne vulkanische Insel im östlichen Karolinenbecken. Sie gehört zu den unzähligen Mikronesischen Inseln, die zwischen dem Äquator und dem Wendekreis des Krebses über den Pazifik verstreut sind, hat eine Ausdehnung von 303 Quadratkilometern und 25.000 Einwohner. Bekannt wurde sie durch ihre Vulkanlandschaft, ihre üppige, durch ein sehr feuchtes Klima (4.922 Millimeter Regen pro Jahr) bedingte Vegetation und durch die außergewöhnliche Ansiedlung *Nan Madol*.

Nan Madol, ein Komplex von 92 kleinen künstlichen Inseln, die durch ein Kanalsystem verbunden sind, ist als das Venedig des Pazifiks berühmt geworden. Die Anlage entstand wahrscheinlich zwischen 1285 und 1485 und wurde von der Herrscher-Dynastie der *Sau Deleurs* erbaut. Sie begannen diese Inseln anzulegen und

AUSTRALIEN UND OZEANIEN

Gebäude auf ihnen zu errichten. Als Baumaterial verwendeten sie schwarzen Basalt, ein auf der Insel vorkommendes Gestein, das eine hexagonale Säulenstruktur hat.

Die Erbauer von Nan Madol waren in der Lage, große Steine unzerteilt zu transportieren. Sie verstanden es aber auch, sie in einer sehr geschickten Weise zu verarbeiten. Um die künstlichen Inseln herum wurden Mauern aus übereinandergestapelten Basaltsäulen angelegt, die bis zu neun Meter hoch waren. Innerhalb dieser Mauern befanden sich aus Basaltsäulen erbaute Gebäude. Es gibt Hinweise, daß die Anlage eine religiöse Kultstätte war und daß das religiöse Leben in dieser Gemeinschaft eine zentrale Rolle gespielt hat. Es konnten Tempel, Gräber und öffentliche Gebäude identifiziert werden, allerdings gibt es wenig Anzeichen, daß die Menschen diese Anlage auch bewohnt haben.

Man verehrte hier einen Donnergott (was kaum erstaunlich ist, wenn man die vielen Regenfälle bedenkt), und hielt verschiedene Meerestiere in geheiligten Teichen. In einer Zeremonie wurde einem heiligen Aal gehuldigt, und man erzählt, daß er mit gekochtem Schildkrötenfleisch gefüttert wurde. In der Anlage stehen vier große Mausoleen, die heute noch sehr gut erhal-

Oben: Nan Madol wurde von den Herrschern einer hochzivilisierten Kultur erbaut, die schon lange ausgestorben ist. Heute sagen die Einheimischen, daß es an diesem Ort spukt.

Links: Ruinen auf künstlich angelegten Inseln, die durch ein Kanalsystem verbunden sind. Sie haben wahrscheinlich religiösen Zwecken gedient.

ten sind. Andere Gebäude sind aber bereits so verfallen, daß man nicht einmal mehr ihre ursprüngliche Höhe bestimmen kann.

Die Fertigstellung von Nan Madol hat wahrscheinlich zweihundert Jahre gedauert. Die schweren Basaltsäulen mußten von einem Steinbruch in den südöstlichen Teil der Insel transportiert werden (möglicherweise hat man sie auf dem Wasserweg befördert), und ihre Bearbeitung erfolgte ohne Metallwerkzeuge, da diese Insel keine Erzvorkommen besitzt.

Die *Sau Deleurs* wurden irgendwann vertrieben. Was genau geschehen ist, weiß man nicht. Die Sage berichtet, daß der Donnergott seine Hand dabei im Spiel hatte. Es gibt aber auch Vermutungen, daß Nan Madol von den Einwohnern der in der Nähe gelegenen Insel Kosrae erobert wurde. Als die Europäer und Amerikaner im 19. Jahrhundert diese Insel erforschten, fanden sie Nan Madol bereits verlassen vor. Man kann heute ohne Schwierigkeiten eine Bootsfahrt organisieren, um die Kanäle und Gebäude zu besichtigen. Manche Einheimischen glauben aber noch immer, daß dieser Ort von Geistern bevölkert ist.

Fremde Einmischungen in Mikronesien

Ponape und die anderen Karolineninseln standen einige Jahrzehnte unter amerikanischer Verwaltung und haben in jüngster Zeit ihre Selbstverwaltung angestrebt und mit den USA einen Vertrag über freie Assoziierung geschlossen. Das Interesse an diesem Gebiet, das bei der Entdeckung durch die Europäer im 16. Jahrhundert zunächst nicht sehr groß war, wurde verstärkt, als man entdeckte, daß die Inseln Kopra besaßen (getrocknetes Kokosnußfleisch, aus dem man Kokosnußöl erzeugt). Ende des 19. Jahrhunderts, als das spanische Kolonialreich zerbrach, kauften die Deutschen die Inseln und bauten den einträglichen Kopra-Handel aus. Im Jahre 1914 wurden sie dann von den Japanern besetzt. Als nach dem Angriff auf Pearl Harbour im Jahre 1941 ihre bedeutsame strategische Position erkannt wurde, versuchten die US-Streitkräfte, die Kontrolle über die Inseln zu gewinnen, und später wurde ihre Oberhoheit auch von den Vereinten Nationen anerkannt.

233

Ab 1880, Neuseeland

ROTORUA

Die traditionelle Maori-Kunst entfaltete sich zwischen ausbrechenden Geysiren und brodelnden Lehmteichen.

Rotorua liegt im Norden der Insel, 240 Kilometer südlich von Auckland. Dort befindet sich ein internationaler Flughafen mit Verbindungen nach Los Angeles, Vancouver, London, Tokyo, Hongkong, Singapur usw. außerdem bestehen Flug-, Bus- und Bahnverbindungen von Auckland nach Rotorua. Es gibt Führungen zu den wichtigsten Sehenswürdigkeiten und Bootsfahrten über den See.

Rechts: Die Andachtshäuser wurden von den Stämmen als lebendige Wesen betrachtet. Die Schnitzereien und Malereien, mit denen sie geschmückt waren, dokumentieren die Geschichte der einzelnen Stämme. Das Bild zeigt ein Andachtshaus in Rotorua.

Gegenüberliegende Seite: Ein sprudelnder Geysir in Rotorua. Die Maori haben über dem heißen Dampf gekocht, der vom Erdboden aufstieg.

Vor etwa hundert Jahren war das Gebiet um Rotorua eine brachliegende, mit Gestrüpp bewachsene Sumpflandschaft, in der heiße Quellen brodelten, und Geysire ihre Wasserfontänen in den Himmel sprühten. Die Luft war angefüllt mit Dampf und Schwefelgeruch. Heute ist das Gebiet mit Wiesen und Wäldern bewachsen und ein Lieblingsplatz der Neuseeländer geworden. Die Stadt Rotorua hat 60.000 Einwohner und zieht pro Jahr zehnmal so viele Touristen an.

Bevor die Europäer kamen, lebten hier jahrhundertelang die *Te Arawa*, ein Stamm der Maori, und auch heute noch ist dieses Gebiet von der Maori-Kultur sehr stark beeinflußt. Die *Te Arawa* unterstützten in den Maori-Kriegen die Briten. Deshalb wurden sie in der Folge von anderen Stämmen angegriffen. Für Europäer war dieses Gebiet vornehmlich wegen der heilenden Wirkung der warmen Quellen interessant. Im Jahre 1880 kam die Regierung von Neuseeland mit den Te Arawa überein, einen Kurort am Ufer des Rotorua-Sees zu errichten, und dieses Bad ist auch heute noch der Kern der Stadt.

Das Maori-Dorf *Ohinemutu* besitzt ein hübsches Begegnungshaus *(Marae)* aus dem 19. Jahrhundert, das mit kunstvollen Schnitzarbeiten geschmückt ist. Die Schnitzkunst hatte bei den Maori einen sehr hohen Stellenwert. Sie wurde für eine religiöse Tätigkeit gehalten, die den Stammesmythen anschauliche Form verleiht, sie dadurch erneuert und am Leben erhält. Das Kunsthandwerk war ausschließlich Männern vorbehalten, und Frauen durften nicht einmal zusehen, wenn die Männer ihre Schnitzarbeiten anfertigten.

Begegnungshäuser waren das geistige Zentrum der Maori-Stämme und befanden sich in der Mitte eines jeden Dorfes. Man betrachtete sie als lebendige Wesen. Ihr Innenraum wurde als der Bauch gedeutet, die Balken als das Rückgrat und die Maske direkt unter dem Giebel als Kopf. Die Begegnungshäuser waren reich mit Schnitzarbeiten und Malereien ausgeschmückt, die Götter, Vorfahren und Ereignisse aus der Vergangenheit darstellten. Dadurch dokumentierte jeder Stamm seine Geschichte und drückte seine geistige Haltung aus.

Die Maori-Schnitzer stellten ihr Geschick aber auch in christlichen Kirchen zur Schau, zum Beispiel in der *Kirche des Heiligen Glaubens* in Ohinemutu. Sie wurde im Jahre 1910 zum Teil aus Holz errichtet und ist reich mit Schnitzereien und gewebten Wandteppichen ausgestattet. Auf

AUSTRALIEN UND OZEANIEN

einem Fenster ist Jesus im Federmantel eines Maori-Häuptlings dargestellt, der auf dem Rotorua-See wandelt. Vor der Kirche befinden sich die Gräber der Maori-Häuptlinge. Diese Grabmale sind über dem Erdboden errichtet, um sie vor dem Wasserdampf, den die Geysire produzieren, zu schützen.

Die Kunstfertigkeiten der Maori werden heute im Institut für Kunst und Kunsthandwerk im Whakarewarewa-Gebiet (oder kürzer Whaka) gelehrt, wo man den Künstlern auch beim Schnitzen und Weben zusehen kann. Das Institut befindet sich in einem Maori-Dorf, das noch im alten Stil erbaut ist. Es ist von einer hohen Schutzwand aus Pfählen umgeben, und man betritt es durch ein eindrucksvolles Tor, das mit grotesken Tierfiguren und Menschenfiguren aus bekannten Maori-Sagen geschmückt ist.

Im Begegnungshaus werden die traditionellen Tänze und Gesänge in den alten Maori-Trachten vorgeführt. Es gibt auch Vorführungen über die traditionelle Kochkunst der Maori. Sie nützten den Wasserdampf der heißen Quellen aus, die in der Umgebung in großer Anzahl vorhanden sind.

Der Kiwi

Eine der Attraktionen von Rotorua ist das *Kiwi-Haus,* wo man die in Neuseeland beheimateten Kiwi sehen kann. Kiwi sind scheue Nachtvögel, die man nur sehr selten zu Gesicht bekommt. Diese seltsamen Lebewesen sind zum Nationalsymbol der Neuseeländer geworden und besitzen viele für Vögel ungewöhnliche Eigenschaften. Ein Kiwi hat nur rudimentäre Flügel und besitzt keinen Schwanz. Er ist der einzige Vogel, der seine Beute mit dem Geruchssinn aufspürt. Am Ende seines langen Schnabels hat er Nasenlöcher, mit denen er in der Erde Würmer, Larven, Insekten und Wurzeln aufstöbert. Diese Vögel haben etwa die Größe von Hühnern und sind fast blind. Sie leben in unterirdischen Erdlöchern, wo sie im Jahr ein bis zwei riesige, bis zu 450 Gramm schwere Eier legen. Das ist etwa ein Viertel des Gewichts eines weiblichen Kiwi. Im Verhältnis zur Körpergröße sind diese Eier die größten, die von Lebewesen gelegt werden. Ausgebrütet werden die Eier von den Männchen, und nach fast drei Monaten schlüpfen die Küken aus dem Ei. Maori halten alle Vögel für heilige Tiere, und Kiwi sind ihnen besonders heilig. Es ist nur den Häuptlingen erlaubt, Kiwifleisch zu essen, und die Federn der Vögel schmückten ihre Mäntel. Der Kiwi ist ein Verwandter des viel größeren Moa-Vogels. Dieser war ebenfalls flugunfähig und starb im 18. Jahrhundert aus; er wurde bis zu 3,70 Meter groß und war damit die größte Vogelart.

235

DIE MAORI
VON NEUSEELAND

Die Maori-Krieger kämpften tapfer, aber erfolglos für ihr Land.

Oben: Holzschnitzen galt für die Maori als heilige Tätigkeit und war nur den Männern vorbehalten.

Die Maori glauben, daß ihre Vorfahren von einer Pazifik-Insel kamen, die sie *Hawaiki* nennen. (Hawaiki war sicherlich nicht die Insel Hawaii, sondern bezeichnet möglicherweise eine der Gesellschafts-Inseln in der Nähe von Tahiti). Sie kamen angeblich in sieben langen Kanus mit ihrem Häuptling *Tama Te Kapua,* dem heute das Begegnungshaus in Ohinemutu geweiht ist. Sie brachten auch Ratten und Hunde nach Neuseeland, die zuvor dort nicht vorkamen. Dieses Ereignis hat wahrscheinlich um 1350 n. Chr. stattgefunden.

Vorher – im 8. Jahrhundert oder vielleicht auch früher – haben bereits Polynesier die Insel besiedelt. Die heutigen Einwohner behaupten aber, daß ihre Vorfahren mit dem *großen Floß* auf die Insel kamen.

Kannibalenfeste
Vor der Ankunft der Europäer gab es auf Neuseeland fünf große Maori-Stämme, die in zahlreiche Klans *(Hapuu)* unterteilt waren. Sie lebten in befestigten Dörfern mit strohgedeckten, von hohen Schutzmauern und Gräben umgebenen Häusern.

Die Maori pflanzten verschiedene Kartoffelarten, jagten die großen flugunfähigen Moa-Vögel und waren ausgezeichnete Fischer.

Die obersten Werte ihrer männlich dominierten Gesellschaft von Kriegern lauteten Mut, Treue und Ehre. Es gab ununterbrochen Stammesfehden, die mit hölzernen oder steinernen Schwertern und Keulen ausgefochten wurden. Viele Männer, Frauen und Kinder, die in Gefangenschaft gerieten, wurden von den Siegern getötet und gegessen. Sie glaubten, sich damit der Lebensenergie und geistigen Kraft der Opfer zu bemächtigen.

Die Maori-Krieger liebten den Kampf,

AUSTRALIEN UND OZEANIEN

das Gespräch und genossen ihre Rachegefühle. Sie waren sehr stark tätowiert und fügten sich in schmerzhaften Prozeduren im ganzen Gesicht spiralförmige Schnitte zu, die sie dann mit Farbstoffen einrieben.

Die Maori-Häuptlinge umgaben sich mit einer starken und unnahbaren Aura der Heiligkeit. Wenn der Schatten eines Häuptlings beispielsweise auf ein Lagerhaus fiel, mußte dieses Haus und sein gesamter Inhalt zerstört werden. Ein Mann, der das Haar des Häuptlings schnitt, durfte eine Zeit lang nachher nichts anfassen und mußte wie ein Säugling gefüttert werden.

Die Maori-Kriege

Bis in das Jahr 1642 war Neuseeland den Europäern unbekannt. Damals wurde der südliche Teil der Insel von dem holländischen Seefahrer Abel Tasman entdeckt, der auch als erster Australien umsegelte. Einige seiner Männer wurden von den Maori getötet, und so verließ er die Insel wieder. Es waren die Holländer, die der Insel den Namen *Nieuw Zeeland* gaben. Im Jahre 1769 kam dann Kapitän Cook und beanspruchte die Insel für England. Danach strömten immer mehr Abenteurer ins Land.

An verschiedenen Stellen der Küste wurden Walfangstationen errichtet, und die Walfänger jagten ihre Beute, bis die Wale beinahe ausgerottet waren. Die Insel wurde bald zum Refugium für Verfolgte und Gesetzlose. Die Neuankömmlinge verkauften den Maori Alkohol und Feuerwaffen, die sie für ihre Stammesfehden benutzten. Damit begann der unaufhaltsame Untergang der Maori. Sie starben auch an europäischen Krankheiten, zum Beispiel an Masern, gegen die sie keine Abwehrkräfte hatten.

Auch Missionare wandten ihre Aufmerksamkeit Neuseeland zu. Die Maori schenkten ihnen anfänglich nur geringes Interesse. Da es keine legale Regierung gab, sandten die Engländer schließlich Kapitän William Hobson als Gouverneur. Im Jahre 1840 unterzeichnete er mit 45 Maori-Häuptlingen den Vertrag von Waitangi, der die Rechte der Maori festlegte und die Ansiedlung der Europäer legalisierte. Ab diesem Zeitpunkt bekehrten sich die Maori dann in großer Anzahl zum Christentum.

Als die Europäer auf die Insel strömten und das Land in Besitz nahmen, stieg die Spannung zwischen ihnen und den Maori. Es kam zu Streitigkeiten und schließlich zu Scharmützeln und Kämpfen. Zwischen 1845 und 1847 erhoben sich die Maori-Häuptlinge im Norden gegen die Europäer, wurden aber von ihnen unter dem Gouverneur Sir George Grey besiegt. Zwischen 1860 und 1872 gab es weitere schwere Kämpfe, und die Engländer sandten Truppen und Kriegsschiffe, um die Maori-Krieger zu unterwerfen. Einige Stämme aus dem Norden der Insel wählten im Jahre 1857 *Potatau I.* zu ihrem König und begannen im Jahre 1863 einen Aufstand. Diese *Hauhau*-Widerstandsbewegung (sie wurde nach dem Kriegsgeschrei der Maori so benannt) kämpfte mit großem Fanatismus. Im Jahre 1868 formierte sich dann die Ringatu-Widerstandsgruppe, die Maori-Traditionen und christlichen Glauben in einer neuen Weltanschauung verband.

Der Mut allein konnte aber der technischen Überlegenheit der Europäer auf Dauer nicht standhalten. Der Krieg wurde 1872 beendet, und die Maori verloren den größten Teil ihres ehemaligen Landes. Sie betrachteten das Land ursprünglich nicht als persönlichen Besitz, sondern als ein Gebiet, das allen gehörte und für die zukünftigen Generationen bewahrt werden mußte. Die alte Gesellschaftsordnung der Maori wurde aber durch die Europäer und das Christentum zerstört, und noch heute existieren unter den Maori starke Ressentiments gegen die Europäer und ihren Landraub.

Andererseits integrierten sich die Maori viel besser in die europäische Gesellschaft als beispielsweise die Ureinwohner Australiens, und sie haben sich auch mit den Europäern vermischt. Es gibt heute nur noch sehr wenige reinrassige Maori.

Unten: Das reich mit Schnitzereien verzierte Innere eines Andachtshauses, der sogenannte „Bauch".

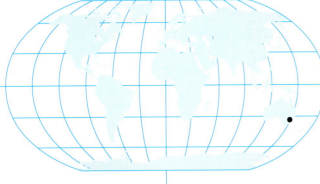

1973, Australien

DIE OPER VON SYDNEY

Dieses Gebilde aus Stahl und Beton wirkt wie ein surrealistischer Schwan, der sich in den Himmel erheben will.

Die Oper von Sydney liegt am Bennelong Point an der Ostseite des Hafens in der Nähe der Hafenbrücke. Es gibt Bus- und Zugverbindungen zum Circular Quai. Einen sehr schönen Blick auf die Oper hat man vom Wasser aus, es werden Hafenkreuzfahrten vom Circular Quai angeboten.

Am Architektenwettbewerb, der 1954 für den Bau einer neuen Oper in Sydney ausgeschrieben wurde, nahmen 233 Architekten aus 32 Ländern teil. Der Gewinner war ein fast unbekannter dänischer Architekt mit dem Namen Jorn Utzon. Wie viele andere Architekten, hat er den Ort, an dem das Haus stehen sollte, nie gesehen und ihn nur von Fotografien her gekannt. Sein Entwurf war teilweise durch die Segel von Sydneys großem Jachthafen inspiriert und teilweise von Tempelbauten der Mayas und Azteken, die er in Mexiko gesehen hatte.

Rechts: Die Oper wird bei Nacht von Flutlicht angestrahlt. Im Hintergrund das dunkle Wasser des Hafens von Sydney und die erleuchtete Stadt.

Gegenüberliegende Seite: Die Oper, der Hafen und die Hafenbrücke von Sydney (Harbour Bridge) formen ein Bild von harmonischer Einheit. Die Segel im Jachthafen haben den Architekten zur Dachkonstruktion inspiriert. Heute hat die Oper der Hafenbrücke bereits den Rang abgelaufen und gilt als das neue Wahrzeichen der Stadt.

AUSTRALIEN UND OZEANIEN

Utzons Konzept war technisch zwar sehr schwierig zu realisieren, es war aber das bei weitem interessanteste und aufregendste. Sowohl der Entwurf als auch die Kosten gaben zu erregten Debatten Anlaß und erhitzten die Gemüter der Einwohner von Sydney. Der Bau sollte sieben Millionen Dollar kosten und 1963 eröffnet werden. Tatsächlich dauerte der Bau zehn Jahre länger und verursachte Kosten in der Höhe von hundert Millionen Dollar. Der größte Teil dieses Geldes wurde durch Lotterien aufgebracht.

Das Projekt wurde in gewissem Sinn gegen einen leidenschaftlichen Strom der Entrüstung vorangetrieben und hatte sich unaufhörlich gegen Angriffe zur Wehr zu setzen. Utzon zog sich im Jahre 1966 nach technischen, politischen und finanziellen Problemen frustriert zurück. Es stellte sich heraus, daß die großen Betonsegel – die *elliptischen Paraboloide,* wie man sie im Architektenjargon nennt – nicht so konstruiert werden konnten, wie man ursprünglich angenommen hat, und der Entwurf mußte geändert werden. Viele Rechenstunden am Computer wurden benötigt, um alle technischen Schwierigkeiten zu

lösen. Die endgültige Version des Gebäudes ist nicht nur ein Triumph für Utzons Entwurf, sondern auch ein Triumph der technischen Leistung von vier australischen Architekten, die diese Konstruktion realisiert haben.

Die Oper wurde am 20. Oktober 1973 offiziell durch Königin Elisabeth II. eröffnet. Viele behaupten, daß es das schönste Gebäude ist, das nach dem Zweiten Weltkrieg erbaut wurde, und manche sagen, es sei das schönste Gebäude, das je errichtet wurde. Am besten kann man es per Schiff vom Hafen aus betrachten. Da wirkt es wie ein riesiger weißer Schwan, der gerade dazu ansetzt, emporzuschweben. Im Flutlicht bei Nacht entfaltet es aber dann seine vollständige Schönheit.

Das Gebäude steht am Hafen am *Bennelong Point.* Dieser Platz ist nach einem australischen Ureinwohner benannt, der ein Freund des ersten Gouverneurs der Kolonie war. Einst stand hier ein Fort und später ein Straßenbahndepot. Das Gebäude bedeckt eine Fläche von 2,2 Hektar, die Dachsegel wiegen 161.000 Tonnen und ragen 67 Meter in die Höhe. Die Segel sind mit schwedischen Fliesen gedeckt, die in der Sonne leuchten.

Der Innenraum ist in einem Stil ausgeführt, der als Weltraumzeitalter-Gotik bezeichnet wurde. Das Gebäude besitzt die größten Theatervorhänge der Welt. Sie sind aus Wolle und wurden in Frankreich nach einem Entwurf des Australiers August Coburne im Aubusson-Stil gewebt. Coburne nannte seinen Entwurf „die Vorhänge der Sonne und des Mondes", da er in ihnen Sonnen- und Mondmotive verarbeitet hat. Jeder hat eine Fläche von 93 Quadratmetern. Die Orgel der Konzerthalle ist die größte mechanische Orgel der Welt und besitzt 10.500 Pfeifen. Es gibt fünf verschiedene Veranstaltungssäle, ein Kino und zwei Restaurants. Die Oper faßt 1.550 Zuschauer, die Konzerthalle 2.700. Das Gebäude ist die Spielstätte des Symphonieorchesters, des Philharmonischen Chors und des Theaters von Sydney.

Der Kleiderbügel

In der Nähe der Oper befindet sich die Hafenbrücke, das frühere Wahrzeichen Sydneys. Sie ist eine funktional gebaute Brücke aus grauem Stahl. Die Brücke wird von den Einwohnern Sydneys als *Kleiderbügel* bezeichnet, ihre Bogenform strahlt Stärke und Eleganz aus. Sie wurde von dem australischen Eisenbahningenieur John Job Crew Bradfield entworfen, der aus Sandgate in Queensland stammt. Am 19. Mai 1932, als die Brücke für den Verkehr freigegeben wurde, kam dann der größte Augenblick seines Lebens. Die Straße über die Brücke wurde ihm zu Ehren Bradfield Highway genannt. Über die Brücke führt auch eine Bahnlinie. Bereits in den frühesten Tagen in Sydneys Geschichte forderte man eine über den Hafen führende Brücke – auch ein Hafentunnel war im Gespräch. Nach Bradfields Entwurf hat man die Brücke dann zwischen 1923 und 1932 gebaut. Es war eine Zeit wirtschaftlicher Depression – deshalb wurde die Brücke auch grau angestrichen, weil das am billigsten war.

Die Brücke hat eine Gesamtlänge von 1.150 Metern und eine Spannweite des Bogenträgers von 503 Metern. Der höchste Punkt des Brückenbogens befindet sich 135 Meter über dem Wasser. Ein Fußgängerweg auf ihrer Ostseite gibt einen schönen Ausblick auf den betriebsamen Hafen und die Stadt.

BILDNACHWEIS:

AA PUBLISHING
30/31: Kathedrale, Salisbury; 31: St. Pauls Kathedrale.

B. & C. ALEXANDER PHOTOGRAPHY
232, 233: Die Ruinen von Nan Madol.

J. ALLAN CASH PHOTHO LIBRARY
8: Parthenon; 23: Gewölbe des Diokletian-Palastes; 44/45: Peterskirche,
Rom; 51: Hauptportal des Veitsdomes; 75: Baikal- und Peking-Expreß;
77: Centre Pompidou; 103: Angkor Wat; 110, 111: Minakshi-Tempel;
122: Sekretariatsgebäude, Chandigarh; 123: Bibliothek, Chandigarh;
127: Lalibela; 135: Ruinen, Karthago; 139: Innenhof, Fes; 143: Kirche,
Lalibela; 145: Suezkanal; 160: Alte Kirche der Jungfrau von Guadalupe;
161: Blumenmuster am Eingang; 173: Panamakanal.

ARCHITECTURAL ASSOCIATION SLIDE LIBRARY
123: Oberster Gerichtshof, Chandigarh (F.L. Winter).

ROBERT HARDING PICTURE LIBRARY
81: Ruinen des Winterpalastes von Kalif Hischam; 102: Angkor Wat.

INTERNATIONAL PHOTHOBANK LTD.
14/15: Parthenon; 23: Palast des Diokletian; 43: Mariä-Himmelfahrt-
Kathedrale; 58/59: Eiserne Brücke, Coalbrookdale; 59: Eiserne Brücke
über dem Severn.

JAPAN INFORMATION & CULTURAL CENTER
124: Seto-Ohashi-Brücke.

JAPAN NATIONAL TOURIST ORGANIZATION
124: Seto-Ohashi-Brücke.

T. MORRISON'S AMERICAN PICTURES
148: Basaltatlant aus Tula; 162: Goldener Mann von Calima; 163: Guatavi-
tasee; 163: Goldmasken; 202: Titicacasee; 204: Tal der Statuen;
204: Steinerne Götterstatue; 205: Grabmal und Plattform mit steinernen
Göttern; 206: Scharrbilder, Nazca; 207: Affenfigur, Nazca; 207: Nazca-Ke-
ramik; 208: Steinfigur, Tiahuanaco; 209: Sonnentor, Tiahuanaco;
213: Inka-Pfad; 213: Quipu-Schnüre; 216: Goldmaske der Inka; 217: Inka-
Keramik; 217: Inka-Festung; 218: La Compañía-Kirche, Quito; 219: Inneres der Kirche, Quito; 219: Blaue Kuppel der Kirche, Quito; 219: Hochaltar; 221: Obelisk, Buenos Aires; 223: Ausschnitt aus der Statue des Erlösers, Brasília; 224: Innenraum der Kathedrale; 224: Kriegerstatue; 226,
227: Itaipú-Staudamm.

P. RYLEY'S AMERICAN PICTURES
212: Inka-Pfad.

SPECTRUM COLOUR LIBRARY
Rückseite Schutzumschlag: Pyramiden, Giseh; 1: Stonehenge; 2/3: Fünf
Pyramiden; 4/5: Tadsch Mahal; 9: Centre Pompidou; 12/13: Avebury;
13: Avebury; 15: Parthenon-Fries; 17: Maison Carrée, Nîmes; 24: Glocke,
Schiefer Turm, Pisa; 25: Schiefer Turm, Pisa; 26/27: Hof der Löwen,
Alhambra; 27: Dekorationsdetail aus der Alhambra; 29: Kathedrale,
Königliches Portal, Chartres; 36/37: Meteora-Klöster; 37: Rousanou-Klo-
ster; 41: Haus der Schiffer, Brüssel; 42/43: Kreml; 46: Fiaker und Hofburg;
46: Spanische Reitschule; 47: Hofburg; 52/53: Schloß Versailles; 53: Schloß
Versailles; 56/57: Großer Palast, Pedrodworjez; 66: Sacré Coeur; 70: Güell-
Park, Barcelona; 76: Centre Pompidou; 78: Persepolis, Iran; 78: Decke,
Minakshi-Tempel; 79: Lowe, Peking; 81: Mosaik, Jericho; 82/83: Persepo-
lis; 83: Ausschnitt aus einem Relief; 87: Beobachtungsturm, Chinesische
Mauer; 88/89: Figuren der Terrakotta-Armee; 93: Nemrut Dag; 94: Tal
von Göreme; 95: Kirchen im Tal von Göreme; 98/99: Todaiji-Tempel;
99: Kasuga-Schrein; 99: Buddha; 104/105: Hölzernes Torii, Itsukushima-
Schrein; 114: Tadsch Mahal; 116: Fliesen, Topkapi-Palast; 119: Perl-
Moschee; 121: Potala-Palast; 126: Ramses-Statue; 127: Tempelmauer,
Steinbauten von Simbabwe; 130/131: Tempel, Karnak; 134: Römische Bäder, Karthago; 136/137: Pyramiden, Meroë; 137: Tempelmauern, Meroë;
137: Pyramiden; 140/141: Tempeleingang; 141: Tempelmauer;
146/147: Assuan-Staudamm; 152/153: Sonnenpyramide; 159: Felsbehau-
sung; 161: Hochaltar; 184, 185: Hoover-Damm; 192: Nationalmuseum im
Chapultepec-Park; 193: Statue, Tula; 195: Torbogen, St. Louis; 197: Sea
World; 198/199: Superdome, Louisiana; 209: Titicacasee; 210/211: Tempel,
Chanchán; 211: Wand mit Vogel- und Fischmotiven; 214/215: Machu

Picchu; 227: Iguaçu-Fälle; 229: Andachtshaus der Maori; 230: Statuen,
Osterinsel; 236: Maori-Schnitzereien; 237: Andachtshaus der Maori;
239: Oper, Sydney.

THE ANCIENT ART & ARCHITECTURE COLLECTION
28/29: Kathedrale, Chartres; 45: Innenansicht St. Peter, Rom; 80: Runder
Turm, Jericho.

THE SLIDE FILE
10/11: Newgrange; 11, Newgrange.

USSR PHOTO LIBRARY
74: Jaroslawler Bahnhof; 74/75: Expreßzug der Transsibirischen Eisenbahn.

WORLD PICTURES,
Titelbild Schutzumschlag: Tadsch Mahal; Umschlagrückseite: Schloß Neuschwanstein; Golden Gate Bridge; 16/17: Pont du Gard; 19: Kolosseum;
21: Hadrianswall; 35: Kapellbrücke; 38/39: Canal Grande, Venedig;
49: Deckengemälde, Bibliothek Escorial; 50/51: Goldmachergäßchen;
57: Große Kaskade, Pedrodworjez; 63: Wachsoldat, Windsor Castle;
65: Schloß Linderhof; 67: Sacré Coeur; 68: Parlament, Budapest; 71: Sagrada-Familia-Kirche, Barcelona; 73: Eiffelturm; 86: Chinesische Mauer;
91: Chinesische Mauer; 96/97: Felsendom; 97: Klagemauer;
100/101: Buddhistischer Schrein; 101: Tempel, Borobudur; 106/107: Tor
der Höchsten Harmonie; 107: Tempel des Himmels; 108/109: Topkapi-
Palast; 112, 113: Blaue Moschee; 114/115: Tadsch Mahal; 117: Tadsch
Mahal; 118/119: Rotes Fort; 129: Pyramiden, Giseh; 131: Karnak;
132: Fresken im Tal der Könige; 133: Tempel der Isis; 139: Triumphbogen
des Caracalla; 144/145: Suezkanal; 147: Tempel von Ramses II.;
149: Kennedy Space Center; 150: Großer Platz, Tikal; 151: Pyramide I.,
Tikal; 153: Teotihuacán; 156: Chichén Itzá; 157: Großer Tempel; 158: Cliff
Palace, Colorado; 159: Felsbehausung; 164/165, 165: Jeffersons Haus; 166,
167: Mormonen-Tempel; 168: Canadic Pacific Railroad; 169: Zug;
171: Freiheitsstatue; 175: Kalifornische Küste; 176: Lincoln-Denkmal;
177: Lincoln-Statue; 179: Mount Rushmore; 182: World Trade Center;
183: John Hancock Center; 183: Skyline, Dallas; 186/187, 187: Golden
Gate Bridge; 189: Las Vegas; 190/191: Kennedy Space Center; 193: Aztekischer Regengott; 196: Disney World; 197: EPCOT-Center; 200, 201: C. N.
Tower; 229: Oper, Sydney; 234/235: Andachtshaus der Maori; 235: Geysir.

ZEFA PICTURE LIBRARY UK LTD.
6/7: Chichén Itzá; 18/19: Kolosseum; 22: Palast des Diokletian;
34/35: Kapellbrücke; 39: Gondel; 40/41: Grand' Place, Brüssel;
48/49: Escorial; 62: Schloß Windsor; 64/65: Schloß Neuschwanstein;
69: Parlament, Budapest; 72: Eiffelturm; 84: Petra; 85: Grabmal, Petra;
87: Chinesische Mauer; 89: Terrakotta-Krieger; 90: Fresko im Grabmal eines Han-Kaisers; 92/93: Götter bei den Kommagene-Gräbern; 107: Thron;
109: Topkapi-Palast; 109: Mosaike; 120/121: Potala-Palast; 128: Sphinx;
128: Pyramide; 138: Fes; 142: Felsenkirche, Lalibela; 143: Bet-Mariam-Kir-
che; 154/155: Überreste einer Pyramide, Tula; 155: Atlanten; 170,
171: Freiheitsstatue; 172/173: Panamakanal; 174/175: San Simeon;
175: Innenansicht von San Simeon; 178/179: Mount Rushmore; 180,
181: Empire State Building; 188/189: Las Vegas; 189: Caesar's Palace;
191: Space Shuttle; 194/195: Skyline, St. Louis; 197: Schaufelraddampfer;
199: French Quarter, New Orleans; 201: Toronto; 203: Itamaraty-Palast;
215: Sonnenstein; 218/219: Teatro Colón, Buenos Aires; 222/223: Statue
des Erlösers; 223: Rio de Janeiro; 225: Kongreß-Gebäude in Brasília;
228: Statuen, Osterinsel; 231: Osterinsel; 238/239: Oper, Sydney.

WIR DANKEN DEM BUCHER VERLAG, MÜNCHEN, FÜR DIE
ABDRUCKGENEHMIGUNG FOLGENDER BILDER:

Vorsatz vorne: Golden Gate Bridge (G. B. Müller); Vorsatz hinten: Die
Blaue Moschee (G. B. Müller).
32: Kölner Dom mit Ludwigmuseum; 33: Domplatte mit Pflastermale-
reien; 33: Kölner Dom mit Hohenzollernbrücke (alle Bilder Sackermann/
Fotoarchiv)
54: Teilansicht des Dresdner Zwingers; 55: Glockenspielpavillon;
55: Kuppel des Kronentors (alle Bilder Axel M. Mosler).